呼 中 年 鉴

（2017）

呼中区史志办公室　　编

图书在版编目（CIP）数据

呼中年鉴.2017/呼中区史志办公室编.——北京：
方志出版社，2018.8
ISBN 978-7-5144-3107-0

Ⅰ.①呼… Ⅱ.①呼… Ⅲ.①呼中区-2017-年鉴
Ⅳ.①Z523.54

中国版本图书馆CIP数据核字（2018）第141536号

呼中年鉴（2017）

编　　者：呼中区史志办公室
责任编辑：陈　效
出 版 人：冀祥德
出 版 者：方志出版社
地　　址：北京朝阳区潘家园东里9号（国家方志馆4层）
邮　　编：100021
网　　址：http://www.fzph.org
发　　行：方志出版社图书经销中心
　　　　　电话（010）67110500
经　　销：各地新华书店
印　　刷：哈尔滨鑫龙会印刷有限公司
开　　本：880毫米×1230毫米　1/16
印　　张：18.75
字　　数：397千字
版　　次：2018年8月第1版　　2018年8月第1次印刷
印　　数：001~300册
书　　号：ISBN　978-7-5144-3107-0　　定价：118.00元

生 态 建 设

天保工程实施二期加强林地保护与管理，有效地保护森林公共安全；重新调整8个管护区，增加管护人员密度，细化管护责任。提高营造林作业质量，制定出台《呼中林业局营林生产组织实施方案》，采取定岗定编、公开公示、以奖代投、规范补贴等方式，有效杜绝外委生产和层层转包现象，做到让利职工最大化。2011年以来累计完成义务植树39.3万株、森林抚育175.1万亩、补植补造16.5万亩、人工更新造林1.1万亩，森林总蓄积达到6555万立方米，比2011年增长了392万立方米，森林覆盖率达到96.24%，比2011年提高了2.09个百分点。2016年，造林工作荣获大兴安岭地区造林竞赛团体第三名；呼中镇、呼源镇被评为国家级生态乡镇，碧水镇、宏伟镇、呼中林场、经营所申报国家级生态镇场工作顺利通过省厅论证，呼中省级生态区申报工作通过省厅专家组评审，钻天柳保护区晋升为省级保护区，呼玛河源国家级湿地公园得到了国家林业局批复，生态示范区建设走在全地区前列。

园林绿化

石林

小镇街景

山明水秀

道路养护

锦绣河山

春意盎然

残疾人中心

呼中疾控中心

项目建设

2016年共向上争取资金3364万元，其中呼中林业局天然林资源保护工程二期项目，争取中央投资2200万元；呼中区档案馆建设项目，争取中央投资242万元；呼中林业局第二小学改扩建工程项目，争取中央投资322万元；呼中防火应急道路工程，争取中央投资600万元。续建产业项目一个，即黑龙江森源食品科技有限公司野生蓝莓产品深加工项目。该项目总投资9182万元，2015年开工建设完成投资6690万元。2016年计划投资2492万元。

重点维修改造项目。投资220万元新建区残疾人托养中心；投资67.9万元新建南入口景观及雕塑、停车场绿化等项目；投入资金420万元，对呼中一小（原呼中二小）进行全面的维修改造，铺设塑胶跑道和人工草坪足球场，实现提档升级；投资225万元建设区疾控中心；投资400万元进行白山景区防火瞭望塔及附属工程建设，在休闲广场及建工路西侧新建两处水冲式旅游公共厕所，投入65.92万元；投入资金460余万元，对区幼儿园及各个学校进行维修。顺利通过省级均衡教育整体验收；医保局办事大厅维修改造工程投资11万元，已经投入使用；投入资金14万元，对人社局办公楼进行了维修改造。

档案馆

幼儿园

医保大厅

森源食品

森 林 防 火

2016 年区森林防火工作以贯彻执行森林防火法规制度为基础，以排查消除火险隐患为重点，以开展森林防火“三明确、三落实”活动年为载体，全面强化预防、扑救、保障三大体系建设。森林防火责任全面落实，落实 15 名处级领导和 43 名科级干部包片 。全区各单位与 6893 名职工、10135 户居民、3685 名吸烟人员等人员签定防火公约及“十户联保”责任状。修订出台《呼中林业局森林防火管理办法》。宣传教育工作全面落实，3 月 10 日、9 月 10 日分别启动宣传教育工作，制定下发《呼中区森林防火宣传教育工作方案》。制作彩旗 3000 面，横幅 100 条、印制宣传单 3 万份、区级布告 300 张，订做了预警旗 40 套、各项工作记录 280 本。4 个镇完善防火宣传“一条街”4 条。举办 “5·6”反思宣传活动.并在商厦楼前开展了“万人签名”活动。广播、电视每天进行森林防火宣传，各单位开展森林防火宣传月和宣传周活动。火源管理措施全面落实，夺取“清明节” “五一” “国庆节”战役全胜，确保节日期间森林防火平安。全区 3 个检查站，24 个管护站，96 名管护员坚守岗位，严控火源入山；36 座瞭望塔，108 名瞭望员坚持在塔瞭望，及时发现 9 起雷击火；各镇周边、主公路 5 支、150 名巡护员坚守岗位，城镇周边形成闭合式巡护网；野外作业点严格管理，严格执行野外作业“十有” “ 一盒火”制度，并派驻监管员跟班作业抓防火；区防指督导组先后 56 次深入各管护区督导森林防火隐患排查工作，举办全区扑火指挥员业务知识培训班。综合保障措施全面落实，扎实做好综合保障工作，确保森林防火基础工作有序开展。

做好资金和物资储备，进入春、秋防前及时将 100 万元的扑火储备金落实到位，全面做好扑火机具、通信器材、食品等物资储备；做好联防工作，与呼中区相邻的内蒙古及周边的 7 个地市、县、区局做好联防的各项相关事宜，签订联防协议书，实现防火资源共享；车辆机具保持完好。对全区扑火车辆、灭火机具、通信设备等进行维修、保养。做好道路养护。各森林资源管护区组织专人对道路、桥涵进行全面的实地踏查，及时维修破损道路，确保防火道路畅通。及时开设防火隔离带 4 个镇周边防火隔离带按照规定标准开设，推土机能到之处全部开设生土隔离带，充分发挥林火阻隔作用。

2016 年防火工作，取得全年无人为火发生、9 起雷击火由于瞭望塔发现及时、区防火办定位准确，快速扑灭，避免了小火酿成大灾。过火总面积 186.14 公顷，其中，最大火场面积 82 公顷，最小仅 2 公顷。

参加比赛

参加技能大赛

火灾扑救（一）

火灾扑救（二）

扑火训练

扑火一线

参加比赛

森林消防大队灭火训练

全民创业

2016年，全区落实发展“六大产业”，实施“三大工程”，营造“两大环境”的工作思路，深入推进全民创业工作。健全全民创业运行机制，掌握具有行业特点、创业项目128个。统计《2016年林业职工贴息贷款计划申报表》，对职工群众贷款需求进行摸底，意向贷款额度799万元。开办培训班30余期，在北药种植、水产品养殖、特色产品养殖、营林抚育、家政服务、电子商务等方面培训转产工人、种养殖户、无业人等5000余人次。签约农特产馆的“《网县网》大兴安岭特产信息平台运营管理”项目。在省会城市开设呼中区林下生态产品连锁店。有6家企业在北京、广州、上海等地开设旗舰店（专卖店）、专柜等。本区销售林下生态产品规模较大的店铺15家，并实现网店、实体店同步经营，提高经济效益。举办展品展示会，52家私营企业，11家个体户参展，来自社会各界的人士1100人进行参观、交流经验、洽谈业务。现场交易额13580元。

2016年，全民创业人数7390人，同比增长4.9%；人均收入29688元，同比增长10.9%，增加值34344万元，增长率23.3%。全区目前建设示范基地27个，总面积达18660平米在2016年全地区创业工作综合评比中排名第三。

区委书记刘少义（右五）在企业调研

区委副书记、区局长李金龙（右1）调研营林生产情况

蜜蜂养殖

养殖业发展

黑木耳种植

呼中渔业养殖

呼中区召开 2016 年全民创业和脱贫攻坚会

北茶炒制

生 态 旅 游

2016 年加大宣传推介力度、抓好旅游项目建设、提高景区景点档次，推动旅游产业快速发展。狠抓宣传营销，推广旅游产品，制定区“旅游 + 互联网”工作计划，印刷 2016 年新版的旅游宣传图册，制定网络宣传计划。在加漠公路 156 公里处，呼阿公路 56 公里处设立呼中区旅游全景导览图。增设各种景区标识牌，道路指示牌 30 余块。举办“最冷小镇文明之星”评选活动。旅游宣传日进行宣传。完善基础设施，打造林区特色风景线。建设呼中镇东山公园景区，在旅游节点配置摄影台、休闲亭等配套设施。对景区和主干道路进行了养护。建设白山景区野外帐篷宿营地项目，开辟了三条徒步登山线路。开发“龙首洞古人类遗址”公园。抓好古人类遗址古迹游。举办导游员讲解员培训班。规范旅游市场秩序，营造规范有序，公平竞争的旅游市场秩序。

白山风光

高耸入云

小镇仙境

锦绣河山

夕阳无限好

春满小镇

佛山风光

文 化 生 活

2016年，以推进文化大发展、大繁荣为主线，加强公共文化基础设施建设，完善公共文化服务网络，满足人民群众基本文化需求。加大资金争取力度。向呼中镇、碧水镇、宏伟镇、呼源镇发放音响器材。开展群众文化广场、社区和企业等文化活动18场。以“4·23全民读书日”活动为契机，组织开展捐书、赠书、图书漂流等惠民活动。加强文化市场监督，采取技术监控、上网登记、日常巡查与抽查相结合的方式强化网吧管理，重点解决网吧、歌舞厅娱乐场所规定时间内接纳未成年人上网、娱乐和超时营业等问题。以宣传和展示“最冷小镇呼中”独特的区域文化魅力为目标，开展2016年《中国最冷小镇冰雪情》广场文化4场，满足全区职工群众的夏日文化需求。开展“快乐舞步”全民健身运动，全区1000余人参加活动，在黑龙江“快乐舞步健身操”比赛中，获得了一等奖。把文化广场系列活动在电视台连续报道，把广场文化活动形成文字在《大兴安岭日报》进行报道。加强文化市场监督，全年无文化事件发生。

全民健身

上级领导观看风光摄影作品

北山洞考古

呼中区积极开展冰雪旅游文化活动

最冷小镇摄影启动仪式

校园文化艺术节

文艺演出

放飞

梦想

七一表彰文艺演出

文艺演出

呼中区地方志编纂委员会

名誉主任： 刘少义　区委书记

主　　任： 李金龙　区委副书记、区长、林业局局长

副 主 任： 高文宝　区委副书记

关敬军　区委常委、常务副区局长

张　霞　区人大常委会副主任

张春风　区政协副主席

委　　员（按姓氏笔画排序）：

于碧波　区教育局局长

王志光　区农业林局长

王　英　区审计局局长

王佩春　区文体广电新闻出版局局长

王彦军　区总工会副主席

王振友　区委政法委副书记

王淑艳　区国土资源局局长

王　辉　区委纪检委副书记

孙亚先　区环保局局长

孙剑波　呼中镇镇长

石　萍　区财政局局长

刘玉芝 区妇女联合会主席

刘晶娜 区卫生和计划生育局局长

李天吉 区旅游局局长

李天柱 区委办公室主任

李玉森 区交通运输局局长

李振凯 区史志办公室主任

祁俊洪 呼中贮木场（大西沟管护区）场长

祁瑞普 碧水贮木场（提阳山管护区）场长

邢佑豹 呼源贮木场（雄关管护区）场长

杨国栋 区司法局局长

邸志锋 永青森林经营公司(管护区)经理

杨 辉 区委宣传部副部长

张岩龙 区安监局局长

张彬彬 宏伟镇镇长

张振威 团区委书记

张雁冰 森林资源林政管理局局长

陈世军 区人力资源和社会保障局局长

周丽杰 区委组织部副部长

孟 磊 碧水镇镇长

孟祥阁 局财务科科长

郝志国 区住房和城乡建设局局长

胡敬铭 区发展与改革局局长

相 伟 区档案局局长

郭玉琢 区食品药品监督局长

秦东雨 局营林局局长

袁志山 区直机关工委书记

袁根堂 区政府办公室主任

高希贵 区民政局局长

黄　丽 区科学技术局局长

鹿洪生 呼源镇镇长

韩　文 统战部副部长

谢爱华 区统计局局长

魏明孝 局森林防火办公室主任

秘　书　长：相　伟 李振凯

《呼中年鉴》（2017）编辑人员

主　　编：李振凯

总　　纂：李振凯

编　　辑：相　伟　李振凯　蔡晓艳　邢金安　赵子龙　刘坤第
王兰芝　陈彦德　李永斌　孟宪敏　尚广英　许志德
闫亚连　杨久明　翟秀萍　张玉华　赵井泉　李桂臣
韩德良

总体设计：相　伟　李振凯　蔡晓艳

《呼中年鉴》（2017）编审人员

主　审：陈广辉　大兴安岭地区地方志编纂委员会办公室党组书记　主任

编　审：赵　青　大兴安岭地区地方志编纂委员会办公室党组成员、副主任

编 辑 说 明

一、《呼中年鉴》是呼中区地方综合年鉴，逐年记载全区经济和社会发展变化，是具有公报性、科学性、权威性、资料性的大型工具书和年度“文献”。

二、《呼中年鉴》由中共呼中区委、呼中区政府和呼中林业局主办，由呼中区档案局、史志办承编，创办于2017年，国内外公开发行。

三、《呼中年鉴》以出版年号为卷次名称，当年卷记述上个年度各类信息。跨年度的要事信息以彩页等特殊结构反映事物的连续性。

四、以马克思列宁主义、毛泽东思想、邓小平理论、“三个代表”重要思想、科学发展观、习近平新时代中国特色社会主义思想为指导。坚持辩证唯物主义、历史唯物主义的立场观点方法。坚持中国共产党的基本路线，坚持实事求是客观记述，坚持“抓新举要”和“官举必书”的编纂方针，全面反映小康社会建设成果，为现实服务，为后人垂鉴。

五、实行“属地化管理”的编纂原则，对呼中区域内进行全方位信息汇集与载纳。由史志办作总体设计和筹划，各镇、管护区、区直各单位、机关各科室、中直省直驻区单位、驻区军警单位等相关人员供稿，史志办责任编辑加工编写。

六、全鉴各类信息以条目为基本单元，总体结构由鉴首、百科和鉴尾三大部类统辖各类信息。部类下分置特载、概况、大事记、政治、军事、林业经济、法治、城镇建设、农业、交通、通信、电力、金融、商贸、旅游、经济管理、资源管理、科技、文化体育、教育、卫生、社会民生、镇场管护区附录23个类目。类目统辖分目，分目下设条目，以期记述方便和信息相对独立。以宏观结构统辖微观单元，但不反映严格的科学分类体系，机构和经济组织排序不表示级别、规格和规模。

七、严格遵守年鉴编写体例，除特载、人物、附录等栏目外均运用记述文体，遵守述而不论原则。

八、行文严格执行国家关于出版物汉字、数字、法定计量单位使用规定，各项主要统计数据依据呼中区统计局和发改局统计资料。个别数据不一致，系统计口径不一致。

目　录

特　载

大事记

概　况

政　治

法　治

军　事

林　业

城镇建设

农　业

交通 通信 电力

金　融

商贸 旅游

经济管理

资源管理

科　技

文化体育

镇场管护区

附　录

特　　载

站在新起点　实现新跨越
为建设“最美最冷”新呼中而努力奋斗

——在2016年第一次区委全委扩大会议暨全区经济、扶贫、旅游工作会议上的讲话

中共呼中区区委书记　李军

2016年1月22日

同志们：

这次会议是在“十三五”开局和全区发展站在新起点、跃上新台阶的关键时期召开的一次重要会议。这次会议的主要任务是，认真贯彻地区第一次地委委员扩大会议、第二次地委委员扩大会议暨全区经济工作、扶贫开发工作会议以及全区旅游工作会议精神，总结2015年及“十二五”期间工作，研究部署2016年及“十三五”工作，确保我区“十三五”开好局、起好步。

下面，按照区委常委会议讨论的意见，我讲四个方面问题。

一、“十二五”时期我区经济社会发展取得优异成绩，全区生态建设与经济社会持续健康发展

“十二五”时期特别是党的十八大以来，面对艰巨繁重的改革发展稳定任务，我们坚持加速发展、加快转型、推动跨越主基调，坚决守住生态红线，兜住民生底线，积极主动适应新常态、把握新常态、引领新常态，推进经济、政治、文化、社会、生态建设，顺利完成“十二五”规划目标，为“十三五”时期发展奠定了坚实的基础。“十二五”期间全区地区生产总值实现41.6亿元，年均增长11.7%；公共财政收入达到6957万元，年均增长13.8%；城镇居民人均可支配收入达到72205元，年均增长14.9%。

一是生态建设成效显著。深入实施国家天然林保护二期工程，完成营林抚育167.06万亩，森林覆盖率达到96.24%，比2010年提高2.09个百分点，全区森林总蓄积达到6555万立方米，比2010年增长392万立方米。按照国家要求，全面停止木材商业性采伐。连续五年没有发生重特大火灾，实现历史性突破。呼玛河国家级湿地公园申报工作通过国家林业局评审，呼中国家级自然保护区获得首批“中国森林氧吧”称号，生态体系建设进一步完善。

二是产业结构得到优化。着力发展生态旅游业，白山景区成功晋升为国家AAA级旅游景区、苍山石林成为省级地质公园；成功举办全国最冷小镇冰雪摄影大赛，完成“中国最冷小镇”商标注册，建设“中国最冷小镇”地标性建筑；呼中镇被评为全国最美小镇第二名，白山景区在全省自驾车友最喜爱的旅游景区评选中位列第八；黑龙山龙首洞考古发现，初步证明大兴安岭是孕育黑龙江乃至中国远古文明的摇篮，呼中的知名度、美誉度实现历史性

突破。着力发展绿色食品业，成立各类专业合作社15个，呼中麦饭石黑木耳通过中国农业大学的科技鉴定，木耳多糖、蛋白质等主要营养成分，分别比本地、外地黑木耳高出15%和23%，成功注册“呼中”麦饭石黑木耳商标，并且，将黑木耳包装为“拉罐式”进行销售；建设占地面积为4万平方米的松杉灵芝养殖基地，松杉灵芝成功实现野外养殖。着力发展绿色矿业，探明储量巨大且开发前景广阔的飞虎山铅锌矿、偃尾山铜多金属矿等多处矿产资源，区内矿产勘查的地堪项目有22个，为我区未来绿色矿产业的兴起奠定坚实的基础。

三是改革管理稳步推进。针对停伐实际，将各贮木场、木材检验大队等单位576名人员转岗分流到园林绿化、城镇环卫、营林、防火战线；卫生局和计生委合并为卫生和计划生育局，林木产品销售公司改制为全民创业办公室；区内2所小学、2所中学分别进行了合并，并新建1所综合实践学校，312名教职工得到妥善安置。在全区推广执行人脸扫描考勤制度，机关工作效率得到明显提升；开展办公用房清理工作，清腾办公楼面积5157平方米，体制机制活力明显增强。

四是社会民生明显改善。完成棚户区改造36.87万平方米，惠及百姓7332户。林—碧公路、呼—阿公路实现全面硬化贯通，区内主要街道全部实现硬化。建设青少年校外活动中心，结束我区长期以来没有文体馆的历史；完成第二幼儿园建设，教育网点更加合理；我区映山红健身队在全国“全民健身操舞”比赛中荣获全国中老年组一等奖，展现我区优良的精神风貌。完成社区卫生服务中心、卫生监督所等项目建设，购置16排CT机、数字化胃肠机等大型医疗设备，区医院顺利通过二级乙等医院评审。并且，偿还历史欠款2.6亿元，企业职工工资是2010年年末的2.8倍，林业局荣获全国文明单位荣誉称号，呼中区连续5年保持“平安县区”荣誉，全区职工群众获得感、幸福感、安全感得到提升。

五是党的建设全面加强。深入开展党的群众路线教育实践活动和“三严三实”专题教育活动，全区党员领导干部执政能力全面提升。结合我区“服务接力8+8”活动，在全区党员干部中创造性开展“深入基层联系群众服务接力进网格”工作，有效解决联系服务群众“最后一公里”问题，此项活动得到地区领导的高度肯定。严格落实“中央八项”规定，切实把中央省、地关于反腐倡廉的一系列新思想、新观点、新要求、新举措落实到各项工作部署中，累计处理违纪人员60余名，切实营造风清气正的发展环境。以宣传社会主义核心价值观为重点，深入推进“善行呼中，美在大岭”主题活动，牢牢把握正确舆论导向，大力宣传我区最冷小镇、最美秋色、最高大白山、最神奇“黑龙山龙首洞”等特色品牌，全面展示呼中良好的发展环境和广阔的发展前景。区委先后荣获“创先争优先进县区党委”、省级“学习型党组织先进集体”、全省学习型领导班子标兵等荣誉。

与此同时，人大、政协、统战及群团组织有效紧紧围绕区委中心工作，发挥优势、认真履职，为区局发展做出突出贡献。

这些成绩的取得，得益于地委、行署的正确领导，得益于区局五大班子的团结一心、和衷共济，得益于驻区中省直各单位、资源监督办、保护区管理局、消防官兵、森警部队的鼎力支持、全力配合，更是得益于各单位、各部门和全区广大职工群众的顽强拼搏、开拓进取。在此，我代表区委、区政府、林业局对大家所付出的辛苦和努力表示衷心的感谢和崇高的敬意！

过程孕育结果，收官昭示开局。“十二五”交出圆满答卷，为“十三五”发展积蓄底气、后劲。我们更应清醒地看到，全区经济社会发展还存在一些不容忽视的问题：**一是经济下行压力加大。**替代产业发展仍然处于培育阶段，三产结构仍然处于“V”形结构；财政收入2015年首次负增长，财源项目少、项目小、项目老的现状还没有改变；固定资产投资增长乏力，导致保持经济增长的动力不足。**二是改革攻坚任务艰巨。**虽然，我们对木材经销公司、三大贮木场、检验大队进行职能转变和转岗分流。但是，随着林区改革的深入，木材生产综合管理部门转型分流任务还很大，职工转岗存有压力，一些制约加快发展的深层次矛盾还没有得到有效解决。**三是百姓民生亟须改善**。近几年，我们不断加大民生投入力度，职工工资都实现大幅提高、城居环境和百姓生活明显得到改善，但是与其他县区相比依然存有差距。**四是党的建设还需加强**。个别基层党组织战斗堡垒和先锋模范作用发挥不明显，没有起到凝聚人心、促进发展的作用；有的干部思想不在状态，工作不务实、不作为、乱作为，“不严不实”问题依然存在。差距蕴含潜力，压力催生动力。对此，我们必须有清醒的认识，一定要勇于化解难题，继续加速前进，推动全区经济社会发展迈上新的、更高的发展阶段。

二、把握发展形势，坚定发展信心，奋力推进全区经济社会历史性新跨越

“十三五”时期，是呼中发展转段、体制转轨、经济转型的攻坚时期，也是加强生态建设、加速转型崛起的重要战略机遇期。我区经济社会发展面临着诸多有利条件和机遇：**一是生态建设愈受重视**。党的十八大以来，生态建设不断被党中央赋予新的更高的层面。2015年9月，中共中央、国务院印发《生态文明体制改革总体方案》，明确指出：保护自然就是保护和发展生产力，就应得到合理回报和经济补偿，到2020年，要构建起资源有偿使用和生态补偿制度。我区经过多年发展和保护，生态功能和效益突显，使我们在争取国家政策、吸引战略投资、发展优势产业上拥有更多的主动权和话语权，为我区经济社会发展赢得更为广阔的空间。**二是政策机遇愈加难得**。中央制定出台的《国有林区改革指导意见》明确指出，到2020年基本理顺中央与地方、政府与企业的关系，实现政企、政事、事企、管办分开，企业办社会这一历史性包袱将会得到有效解决。并且，今年是实施“十三五”规划的开局之年，为确保到2020年全面建成小康社会，国家一方面在编制各专项规划，另一方面将陆续出台相关扶持政策。同时，我们还享受《大小兴安岭林区生态保护与经济转型规划》、二期天保工程、东北老工业基地振兴等政策，所享受政策之多之强之好前所未有。这些政策的叠加与组合，为我们加强生态保护、加速转型崛起提供千载难逢的机遇。**三是发展基石愈加坚实**。经过五年的发展建设，我区经济稳步攀升、基础设施不断完善、城镇建设日新月异、党建和精神文明建设迈上新台阶，职工群众抢抓机遇、开拓进取、加快发展的责任感和紧迫感切实增强，思富裕、谋振兴、求发展的愿望更加强烈。加之我区生态、资源、区位等优势正在转化为现实生产力，为加强生态建设、促进转型发展提供强大支撑和保障。

因此，只要我们进一步增强加快发展的决心和信心，变压力为动力，化不利为有利，全力把握住千载难逢的历史机遇，突出用好用足用活各项政策，切实做大做强做优新兴产业，团结拼搏，开拓创新，就一定能够实现跨越式发展的目标。

“十三五”及2016年全区经济社会发展总的指导思想是：**深入贯彻落实党的十八届四中、五中全会精神，以习近平总书记系列讲话精神为指导，紧紧围绕地委、行署发展“六大产业”、实施“三大工程”、营造“两大环境”总体战略部署，坚持“稳中求进、持续求进、创新求进、实干求进”总基调，全面加强森林资源培育，进一步优化产业结构，坚持以改革创新为动力，深入实施全民创业，着力保障和改善民生，全面推进从严治党，切实增强区域经济综合实力和可持续发展能力，实现“保生态、惠民生、促发展”工作目标，确保与全国同步建成小康社会。**

“十三五”经济社会发展的目标是：到2020年，国内生产总值实现11.75亿元，年均增长7%；公共财政收入实现852.45万元，年均增长6%；城镇人均可支配收入达到29418元，年均增长8.7%；固定资产投资达到2.9亿元，年均增长10%；林业企业增加值完成5.8亿元，年均增长3.5%。

“十三五”的主要任务是：以生态保护、经济转型、民生改善为重点，全面建设“最美最冷、宜居宜业新呼中”，实现生态建设和资源保护、经济发展和结构调整、民生改善和扶贫攻坚、深化改革和对外开放、社会建设和法治保障“五个新跨越”。

——**建设最美呼中**。以美丽的风光和独特的生态环境为根本，切实加强城镇基础设施的改造与建设，不断提升城镇品位和形象，着力打造自然生态美、经济活力美、社会和谐美、城镇形态美“四位一体”的城镇建设体系。

——**建设最“冷”呼中**。突出“冷”资源、结合“冷”文化，全面叫响“中国最冷小镇”，使我区成为夏季旅游避暑、冬季冰雪体验的胜地，以“冷能量”引领“热经济”。

——**建设宜居呼中**。坚持以人为本，加快发展社会事业，强化公共卫生、公益性文化体育和公共安全等公共服务，满足职工群众基本需求，使全区人民过上更加富足、文明、健康、安定的生活。

——**建设宜业呼中**。充分发挥比较优势，培育壮大六大接续产业，大力推进全民创业和发展非公有制经济，切实提高创业就业环境，不断增加职工群众收入，实现经济发展总量与质量的双飞跃。

——**生态建设和资源保护实现新跨越**。大力开展封山育林、植树造林、天然林保护等重点生态工程建设。大力开展生态镇、生态林场建设，保护好生物多样性，深入推进呼玛河源国家湿地公园建设和钻天柳自然保护区建设。到2020年，实现林地面积蓄积双增长，林地面积达到76.71万公顷，森林蓄积量达到6931万立方米，森林覆盖率达到96.26%。

——**经济发展和结构调整实现新跨越**。高端定位、优先突破新兴产业。创新发展以“互联网+”引领的电子商务产业，加快发展以北药种植、加工为一体的生物医药业，积极推进争取生态补偿政策和发展碳汇项目的森林碳汇业。改造提升、做大做强特色产业。全力推进以提升“中国最冷”小镇美誉度的生态旅游业，大力发展以山野菜、山野果生产加工、野生松杉灵芝养殖为主的森林生态食品业，强力发展以多金属矿开发、生产一体化的绿色矿业，三次产业结构力争实现最优。

——**民生改善和扶贫攻坚实现新跨越**。认真落实各项惠民政策，统筹建设教育、文化、卫生等公共服务设施，推动公共服务向镇场延伸。完善创业就业政策措施，充分挖掘就业潜力，扩充就业岗位，2020年，城镇登记失业率控制在4.6%以内，就业率65%。教育现代化取得重要进展，2020年，实现学前三年毛入园率达到80%，小学阶段和初中阶段毛入学率达到100%，高中阶段毛入学率达到95%。把基本医疗卫生制度作为公共产品向全民提供，逐步实现人人享有基本医疗卫生服务的目标。深入开展“希望工程”“幸福工程”“春蕾计划”等活动，2020年，实现贫困人口全脱贫，确保如期实现建成林区小康社会目标。

——**深化改革和扩大开放实现新跨越**。稳步推进林业体制改革，明确林业局功能定位，撤并职能消失或弱化部门，整合管理职能单一、职责交叉部门，积极推进森林资源管护区划调整，探索符合林区实际的改革转型路径，厘清政府和林业管理、企业经营职责权属及费用渠道。抢抓省建设“龙江丝路带”机遇，争取国家和省支持，进出口总额达到200万美元，年均增长5%。

——**社会建设和法治保障实现新跨越**。中国梦和社会主义核心价值观更加深入人心，爱国主义、集体主义、社会主义思想广泛弘扬，最美小镇、最冷小镇情怀更加浓厚。法治呼中建设取得明显成效，社会公平正义得到有效维护，社会治理水平进一步提升，社会更加和谐稳定。

2016年，是实施“十三五”规划的开局之年，也是我区加速发展、奋力赶超跨越的关键之年，做好2016年经济工作，对加快转型发展、全面深化改革、完成“十三五”规划目标至关重要。

刚才，少义区长就今年经济工作，已经作了全面、细致的安排。下面，仅就产业发展强调三点意见。

（一）**强力推进生态旅游业。一要做好生态旅游项目的对上争取工作**。要深挖国家出台的《关于近期支持东北振兴若干重大政策举措的意见》和省委省政府加快建设“中蒙俄经济走廊”、龙江陆海丝绸之路经济带的机遇，从争取接续替代产业专项的角度，争取生态旅游的项目建设，切实增加旅游产业政策性投入，进一步完善旅游基础设施。**二要集中精力打造旅游文化产业**。要增强旅游产业开发中的文化意识。旅游业是文化的载体，文化是旅游业的灵魂，唯有充分挖掘旅游产业中的文化内涵，才能够从根本上提高旅游的文化品，才能够为旅游业的可持续发展提供不竭的动力。要科学编制文化旅游产业发展规划。聘请有关专家、学者一起研究、策划，制定出符合我区实际的旅游文化产业整体规划，特别要赋予黑龙山龙首洞、白山、苍山石林等景区文化内涵，切实增强景观景区的吸引力、感染力、生命力，保证旅游景区景点建设的前瞻性、科学性。**三是要借助新媒体来宣传“中国最冷小镇”品牌**。通过建立“呼中旅游”官方微信、微博等电子平台的广覆盖性及传播能力，发布“中国最冷小镇”人文地理、旅游景点动态及各种特产，让更多的人知道呼中、了解呼中、向往呼中。同时，在网络上组织有利于景区宣传的各项活动，比如网络摄影大赛，景区宣传标语、景区征文等，充分调动网友的积极性，提高网友参与性，提升全区旅游的知名度和美誉度。

（二）大力发展森林生态食品业。一是要选准优势品种。要优先发展资源禀赋好、市场前景好的项目，把好资源做成好产品。要深度开发野生蓝莓、红豆、偃松等产品，重点抓好森源食品科技有限公司蓝莓果酒、果干、果汁系列产品加工项目，加大引资力度，推进偃松系列产品加工项目建设，实现偃松资源深度开发，把野生浆果、野生坚果等加工业做大做强。要积极推进松杉灵芝养殖规模，充分利用林下大量的松木伐根，引导职工群众以伐根作为松杉灵芝培养基，使松杉灵芝养殖野生养殖真正成为一项可持续发展产业。**二是要明确产业定位**。我区的森林生态食品资源数量有限，必须做精品、走高端，把好产品卖出好价钱，例如，我们的“呼中”麦饭石黑木耳包装为“拉罐式”进行销售后，是普通木耳售价的3倍，大大提升呼中黑木耳售价和市场竞争力。要扶持培育龙头企业，推进产学研合作，采取“龙头企业+基地+职工农户”的模式，生产研发高品质、富营养的森林生态食品。要发挥黑木耳协会、专业合作社的作用，加强行业自律，强化市场监管和价格指导，形成良性竞争局面。

（三）积极发展森林碳汇、矿产开发等新兴产业。一要有序推进林业碳汇建设。要结合机构改革，尽快建立碳汇项目管理机构，强化科学管理。积极开展我区森林碳储量与碳变化量调查工作，准确掌握森林碳储量与碳汇量的现状、变化与潜力情况，为今后争取生态补偿政策和发展碳汇项目提供依据。要集中力量对我区的以往造林成果以及适于开展森林经营碳汇项目的区域进行调查，为今后发展碳汇项目提供数据支撑。**二要大力推进矿产资源开发**。要积极推进飞虎山矿和硅石矿的开发，全力支持、配合开发企业完成林地审批等手续，力争早日开工上马。要深入挖掘矿泉水资源优势，将我区水样送到权威机构进行检测，评价出几处水量稳定、质量较高、适合规模开发的矿泉水源地，同时，加强与知名矿泉水公司的接洽，争取引进大的战略投资者，努力把我区打造成天然、健康、高端的优质矿泉水生产基地。**三要创新推进“互联网+”发展**。立足我区实际，借助国家政策在创业创新、现代农业、电子商务、绿色生态、益民服务等方面政策，探索发展线上线下新兴消费和基于互联网的医疗、健康、养老、旅游、物流等新兴业态。积极推进互联网向产业产品研发、生产、营销等各领域拓展，切实增强产业创新能力，提升产业发展水平。

三、全面推进扶贫开发工作，努力实现新阶段扶贫开发工作新跨越

去年年底以来，中央及省、地相继召开扶贫开发工作会议，对扶贫开发工作进行全面部署，要求坚决打赢脱贫攻坚战。我们必须把握新时期扶贫开发的新定位、新思路，把思想和行动统一到中央及省委、地委的要求上来。

（一）认清形势，提高认识，切实增强做好新时期扶贫开发工作的责任感和使命感。一要以高度的政治觉悟重视扶贫开发工作。党的十八大以来，以习近平同志为核心的党中央，站在实现“中国梦”的战略高度，把握全局、运筹帷幄，对新时期我国扶贫开发工作作出了改革创新扶贫开发体制机制、开展精准扶贫等一系列战略部署。特别是从2014年起，国务院规定每年的10月17日为“扶贫日”，这充分体现党中央、国务院对扶贫开发工作的高度重视。

我们一定要认真学习领会中央、省委、地委有关扶贫开发的新精神和新要求，准确把握新时期扶贫开发的新定位、新思路、新目标、新举措，切实把思想和行动统一到中央及省、地决策部署上来。**二要充分认识我区扶贫开发工作面临的挑战**。扶贫开发事关百姓福祉，事关社会和谐稳定，事关经济社会发展大局，是“头号民生工程”。虽然，我区扶贫开发工作经过多年努力，取得了较大进展。但受经济总量小、财政实力弱、职工收入低等各种因素影响，我区扶贫开发任务非常艰巨。据统计，我区有贫困家庭3525户，其中，在职职工为344户、城镇居民为3181户，贫困总人口6409人，占总人口的18.8%。尤其是我区地处偏远、气候寒冷，不仅衣食住行等生活成本远远高于其他地区，而且脑血栓、脑出血、心脏病等地方病高发，职工群众因病致贫、因病返贫问题突出。加快全区贫困群众的脱贫致富，让贫困职工群众与全区人民同步进入全面小康社会，是我们各级党委、政府义不容辞的历史使命和政治责任，也是对各级干部宗旨意识和作风能力的最好检验。我们一定要清醒认识到，扶贫开发不是阶段性的工作，而是一项长期而重大的任务。各单位各部门一定要深刻认识做好扶贫开发工作的重要性和紧迫性，切实增强做好扶贫开发工作的自觉性和坚定性，坚决打好新一轮扶贫开发攻坚战。

（二）突出重点，精准发力，务求脱贫攻坚最大成效。一要精准认定管理。要按照国家和省、地扶贫标准，通过入户调查、群众评议、公告公示、抽查检验、信息录入等程序，把所有贫困户精准认定出来，真正做到对象准、情况清、原因实、类别明，确保真正的贫困人口一个不漏下，非贫困人口一个也不纳入。同时，严格落实“扶贫对象进入和退出机制”，实现对象科学化动态管理，做到扶贫对象有序进出。**二要依靠创业扶持一批**。通过党员领导干部深入基层服务接力进网格活动，对贫困家庭变“输血”为“造血”鼓励引导他们积极参与食用菌养殖、特色动物养殖等创业项目，确保贫困家庭至少掌握一门实用技术、一项增收致富门路。要加大扶持创业力度，优先向有创业意愿的贫困家庭倾斜，切实降低贫困家庭创业门槛。**三要依靠社会保障兜底一批**。完善贫困人口社会救助体系，严格落实特困户救助、助学保学、最低生活保障、“三无”老人集中供养政策，加大对低收入群体帮扶救助力度。要健全“三留守”人员和残疾人关爱服务体系，全面摸底排查，加强动态管理，帮助特殊困难家庭解决实际困难，切实织牢基本生活安全网。**四要依靠智力支持脱贫一批**。对贫困学生做到“应助尽助、精准资助”，帮助贫困家庭幼儿接受学前教育，尤其是要抓好义务教育寄宿制学校建设，使贫困家庭孩子能够接受良好教育。尤其是要积极救助贫困家庭考上大学的学生，决不能让任何一个贫困家庭孩子因经济困难而失去接受良好教育的机会。**五要依靠医疗救助一批**。将贫困人口纳入医疗救助和重特大疾病救助范围，不断提高居民医保、大额医疗费核销比例，提高医保核销限额标准，防止因病致贫、因病返贫。要全面实施贫困儿童营养改善、孕前优生健康免费检查等重大公共卫生项目，保障贫困人口享有基本医疗卫生服务。

（三）加强领导，狠抓落实，努力开创新阶段扶贫开发工作新局面。一要加强领导，落实责任。各镇场、各相关部门要切实把扶贫开发工作列入重要议事日程，统筹安排，扎实推进。特别是各镇要根据新阶段扶贫开发的总体目标任务，制定本镇扶贫总体规划、分年度实施计划和落实措施，把扶贫开发资金、项目落实到户。要深入推行“领导包镇场、干部包户”的扶贫工作机制，将党员领导干部深入基层进网格活动与扶贫开发工作结合起来，帮助贫困家庭发展经济、促进增收、脱贫致富。**二要部门联动，合力攻坚**。扶贫开发是全社会的共同责任，全区上下一定要树立“大扶贫”的意识，努力形成全社会关心支持扶贫开发工作的良好氛围。各单位及社会各界要发挥各自优势，积极履行在扶贫开发工作中的职责，协调联动，该出的钱一定要出，该做的工作一定要做，该配合的工作一定要主动到位。特别是财政、财务、发改、扶贫办等各项目单位要进一步加强与国家及省、地业务部门的衔接，为我区扶贫开发争取更多的项目和资金支持。**三要**

加强管理，完善监督。进一步建立健全扶贫开发工作督促检查、考核激励、项目运行和资金管理机制。扶贫办要切实加强对新一轮扶贫开发工作的业务指导、督促检查和考核评估，确保每个扶贫项目实施到位、落实到户。财政、审计等部门要严格按照《国家扶贫资金管理办法》及有关规定，切实用好管好扶贫专项资金，确保扶贫资金真正用于贫困群众，不断扩大群众的知情权、参与权和监督权。

四、全面加强和改善党的领导，为经济社会发展提供坚强保证

能不能如期全面建成小康社会，根本在人，关键在党。我们要始终坚持党要管党、从严治党，以党的执政能力建设和先进性、纯洁性建设为主线，不断提高党的建设科学化水平，积极营造良好的经济发展环境和政治生态环境。

（一）要严守政治纪律、政治规矩。一要切实提高认识。深入贯彻《廉洁自律准则》《纪律处分条例》，时刻绷紧政治纪律、政治规矩这根弦，始终做到政治信仰不变、政治立场不移、政治方向不偏，重大问题该请示的请示，该汇报的汇报，决不允许有令不行、有禁不止，决不允许拉帮结派，决不允许自行其是、阳奉阴违，自觉营造良好的政治生态。**二要全面加强教育**。切实打牢党员干部思想政治基础，确保各级党组织和全体党员在大是大非问题上，认识不含糊、态度不暧昧、行动不动摇，始终在思想上政治上行动上同中央及省、地和区委保持高度一致。**三要深入开展监督检查**，纪检监察部门要把维护党的政治纪律、政治规矩放在首位，对违反政治纪律、政治规矩行为从严查处，坚决克服组织涣散、纪律松弛现象，真正让党的政治纪律、政治规矩成为硬约束、硬要求。

（二）要抓好干部队伍建设。一是要加强基层党组织建设。要全面落实基层党建工作主体责任，各级党组织书记要切实履行好第一责任人职责，把党建工作紧紧抓在手上，深入开展软弱涣散基层党组织整顿，做好党员培养、发展和教育管理工作，切实强化经费保障，全面提升党建工作水平。要强化基层党组织政治功能和服务功能相统一，从严规范党内政治生活，加大培训力度，用科学理论武装基层党员干部头脑。要严格执行《领导干部深入基层联系群众制度》，把党员领导干部深入基层服务接力进网格工作做实、做出成效，打通联系服务群众最后一公里。**二是要切实抓好换届工作**。区镇两级班子换届工作是一项严肃的政治任务，是加强两级领导班子建设的重要契机。通过换届选好干部、配强班子，对于我区“十三五”时期实现跨越式发展的宏伟目标具有十分重要的意义。要认真学习中央和省委、地委对换届工作的总体要求，准确把握目标任务、工作重点和政策规定，切实把要求和政策吃准吃透，打牢思想基础。要扎实做好各项基础准备工作，抓紧开展换届前专项调研，认真总结以往的有益经验，从实际出发，制定切实可行的工作方案。要搞好领导班子的综合分析，坚持正确用人导向，选出忠诚、干净、担当的好干部，配出结构优、功能强的好班子。要严肃换届纪律，开通专项举报，切实加强干部选拔任用全过程监督，坚决查处跑官要官、拉票贿选等不正之风和腐败行为，确保换届工作风清气正。

（三）要切实加强廉政建设。一要始终保持惩治腐败的高压态势。强化对天保资金、社保资金等专项资金的监管，开展好营林生产、住房保障、医药购销等领域的集中监督检查，切实加强师德师风、医德医风、路政路风、机关作风等方面不正之风的专项治理，着力解决损害群众利益的突出问题，切实做到有腐必反、有贪必肃、有案必查。**二要严格落实“两个责任”**。各级党委要切实把党风廉政建设当作分内之事、应尽之责，坚持从严监督管理干部，对苗头性倾向性问题抓小抓早，防止小错酿成大错、违纪走向违法。纪委监察部门要牢固树立不抓监督就是严重失职、办不成案就是渎职的意识，认真落实一案双查、一问三责等制度，不压案、不拖案、不管是什么人、不管职务多高，只要触犯党纪国法，都要一查到底，切实形成强大震慑。

（四）要强化宣传思想工作。一要牢牢把握正确舆论导向。坚持以团结稳定鼓劲、正面宣传为主，紧紧围绕全区经济社会发展大局，多报道一些有利

于推动生态建设、有利于凝聚发展力量、有利于消除社会矛盾的人和事，宣传好我区最冷小镇、最美秋色、最高大白山、最神奇“黑龙山龙首洞”等特色品牌，进一步弘扬好主旋律、传播好正能量。**二要加强精神文明建设**。以“善行呼中，美在大岭”主题实践活动为载体，培育和践行社会主义核心价值观，积极做好道德模范、身边好人、最美人物宣传表彰工作，从不同层面、不同领域、不同行业选树典型，引导职工群众崇德向善、见贤思齐，形成讲道德、尊道德、守道德的良好社会风尚。**三要切实加强网络舆情监管**。抓好网络信息监管队伍建设，准确把握网络舆情动态，充分发挥微博、微信等新型媒体作用，积极营造良好舆论环境。加强政府网站、呼中贴吧建设，积极主动回应网络关切，及时清除不良信息，依法打击造谣传谣以及串联煽动等行为，切实净化网络舆论环境。

（五）要全面推进依法治区。一要坚持依法执政。各级党组织和领导干部必须牢固树立法律红线不能触碰、法律底线不能逾越的理念，带头学法尊法用法守法，严格依法办事、依法用权，不得违法行使权力，更不能以言代法、以权压法、徇私枉法。严格落实审判公开、检务公开、警务公开制度，坚决纠正司法活动中的不正之风，决不允许办关系案、人情案、金钱案，让职工群众在每一个司法案件中都能感受到公平正义。**二要强化平安建设**。全面加强社会治安综合治理，扎实推进“天眼”工程，完善社会治安防控体系，严厉打击各种违法犯罪活动。坚持依法治访，依法处理缠访和闹访行为，切实维护正常信访秩序，坚决防止影响社会稳定的事件发生。要严格落实安全生产“党政同责、一岗双责”，深入开展消防安全、交通安全以及危险化学品安全等专项整治，坚决防止发生重大事故。要着力加强食品药品安全监管，严厉打击假冒伪劣等违法行为，让百姓群众吃得安全、吃得放心。

（六）要抓好民主政治建设。一要切实加强人大工作。进一步抓好重点工作的审议和监督，促进“一府两院”依法行政、公正司法，积极开展议案征集工作，确保在上级人代会上提出高质量的意见和建议。**二要积极推进政协工作**。深入开展调研视察，紧紧围绕全面深化改革、经济转型发展、社会民生改善等热点难点问题，进行参政议政、建言献策，更好地促进全区经济社会发展。**三要不断加强统战工作**，认真组织开展“同心协力活动”，切实抓好党外领导干部培养选拔，积极维护民族宗教领域稳定。**四要扎实做好群团工作**。依法维护职工群众合法权益，抓好困难职工群众救助帮扶，积极组织引导广大工人、青年、妇女和科技工作者投身全民创业，实现增收致富。

同志们，宏伟蓝图已经绘就，新的征程即将开启。各项工作能否取得令人满意的成绩和效果，关键看如何抓好落实。各单位各部门要进一步弘扬求真务实的工作作风，坚定信心、振奋精神，齐心协力、真抓实干，切实以钉钉子的精神狠抓落实，牢牢把握工作的主动权。全体党员领导干部要想事干事、狠抓落实、善抓落实，创造性地把区委、区政府决策部署落到实处，确保政令畅通、决策生根。

努力开创全区经济工作新局面

——在2016年第一次区委全委扩大会议暨全区经济、扶贫、旅游工作会议上的讲话

呼中区林业局局长 刘少义

2016年1月22日

同志们：

这次会议的主要任务是：认真贯彻落实地区五个会议精神，客观总结2015年及“十二五”期间工作，研究部署“十三五”及今年工作任务。

下面，我侧重经济和社会事业发展方面讲四个问题

一、客观总结，凝心聚力，坚定加快转型发展的信心

“十二五”，是呼中改革发展极其不平凡的五年，是主动适应新常态，应对停伐、企业转型、职工转产、人员分流挑战压力最大的五年，也是职工群众共享改革发展红利最多、最殷实的五年。过去的五年，按照地委、行署“发展六大产业、实施三大工程、营造两大环境”工作思路，全力以赴保生态、促转型、惠民生，经济社会实现科学、和谐、跨越式发展。

一是经济发展跃上新台阶。2015年，地区生产总值实现83861万元，完成年计划100.1%，比2010年增长29.7%，年均增长11.7%。全口径财政收入实现2303万元，完成年计划221%，比2010年增长57.4%，年均增长9.5%。城镇人均可支配收入实现2303万元，完成年计划221%，比2010年增长57.4%，年均增长9.5%。城镇人均可支配收入达18592元，比2010年增长113.3%，年均增长14.9%。

二是生态建设取得新成果。“十二五”期间，累计查处违法使用林地案件32起、滥伐林木案件10起、复开农用地案件1起；完成森林抚育167.1万亩、补植补造10.8万亩。2015年，深入实施二期天保工程，重新调整管护区划，森林抚育工作荣获大兴安岭地区团体第一名，森林病虫害防治工作跻身于全管局第二名，森林防火工作取得五年无人为火发生、雷击火快速扑灭不成灾的好成绩。碧水、宏伟等国家级生态镇场申报工作顺利通过省厅论证，呼中区省级生态区申报工作已通过省厅专家组评审，钻天柳保护区晋升为省级保护区，苍山石林被列为省级地质公园，呼玛河源国家级湿地公园得到国家林业局批复。全区森林总蓄积达到6555万立方米，森林覆盖率达到96.24%，生态环境质量显著提高。

三是产业转型迈出新步伐。依托特色资源，打造地域品牌，完成“中国最冷小镇”商标注册、地理标识建设，成功举办“呼中书画摄影展暨四季风光国际摄影大赛”“全国最冷小镇冰雪摄影大赛”，并在深圳文博会、首都高校生态文明论坛上推介，最冷小镇旅游知名度美誉度响彻全国、接待旅游人次直线飙升。2015年接待旅游人次比“十一五”期末翻一番。整合闲置资产，筑巢引凤，成功引进黑

龙江省森源食品科技有限公司，对蓝莓等野生浆果进行深加工，改写呼中开发建设50年来未引进1家大型非林非木产业的历史，谱写呼中转型发展的新篇章。搭建创业平台，扎实推进全民创业，成立林下经济协会1个、合作社33个，建立创业基地21个。2015年，累计发放各种补贴、贴息贷款1096万元。采集野生蓝莓340吨、红豆901吨；养殖黑木耳3200万袋、灵芝20万袋；种植马铃薯4232亩，其他蔬菜类1970亩，实现总产值2.2亿元，林下经济呈现百舸争流、繁荣发展的良好态势。偃松、黑木耳、蓝莓、越橘等10个林下经济品种，顺利通过国家林业局“中国森林经营认证”审核。

四是改革管理取得新突破。牢固树立“以制度管住盘子，以节约助推发展”“管住人就是管住编制，管住编制就是管住钱”的经营理念，坚持走精细化管理道路，建立健全财政财务、供暖供水、刷脸考勤等13项规章制度。2015年，节约供暖用煤3000余吨，精减扑火队员100名，清理吃空响人员125名，清退环卫临时用工264名，清理违缴养老保险人员2300名；森林大益公司实现了整体外租，三大贮木场、林木产品经销公司、检验大队实现整体职能转变，576名转产人员得到妥善安置。全年累计节约支出2631万元。

五是基础设施建设取得新成效。2015年，筹措资金3035万元，完成呼中镇新市场商服房外立 面改造、主街沥青路面升级改造，步道砖、排水管铺设，小区道路混凝土路面硬化、旧楼外立面粉刷及楼顶彩钢瓦更新等一系列民生工程。城镇基础设施建设发生翻天覆地的变化，人居环境实现历史性大发展、大突破。

六是百姓生活有了新改善。通过把握政策向上争取资金、强化内部管理节约资金。2015年，区局筹措资金4837万元为在职公务员、教师、卫生系统、林业职工增补工资；筹措资金2891万元偿还历年拖欠养老金、补发一次性伤残补助金，职工收入持续增加。2015年人均可支配收入达到18592元，比“十一五”期末的8716元提高9831元，实现了翻番目标。

七是社会事业取得新进步。高度关注文教卫生事业发展，千方百计筹措资金631万元，为第二幼儿园招聘了10名幼儿教师，为各校配备电脑，对住宿生校舍进行维修改造；为医院引进牵引、体外碎石机等临床设备，对医院路面进行硬化绿化。加大民生保障力度，筹措资金2472万元，为弱势群体发放低保金、医疗救助金、临时救助金，为三无老人和孤儿发放生活补贴，并资助困难群众参险。教育、卫生、医疗、社会救助等民生事业全面发展，文化产业得到进一步提升。2015年，呼中区映山红健身队荣获全国第四届快乐舞步大赛第一名，呼中林业局荣获“全国文明单位”称号，呼中区连续11年保持“平安县区”荣誉称号，社会呈现出和谐稳定的良好局面。

在全面停伐、经济下行压力增大、各种改革矛盾交织叠加的情况下，过去一年的成绩来之不易，难能可贵。这些成绩是在历任班子打下良好基础上取得的，是地委、行署领导关心支持的结果，是区委统揽全局、科学决策、正确领导的结果，是区人大、区政协有效监督、支持配合的结果，是区几大班子领导成员和广大干部职工群众辛勤付出、共同努力的结果。在此，我谨代表区政府、林业局向全区广大干部职工群众，向所有关心、支持呼中改革发展的各界朋友，表示最衷心的感谢！

二、研判形势，正视困难，科学应对新挑战

正确分析和判断我区面临的形势，是认识困难、把握主要矛盾、明确工作方向的前提。回顾2015年及“十二五”期间各项工作，虽然我们取得了可喜成绩，但仍然存在着很多不足，发展形势依然十分严峻。**一是思想观念陈旧，自主创业意识淡薄。**受“以木吃木”思想观念的束缚，我区仍然是全地区最保守、最封闭、最落后的地区，计划经济思想仍然深深固守在一些人的头脑中，依赖政府安排工作、依靠政府寻找生活出路的思想还很严重，市场经济观念还没有完全形成，自主择业、自我创业、自我发展意识淡薄，导致一部分人在择业、创业中思路不活、办法不多、应对无策、顾虑重重等问题。**二是制约经济发展的客观因素有增无减。**当前，在

全面停伐的大背景下，制约我区经济发展的因素很多，气候环境、森林资源、交通运输、产业项目等都不具备竞争优势。企业转型、职工转产、人员分流压力有增无减。特别是林碧地方铁路年久失修面临停运、呼阿公路卡玛兰大桥严重破损，这必将影响和制约呼中生态旅游、矿产开发、商贸流通等产业发展。**三是原为支柱产业的加工企业持续萎缩，主营收入渠道狭窄。**受地理、气候等因素影响，呼中开发建设50年来，只引进森源1家大型非林非木产业项目，生态旅游业尚处于开发阶段，其他生态食品产业尚未成型，规模小效益低；原有的12家大型林木产品加工企业，现仅有1家凭外购原料维持生产，财源项目少之又少，财政收入压力持续增大。

发展与矛盾并存，机遇与挑战同在。在看到诸多不利因素的同时，我们也应该看到自身存在的发展优势与发展机遇。**一是发展优势。**我区拥有面积16.7万公顷中国第一大、世界第五大的国家级原始森林自然保护区；有近7万公顷全国乃至世界面积最大的偃松特色资源；有正在逐步发展壮大的生态旅游项目——中国最冷小镇品牌；有偃松、蓝莓、越橘等10余个森林认证产品；有被省内专家组誉为最具有开发前景的富矿——飞虎山铁铅锌多金属矿。**二是发展机遇。**全面停伐后，党中央提出“五大发展理念”，加大对资源枯竭、产业衰退等困难地区支持力度；国家和省又出台了《国有林区改革指导意见》和《关于推进国有林区转型发展的若干意见》，已明确在提高管护费标准、停伐补助和“五险”补助标准、化解森工企业金融机构债务、改善林区基础设施建设等方面给予更多支持。这些独特的、丰富的资源优势和国家加快林区改革发展的新政策新机遇。相比较而言，我们并不缺乏发展的机会和潜力。我相信，只要我们牢牢抓住生态是基础、改革是动力、管理是重点、转型是主线的发展意识，立足生态，真抓实干，严管细算，优化产业布局，合理推进转型，呼中的发展是大有希望的！

三、突出重点，科学谋划，努力开创全区经济工作新局面

2016年是我区实施“十三五”规划的开局年，也是我区加速发展、奋力赶超、实现跨越的关键年，做好2016年的工作，对加快转型发展、全面深化改革、完成“十三五”规划目标和同步小康建设至关重要。**2016年经济工作总体思路是：认真贯彻党的十八大及十八届三中、四中、五中全会精神，紧紧围绕地委、行署、管局“创新发展六大产业、深入实施三大工程、积极营造两大环境”总体战略部署，按照“一地一品一特色”要求，结合区局资源禀赋，重点抓好森林管育、产业发展、全民创业、改革管理、百姓福祉五项重点工作，发展五大产业，实施十大民心工程，办好20件民生实事，力争在生态建设、经济转型、林下经济、改革管理、民生改善上取得新突破。为全面完成“十三五”规划目标奠定坚实基础。**

2016年经济社会发展主要预期目标是：全区生产总值增长7%；公共财政收入增长6%，固定资产投资增长10%，城镇人均可支配收入增长8.7%。

发展五大产业：依托我区生态优良、区位独特、环境优美、资源富集等比较优势，着力打造“生态旅游、生态食品、生态文化、水经济和绿色矿产、森林碳汇”五大生态主导型产业，加快推动林区经济转型。

实施十大民心工程：一是实施全民扶贫解困工程，坚决打赢脱贫攻坚战。二是实施城镇绿化工程，打造最美呼中森林城市。三是实施城镇治理工程，打造中国最冷小镇品牌。四是实施饮用水安全保护工程，保障百姓饮用水安全。五是实施堤防加固工程，保障百姓生命财产安全。六是实施教育卫生提档升级工程，改善办学办医条件。七是实施小区巷道改造工程，提升城镇化建设水平。八是实施垃圾污水处理工程，实现无害化处理。九是实施社会保障温暖工程，实现发展红利百姓共享。十是实施平安创建工程，全力打造平安呼中。

办好20件民生实事：1.解决贫困问题，2.解决城镇绿化问题，3.解决城镇治理问题，4.解决吃“黄水”问题，5.加固碧水呼源段堤防，6.加快推进呼玛河综合治理工程建设进度、实施大坝外环路硬化，

7. 建设各校活动室，8. 对第二小学进行维修改造，9. 加大第一中学信息化教学设备投入力度，10. 修缮医院内部环境，11. 建设疾控中心，12. 解决百姓就医问题，13. 平整呼中镇内小区东西巷道，14. 铺设建工路人行道彩砖，15. 改扩建民悦小区楼房下水，16. 建设呼中区生活垃圾卫生处理厂，17. 加快推进呼中区污水处理厂建设进度，18. 完善保障性住房配套基础设施建设，19. 完善低保低收入重残、重病、精神病家庭医疗救助体系，20. 建设呼中区残疾人托养中心。

为完成上述目标，我们要突出重点、科学谋划，全面抓好以下五项重点工作：

（一）强化森林管育工作，推进生态建设取得新突破

按照建设省级生态示范区的总体要求，全面巩固停伐成果，坚决守住生态红线，尽快建成较为完善的生态体系。**一要深入实施二期天保工程。**结合管护区划调整，进一步建立健全“管护区 + 中心管护站 + 家庭管护站”三级管护体系，创新管护方式，明确主体责任，完善配套设施，使管护措施更有力，工作更扎实，机制更灵活，真正做到管得住、管得好，有效促进天然林休养生息和恢复发展。**二要加强资源林政管理工作。**要充分发挥公安稽查、林政检查、天保管护“三道防线”作用，积极开展“保护森林资源十三五”行动，加强对闲杂人员、林下经济、探矿、林木产品加工企业管理，管护区施业区各支岔线要执行全年封山禁车，林木产品加工企业库存要定期清点，严格控制人员入山、加工企业原料进出，严厉打击各种破坏资源违法违纪行为。对辖区内发生资源林政案件的，要严肃追究管护单位、管护人员责任和资源林政、森保公安监管责任，力争实现“林地破坏坚决不让、林政地块坚决不占、生态红线坚决不踏”的工作目标。**三要强化森林资源培育工作。**坚持营林生产用工“三制”原则不动摇，加大技术人员培训力度，强化产前、产中、产后技术指导，全力打造一支科学化、规范化、专业化营林生产队伍。森调部门要科学安排中幼龄林抚育任务，坚持一扶、二扶均衡森调，远近、难易任务协调开展，促进营林抚育工作更趋合理化；营林局要全面落实营林生产项目检查验收管理办法，严格执行三级验收制度，认真开展作业质量核查工作，不断提高营造林工程质量。今后，各管护区要严格执行营林生产任务不外委和层层分包规定，对领导干部插手营林工程的，要从严查处。力争3至5年时间，使区局有林地面积达到76.71万公顷，森林蓄积量达到6931万立方米，森林覆盖率达到96.26%。**四要继续加强森林防火工作。**积极完善预防、扑救、保障三大体系，层层落实森林防火工作责任，全力以赴“封住山、管住人、看住火”。要进一步加强专群队伍建设，积极探索森林扑火专业队与天保管护人员调转机制，适时将管护队身体健康、素质过硬的人员调整到森林扑火岗位，强化队伍建设，切实打造一支“招之即来、来之能战、战无不胜”的森林扑火专业队伍。要继续加大防扑火资金投入，完善升级防火公路、通信、望监测网络，及时更新防扑火设施设备，力争实现“火灾防控现代化、管理工作规范化、队伍建设专业化，扑救工作科学化”的工作目标。确保人为火不发生、雷击火不成灾。**五要进一步加强保护区建设。**着力做好碧水、宏伟、呼中林场、呼中经营所晋升国家级生态镇场评审工作，配合呼中国家级自然保护区做好道路升级改造项目争取工作。全力组织实施好《呼玛河源国家湿地公园总体规划》，加快推进内外业建设。

（二）加快产业项目建设，推进经济转型取得新突破

坚持以产业项目建设为抓手，以生态背景下的资源优势为依托，加快推动产业转型。**一要优先发展森林生态旅游业。**充分利用我区地处大兴安岭旅游布局环线优势，围绕“中国最冷小镇”区域特色，选好点、穿好线，突出重点，量力而行，着力开发五大旅游项目，即“依托世界第五大、中国第一大寒温带原始森林国家级保护区，突出“奇、异、特”等优势，谋划开展原始森林“**神秘游**”；依托碧水黑龙山龙首洞人类古遗址，编撰景区故事，增加文化底蕴，谋划开展“**文化游**”；依托大兴安岭最高峰白山景区，设置地理标识，完善基础设施，谋划开展**“低空飞行游”**；依托呼中丰富的冰雪资源，倡导临街单位、企业、雪雕爱好者开展冰雕、雪雕活动，利用养鱼池兴建冰雪乐园，谋划开展**“冰雪游”**；依托呼中闲置房源，鼓励创业者盘活资产，支持装修以原始、古朴、自然为特色的家庭式旅游接待点，打造家庭住宿宾馆，谋划开展休闲度假**“养生游”**。区旅游局、发改局要通力配合，抓住地区把呼中纳入大兴安岭地区整体旅游规划的有利契机，积极谋划1-2个旅游开发项目，全力向上争取资金，加快推进旅游业发展进程。同时，要集思广益，加快推进白山景区返程公路建设，不断提升景区道路承载能力，努力将旅游产业打造成我区的支柱产业。**二要重点发展森林生态食品业**。按照“把好资源做成好产品”的理念，选好蓝莓、红豆、偃松子、黑木耳、马铃薯等优势品种，培育龙头企业，规范使用“中国最冷小镇”产地标识，统一管理流程、技术标准，面向高端人群，深度研发高精端产品。对于已引进的森源蓝莓果酒、果汁系列产品加工项目，要做好全程跟踪服务，及时解决项目建设进程中出现的困难和问题，帮助其尽快形成经济效益。力争2016年生态食品业实现产值2.62亿元。**三要引导扶持发展文化产业**。抓住“中国最冷小镇”被编入《黑龙江省文化产业招商项目》的大好机遇，深入挖掘国家级原始森林自然保护区、大白山、呼玛河源等地域文化资源，保护利用苍山石林、碧水龙首洞等历史文化资源，扶持创建版画、摄影、根雕等文化产业基地，全力打造呼中文化地域特色品牌，增加旅游文化内涵。重点扶持引导版画、摄影、根雕爱好者注册公司，区局出资聘请知名艺术家进行技术指导，提高文化企业技术含量，打造集“教学、培训、创作、销售”于一体的产业化发展链条，做大做强文化产业，充实活跃旅游市场，培育新的消费热点。**四要稳步发展水经济和绿色矿业**。抓住地区统一规划开发“水经济”有利契机，区招商局、国土资源局要做足呼中多锶矿泉水招商引资前期准备工作，力争引进资金雄厚、技术强大的企业，尽快做大做强“水经济”。同时，要积极抓住地区将飞虎山矿权移交呼中的有力契机，加快推进全区矿产资源勘探、勘查、开发进程，千方百计使其早日投产达效。**五要积极探索发展森林碳汇业**。区局将在营林部门设立森林碳汇管理办公室，深入研究国家《关于推进林业碳汇交易工作的指导意见》、《全国碳排放权交易管理条例》等政策，掌握国家政策走向、找准产业发展方向，适时配合地区做好国家生态补偿金争取工作，努力把森林生态效益转化为经济效益，打造区局经济增长的新财源。

（三）抓好全民创业工作，推进林下经济取得新突破

坚持“引导不强求、扶持不包办”的原则，以市场需求为导向，以资源利用为主体，以职工自愿为根本，全力推进全民创业工作。**一要完善基地功能，搭建创业平台**。要进一步完善瑞芝园、寒带黑木耳养殖等21个创业基地功能，搭建集“科研、开发、生产、加工、营销、示范、推广”于一体、功能齐备的创业平台，引导扶持有创业意愿的职工群众入社、入基地，共享创业资源，共创共赢，分类分批协调发展。同时，要积极谋划筹建呼中区全民创业服务大厅，设立便民服务窗口，为广大创业者提供银企对接、手续办理等绿色通道，以便捷优质的服务鼓励激发全民创业。**二要强化质量管理，打造品牌产品**。区科技局、质量技术监督局等相关部门要积极组织生产企业、合作组织、种养大户进行产品森林认证，帮助企业做好产品标识、地理标识、质量认证及QS认证。着力打造“呼中麦饭石黑木耳”品牌，继续推广麦饭石微肥技术，统一管理流程、技术标准和产品商标。**三要创新营销方式，拓宽销售渠道**。要紧扣现代市场营销方式，科学谋划好线下线上营销策略。要引导呼中电商、创业者积极探索发展“互联网+电子商务平台”销售模式，督促其形成“互联网+生产”“互联网+销售”等新业态；要扎实做好各类推介会、展销会参与的前期筹备工作，鼓励扶持创业者在各大城市集贸市场、超市设立营销专柜，在本地开设实体店，广泛拓宽产品销售渠道。

（四）突出体制机制创新，推进改革管理取得新突破

改革创新是加快转型发展的重要手段，是弥补区局发展适应新常态下资源不足、人才短缺、财力局限的有力举措。2016年，区局将紧紧抓住国有林区改革的机遇，进一步找准改革的着力点，理顺体制，创新机制，加快转型发展。**一要深化国有资产体制改革**。企管部门要精准盘点林业局国有资产及资产净值，摸清底数，建立台账，及时沟通，把握政策，主动配合管局目标考核体系调整；对停伐后的林业闲置资产、闲置房源，能变现的要履行审批程序及时变现，暂时无法变现的，要结合全民创业，最大限度地予以盘活，全面破解发展难题。**二要创新财政财务管理机制**。牢固树立过紧日子思想，全面推进精细化管理，严格控制财政财务供养人员、会议、招商、考察等一般性支出，科学规范天保资金使用，严格执行办公经费预算管理，全面深化改革预算执行动态监控。区直各单位、机关各科室公务接待要坚决杜绝随意性、非公务性用餐；办公经费、差旅费要严格执行“年初预算、年中调整、年末决算”“两上两下”的管理办法，做细、做实、做严年度预算，严格控制预算外支出。对年末决算费用超支的单位、部门和科室，主要责任人要向区局常务办公会议做出书面解释，解释不清的将追究相关责任人责任。**三要全面加强人事制度管理**。围绕加快转型发展，抓住呼玛河源国家级湿地公园批复的有力契机，对转型机构和人员进行整合，妥善抓好企业转型和人员分流安置工作；继续加大对临时用工、挂名开支、挂名缴纳养老保险人员清理力度，堵塞资金流失黑洞，节约支出。加快推进林业局和直属企业机构编制信息化管理平台建设，建立统一的机构和人员编制管理数据库，严格控制人员进出。

（五）提升百姓福祉，推进民生改善取得新突破

坚持民生为第一发展目标不动摇，不断加大投入力度，集中力量，实施十大工程，办好20件民生实事。

一是实施全民扶贫解困工程，坚决打赢脱贫攻坚战。坚持“扶贫扶志、扶勤扶能”的原则，与全民创业、发展林下经济工作相结合，进一步完善扶贫计划和扶贫措施。区扶贫办要精准掌握全区弱势群体家庭自然状况、收入情况、贫困程度、致贫原因等信息，建立动态管理档案，力争将全区所有低保户、弱势家庭、特困家庭纳入扶贫对象，在政策、步骤、批次上区分不同情况，制定相应脱贫措施，分类实施。对于有强烈脱贫愿望和具备一定劳动技能的贫困户，要集中力量优先扶持，让这一部分贫困户先脱贫致富。对于无劳动能力、因残疾、因疾病致贫的，要积极协调民政部门纳入社会民政救济体系，进行社保政策兜底脱贫。对于有劳动能力，但好逸恶劳、坐等靠要、懒惰酗酒致贫的，要进行耐心教育和引导，经教育不改的，要采取缓扶或不扶措施。以此激发、激活贫困户依靠自己的头脑和双手，通过勤奋劳动，自我脱贫，走向富裕的内在动力和机制。全区各单位、部门，一定要把打赢脱贫攻坚战作为一项重大的政治任务，严格落实好带头扶贫的责任，发挥部门优势，组织社会扶贫资源，凝聚社会扶贫力量，不断拓展社会扶贫领域，力争做到脱贫一户，注销一号。确保“十三五”期末，率先完成脱贫任务。

二是实施城镇绿化工程，打造最美呼中森林城市。按照“经济性和观赏性相统一”的原则，抓好苗圃乡土树种和花卉培育，改变以常绿树种为主的方式，大力推广成活率高、效果好的乡土树种。要突出抓好拆迁闲置空地、景观路、棚户区、老楼区、居民庭院、办公场地绿化，着力打造“最美呼中森林城市”。同时，要按照“科学化、规范化、专业化”的要求，抓好绿化队伍建设，努力打造呼中自己的专业绿化队伍。今后，凡是绿化项目坚决不予外包。

三是实施城镇治理工程，打造中国最冷小镇品牌。按照“三分建、七分管”的治理理念，扎实开展“城市管理年”活动，加大“五乱”整治力度，强化对镇内小河、平房区、铁路两侧、商贸市场等区域的清理，建立健全长效机制，营造整洁有序、干净亮丽的人居环境，建设美丽宜居的新呼中。

四是实施饮用水安全保护工程，保障百姓饮用水安全。重点加大水源地管理，区局计划新建3处民用供水点，更换13栋楼房老化供水管线，启用新建六眼深水井，扩建水质化验室，升级饮用水处理工艺，延长洗水时间，确保水质达到饮用水标准，彻底改写呼中吃“黄水”的历史。

五是实施堤防加固工程，保障百姓生命财产安全。区水务部门要继续加大向上争取资金力度，加固碧水、呼源段堤防工程。加快推进呼玛河综合治理工程及呼玛河大坝外环路硬化工作。

六是实施教育卫生提档升级工程，改善办学办医条件。坚持“教育优先”原则，继续加强人才队伍建设，巩固提高义务教育、学前教育、着力突破高中教育。突出抓好各校活动室建设、第二小学维修改造工程、第一中学信息化教学设备投入，丰富学生业余生活，完善教育教学功能，促进教育均衡发展。进一步深化医疗卫生体制改革，积极推广药品零差价销售、平价医疗政策，鼓励支持增加医疗网点；突出抓好医院局部环境修缮、疾控中心新建工程，着力解决职工群众看病贵、看病难、看病远、就医条件差的问题。

七是实施小区巷道改造工程，提升城镇化建设水平。继续强化呼中镇中心城镇的区位优势，集中精力建设局址政治、经济、文化中心，增强城镇建设水平和综合服务功能，提升区域竞争力和影响力。突出抓好呼中镇内小区东西巷道平整、建工路人行道彩砖铺设、南出口景观建设工程，全面提高城镇化建设水平。

八是实施垃圾污水处理工程，实现无害化处理。要全力做好民悦小区楼房下水改扩建工程，呼中区生活垃圾卫生处理工程选址、招投标、质量监管等工作；加快推进呼中区污水处理工程建设进度，抓好污水处理厂内网的铺设，把好工程质量关，确保如期完成投入使用。

九是实施社会保障温暖工程，实现发展红利百姓共享。继续做好五险扩面工作，切实提高城镇医疗保险核销比例；加大保障性住房建设力度，完善配套基础设施建设；积极推进大病救助工作，在全区范围内广泛排查低保低收入重残、重病、精神病家庭，摸清底数，建立档案，完善社会医疗救助体系，力争全部纳入医疗救助范围。全面抓好呼中区残疾人托养中心、呼中区就业和社会保障服务大厅项目建设，提升社会保障水平。

十是实施平安创建工程，全力打造平安呼中。各单位各部门要始终绷紧平安和谐这根弦，不断加强社会管理与创新，持续提升人民群众的满意度和安全感。一要高度重视信访工作。区信访办和各镇场、所要严格落实重点信访案件包保责任制，建立多元化矛盾纠纷化解体系，引导群众依法表达诉求。要坚持做到解决信访问题有“四心”，即“接待群众有爱心，听取陈述有耐心，解决困难有诚心，处置缠访有决心”，妥善处理各类信访问题，切实维护群众合法利益。二要高度重视安全生产工作。全区各单位、各部门，要深刻吸取全国各地重特大安全生产事故惨痛教训，严格落实安全生产“四级五覆盖”和“五落实五到位”责任制度，最大限度保障人民群众生命财产安全。区安委会成员单位要充分发挥职能作用，进一步加强安全生产监督和管理，重点抓好营林生产、交通、消防、食品、校园等领域的安全监管工作，坚决杜绝重特大事故发生。三要高度重视平安创建工作。区公安局要以“平安呼中”建设为载体，加强社会治安综合治理，完善社会治安防控体系，持续开展“打黑除恶”活动；要坚持预防在先，合理划分巡逻区域，加大治安巡逻密度，做到“白天见警察、晚上见警灯”，保持对各类违法犯罪活动的强大震慑力，确保全区社会大局和谐稳定！

四、改进作风，真抓实干，确保各项工作任务落到实处

今年的经济工作任务繁重，全区上下要集中全部精力，努力克服困难，切实转变作风，狠抓工作落实，确保今年各项工作目标任务全面完成。

一要把心思用在抓落实上。全区各单位、各部门要牢固树立只争朝夕的机遇意识、慢进亦退的危机意识、争先创优的竞争意识、坚韧不拔的实干意识，在解放思想中统一认识，在统一认识中聚集发展活力。要把解放思想、深化改革渗透到做好全年各项工作中，紧紧围绕区委、区政府、林业局确定的年度工作目标任务，积极争资金、上项目、促发展，坚决克服“等靠要”思想，狠抓落实，务求实效。遇到问题要多想办法、少找理由，多下功夫、少讲托词，着力破解项目建设、产业发展、经济转型、民生改善等方面存在的矛盾和难题。

二要把作风转在促落实上。抓发展，关键在落实。我们要以“改进四风”为抓手，以“三严三实”

为准绳，以严格自律为己任，认真贯彻落实中央八项、省委九项、地委十项规定，把抓落实放在更加突出的地位。要按照“去庸求进、去懒求勤、去慢求快、去浮求实、去贪求廉”的要求，充分发挥领导干部的表率作用，严谨工作纪律，深入推进“效能革命”，着力解决慢作为、不作为等问题。全区各单位各部门主要领导要高度重视抓落实，遇到矛盾不回避，推进工作不拖拉，要敢于正视问题，善于化解矛盾，勇于承担责任，真正把工作做到基层，把服务送到一线，以扎实的作风感染群众，凝聚人心，推动工作，全力争创一流业绩。要自觉服从全区工作大局，围绕中心开展工作，做到思想上合心，行动上合拍，真正形成目标同向、步调一致、狠抓落实的强大合力。

三要把督察放在保落实上。开展督察的目的，要的就是工作落实、任务完成、目标实现。要通过督促检查，促进跟踪问效、作风转变、效能提升和群众满意。区委区政府督查室要进一步健全督察机制，坚持督察工作从快、从紧、从严。对区委、区政府定下的工作事项，实行全过程督促检查和跟踪问效，重点督察落实慢的事、盯紧不作为的人，确保各项决策和部署真正落到实处。会后，区委区政府督查室要根据今天的会议安排，迅速对今年的各项指标、重点项目等，逐项逐条落实督察内容、明确工作时限、提出进度要求，确保形成人人肩上有任务、个个身上有压力，上下齐动员、各方抓落实的工作氛围。

同志们，新年要有新气象，新年要有新干劲，新年要有新作为！让我们在区委的坚强领导下，以振奋的精神、昂扬的斗志、务实的作风、奋勇争先的状态，投入到推进全区经济社会加速发展、跨越发展、转型发展的各项工作中，为实现同步小康而努力奋斗！

大事记

大事记

一月

听取2016年第一次区委全委扩大会议暨全区经济、扶贫开发和旅游工作会议筹备情况的汇报；讨论区委书记李军同志、区局长刘少义同志在“两会”的讲话；研究发展党员、干部任用等相关事宜。

22日：2016年第一次区委全委扩大会议暨全区经济、扶贫、旅游工作会议召开。区委书记李军，区委副书记、区局长刘少义分别作重要讲话。区委书记李军，区委副书记、区局长刘少义，区委副书记、区纪委书记、统战部部长高文宝，区委常委、宣传部部长张瑞杰，区委常委、组织部部长张海权，区委常委、武装部政委闫春标，区委常委、副区局长、政法委书记关敬军，区委常委、副区长王晓峰参加。

22日：2016年迎新春茶话会召开。区委书记李军，区委副书记、区局长刘少义，区委副书记、区纪委书记、统战部部长高文宝，区委常委、宣传部部长张瑞杰，区委常委、组织部部长张海权，区委常委、武装部政委闫春标，区委常委、副区局长、政法委书记关敬军，区委常委、副区长王晓峰出席。

26日：全区“践行《准则》、严守《条例》、争做表率”主题实践活动启动会议召开。区委副书记、区纪委书记、统战部部长高文宝，区委常委、宣传部部长张瑞杰，区委常委、组织部部长张海权参加。

二月

15日：区委书记李军深入到自来水公司就保障生活、生产、优质安全供水进行调研。

19日：区委书记李军，区委副书记、区局长刘少义集中收听收看省委农村工作视频会议。

26日：中共呼中区委召开第三次常委会议。主要议题是听取2016年“呼中区人大常务委员会、呼中区政协两会”筹备情况汇报。

三月

8日：区委书记李军，区委副书记、区局长刘少义，区委常委、宣传部部长张瑞杰，区委常委、组织部部长张海权收听收看地区党风廉政建设和反腐败工作视频会议。

16日：区委常委、副区局长、政法委书记关敬军出席全区义务教育均衡发展工作会议并讲话。

24日：中共呼中区委召开第四次常委会议。听取团委、统战、妇联、残联、纪检、工会、政法、组织、宣传等部门工作报告，李军书记总结讲话。同日，中共呼中区委召开第五次常委会议。

26日：区委副书记、区局长刘少义收听收看2016年大兴安岭地区春季森林防火工作视频会议。

29日：区委常委、组织部部长张海权，区委常委、武装部政委闫春标，区委常委、副区局长、政法委书记关敬军，区委常委、副区长王晓峰收听收看地委领导干部专题研讨班视频会议。

四月

7日：区委副书记、区局长刘少义，区委副书记、区纪委书记、统战部部长高文宝，区委常委、宣传部部长张瑞杰，区委常委、组织部部长张海权，区委常委、副区局长、政法委书记关敬军参加2016全区春季森林防火工作会议。区委副书记、区局长刘少义作重要讲话。

11日：区委书记李军，区委副书记、区局长刘少义，区委副书记、区纪委书记、统战部部长高文宝，区委常委、宣传部部长张瑞杰，区委常委、组织部部长张海权，区委常委、武装部政委闫春标，区委常委、副区局长、政法委书记关敬军参加省委第十六巡视组巡视工作动员会议。

12日：区委副书记、区局长刘少义收听收看地区廉政工作视频会议。

13日：中共呼中区委召开第六次常委会议讨论通过呼中区委向省委第十六巡视组提交的党委工作汇报。

15日：区委书记李军，区委副书记、区局长刘少义，区委常委、宣传部部长张瑞杰，区委常委、组织部部长张海权，区委常委、副区局长、政法委书记关敬军参加全区信访、维稳和扶贫开发工作汇报会议。

4月27日区委书记李军，区委副书记、区局长刘少义，区委副书记、区纪委书记、统战部部长高文宝，区委常委、宣传部部长张瑞杰，区委常委、组织部部长张海权，区委常委、副区局长、政法委书记关敬军收听收看地区“两学一做”工作视频会。

五月

6日：区委书记李军，区委副书记、区局长刘少义，区委副书记、区纪委书记、统战部部长高文宝，区委常委、宣传部部长张瑞杰，区委常委、组织部部长张海权参加区“五六”反思宣传游行活动。

6日：中共呼中区委召开第七次常委会议。讨论呼中区财政核算模式改革意见；讨论2016年教育设备购置计划；讨论贮木场转管护区区划及人员核定情况；讨论2016年拟建基本建设项目情况；

同日，中共呼中区委召开第八次常委会议。讨论研究干部。

10日：区委书记李军，区委副书记、区局长刘少义收听收看了第四次地委委员扩大会议。

10日：区委常委、组织部部长张海权深入碧水镇开展“两学一做”专题教育讲党课下基层活动。同日：区委常委、组织部部长张海权深入碧水贮木场检查指导防火工作。

10—11日区委副书记、区局长刘少义陪同林管局副局长计斌、行署公安局局长高德义深入我区检查指导森林防火工作。

18日：区委副书记、区局长刘少义，区委常委、副区局长、政法委书记关敬军陪同省森林防火督导组深入呼中区督导检查。

18日：中共呼中区委召开第九次常委会议。对2014年度和2015年度区局目标责任制奖金数额测算。

26日：27日区委常委、组织部部长张海权陪同地委“两学一做”第二督导组深入呼中区督导检查。

30日：中共呼中区委召开第十次常委会议。汇报中国最冷小镇四季风光国际摄影大赛筹备情况；汇报2015年年末科级领导班子和领导干部考核情况；汇报大兴安岭地区“企业经营现场会”筹备情况。

同日：区委常委、宣传部部长张瑞杰出席全区2016年中国最冷小镇造词冰雪情广场文化活动及颂歌献给党合唱展演活动协调会议并讲话。

31日：中共呼中区委召开第十一次常委会议。讨论研究干部事宜。

六月

3日：全区召开关心下一代工作暨先进集体个人表彰会。区委常委、宣传部部长张瑞杰，区委常委、组织部部长张海权，区委常委、副区局长、政法委书记关敬军出席。

7日：区委书记李军，区委副书记、区局长刘少义参加地区企业经营管理现场会议。

15日：区委书记李军，区委副书记、区局长刘少义，区委常委、宣传部部长张瑞杰，区委常委、副区长王晓峰参加第二十七届“哈洽会开幕式”。

18日：署副专员陈虹岩深入呼中区对文教卫生工作开展情况进行调研指导。区委常委、副区局长、政法委书记关敬军陪同行。

21日：中共呼中区委召开第十二次常委会议。讨论通过呼中区党政机关公务用车制度改革实施方案；通过呼中区“七一”表彰决定名单，通过关于调整大白山瞭望塔的维修计划；讨论通过《中共呼中区委关于镇领导班子换届工作实施方案》。

29日：呼中区召开纪念建党95周年“先优”表彰大会。区委书记李军做重要讲话。区委书记李军，区委副书记、区局长刘少义，区委常委、宣传部部长张瑞杰，区委常委、组织部部长张海权，区委常委、副区局长、政法委书记关敬军，区委常委、副区长王晓峰参加。

29日：呼中区举办庆祝中国共产党成立95周年“颂歌献给党”广场文化演出。区委书记李军，区委副书记、区局长刘少义出席。

同日：区委常委、副区局长、政法委书记关敬军陪同地委政法委、地区综治办督导检查组对呼中区贯彻落实地委政法工作会议精神及政法综治重点工作开展情况进行督导检查。

30 日：中共呼中区委召开第十三次常委会议，讨论通过关于加强公安工作相关事宜；讨论通过关于成立“碳汇资源管理科”事宜。

同日：中共呼中区委召开第十四次常委会议。讨论研究干部任用事宜。

七月

13 日：区委书记李军，区委副书记、区纪委书记、统战部部长高文宝，区委常委、宣传部部长张瑞杰，区委常委、组织部部长张海权参加省委第十六巡视组第二小组专项巡视情况反馈会议。

同日：区委常委、宣传部部长张瑞杰出席社区文化暨“八一”慰问征兵动员专场演出。

24 日：区委书记李军，区委副书记、区局长刘少义陪同广东省投资商会一行深入呼中区进行考察。

27 日：区委常委，武装部政委闫春标，区委常委、副区局长、政法委书记关敬军出席全区 2016 年征兵工作会议。区委常委、副区局长、政法委书记关敬军作了讲话。

29 日：区委常委、宣传部部长张瑞杰出席全区“深入解放思想，加快转型发展”主题教育活动工作协调会。

同日：区委书记李军，区委常委、组织部部长张海权，区委常委、副区局长、政法委书记关敬军，区委常委、副区长王晓峰出席黑龙江森源食品科技开发有限责任公司揭牌仪式。

八月

1 日：区委常委、副区长王晓峰到消防队、武装部、森警部队走访慰问了部队官兵。

5 日：中共呼中区委召开第十五次常委会议。

讨论通过呼中区区镇两级人民代表大会换届选举工作方案；讨论通过呼中区人大换届选举委员会名单；讨论通过《呼中区关于加强换届风气监督的实施方案》；讨论通过省委巡视组反馈问题整改方案台账和整改领导小组名单；讨论关于打造中国最冷小镇冰雪摄影之乡的情况说明。

11 日：区委书记李军，区委副书记、统战部部长高文宝，区委常委、宣传部部长张瑞杰，区委常委、副区局长、政法委书记关敬军，区委常委、组织部部长张鹏举参加全区学习习近平总书记讲话精神报告会暨“深入解放思想，加快转型发展”主题教育活动推进会议。

17 日：区委副书记、区局长刘少义，区委副书记、统战部部长高文宝出席全区精准扶贫工作部署推进会议。区委副书记、区局长刘少义作重要讲话。

20 日：中共呼中区委召开第十八次常委会议。传达大兴安岭地区脱贫攻坚工作暨美丽兴安建设现场推进会议精神；讨论上报省委巡视组的相关材料。

同日：中共呼中区委召开第十九次常委会议。研究讨论干部任用事宜。

22 日：中共呼中区委召开第十六次常委会议。听取《关于呼中区第十一次党代表大会筹备工作的实施意见》；讨论呼中区第十一次党代表大会筹备工作领导小组和工作小组建议说明；听取《关于召开呼中区第十一次党代表大会的决议（草案）及（草案）说明并通过决议（草案）》；讨论通过《镇领导班子换届考察工作方案》；区委班子分工调整。31 日 中共呼中区委召开第十七次常委会议。研究讨论干部任用事宜。

九月

8 日：区委副书记、统战部部长高文宝出席全区改革工作推进会议。

14 日：区委书记李军，区委副书记、区局长刘少义收听收看 2016 年秋季全国、省地森林防火工作电视电话会议。

同日：区委书记李军，区委副书记、区局长刘少义，区委常委、宣传部部长张瑞杰看望慰问了碧水龙首洞考古挖掘的考古队工作人员。

19 日：区委副书记、区局长刘少义出席 2016 年全区秋季森林防火工作会议。区委副书记、区局长刘少义作重要讲话。

20 日：中共呼中区委召开第十八次常委会议。传达大兴安岭地区脱贫攻坚工作暨美丽兴安建设现场推进会议精神；讨论上报省委巡视组的相关材料。

同日：中共呼中区委召开第十九次常委会议。研究讨论干部任用事宜。

23 日：区委副书记、统战部部长高文宝收听收看全区党委办公系统工作视频会议。

24 日：区委副书记、区局长刘少义收听收看地委联合督察工作视频会议。

27 日：区委常委、副区局长、政法委书记关敬军出席呼中区向地委行署联合督查组工作汇报会议。

十月

14 日：区委常委、组织部部长张鹏举出席全区非公有制经济和社会组织工作会议并讲话。

18 日：区委副书记、统战部部长高文宝收听收看了学习贯彻习近平总书记重要讲话精神督查调研工作启动视频会议。

23 日：区委书记李军，区委常委、宣传部部长张瑞杰陪同以地委宣传部副部长焦健为组长的“深入解放思想，加快转型发展”主题教育活动第二督导组深入呼中区对主题教育活动开展情况进行督导检查。24 日，中共呼中区委召开第二十次常委会议。关于调整区疾病控制中心党支部隶属关系的建议说明；讨论地委考察组确定的呼中区换届拟提拔人选差额考察对象名单；讨论呼中区纪委其他常委换届推荐建议人选。

同日，中共呼中区委召开第二十一次常委会议。

十一月

2 日：区委副书记、统战部部长高文宝，区委常委、区纪委书记崔志忠，区委常委、宣传部部长张瑞杰，区委常委、副区局长、政法委书记关敬军，区委常委、组织部部长张鹏举出席全区第十一次党会筹备工作领导小组会议。

4 日：区委书记李军，区委常委、宣传部部长张瑞杰陪同省委奋斗杂志社总编辑彭大林深入我区就党建工作、旅游工作进行调研。

9 日：区委书记李军，区委副书记、区局长刘少义，区委常委、副区局长、政法委书记关敬军陪同由国家督学、上海市上海中学校长冯志刚为组长的义务教育发展基本均衡国家评估组深入我区对义务教育发展基本均衡工作进行评估。

10 日：中共呼中区委召开第二十二次常委会议。研究讨论干部任用事宜。

同日：区委常委、区纪委书记崔志忠出席全区纪检干部培训班开班仪式。

17 日：中共呼中区委召开第二十三次常委会议。讨论《关于呼中区政协换届拟推常委和委员情况的报告》。

18 日：区委副书记、区局长刘少义，区委常委、副区局长、政法委书记关敬军出席全区冬季旅游工作推进会议。区委副书记、区局长刘少义作重要讲话。

22 日：23 日 区委副书记高文宝、统战部部长深入呼中镇、碧水镇等地就精准扶贫工作进行调研。30 日 区委常委、武装部政委闫春标收听收看全区科技创新暨人才工作视频会议。

十二月

5 日：中共呼中区委召开第二十四次常委会议。学习传达地区两项会议精神。

同日，中共呼中区委召开第二十五次常委会议。研究讨论干部任用事宜。

6 日：区委常委、组织部部长张鹏举出席全区第十一次党代会代表选举暨基层党组织换届工作会议。

9 日：区委常委、组织部部长张鹏举参加呼中区部署出席党的十九大和省第十二次党代表大会代表推荐工作会议。

同日：区委书记刘少义，区委副书记高文宝，区委常委、区纪委书记崔志忠，区委常委、宣传部部长张瑞杰，区委常委、武装部政委闫春标，区委常委、副区局长关敬军，区委常委、组织部部长张鹏举聆听地委党的十八届六中全会和省委十一届八次全会精神宣讲团宣讲。

12 日：中共呼中区委召开第二十六次常委会议。研究讨论呼中区出席省第十二次党代表大会代表候选人初步人选考察对象。

14 日：中共呼中区委召开第二十七次常委会议。

研究讨论出席省第十二次党代表大会代表候选人初步人选并确定代表候选人预备人选建议名单。

16日：中共呼中区委召开第二十八次常委会议。研究提出区委委员（候补委员）和区纪委委员候选人等相关事宜；研究讨论区委常委、人大常委会副主任、区政府副区长和区纪委常委差额人选。

同日：中共呼中区委召开第二十九次常委会议。研究讨论干部事宜。

21日：中共呼中区委召开第三十次常委会议。研究讨论呼中区第十一次党代会相关事宜；研究讨论呼中区第十届人民代表大会第一次会议筹备情况及相关事宜；研究讨论政协呼中区第九届委员会第一次会议筹备情况及相关事宜。

23日：24日 区委书记刘少义，区委副书记、区局长李金龙，区委副书记高文宝，区委常委、区纪委书记崔志忠，区委常委、武装部政委闫春标，区委常委、副区局长关敬军，区委常委、组织部部长张鹏举，区委常委、政法委书记梁贵德，区委常委、宣传部部长刘同欣出席中国共产党呼中区委员会第十一次代表大会。

24日：中国共产党呼中区委员会第十一次代表大会第一次全体会议。区委书记刘少义，区委副书记、区局长李金龙，区委副书记高文宝，区委常委、区纪委书记崔志忠，区委常委、武装部政委闫春标，区委常委、副区局长关敬军，区委常委、组织部部长张鹏举，区委常委、政法委书记梁贵德，区委常委、宣传部部长刘同欣参加。

同日：区委常委、区纪委书记崔志忠出席我区第十一届纪律检查委员会第一次全体会议。

28日：区委书记刘少义，区委副书记、区局长李金龙，区委常委、副区局长关敬军出席冰雪撒欢园开园仪式。

概　况

建置沿革

据呼中区地名志记载，本区域自古以来就有人类活动，商周属肃慎部管辖，西汉属鲜卑部管辖，东汉属扶余部管辖，唐代属河北道室韦督府管辖，辽属东京道室韦部管辖，元属辽阳行省开元部管辖，明属努尔干都司木河卫区域，清属黑龙江将军瑷珲付都统管辖，清光绪三十四年（1908 年）隶属呼玛直隶厅，民国二年（1913 年）隶属呼玛县。中华人民共和国成立后，属黑龙江省区域。1964 年 8 月 10 日中共中央、国务院中发〔1964〕478 号文件，批转林业部党组《关于成立大兴安岭特区政府问题的报告》中，将呼中区划归大兴安岭特区。1965 年林业部决定由哈尔滨林业管理局包建呼中林业公司（呼中区），在加格达奇成立呼中林业公司（呼中区）筹建大队，不久改成筹建处。1966 年呼中林业公司（呼中区）筹建处从加格达奇搬迁到木吉宫（翠峰）林场。1967 年 5 月呼中林业公司（呼中区）筹建处从木吉宫（翠峰）林场搬迁到呼源。1968 年 4 月，经大兴安岭特区批准，呼中由林业公司（呼中区）筹建处改成为区的行政建制，成立呼中区革命委员会。1970 年 10 月呼中区党政机关从呼源搬迁到呼中。1973 年成为呼中区革命委员会、呼中林业局的行政建制，实行政企合一管理。1981 年 7 月 4 日，中共大兴安岭地委大发〔1981〕37 号文件转发中共黑龙江省委组织部黑组发〔1981〕168 号文件，“将大兴安岭地区所属各区革命委员会，统一改称为区人民政府”。1981 年 7 月呼中区革命委员会改称呼中区人民政府。1981 年至今保持呼中区人民政府、呼中林业局的行政建制，实行政企合一管理，隶属黑龙江省大兴安岭地区行署、国家林业局大兴安岭林业管理局。呼中区人民政府区址呼中区呼中镇。

自然地理

【地理位置】呼中区位于大兴安岭地区西部，处在北纬 51° 14′ ~ 52° 25′，东经 122° 39′ ~ 124°　21′，东与新林区相邻，南与松岭区接壤，西与内蒙古自治区毗邻，北与漠河县、塔河县相连。

【行政面积】　全区总面积 93.7 万公顷（含自然保护区 16.7 万公顷），森林覆盖率 96.24%，活立木蓄积量为 6459 万立方米。辖区面积 77 万公顷，下设呼中、呼源、碧水、宏伟 4 个镇，8 个森林资源经营管护区，区政府驻地呼中镇

地质地貌

【地质】　呼中区地质经历了元古界、古生界、中生界地块形成、地槽发育、大陆边缘活动带 3 个阶段的大地构造旋回和深、大两次断裂坳陷，是我国径向构造的第三隆起带，属兴安岭——内蒙地槽褶皱区之额尔古纳地块的额木尔山中间隆起带和大兴安岭中断陷带（火山岩带）。中断陷带为中生界火山岩所占据。

【地貌】　地貌类型为大兴安岭东北坡融冻剥蚀中低山缘地貌区，属我国经向构造的第三隆起带，古生带为蒙古大海沟所占据，其基本格架形成于白垩系燕山造山运动，受喜马拉雅造陆运动影响，经内外引力作用，几经隆起、沉降、准平原化作用，形成现代地貌。其特征：低中山多，平原少，1000 米以上山峰 534 座，全区地势，南、西部高，东北部低，北部中心地带略呈低洼，平均海拔高 812 米，极端最高峰在区之南部中心地带小白山 1404.2 米，最低海拔在北部呼玛河出境处为 420 米。地貌分区：东北部及西部为低山区，南部为中山区。

气候

【气候】　呼中区地处大兴安岭北部，高纬度守温带，地区属大陆性季风气候，为寒冷湿润气候区。受蒙古及西伯利亚高压控制和太平洋暖流影响，四季不分明，光照充足，雨量充沛，寒冷湿润冷空气不断侵入，灾害性天气较多，光、热、水地域性差异明显。全区年均无霜期 83 天，年平均气温—4.3℃，绝对最低气温 – 53.2℃，是大兴安岭海拔最高、中国城镇气象记录最低值的地区，于 2015 年成功注册“中国最冷小镇”商标。春季从每年 4 月 22 日前后开始，平均气温稳定通过 0℃，气温增高，积雪融化，土壤解冻，风速加大，蒸发也增大，空气干燥。4 月多受蒙古低压影响，清明和谷雨前后带有较强的冷空气侵入，有大雪、雨夹雪、雨的出现。5 月天气瞬息万变，冷暖空气活动频繁，大陆热低压活跃，降水增多，一般达 35~45 毫米。6 月受低压影响，多阵雨，雷阵雨天气，短时间有阵风，降

水一般在90—100毫米，日照时数增多，平均每日在8小时以上，月极端最高气温达30℃以上。夏季6月中旬至8月中旬，炎热而短暂。7月份是气温最高的月份，月平均气温为17.4℃，曾出现37.7℃的高温天气。随着太平洋副热带高压的北括，全区进入雨季，7月降水量为124.3毫米。据统计每年6—8月降水量占全年的67%，降水集中，雨量大，2—3年一遇的大雨都发生在这个季节。秋季8月中旬至10月上旬。立秋后，气温逐渐降低，出现中午热，早晚凉，气温低、日照时数缩短，温度低，草木干枯，风速增大，但弱于春季，一般年份在9月中上旬出现初霜冻。呼源镇、雄关镇一带受辐射冷却和弱冷平流影响，初霜冻期早于呼中镇和碧水镇。冬季10月中旬至第二年4月中旬。冬季寒冷而漫长，多受冷高压控制晴朗少风，降水量少，1月平均气温-28.4℃，极端最低气温-49.2℃。最低气温多出现在12月下旬。年极端气温80%的年份在－45℃以下。

人口区划

【行政区划】 呼中区辖呼中镇、碧水镇、呼源镇和宏伟镇4个镇。区人民政府驻地设在呼中镇，呼中镇辖2个社区，碧水镇辖1个社区，呼源镇辖1个社区，宏伟镇辖1个社区 。

【林业区划】 林业局辖8个森林资源管护呼中区．分别是呼中森林资源管区、碧水森林资源管护区、呼源森林资源管护区、宏伟森林资源管区、大西沟森林资源管护区、提阳山森林资源管护区、雄关森林资源管护区、永青森林资源管护区。

【人口】 2016年，呼中总人口50006人，常住人口40027人，流动人口9979人，户籍人口城镇率100%，人口密度6.74人／平方公里。人口构成以汉族为主，另有满族、蒙古族、朝鲜族等多个少数民族。

资源

【土地资源】 辖区独体总面积93.7万公顷（含自然保护区16.7万公顷），森林覆盖率96.24%，活立木蓄积量为6459万立方米。辖区面积77万公顷，城市建设用地面积1313.1公顷，可利用的林业用地75.6万公顷，旅游资源 呼中区负氧离子含量达每立方米36000个，是全国空气中负氧离子含量最高的地区之一，是理想的天然氧吧和避暑胜地，2015年，在武汉旅游交易会上荣获“中国森林氧吧”称号。境内有国家AAA级景区白山景区、国家级森林公园、省级地质公园苍山石林，有兴安之巅“大白山”、古人类遗址“龙首洞”、呼玛河源漂流、水帘洞等旅游景观。呼中区先后被评为“中国十大最美秋色”“中国最具吸引力的地方”“中国最冷小镇”，是中国CCTV-7乡村法制剧场外景拍摄基地。

【林下资源】 呼中区是中国的“偃松之乡”，是我国的偃松籽主产区，有偃松资源30043公顷，偃松籽年平均产量为1155吨；有红豆资源42515公顷，年平均产量为1000吨；有蓝莓资源4410公顷，年平均产量为500吨。

【矿产资源】 呼中区地处得尔布干成矿带，是大兴安岭矿产资源极为丰富的区域之一，已发现金、银、铜、铁、铅、锌、钼、染料铁红、麦饭石等15种矿产。已圈定铅锌矿体92条、铜钼矿体44条、铁矿体19条、银矿体2条。已探明飞虎山矿铁矿石量370.5万吨，铅加锌金属量23.4万吨，银金属量121.1吨，钼金属量436吨。偃尾山铜多金属矿铜金属15000吨、银200吨、金0.746吨。飞虎山矿、偃尾山铜矿均具备开采条件。

【水资源】 呼中区是呼玛河的发源地，水中“锶”元素含量较高。2016年9月份，省904水文地质工程地质勘察院对全区水资源进行了详查，发现了2处重要矿物质水源地，经检测锶含量分别达到0.5毫克／升、3.1毫克／升，远远超过锶型矿泉水0.4毫克／升的标准，市场前景广阔，潜力巨大。

经济与社会发展

呼中区 2016 年呼中区国民经济和社会发展统计公报

呼中区统计局

年初以来，面对林区经济转型崛起的新形势、新目标、新任务，呼中区委区政府坚持以科学发展观为统领，按着区委（扩大）会议暨全区经济工作会议确定的总体工作思路，紧紧围绕地委行署“把资源管起来，让百姓富起来”的总体要求，突出以林区生态建设为主线，以“抓产业项目，促经济发展，保民生工程，求社会稳定”为目标，全面加强企业管理，提早部署，超前谋划，2016 年，区域经济运行呈现出了快速增长的发展态势。

一、2016 年全年主要经济指标完成情况

1. 经济企稳回升，地区生产总值实现 89331 万元，同比增长 6.4%，其中第一产业增加值实现 50079 万元，同比增长 6.4%，第二产业增加值实现 3592 万元，同比增长 1.6%，第三产业增加值实现 35660 万元，同比增长 6.9%，三次产业增加值结构比为 56.1：4.0：39.9.

2. 城镇居民可支配收入完成 19671 元，完成年度计划 98.2%，同比增长 5.8%。

3. 固定资产投资完成 15324 万元，完成计划 84.6%，同比下降 14. 9%。

4. 全区工业企业产值完成 3527 万元，工业企业增加值完成，1885 万元，同比下降 40.8% 。

5. 全区在岗职工平均工资实现 35046 元，同比增长 10.0%。

6. 社会消费品零售总额完成 35690 万元，完成计划 99.4%，同比增长 7.5%。

7. 种植业播种面积完成 539 公顷，完成计划 100%，产量实现 7369 吨。

二、区域经济运行中呈现的亮点

一是产业结构调整框架已初见雏形，国家天保工程的正式实施，木材采运全面停止，营林生产得到国家政策和资金的大力支持，实现快速发展，林业资源得到了保护，实现生产模式由木材采运向营林生产的转变。

二是城镇居民收入增长，居民生活水平提高，市场消费规模持续扩大，消费水平提升消费转向升级，消费对经济增长的拉动作用日益增强，2016 年，我区消费品市场总体呈现稳中有升的增长，全社会消费零售总额完成 24081 万元，同比增长 15.1%。

三是城镇居民生活居住环境全面提升，对原有小区道路进行升级改造，同时开展环境治理工程，对区内供水、供热、垃圾、污水，园林绿化进行统一治理，达到“街道净、小区绿、环境美、城貌亮”的良好生活环境。

机构及负责人（2016年）

呼中区领导　主要部门负责人

中共呼中区委员会

书　记：李　军(12月免）
　　　　刘少义(12月任）
副书记：刘少义(12月免）
　　　　李金龙（12月任）
　　　　高文宝(正处级）
常　委：张瑞杰（11月免）
　　　　张海权（8月免）
　　　　崔志忠(8月任）
　　　　闫春标
　　　　关敬军
　　　　张鹏举（8月任）
　　　　梁贵德（11月任）
　　　　刘同欣（女，11月任）
　　　　王晓峰（挂职）

呼中区人民代表大会常务委员会

主　任：李阳升（11月免）
　　　　张瑞杰（女，11月任）
副主任：张丽华（女，11月免）
　　　　张　霞（女，11月任）
　　　　隋汉忠（11月免）
　　　　陈仲鑫（11月任）
　　　　姜玉珍（女）
　　　　李秀云（女，11月免）
　　　　周广志（11月任）

呼中区人民政府

区　长：刘少义（12月免）
　　　　李金龙（12月任）
副区长：关敬军
　　　　王晓峰（挂职）
　　　　张春风（11月免）
　　　　李秋英（女，11月任）
　　　　张　霞（女，11月免）
　　　　段光义（11月任）
　　　　张平峰

呼中区政协委员会

主　席：王凤祥
副主席：牛庆平（11月免）
　　　　张春风（11月任）
　　　　陈仲鑫(11月免)
　　　　李秀云（女，11月任）
　　　　李秋英（女，11月免）
　　　　王立新（女，11月任）

呼中林业局

局　长：刘少义（12月免）
　　　　李金龙（12月任）
副局长：关敬军
　　　　梁贵德（11月免）
　　　　张鹏举（8月免）
　　　　张　凯
　　　　段光义（11月免）
　　　　司秉刚（11月任）
　　　　李家新
　　　　张东辉
　　　　张丕军(11月任）

中共呼中区纪律检查委员会

书　记：高文宝（8月免）
　　　　崔志忠（8月任）

中共呼中区委组织部

部　长：张海权（8月免）
　　　　张鹏举（8月兼任党校第一副校长）

中共呼中区委宣传部

部　长：张瑞杰（女，11月免）
　　　　刘同欣（女，11月任）

中共呼中区政法委员会

书　记：关敬军（11月免）
　　　　梁贵德（11月任）

中共呼中区委统战部

部　长：高文宝（11月免）
　　　　刘同欣（女，11月任）

呼中区人民法院

院　长：李子鹏

呼中区人民检察院

检察长：王庆国（12月免）
　　　　张延中（12月任）

森林资源监督办

主　任：庞占荣
副主任：王海君

呼中区公安局

局　长：刘彦辉
政　委：张立双

呼中区工会

主　席：刘秀君（女）

呼中区人民武装部

政　委：闫春标（现役）
部　长：黄清江（现役）

区（局）直属机关

中共呼中区委机关

区委办
主　　任：孟　磊
政研室主任：李天柱
督办主任：于海波
副 主 任：陶玉璠（女）
区全面深化改革领导小组办公室副主任：
　　　　郎伟明（6月任）
机要局长：刘海涛
区委办公室副主任科员：齐田才（6月任）

组织部
副部长：周成权
　　　　周丽杰（女）
　　　　孙继平（5月任）
　　　　崔　峰（女，5月任）
干部科长：于洪德
副主任科员：姜红伟
　　　　李　恩
　　　　徐丽红（女）
　　　　魏　辉（女，6月任）

员办副主任：刘　斌
非公有制经济组织和社会组织工委副书记：
李　磊（9月任）

宣传部
副 部 长：刘同欣（女，11月免）
杨　辉（女，9月任）
文明办副主任：王　平（9月任）
文联秘书长：刘　宏
记者站站长：董秉峰（9月任）

政法委
副 书 记：王振友
副 书 记：毛立祥
610办主任：林荣涛（女）
政法办主任：张　勇

统战部
副 部 长：韩　文
工商联秘书长：周凤芝（女）

机关工委
书　　记：袁志山（9月任）
副 书 记：王艳杰（女）
主任科员：高广忠（8月任）

信访办
主　　任：周志安
主任科员：董国权（9月任）
副 主 任：董国权（9月免）
魏忠成

编委办
主　　任：于志军
主任科员：崔　勇
副 主 任：张明明（女，9月任）

呼中区政府机关

政府办
主　　任：袁根堂
副 主 任：韩延军（6月任）
主任科员：王　伟
微机中心主任：姜英才
副 主 任：王渺丽（女）
法制办主任：孙友发
行政办副主任：钟丕成（9月任）
驻加办主任：刘晨旭（9月任）
副主任科员：向国惠（女）

民政局
局　　长：孙学君
主任科员：杨　晓（女）
副 局 长：曲晓红（女）
陈晓红（女）

农林局
局　　长：王志光
副 局 长：李明文
孙丽敏（女）
主任科员：黄达顺（5月任）
何宝尧（6月任）
周广喜（8月任）

人社局
局　　长：周广志（11月免）
副 局 长：于显斌
曲志东
医 保 局：于丽娟（女）
就业局长：魏忠才
副主任科员：王兴东
王长云（女）
包　钢
区人才交流中心主任：李一凡（8月任）

司法局
局　　长：杨国栋
副 局 长：丰　林
郭秀荣（女）
副主任科员：王春艳（女，8月任）

教育局
书　记：相　伟
局　长：于碧波（女）
副 局 长：任志远
詹　君（9月免）
朱丽红（9月任）
纪委书记：吕　瑛（女）
招生办主任：刘　爽
工会主席：邹美萍（女）

科技局
局　长：黄　丽（女）
副 局 长：杨占兰（女）
任龙冰（9月免）
主任科员：任龙冰（9月任）

经济发展与改革局
局　长：胡敬铭
副 局 长：张跃才
副主任科员：邱淑英（女）
主任科员：王庆龙
天保办主任：刘全传（6月任）
招商办主任：刘国锋

统计局
局　长：王立新（女，11月免）
主任科员：谢爱华（女）
副 局 长：王冬梅（女）

安监局
局　长：张岩龙
副 局 长：杨晓梅（女）
袁秋棠（女，9月任）

文化广电体育局
局　长：王佩春
副 局 长：石海燕（女）

环保局
局　长：孙亚先
副 局 长：陈仲全

住房和城乡建设局
局　长：郝志国
副 局 长：李延忠
万梅月（女，8月任）
质监站长：万梅月（女，8月免）
王　雪（女，8月任）

审计局
局　长：唐云财
主任科员：石　萍（女）
副 局 长：张　奇（8月任）
王秀荣（女，8月免）
董维忠（8月任）
局审计科副科长：王秀荣（女，8月任）

财政局
局　长：尚洪军（11月免）
副 局 长：王　英（女）
张志勇
孙剑芳（女）
非税收入局局长：梁淑霞（女）

旅游局
局　长：李天吉
副 局 长：郑伟伟（女）
于鸿婧（女）
霍丹丹（女，8月任）

交通运输局
局　长：李玉森
副 局 长：李晓燕（女）
张玲玲（女）
运管站站长：邹晓峰
副 站 长：刘占峰
农村公路管理站站长：杜　平

药监局

局　　长：郭玉琢
主任科员：付　宏
副 局 长：唐彦辉
　　　　　姜银才

卫生局与计划生育局
局　　长：刘晶娜（女）
副 局 长：刘玉芝（女）
　　　　　唐玉红（女）
　　　　　董立君（女）
　　　　　白军林

公安局
副 局 长：张　旭
　　　　　杜晓明
　　　　　倪长伟

纪委书记：田学斌
政工科长：宋铁柱
法制科长：何宝泽
秘书科长：何立光
刑警队队长：王成波
指 导 员：秦忠雨
交巡警队长：姜旭满
交巡教导员：王延林
治安大队长：孙大勇
森保大队长：李文辉
森保教导员：陈海彬
经侦大队长：历月清
国保大队长：王玉宝
看守所所长：闫晓波
教 导 员：卢荣霞（女）
呼中镇派出所长：高　峰
指 导 员：付勇越
安北派出所所长：卢　伟
指 导 员：李　彪
呼源所所长：吴佩明
碧水所所长：丛广生
宏伟派出所所长：梁敬宇

档案局（史志办）
局　　长：杨沛忠
副 局 长：张红梅（女）
　　　　　蔡晓艳（女）

扶贫办
主　　任：高永泰
副 主 任：郭志秋（女）
　　　　　陈金柱

呼中区人大常委会机关

人大教育科学文化卫生工作委员会主任：
　　　　孙艳玲（女，12月任）
区人大法治委员会主任委员：
　　　　范立颖（女，12月任）
办公室主任：张敬辉（女，12月任）
经济办主任：孙艳玲（女，12月免）
　　　　　　张泽新（12月任）
法治办主任：范立颖（女，12月免）
信访办主任：嵇先锋

政协呼中区工作委员会机关

办公室主任：张德凯
主任科员：焦　波
专委办主任：卢玉环（女）

呼中林业局机关

经营管理科
科　　长：吕　凡
副 科 长：张晓明

财务科
科　　长：孟祥阁（9月任）
副 科 长：张子文
　　　　　李有卿
　　　　　罗明浩（8月任）

资源科
科　　长：张雁冰（6月任）
副 科 长：姜兴明（8月任）
　　　　　杨　云（女，9月任）
白卡鲁山检查站站长：张伟权（8月免）

木材稽查科
科　　长：李庆丰
三总量主任：邢立群
副 科 长：李进国（6月免）
　　　　　谢瑞荣(女，6月免)
　　　　　赵长友

生产科
科　长：黄哲松
副科长：张志峰

纪律检查委员会（监察局）机关
监察局局长：宋家骥
副 书 记：王　辉（女）
副 局 长：程秀伟（6月任）
党风政风监督室主任：王　鹏（5月任）
第一派驻综合纪检组组长：刘乙良（5月任）
第二派驻综合纪检组组长：刘树森（5月任）
案管室主任：梁德刚（5月任）
第一纪检监察室主任：程秀伟（5月任）
第二纪检监察室主任：王兴龙（5月任）
区纪委主任科员：吴新龙（8月任）
信访室主任：丛晓艳（女）
案件审理室主任：杨晓杰（女，5月任）
　　　　　　　　刘树森（5月免）
办公室主任：徐文峰（6月任）

法院机关

副 院 长：胡占军
　　　　　王欣慰（女，6月任）
纪检监察组长：高　扬（6月任）
政工科科长：尹守信（6月任）
立案庭庭长：朱文祥
民 庭 庭 长：郑立怀
办公室主任：梁彦林
呼源法庭庭长：郑立怀
碧水法庭庭长：韩　卓

检察院机关

副检察长：赵长喜
　　　　　谢春水
政工科科长：付善纯
检委会委员：李小平（女）
侦查监督科科长：刘玉成
控申科科长：于晓晖（女）
民行科科长：刘立新
办公室主任：胡文丽（女）
公诉科科长：苗晓龙（6月任）
职务犯罪检察局副局长：徐颖（女，6月任）

群众团体

工会
副 主 席：王彦军
　　　　　田云祥
主任科员：张利斌
生活保障部部长：王永寄
组织部部长：刘桂云（女）
经保部部长：徐艳红（女）
宣传文体部部长：韩春香（女）
女工部部长：宋晓丽（女）

共青团
书　　记：张振威

妇　联
主　　席：孙玉霞（女）
副 主 席：张英霞（女）

事业单位

进修校

进修校长：孙宝山
副 校 长：田永惠

高级中学
校　　长：张　顺
副 书 记：于庆芝（女）
副 校 长：于长恩
　　　　　刘海波

第一中学
校　　长：黄士功
党支部书记：兰亚洲（9月任）
副 书 记：毕红杰（女）
副 校 长：李玉囤
　　　　　兰亚洲（9月免）

第一小学
校　　长：陈国富（8月免）
　　　　　于庆芬（女，9月任）
党支部书记：詹　君（9月任）

第二幼儿园
园　　长：王凤玲（女）

实践学校
校　　长：于志成
副 校 长：卜春玉（女）
　　　　　曹　蕊（女）
副 书 记：张　薇（女）

中心幼儿园
中心幼儿园：刘华玉（女）

区医院
书　　记：王景超
院　　长：贺宪伟
副 院 长：王汝梅（女）
　　　　　孙明珠
工会主席：孙剑茹（女）

党　校
书记、常务副校长：崔　峰（女）
副 校 长：李振凯
教 育 长：刘长华
副科级班主任：于淼（女，8月任）

广播电视台
书　　记：李晓卿
台　　长：刘洪波
副 台 长：曾凡林
　　　　　齐　颖（女）

设计队
书　　记：史宝林
队　　长：宋国庆（8月任）
副 队 长：张红新
　　　　　胡长河
工会主席：徐　谦

疾控中心
党支部书记：刘晓林（9月任）
主　　任：韩淑华（女）
副 主 任：朱来璞（女）

社保局
局　　长：陈守安
副 局 长：张　雨

供暖公司
书　　记：尹井辉
经　　理：刘志成
副 书 记：王　健（女）
副 经 理：董文革
　　　　　刘明发
　　　　　董文学

自来水公司
书　　记：孙彦波
经　　理：闫立新
副 书 记：朱丽红（女，9月免）
副 经 理：李伟东

区局直属单位

粮贸局
书　　记：伊永波
局　　长：戚　威
副 书 记：高效华
副 经 理：于秀娟（女，9月任）
盐业公司经理：谢海波

产业发展部
书　　记：曹景玉
经　　理：宋文权
副 经 理：辛兴瑞
　　　　　李　磊（9月免）
　　　　　史丽珍（女，9月任）

营林管理处
书　　记：张春林
主　　任：秦东雨
副 主 任：王　勇
　　　　　李海臣
　　　　　马洪福
验收队常务副队长：王　勇（6月任正科级）
病 防 站 长：张海龙
种 苗 站 长：于广娟（女）

苗圃
书　　记：孙　曾
主　　任：姜秀刚
副 主 任：刘春海
　　　　　高申友（8月任）

物资公司
经　　理：王　义
副 经 理：周剑平（9月任）

汽电处
书　　记：胡立斌（8月任）
主　　任：杜忠惠
副书记、工会主席：王晓东（9月任）
副 主 任：王贤光

防火办
党总支书记：何宝尧
主　　任：魏明孝
副 主 任：苏鹏程
　　　　　周广喜（8月免）
　　　　　宫连成
工会主席：孙德海
扑火队队长：王长彬
指 导 员：方　俊
副 队 长：史　磊
　　　　　刘　勋

水务局
局　　长：苏岩山

碳汇资源管理科
书　　记：荆国志
主　　任：高文革（10月任）
副 主 任：董利海（10月任）
　　　　　赵文郡（10月任）
　　　　　毕宏杰（10月任）
木材检验大队党支部书记：荆国志（8月免）

全民创业办
书　　记：汤玉国
主　　任：张丕军（11月免）
工会主席：谢瑞荣（女，6月任）
宣传部主任：刁树国
生产部主任：盖彦忠
后勤部主任：张　良

筑路工程公司

书　记：刘福宏
经　理：李久波

副经理：闫清成
王　冶

驻区中省直单位

资源监督办
科　　长：李　磊
王军平

自然保护局
局　　长：刘福军
副 局 长：左庄大
公安局长：刘大鹏
政　　委：李明旭
办 公 室：于海涛

消防大队
教 导 员：高　峰
队　　长：宋海涛

国土资源局
局　　长：王淑艳（女）
副 局 长：邵晓峰
王洪君
李贵权

技术监督局
局　　长：张连云（女）
副 局 长：李宏伟
高艳华（女）

气象局
局　　长：刘　铭
副 局 长：吴淑琴（女）

工商局
副 局 长：秦文凤（女）
纪检组长：林绍鹏

国税局
局　　长：周建华
副 局 长：鲁　巍（女）
尹明坤
刘井义
稽查局长：刘喜佳
副主任科员：刘振江

地税局
局　　长：王　静（女）
副 局 长：刘志国
王得利
石延林
分局局长：张崇涛
稽查局长：卢广顺
社保局长：孙庆山
办 公 室：杨　民

中国石油呼中公司
经　　理：姜革新

中国电信呼中公司
经　　理：张殿春

呼中区联通公司
经　　理：袁立群（女）

呼中区移动公司
经　　理：刘双海

呼中区邮政局
局　　长：石俊才

邮储银行
行　　长：梁　军

农信社
经　　理：张天伟

财险公司
经　　理：张　品

人险公司

经　　理：苏文财

太平洋保险公司

经　　理：马　兰（女）

工行

行　　长：赵凤岭

车站

站　　长：杨立新

森警部队

大 队 长：李永成

教 导 员：刘　林

武装部

副 部 长：朱胜利

政 工 科：孟凡雷

供电局

书　　记：尹枝清

局　　长：谢　强

镇、林场、管护区

呼中镇

书　　记：李文萍（女）

副书记、镇长：孙剑波（6月任）

人大主席：李文峰

副 书 记：于登辉（9月免）

纪委书记：于登辉（9月任）

申　翠（女，9月任）

人大副主席：曹秀磊（9月任）

副 镇 长：金树国（9月免）

李艳国

张欣国（8月任）

刘井龙（9月任）

武装部长：王　宇（8月任）

党委组织委员：孙荣荣（女，8月任）

党委宣传委员：潘　丽（女，9月任）

向阳社区书记：王　慧（女）

向阳社区主任：刘继鹏

北秀社区书记：潘　丽（女，9月免）

北秀社区主任：于秀娟（女，9月免）

市政管理处主任：段金江

刘淑君（女，8月免）

市政管理处副主任：郑　悦（9月任）

环卫处主任：刘向前

碧水镇（林场）

书　　记：苏玉海

镇　　长：门玉国

人大主席：吴新龙（8月免）

刘来君（8月任）

副 书 记：刘来君（8月免）

刘玉国（9月任）

主任科员：尚国斌（6月任）

纪委书记：李丽华（女，8月任）

副 镇 长：孙启国（9月免）

尚国斌（6月免）

李铁栓　李晓娟（女，9月任）

党委宣传委员：张培森（8月任）

党委组织委员：陈福东（9月任）

副 场 长：李　达

唐加明

宫润波

刘玉国（9月免）

社区书记：于爱军

社区主任：赵庆广

法庭庭长：郑立怀

学校校长：卢凤强

副 校 长：王　刚

呼源镇（林场）

党委书记：陈世军（6月任）

副书记、镇长：鹿洪生（6月任）

人大主席：张　杰（8月免）

郝继伟（8月任）

副 书 记：郝继伟（8月免）

王长军（9月任）

主任科员：张志成（6月任）
纪委书记：王天龙（8月任）
副 镇 长：张典国（9月免）
董维忠（8月免）
代晓光（女，9月免）
孙海山（9月任）
王国生（9月任）
党委宣传委员：孟庆玲（女，8月任）
党委组织委员：代晓光（女，9月任）
武 装 部 长：张伟权（8月任）
副　场　长：陈志权（8月免）
戴　威
王长军（9月免）
薛祥国（9月任）
工会主席：曲福荣（8月免）
社区书记：王国生（9月免）
社区主任：闫国德（6月免）
学校校长：郭柏生
学校副校长：孔庆龙（8月免）
郑连顺
医院院长：朱玉华（女）

宏伟镇（林场）
书　　记：石　磊（11月免）
镇长、场长：张　彬
副 书 记：张继玲（女，6月免）
邵红娟（女，9月任）
主任科员：张继玲（女，6月任）
纪委书记：李长华（女，9月任）
副 镇 长：宋金红（女）
孙　洁（女）
桑　程
党委组织委员：刘金铭（8月任）
党委宣传委员：徐　伟（8月任）
副 场 长：马成发
高长龙
何会林（8月任）
高申友（8月免）
陈志国
工会主席：董成林

社区书记：邵红娟（女，9月免）
社区主任：李长华（女，9月免）
呼中林场（管护区）
书　　记：金代海
场　　长：曹永滨
党委副书记：宋金龙（8月任）
纪检书记：宋金龙（8月任）
副 场 长：王开友
刘殿友
王春林
胡立彪
陈东辉
工会主席：崔福轩
扑火队长：李世奎

永青森林经营公司（管护区）
书　　记：金树水
经　　理：邸志锋
副 书 记：周永泉
副 经 理：仪忠山 李明义 范树民
刘　漠（9月任）

呼源贮木场（雄关管护区）
书　　记：李建慧
场　　长：邢佑豹
副 场 长：韩国斌 李彦双

呼中贮木场（大西沟管护区）
书　　记：张荣堂
场　　长：祁俊洪
副 场 长：刘忠勇
高永斌
工会主席：王富明

碧水贮木场（提阳山管护区）
书　　记：刘克军
场　　长：祁瑞普
副 场 长：张益民
杨德强

政　　治

区委工作

【综述】全区围绕地委、行署创新发展“六大产业”、深入实施“三大工程”、营造“两大环境”的决策部署，发挥优势、补齐短板，“保生态、惠民生、促发展”为宗旨，以加快产业转型为着力点，加强生态建设和保护，加大招商引资力度，强化产业项目建设，深化经营管理，努力改善百姓民生，全面加强党的建设，区局经济社会各项事业健康发展。经济实现平稳运行，生态建设全面加强，重新调整管护区划，在原有5个管护区的基础上，新组建雄关、西沟、提阳山3个管护区，增加管护密度，细化管护责任。产业转型步伐加快，依托特色资源，着力发展生态旅游业，调整产业方向，全力抓好生态食品业，加大工作力度，推进招商项目建设。经营管理效果显著，积极开展企业机构编制信息化管理平台建设工作。对林业局企业人员进行调查摸底，通过“三层核实法”对各单位机构编制、人员情况信息进行核实，做到数据真实、准确无误。认真做好资产清查。为保证国有资产不流失，对各个生产单位及林业局所属企业的资产，并登记造册，进行封存，确保国有资产不流失。切实抓好节支管理。坚持走精细化管理道路，执行财政财务、供暖供水、刷脸考勤等13项规章制度，从管理要效益，实现管理效益最大化，城镇建设日益完善，实施林业局保障性安居工程配套基础设施建设项目（第一批、第二批）、林业局保障性安居工程追加配套基础设施建设项目，对区内五所学校、部分自来水管网进行维修改造，社会事业大幅改善，加大社会保障力度，提高医疗服务质量，改善教育教学条件。党的建设全面加强，加强干部队伍建设，加强宣传思想建设，加强党风廉政建设。

【经济实现平稳运行】全区地区生产总值实现58326万元，同比增长6.3%；城镇居民人均可支配收入实现14642元，同比增长4.1%。1—10月份，公共财政收入完成641万元，完成年计划的79.8%。

【加强生态建设】重新调整管护区划，在原有5个管护区的基础上，新组建雄关、西沟、提阳山3个管护区，增加管护密度，细化管护责任。目前，完成中幼林抚育20.38万亩、补植补造6.5万亩、人工更新造林5000亩，分别完成年计划的50.69%、100%、100%，完成义务植树6万株。加强森林防火工作，全年取得无人为火发生、9起雷击火快速扑灭不成灾的好成绩。深入开展保护森林资源“十三五”专项行动，对非法破坏森林资源、滥捕、滥猎野生动物行为进行清理打击，未发生一起林政林地案件。

【加快产业转型】依托特色资源，发展生态旅游业。制定出台《呼中区域旅游产业发展指导意见》，开展“最冷小镇吉祥物”征集活动。“中国最冷小镇呼中四季风光摄影大展”历时一年，在哈尔滨成功闭幕，扩大“中国最冷小镇”美誉度。完成区域路线标识牌设立的规划工作，开展白山景区野外帐篷宿营地建设项目。累计投资857万元，对景区道路进行全面升级，建设停机坪2座、生态厕所2个、兴安之巅地标1处、多功能野外帐篷营地3个，生态旅游产业全面提档升级。调整产业方向，抓好生态食品业。养殖食用菌1480万袋，农民专业合作社由去年15家发展到今年33家。黑木耳、草菇、牛肝菌、蒲公英等6种绿色食品获得绿色食品认证，“偃松籽”申报地理标志产品保护申报材料已报到国家质监总局。加大杜香资源开发利用力度，以杜香精油为香料成分生产杜香精华露、杜香精油皂等洗护产品设备已完成购置，杜香精油蒸馏提取设备已调试完成。呼中区寒带黑木耳基地、呼中区松杉灵芝养殖园基地、呼中镇全民创业基地。加大工作力度，推进招商项目建设。投资1.5亿元的黑龙江省森源食品科技有限公司蓝莓系列产品加工项目，今年完成投资2492万元，厂区路面硬化、冷库改造、酒窖改造、厂房主体建设全部完，其中酒罐和饮料加工生产线设备安装完毕。并且，与吉林派诺生物有限公司签订偃松加工项目意向合作协议，签约额5050万元。

【强化经营管理】开展企业机构编制信息化管理平台建设工作。对林业局企业人员进行调查摸底，通过“三层核实法”对各单位机构编制、人员情况信息进行核实，做到数据真实、准确无误。认真做好资产清查。为保证国有资产不流失，对各个生产单位及林业局所属企业的资产，并登记造册，进行封存，确保国有资产不流失。切实抓好节支管理。坚持走精细化管理道路，认真执行财政财务、供暖供水、刷脸考勤等13项规章制度，从管理要效益，努力实现管理效益最大化。6月7日，全区企业经营管理现场会在呼中区成功举办。

【完善城镇建设】实施林业局保障性安居工程配套基础设施建设项目（第一批、第二批）、林业局保障性安居工程追加配套基础设施建设项目，对区内五所学校、部分自来水管网进行了维修改造。省重点项目——大兴安岭地区呼中区呼玛河治理工程按序时进度推进。同时，加强“美丽乡村”建设，共清运垃圾10210吨，综合整治背街巷道98条，拆除广告牌108个，城镇建设水平不断提升。

【改善社会事业】加大社会保障力度，发放低保资金1177.6万元；医疗救助258人、发放救助金123.7万元；临时性救助困难人员492人次、发放救助金66.5万元；发放困难残疾人和护理人员生活补贴44.2万元；为优抚对象发放抚恤金、补贴32万元。筹措资金509.8万元，在各县区局中首先兑现买断退休人员独生子女3000元奖励资金，提高医疗服务质量。购置了全自动血细胞分析仪、电解质分析仪、生物安全柜等设备10余台（套），为临床诊断提供必要的技术支持和保障；区内各镇卫生院和社区卫生服务中心全部实行基本药物，执行零差率销售。改善教育教学条件。完善全区各校办公、教学、信息化建设及音体美器材等相关设备设施，义务教育均衡发展工作顺利通过国家评估验收。做好扶贫开发工作。对有劳动能力的贫困人口，落实项目启动资金86.3万元，贫困家庭实现就业数589人，对接贫困家庭中零就业家庭96个。通过“金秋助学”、“关爱女职工行动”、“送温暖、献爱心”、“面、心、实”、“一帮一”扶贫解困和临时救济等活动发放两级困补资金120万余元，救助1022人。对贫困人口中完全或部分丧失劳动能力的人，由社会保障来兜底，逐步实现低保线和扶贫线“两线合一”，将符合条件的贫困家庭纳入低保范围，做到应扶尽扶、应保尽保。

【加强党的建设】加强干部队伍建设。扎实开展“两学一做”学习教育，认真制定《“两学一做”学习教育实施方案》，成立协调领导小组，抽调了17名能力强的同志负责具体工作，采取区委书记、处级领导、基层党组织书记和社区老党员讲党课的“四讲”方式，搭建了学习平台。组织引导广大党员干部深入学习党章党规和习近平总书记的一系列重要讲话，确保学习教育全覆盖。完成四镇换届工作，注重增强科级班子整体功能和合力，先后调整7批科级干部，使一批思想政治素质好，工作能力强，作风优良的干部走上领导岗位。加强社区建设，呼中镇向阳社区党总支被黑龙江省委命名为“双百示范社区实训基地”。对纳入整顿范围的7家基层党组织逐个进行检查评估，使软弱涣散基层党组织得到全面转化。加强宣传思想建设。以习近平总书记一系列新思想、新观点、新论断作为理论学习重点，共组织区委中心组集中学习8次。以“善行呼中，美在大岭”主题实践活动为载体，弘扬社会主义核心价值观。在地级媒体发稿750条，在省级以上媒体发稿450条，国家级媒体发稿40余篇，其中《人民日报》发稿2篇。加强党风廉政建设。严格规范权力运行，集中整治破坏经济发展环境突出问题和开展领导干部及亲属违规经商办企业问题。按照要求，对纪委监察局内设机构进行相应调整。纪委监察局检查监察室立结案25起，处分违纪人员25人，其中科级干部8人，党纪处分4人，行政处分22人。

（区委办公室　供稿）

组织工作

【综述】2016年，全区组织工作围绕中心，服务大局，认真履行选干部、配班子、建队伍、聚人才、抓基层、打基础的职责，精心部署，周密安排，采取一系列有效措施，做好各项工作，取得成效，为全区的发展提供组织保障。领导班子换届工作，按照中央、省、地《关于县（区）、乡（镇）领导班子换届指导工作方案》要求，召开5次常委会和1次全委会，专门研究换届工作事宜，讨论通过召开中共呼中区第十一次代表大会的决议。加强干部队伍建设，贯彻执行《关于新形势下党内政治生活的若干准则》，在全区党员干部中开展坚定理想信念主题实践活动。强化管党责任制落实，继续实施“双述双测”制度，实行定期向上级党组织报告抓基层党建工作情况制度，加大函询、约谈力度，对抓基层党建述职考评排在末位的党组织书记进行约谈提醒，增强抓党建工作责任意识。举办党务工作者培训班，以学习党的十九大精神和习近平总书记系列讲话为重点，提升党务干部综合素质。强化基层党建基础工作。人才队伍建设上，抓好重点人才项目建设，以培育壮大本地特色优势主导产业为核心，推进重点产业和基地建设，实行项目化管理，对项目进行督办检查，促进重点人才项目和工程提档升级。开展党员“每季之星”评比活动，机关掀起“比、学、赶、超”的良好氛围。加强非公有制经济组织和社会组织工委建设，制定下发《中共区委非公有制经济组织和社会组织工作委员会职能及成员单位职责》《区委非公有制企业和社会组织党建工作制度汇编》《区委非公有制企业和社会组织党建指导员管理办法（试行）》《中共区委非公有制经济组织和社会组织工作委员会议事规则》《非公党建工作指导员考核测评方案》等制度，成立非公有制经济组织和社会组织工作委员会办公室，开展一系列卓有成效的工作。

【领导班子换届】成立换届工作领导小组，在区委组织部、区人大、区政协设立三个办公室。成立筹备工作领导机构，召开筹备工作小组协调会。按照代表名额和结构比例要求，研究起草代表选举工作通知。等待请示批复后，区委将组织召开代表选举工作会议，安排部署代表选举工作。同时，等待地委换届考察组考察后，组织开展推荐“两委”候选人初步人选等人事安排工作，按照时序要求及时呈报“两委”候选人预备人选请示（第二次请示），做好“两委”工作报告等召开党代会前的其他准备工作。

【干部队伍建设】在全区党员干部中开展坚定理想信念主题实践活动。强化管党责任制落实，实施“双述双测”制度，实行定期向上级党组织报告抓基层党建工作情况制度，加大函询、约谈力度，对抓基层党建述职考评排在末位的党组织书记进行约谈提醒，增强抓党建工作责任意识。举办党务工作者培训班，以学习党的十九大精神和习近平总书记系列讲话为重点，提升党务干部综合素质。强化基层党建基础工作。通过抓“两头”带“中间”的方法，推进全区基层党组织建设提档升级。加大软弱涣散基层党组织整顿力度，巩固整顿工作成果，按照“季查季验”方式，推行基层党组织规范化“十项建设”。举办“三会一课”培训班，对全区各基层支部书记和政工干事进行业务培训。强化党员教育管理。开展好党员组织关系调研排查工作，摸清党组织和党员队伍现状、类型特点、分布情况，理清党组织和党员隶属关系，排查好流动党员的基本情况，加强流动党员教育管理。强化基层服务型党组织创建工作。以“服务接力进网格”活动为载体，采取按月纪实、按月走访等方式，推进领导干部深入基层联系群众工作。对在职党员在活动中的具体表现进行百分积分考核，确保岗上岗下发挥作用。“项目建设”。举办“三会一课”培训班，对全区各基层支部书记和政工干事进行业务培训。强化党员教育管理。开展好党员组织关系调研排查工作，摸清党组织和党员队伍现状、类型特点、分布情况，理清党组织和党员隶属关系，排查好流动党员的基本情况，加强流动党员教育管理。强化基层服务型党组织创建工作。以“服务接力进网格”活动为载体，采取按月纪实、按月走访等方式，推进领导干部深入基层联系群众工作。对在职党员在活动中的具体表现进行百分积分考核，确保岗上岗下发挥作用。

【人才队伍建设】抓好重点人才项目建设，以培育壮大本地特色优势主导产业为核心，推进重点产业和基地建设，实行项目化管理，对项目进行督办检查，促进重点人才项目和工程提档升级。抓好品牌项目培育和扶持工作，为具有较好发展潜力的人才项目提供政策扶持和资金支持。积极探索多种柔性引才方式，围绕呼中区的生态保护与经济转型，利用和壮大人才培养基地、实训基地，强化各类产业人才和专业技术人才培养。完善和实施人才吸引政策，增强人才政策开放度。拓宽优秀大学毕业招录渠道，做好毕业生选拔任用工作，从根本上改变人才结构，缓解专业人才缺乏的压力。

【开展党员“每季之星”评比活动】加强非公有制经济组织和社会组织工委建设，制定下发《中共区委非公有制经济组织和社会组织工作委员会职能及成员单位职责》《区委非公有制企业和社会组织党建工作制度汇编》《区委非公有制企业和社会组织党建指导员管理办法（试行）》《中共区委非公有制经济组织和社会组织工作委员会议事规则》《非公党建工作指导员考核测评方案》等制度，成立非公有制经济组织和社会组织工作委员会办公室。强化对入党积极分子的管理，举办入党积极分子培训班。切实做好发展党员工作，严格发展党员程序，建立发展党员工作全程票决制，实行“双推荐、双考核、双培训”制度，健全“三级预审”工作机制。全年，全区发展党员36人，由于把关严、质量高，在群众中产生良好反响。

（区委组织部　供稿）

宣传思想工作

【综述】全区宣传思想文化工作以围绕中心、服务大局为基本职责，坚持团结稳定鼓劲，正面宣传为主，理论武装基础夯实，新闻宣传强势有力，区域文化繁荣发展，文明创建稳步推进，为区局发展提供强大精神动力。理论学习，在各级中心组开展“解放思想加快转型发展”专题学习，学习习近平同志在黑龙江发表两次重要讲话、地委书记贾玉梅在2016年第六次地委委员扩大会议上的讲话和党的十八届六中全会精神。舆论引导，开展“深入解放思想 加快转型发展”巡回宣讲各种主题活动。新闻宣传，宣传区局政策、便民信息、呼中风光、好人好事等信息近千条。

【理论学习】各级中心组开展“解放思想加快转型发展”专题学习，学习习近平同志在黑龙江发表的两次重要讲话、地委书记在2016年第六次地委委员扩大会议上的讲话和党的十八届六中全会精神。区委中心组集中学习8次，专题研讨2次。中心组成员在《中国绿色时报》等省级媒体发表理论文章3篇。

【舆论引导】开展“解放思想 加快转型发展”巡回宣讲。在电视台开辟《解放思想加快转型发展》《书记访谈》活动专栏，播发专栏20期、《书记访谈》6期，“中国最冷小镇”微信平台刊发144期。开展“全民阅读·呼中读书季”全民读书活动，播发读书活动专题新闻5期，推荐好文好书16期，举办演讲比赛活动17场次。开展“查思想、补短板、促转型”专题研讨活动，在领导干部中发放“影响与制约区局发展问题”调查问卷580份，梳理出群众反映强烈的问题52个。在职工群众中开展“我为小镇献一计——金点子”征集，整理上报13条“金点子”，各级领导干部撰写调研报告332篇。

【社会主义核心价值观教育】以“善行呼中，美在大岭”主题实践活动为载体，弘扬社会主义核心价值观。组织开展“道德经典诵读”“绿色生态文明校园”“我为‘中国梦’做贡献”等主题教育实践活动，在文化长廊设立“呼中好人榜”专栏，在电视上播放道德模范典型事迹10期，社会主义核心价值观融入社会方方面面。乡村学校少年宫完成验收工作，一个家庭事迹被收录龙江好人书籍。

【志愿服务】以“志愿服务进网格，善行呼中暖万家”为主题，将志愿服务“在一线、零距离”地推向网格，以“服务接力8+8”“365微行动”“学习雷锋、奉献爱心”“一帮一扶贫解困”等活动为载体，广泛开展敬老、爱幼、帮扶残疾人的志愿服务活动。全年开展自愿服务90余次。宏伟镇“365志愿服务”被评为省级志愿服务标兵。我区志愿者在全国网络文明传播信息平台发表转播正能量微博、博客评论6万余条，名列排行榜第一名。

【新闻宣传】围绕区局中心工作，开展森林防火、林下经济、全民创业、民生改善、培育和践行社会主义核心价值观活动宣传战役，更新慧园文化长廊图版70块，在主要路段设置道德经典、文明礼仪、低碳环保等公益广告200余块。发挥微信平台作用，及时快捷宣传区局政策、便民信息、呼中风光、好人好事等信息近千条，对外宣传成果突出。在哈药当代美术馆举办“中国最冷小镇·呼中四季风光国际摄影大赛”颁奖仪式，展出100余幅呼中风光摄影作品，15家媒体直接播发新闻稿件、图片60余条，40余家大型网站转发。在《中国绿色时报》开展“中国最冷小镇杯”第八届十大生态美文评选，活动吸引170余万人次参与投票。配合“畅爽龙江，穿越兴安——中华旅游名博北极行”网络大V在呼中采风，微博浏览达60万人次。在地级媒体发稿750条，在省级以上媒体发稿450条，国家级媒体发稿40余篇，其中《人民日报》发稿2篇。网络管理全面加强。开展“人人争做呼中好网民”活动，对全区政府网站、三大运营商、30家微信公众平台进行网络安全专项检查，对社会热点问题和突发事件需求进行引导。全年上报舆情信息2150篇，发表网络评论500余篇，在兴安之声和微社区上共发稿150余篇。

【选兴安十佳】6月至7月10日，呼中区在大兴安岭，“点赞兴安·八个十佳”评比活动中，“中国最冷小镇”被评为“十佳文化品牌”；“呼中黑珍白宝宴”被评为“十佳餐饮主题宴”；“呼中白山景区”被评为“十佳景区”；“呼中苍山石林地质公园”被评为“十佳景点”；“呼中岭上人家”被评为“十佳旅游服务单位”；“呼中松益千日果系列产品”被评为“十佳旅游纪念品”。

【打造首届文化大集特色平台】大兴安岭首届文化大集叫响了“中国最冷小镇”文化品牌。呼中区认真部署、精心组织，以大兴安岭首届文化大集活动为平台，力求深挖当地文化精品，突出展示呼中区春天最“寒”、夏天最“凉”、秋天最“爽”、冬天最“冷”的“最冷小镇·清凉世界”小镇形象。通过层层筛选，精心准备130余件能够展示呼中特色的文化精品，并将其分为三大板块。书画摄影板块：分别有中国书法家协会会员、生书法家协会理事、本地书法家孙宝山创作的提拔拓片作品，以及其他出版书法、拓片题跋作品；以版画家高俊川为代表的版画、绘画；以摄影家张万和为代表的摄影佳品。工艺美术板块：分别有手工艺品、杜香抱枕、根雕、浮雕作品。旅游纪念品板块：分别有偃松仁系类产品、蓝莓果干、麦饭石木耳等特色旅游纪念品。制作精美风光片、旅游宣传推介等原创文艺作品。展厅内外加大投入，精心布置，合理设计，展示出“中国最冷小镇”特有的文化气质，开展当天实现销售额达2万余元，并达成意向性签约额10万余元，达到“名利”双收的推广效果。

（宣传部　供稿）

统战工作

【综述】区委统战工作贯彻落实中央和省委、地委关于统一战线的重要决策部署为核心，以服务地委“创新发展六大产业，深入实施三大工程，积极营造两大环境”为重点，以开展统一战线凝心聚力“十三五”行动为载体，全面推动统战工作实现新发展、展现新作为，提升“中国最冷小镇”影响力，开创经济社会转型发展新局面。思想政治共识，做好广泛凝聚党外人士思想共识工作。发展中国特色社会主义学习实践活动发挥党校作为统一战线人才培养基地的作用，凝心聚力，在党外人士中，依托地委“献计兴安·建功转型”为载体，组织各民主党派、工商联、无党派知识分子联谊会围绕区年度重点工作和“十三五”规划实施中的问题考察调研，为区经济社会发展建言献策。非公有制经济和人士健康工作，坚持团结、服务、引导、教育的方针，扎实做好非公有制经济人士队伍建设和为非公有制经济发展服务工作，民主党派和无党派人士工作，落实好区委年度协商工作计划，建立并实施区委与民主党派、无党派人士协商座谈制度，及时向党外人士通报情况、征求意见，党外代表人士队伍建设，加强无党派知识分子联谊会建设，抓好领导班子建设和人才队伍培养，吸纳和培养更多的优秀党外，宗教工贯彻落实中央及省委民族工作会议精神，做好少数民族工作，港澳台及华侨、华人工作，贯彻中央及省委有关对台和侨务政策要求，以增进认同、深化交融为目标导向，积极推动海内外同胞深度交流交融，统战部门自身建设，围绕中央提出的建立“党委统一领导、统战部门牵头协调、各有关部门和人民团体各负其责”的工作格局的要求。

【思想政治共识】引导统战成员增强“四个意识”、坚定“四个自信”，做好广泛凝聚党外人士思想共识工作。坚持发展中国特色社会主义学习实践活动，开展主题教育、座谈研讨、联系交友等多种形式，不断澄清各界人士在认识上的偏差，坚定“不忘合作初心、继续携手前进”的信心。发挥党校作为统一战线人才培养基地的作用，引导民主党派人士和无党派人士加强中国特色社会主义理论学习。

【服务社会】在党外人士中，依托地委“献计兴安·建功转型”为载体，组织各民主党派、工商联、无党派知识分子联谊会围绕区年度重点工作和“十三五”规划实施中的问题考察调研，为区经济社会发展建言献策。在非公有制企业中开展“村企联建·精准扶贫”活动。引导非公有制企业重点通过发展六大产业、引进脱贫项目、开展结对帮扶、带动全民创业、解决贫困家庭就业等形式，参与林区转型发展和精准扶贫行动，为全区加快转型发展做贡献。在统战成员中开展“关注民生·服务社会”行动。围绕“保生态、优结构、促改革、惠民生”的工作目标，发挥统一战线优势，打造社会服务品牌。

【推动非公有制经济发展】坚持团结、服务、引导、教育的方针，扎实做好非公有制经济人士队伍建设和为非公有制经济发展服务工作。落实省、地支持民营经济发展的政策措施，帮助企业解决实际困难和问题，鼓励引导非公有制企业自主创新、转型升级，提高自身发展的能力。发挥工商联组织的桥梁纽带作用，为企业搭建与党委、政府及金融等方面的沟通平台和联系机制，促进构建健康的“亲”“清”政商关系。借助省工商联、地工商联的大平台，在协助引进知名大企业走进大兴安岭上做文章，在招商引资、拉动项目上有所突破。发挥行业商会的作用，定期举办企业家沙龙活动，引导企业开阔视野，实现优势互补、合作共赢。

【协商座谈】落实好区委年度协商工作计划，建立并实施区委与民主党派、无党派人士协商座谈制度，及时向党外人士通报情况、征求意见。加强区委领导与党外人士联系交友工作，为党外人士建言献策搭建绿色通道。切实完善有利于民主党派职能发挥的政党监督机制，建立民主党派、无党派参与重大问题协商、参加重要会议、调研视察、专项监督等工作机制，支持党外人士依规依程序开展监督工作。

【党外人士队伍建设】加强无党派知识分子联谊会建设，抓好领导班子建设和人才队伍培养，吸纳和培养更多的优秀党外人才。发挥知联会桥梁纽带作用，通过引导党外知识分子开展考察调研、科技攻关、智力扶贫、创新创业等活动，为全区加快发展贡献聪明才智。完善党外知识分子工作机制，建立由统战部门牵头、党政有关部门参加、社会有关团体参与的联席会议制度，为广大党外知识分子创造人尽其才、才尽其用的良好环境。做好新的社会阶层人士调查摸底工作。切实履行统战部门安排党外人士的职能，做好党外代表人士安排使用工作。开展全区党外干部情况调查，更新完善党外后备人才库，实行科学分类、动态管理。密切与组织部门配合，有针对性地加强党外后备人才与适用岗位的匹配性培养。推动党外干部在政府工作部门、司法机关、社会团体以及国有企业等担任实职工作，使更多优秀党外干部脱颖而出、担当重任。

【港澳台侨工作】贯彻中央及省委有关对台和侨务政策要求，以增进认同、深化交融为目标导向，积极推动海内外同胞深度交流交融。弘扬中华民族文化、扩大民间交流为纽带，立足全区自然人文资源，促成多种形式的交流活动，加强与港澳台同胞和海外侨胞的联系。发挥对台涉侨工作部门以及海联会、台联等统战团体的优势，扩大联谊覆盖面。

【统战工作机制建设】围绕中央提出的建立“党委统一领导、统战部门牵头协调、各有关部门和人民团体各负其责”的工作格局的要求，发挥统一战线领导小组的作用，推动构建“大统战”工作格局。探索整合统战工作资源的形式，理顺工作关系、调整工作职能、健全工作机制，以“大统战”工作理念推动统战部门更好地履职尽责。探索整合统战工作协作机制，在推进重点、落实重大决策部署、开展统战活动等方面加强上下联动，形成做好统战工作合力。制度机制在开展统战工作中的保障作用，创新统战工作的组织领导机制、工作运行机制和监督保障机制，以健全的工作机制推动工作开展。发挥统一战线工作领导小组的作用，建立健全统战部作为领导小组办公室的牵头协调机制，健全和完善统战部门在党外干部工作、民族工作、宗教工作、对台工作、新社会阶层人士工作方面的联席会议机制，确保工作运行顺畅。健全协商民主机制，为党外人士参政议政搭建平台。建立调研督察机制，区委统战部要围绕统一战线“落实年”的要求，年内组织开展调研督察工作，年终组织开展考核工作，确保统战工作会议精神和《条例》的贯彻落实。

（区委统战部　供稿）

机构编制

【综述】区机构编制部门按照年初制定的工作目标，积极向上争取政策，稳步推进事业单位分类改革，强化机构编制监督管理和基础建设，完成各项工作任务。依据《大兴安岭地区行署办公室关于做好行政权力清单统一规范工作的通知》文件精神，在全区范围内开展行政权力清单规范工作，组织落实行政审批制度改革有关工作，认真调查统计全区乡镇、社区出具的证明手续情况，坚持多措并举，完成全区行政权力中介服务事项清理规范工作。

【规范行政权力】在全区范围内开展行政权力清单规范工作，按照省部门制定的标准目录，结合实际，梳理规范本部门行政权力清单，通过统一规范，做到相同层级政府行政权力数量基本相当，相同行政权力事项的名称、类型、依据等要素内容基本一致。责任清单工作正有续推进，录入完毕后，依托黑龙江省行政权力信息管理平台对外公布。

【落实行政审批制度】组织专人对全区现有行政审批事项和2013年以来承接省级下放行政权力事项进行认真梳理，做到摸清底数。及时印发呼中区《关于落实行政审批制度改革有关工作的通知》，对照2013年以来省政府下放222项行政权力事项中下放到县、市县一级的存在“接不住”的权力事项，填写《“接不住”的行政权力事项表》，同时填写《省级下放事项各单位审批次数情况表》。结合实际工作，按照“多取消、审一次、真备案”的原则，就目前省级权力清单暂时保留的行政许可事项进行论证分析，提出进一步简政放权的建议。

【乡镇、社区公共服务事项统计】对全区4个乡镇、5个社区出具的相关证明或手续情况进行调查统计。经认真梳理，汇总出乡镇、社区办理公共服务事项出具证明共计1189次32项，由乡镇、社区办理公共服务事项出具的证明和手续共计1713次32项。

【行政权力中介服务事项清理】2月，组织各政府部门工作人员参加省编办组织的行政权力中介服务事项清理工作培训班，要求各行政部门按照清理范围和要求，对本部门现有的行政权力涉及的中介服务事项进行全面梳理，逐条逐项进行填报，不得瞒报、漏报。参照“省政府7号令”和公布保留的行政权力中介服务事项进行梳理；积极与地区对口单位进行沟通，咨询上级主管部门意见；核对权力事项设立的法律法规依据并结合行政权力流程进行梳理。审核过程由编委办牵头，区法制办、物价局、财政局配合形成联合审查机制。区编委办对各单位上报的纸质材料进行初审，重点审核呈报数量和内容填写规范性；区法制办按照有法可依、依法定项原则，进行合法性审查，凡是无法律法规规章依据的，一律不得列入清单；区财政局、物价局对收费性质、依据、标准进行审查，除市场调节价的事项以外，要求各单位提供收费标准文件，确保涉及收费事项的合理合法性。

【控编减编专项监督】成立控编减编工作领导小组，细化各相关部门的职责分工，形成信息资源互通共享、部门联手协同管理、重大问题集体研究、重要决策实施有力的控编减编工作机制。下发《关于迎接控编减编专项督查工作的通知》，明确督察目标和内容，明确督察手段和时间，细化各机关事业单位控编减编工作责任，强化机构编制纪律，使纪律规定在督查实践中彰显力量。根据《呼中区控编减编工作方案》，针对专项督察的具体内容和督查方式，建立完善各类编制工作台账，逐一对照开展自查，形成《呼中区控编减编工作自查报告》。将2012年以来的机构编制人员增减情况及历史沿革文件进行梳理，按照制度建设、年报统计等类别整理归档，并按照年度重点工作、监督处和市县处要求，分别装订成册。

【编制信息管理】为确保平台数据真实准确，及时对机构编制网络平台内的人员信息、台帐信息、机构名称等内容进行维护，修改人员信息62余条，完善台账信息35条，实现平台信息维护率100%的工作目标。采取多人审阅，层层把关的工作方式，确保信息内容的准确和语言的精炼，明确报送时限，保质保量的完成信息任务的报送工作。

（编办　供稿）

信访工作

【综述】2016年，区信访工作贯彻落实上级信访工作的部署，围绕区委、区政府的中心工作，着力从源头上预防和减少社会矛盾和信访问题的发生。加强信访工作领导责任制、规范信访工作和信访行为、探索新机制、加大信访突出问题调处化解力度等方面，切实维护群众利益，为建设“平安呼中”作出贡献。信访情况，无一起因信访工作处置不当而引发的重大信访事件。加大领导工作力度，区级领导共接待来访群众25批次235人次，协调解决25批次，办结率100%。强化稳定意识，做好信访稳定工作，先后4次开展了信访疑难问题专项大排查，重点排查信访突出问题、群体性事件隐患，开展矛盾排查，从源头上化解不和谐因素，列检单位和部门共排查出矛盾纠纷51件，成功调处45件，化解率达到88.2%。注重时效，做好信息宣传及共享工作，做好越级非正常上访稳控工作，遏制越级非正常上访。做好业务培训工作，提高领导干部的工作能力。全区参加培训单位12家、人数72人次。

【信访情况】区信访办受理群众来信来访173件次441人次与去年同期145人次724人次相比，批次增加19.31%，人次减少39.1%。集体来访15批次、208人次与去年同期的35批次521人次相比，批次减少57.14%、人次减少60.08%。进京上访4批次4人次与去年同期的14批次18人次相比，批次减少71.43%、人次减少77.78%。到省上访3批次17人次与去年同期的3批次7人次相比，批次持平、人次增加142.9%。去地上访18批次51人次与去年同期的12批次53人次相比，批次增加50%、人次减少3.77%。受理中央及省、地网上交办件71件次与去年同期的40件次相比，件次增加77.5%，网上件按时结案率100%。

【领导接访】区委、区政府对信访工作重要性的认识，先后5次召开信访工作专题会议，布置信访工作。同时坚持党政领导开门接访、带案下访和包案处理信访问题等制度，制定和公布每季度领导接访值班表，重要会议期间每个工作日都有领导接待，区级领导共接待来访群众25批次235人次，协调解决25批次，办结率100%。先后化解居民反映平房改造后遗留的问题、转岗职工无活干要求安置问题、买断人员反映买断不合理的问题等，将上访群众吸附在区内，杜绝越级访的发生，取得较好的效果。

【重要会议期间信访稳定工作】领导重视敏感时期的信访稳定，明确要求把做好在全国、省、地各级“两会”、十八届六中全会、重大活动等期间的信访工作作为重要的政治任务抓好落实。会同各列检单位和有关部门加大工作力度，变上访为下访，变被动访为主动访，组织力量先后4次开展信访疑难问题专项大排查，重点排查信访突出问题、群体性事件隐患。对排查出的信访案件，全部落实领导包案、确定责任单位和责任人。把工作做在前面，把矛盾化解在当地，把问题解决在会前。

【矛盾排查】为将矛盾纠纷化解在萌芽状态，采取逐级汇总上报矛盾纠纷排查、化解情况，重大节日和敏感时期实行24小时值班制度和零报告制度，对排查出的各类矛盾纠纷，建立规范化台账，并逐一盘点销号，实现矛盾纠纷排查调处工作层层落实、级级负责的良好态势。全年，列检单位和部门共排查出矛盾纠纷51件，成功调处45件，化解率达到88.2%。

【信息宣传】实行按月通报群众进京及集体到省、到市、到区上访情况，方便区委、政府领导及各信访列检单位了解信访综合情况，同时督促信访事项涉及的各单位及时对信访事项进行有效调处。注重收集整理全区各单位做好信访工作的好经验、好方法，将一些亮点和实践措施在全区推广，加强对外宣传工作，多篇信访工作的宣传报道在《大兴安岭日报》刊登。在日常接访收集预警信息，注重事前防范，研判分析不稳定因素，与各单位协调沟通，采取有效处置措施。

【业务培训工作】加强领导干部信访理论和业务培训。9月份开始，通过黑龙江远程视频接访系统对全区行政机关干部开展通过法定途径分类处理信访投诉的培训工作，每周三、五下午集中培训，全区参加培训单位12家、人数72人次。

（信访办　供稿）

机关工委工作

【综述】机关工委在区委、区政府、林业局的正确领导下，全面学习贯彻党的十八大及十八届五中、六中全会及习近平总书记系列重要讲话精神，突出全面从严治党的主题，以“服务中心、建设队伍”为目标，扎实开展“两学一做”、机关服务标准化、纪念建党95周年活动等，全面提高机关党的思想、组织、作风、制度和反腐倡廉建设，提供坚强有力的思想和组织保障。强化支部建设，加强协调，努力做好机关组织工作，研究制定《二〇一六年机关各支部（科室）考核评比实施方案》，规范领导干部进行双重组织生活，严格落实“三会一课”制度，进行党组织关系排查工作，对7名无法联系的党员进行除名处理，补缴党费35854元，督促机关各支部进行“两学一做”活动，及时参加区委、区政府重大会议，传达贯彻区委、区政府的方针、政策、会议精神，确保各项工作落到实处，抓好机关宣传、精神文明建设，创建文明机关。统一安排部署，认真落实防火宣传及扑火的各项工作强化机关作风，推进党风廉政建设工作。认真做好综合治理、信访等各项工作，发挥群团积极作用，创新各项工作新局面。

【民主评议党员】从1月15日至3月15日。在全机关各支部的党员中开展民主评议工作，机关工委现有1个总支、44个支部共有党员485名，按照要求，结合机关工委工作实际，严格按评议标准和要求，经机关工委严格把关，实事求是分析每位党员民主评议的情况，做出正确、公正定档，定档结果向本人做反馈。全机关参加民主评议党组织45个，参加民主评议党员485人。经各支部民主评议推荐，机关工委委员会会议评定，评出优秀党员48名，合格党员437名，不合格党员没有。

【机关科室考核评比】按照区委"两会"提出的总体目标，召开党委会议研究制定《二〇一六年机关各支部（科室）考核评比实施方案》，于3月8日将方案下发到各支部（科室），要求各单位结合实际，认真贯彻落实，促进机关科室各项工作的全面完成。

【规范领导干部双重组织生活】3月21日，下发《关于严格副科级以上党员领导干部参加双重组织生活的有关规定》，利用组织生活学习时间，使区直机关副科级以上党员领导干部过好双重组织生活并带头参加区委、区政府号召的各项活动。11月，根据区委组织部的要求重新制定下发《关于党员领导干部参加双重组织生活的通知》，规范机关党员领导干部的双重组织生活。

【“三会一课”制度】每季度至少召开一次党员大会、一次支部委员会、上一次党课，健全机制，抓好落实。在机关各支部建立完善“三会一课”制度，形成常态化管理。建立长效机制，从制度建设抓起，建立健全党组织生活制度体系，确保党组织生活正常化和制度化，各基层党组织制定出相关配套工作制度，推行目标管理，形成真抓实干的良好氛围。建立奖励监督制度，对各基层党组织落实“三会一课”制度情况进行考核，纳入到年终党建工作考核体系中。

【党组织关系排查】3月份开始，机关工委督促机关各支部对党支部的每个党员党组织关系进行排查，重点是特殊门类党员。要求机关各支部认真填写各项排查登记表，并对每个党员的表格检查，发现问题返回修改。对流动党员、失联党员加大清查力度，机关各支部均排查到位。对7名无法联系的党员进行除名处理。

【党费收缴】历时半年，对机关各支部2008年以来的党费收缴情况进行专项检查，严格缴费标准，按照区委组织部的要求，机关各支部完成补缴，补缴党费35854元。

【开展“两学一做”学习教育】全年下发督导通知10次，深入支部检查5次，及时发现问题并提出整改意见，有效地促进全机关“两学一做”学习教育活动的开展。

【贯彻落实会议精神】机关工委组织机关各科室副科级以上干部参加区委会议6次，做好会议通知、签到及会议贯彻落实工作。组织召开机关支部书记（科室负责人）会议7次，对各项工作安排部署，督促检查，确保区委、区政府各项工作落到实处。

【建设生态文明城镇】组织机关干部职工从5月4日开始，多次在卫生责任区及机关楼前清理卫生，使居民区的环境卫生达到整洁，胡同得到规范，美化环境。5月31日对各单位办公室环境卫生、责任区卫生进行集中清理。11月末，安排中心大街的20多个单位制作冰雕、雪雕，为美化呼中贡献力量。

【开展学雷锋活动】3月4—5日，结合党员“服务接力8+8活动”，各单位组织机关干部深入社区、居民区、开展敬老助残、扶贫助困等志愿活动。形成了机关各单位争当学雷锋示范点，机关干部争当岗位学雷锋标兵的良好氛围。

【机关文化建设】机关工委围绕机关工作大局，开展各项宣传教育活动。组织各项机关文化活动，构建积极向上的机关文化。组织开展“博爱一日捐”募捐活动；6月29日，组织百人的队伍参加区委“七一”大合唱展演活动。

【落实防火工作】机关工委多次下到各科室检查防火机构的设置、扑火备品的准备、及防火宣传教育的落实情况，机关工委书记分别与机关各单位负责人签订防火宣传教育责任状，使机关的防火工作做到有备无患，以促进森林防火工作的开展。5月5日，组织300名机关干部参加区政府的“5·6”反思宣传活动。机关工委按照区防指的要求组建220人的基干群众扑火队伍。5月19日，晚组织104人参加呼中区自然保护局的扑火战斗，并完成扑火任务。先后组织50人继续待命随时准备参加扑火任务。6月3日，组织100人扑火待命。6月21日，邀请区防指专业人员为机关基干群众扑火队员举行扑火避险知识讲座。

【机关作风建设】组织机关各支部开展《中国共产党纪律处分条例》《中国共产党廉洁自律准则》的学习教育。组织机关全体科级干部参加区纪委组织的理论考试。机关工委认真贯彻区政府《关于严格规范职工请销假管理制度若干规定的通知》，规范机关人脸考勤工作，严格工作纪律，机关工作作风明显加强。

【综合治理工作】机关工委在全机关开展创建“平安机关”活动，做到组织机构健全，机关工委及政府办主管，各单位分管落实区综治部门部署的工作。做好防火、防盗等工作，落实各项措施，搞好单位和单位楼院安全保卫工作。传达区委、区政府的要求，责成各支部书记（科室负责人）做好对机关工作人员及相关人员的稳定教育工作，保证机关的正常工作秩序，维护社会稳定。加大机关工委对机关各科室防火、防盗的检查力度，分别抽调纪委、政府办、区委办的有关人员在中午、夜间进行检查，对存在问题的单位进行纠正，确保扑火期间机关的安全稳定。机关没有发生不稳定及安全事故。机关工委按照统战工作目标责任制考核细则的要求，宣传贯彻党的统战方针、政策，贯彻执行党领导的多党合作的政治协商制度。信访工作主要是按照区委、区政府的要求，协调政法机关包括检、法、司法一般为检、法、政法、司法、信访等部门做好区及区机关的稳定工作。召开会议传达区委及区信访领导小组的有关要求，责成各支部书记、对其干部职工及有关人员做好思想政治工作，自觉做好疏导和化解矛盾工作，向区委、区政府反映社情民意，支持企业改革，为增强企业发展活力和社会政治稳定做贡献。

【机关工会工作】做好困难职工帮扶工作，“两节”期间，为45名因患病、单亲、低收入等原因致贫的困难职工发放慰问金11000余元。加强工会女职工组织建设工作。关爱困难女职工，为4名单亲女职工发放助学款800元。完成年度女性安康团体保险工作，女职工参险人数达243人，参险率达89%。组织开展各种职工文体活动。6月份在机关楼前举办“创业杯”职工拔河赛。机关50个科室组成的20支代表队近200人参加角逐。组织百人职工大合唱队伍参加区广场文化演出。参加区工会第八届“致富杯”球类比赛，乒乓球、排球取得团体冠军。参加各种主题教育活动。在广大职工中开展“树理念·强服务·塑形象·优化环境促发展”和“迎庆建区50周年·展主力军风采”等活动，组织职工参加职工书画摄影展及防火知识竞赛、安康杯演讲比赛等各种活动。

【群团工作】加强机关团员、青年的素质教育，开展青年志愿者服务，及时传达团区委的总体工作要求，落实有关文件精神。机关团员29名，上缴团费435元。按照区妇联要求，贯彻妇女儿童保障法，配合区妇联完成机关的妇联工作。

【计划生育工作】按照区计生局的总体要求，做好《人口与计划生育法》和《黑龙江省人口与计划生育条例》及计划生育知识的宣传教育工作。参与“5·29”计划生育宣传板报活动。传达有关计生工作的文件、政策，配合计生局做好各项基础工作，上报相关工作信息。审核独生子女父母奖励费17700元。组织女职工进行生殖健康检查30余人次。

发放企业职工退休后一次性奖励费12000元，买断职工一次性奖励费3000元。为35个计划生育家庭办理计划生育家庭意外险。

（机关工委　供稿）

纪检监察工作

【综述】全区纪委监察局按照十八届中央纪委第六次全会工作部署，转变职能、聚焦主业，围绕区局中心工作，推进党风廉政建设和反腐败工作“两学一做”，开展践行《准则》、严守《条例》主题实践活动和“三个专项整治”活动，为经济社会发展提供政治保证。整治“四风”问题，贯彻落实中央八项规定纠正“四风”工作通知3次，到12月2日，已有3名处级领导干部和17名科级干部报告个人重大事项上报地纪委党风政风监督室《查处违反中央八项规定精神问题情况月报表》11次、《党风政风监督工作数据统计表》11次、《党风廉政建设责任追究统计表》11次、《查处发生在群众身边的“四风”和腐败问题统计表》11次和《党员领导干部廉政约谈情况统计表》11次开展专项工作纪律检查5次，下通报5期，通报批评11家单位、102人，推进机关作风建设，对饭店、宾馆、酒楼等场所明察暗访6次，“两个责任”落实，履行落实党风廉政建设主体责任情况，查阅工作记录和相关资料、走访基层干部群众、召开座谈会等方式。年初以来，区委党廉办与区各党委（党组）、总支、直属支部负责人签定党风廉政建设岗位责任书27份，区政府（林业局）主管领导与各镇（所）、贮木场、区直各单位行政负责人签定党风廉政建设岗位责任书23份，区委党廉办与基层纪委书记签定党风廉政建设岗位责任书8份经商办企业问题，全区30名处级领导干部和434名科级干部进行登记申报，其中科级干部经商5人，亲属经商23人。依据廉洁自律有关规定，进行认真甄别核实，践行《准则》、严守《条例全区各级党组织健全和完善各项廉政制度累计237项，强化廉政教育，坚持警示教育常态化，今年以来，已对115名提职和调整的干部进行了任前廉政教育.加强案件查办力度，上报案件25件，内设机构调整为7个科室。

【整治“四风”】落实中央八项规定纠正“四风”工作通知3次。到12月2日，已有3名处级领导干部和17名科级干部报告个人重大事项上报地纪委党风政风监督室《查处违反中央八项规定精神问题情况月报表》11次、《党风政风监督工作数据统计表》11次、《党风廉政建设责任追究统计表》11次、《查处发生在群众身边的“四风”和腐败问题统计表》11次和《党员领导干部廉政约谈情况统计表》11次开展专项工作纪律检查5次，下通报5期，通报批评11家单位、102人，推进机关作风建设，对饭店、宾馆、酒楼等场所明察暗访6次，加大对违规举办“婚宴”和“升学宴”进行监督检查。

【“两个责任”落实】区委制定下发了《关于印发呼中区党风廉政建设“两个责任”清单》的通知，11个基层党委、总支、直属支部参照区委制定的责任清单，相应制定对下级党组织和纪委的责任清单，形成《呼中区党风廉政建设两个责任清单汇编》，形成全区统一规范、层层衔接、纵向到底、横向到边的责任网络区的党风廉政建设责任体系。制定下发《呼中区处级党政领导干部履行党风廉政建设主体责任提示反馈实施办法》的通知，组织协调处级党政领导干部撰写《处级党政领导干部履行党风廉政建设主体责任提示》，为区局党政领导干部履行党风廉政建设主体责任提供准确参考。制定下发《中共呼中区委落实党风廉政建设主体责任纪实制度》的通知，具体明确纪实主体和纪实内容，从9月份开始开展落实党风廉政建设主体责任情况纪实工作，记录情况进行定期或不定期检查，上半年区委成立两个检查督导组，对基层党组织落实党风廉政建设主体责任情况进行督查。主要采取听取各基层单位主要负责人汇报党委（总支、直属支部）履行落实党风廉政建设主体责任情况，查阅工作记录和相关资料、走访基层干部群众、召开座谈会等方式。督查组针对个别单位党组织对党风廉政建设重视不够、主体责任落实不力等问题，督查组现场提出整改要求和期限，督促基层党组织切实履行好党风廉政建设主体责任。年初以来，区委党廉办与区各党委（党组）、总支、直属支部负责人签订党风廉政建设岗位责任书27份，区政府（林业局）

主管领导与各镇（所）、贮木场、区直各单位行政负责人签订党风廉政建设岗位责任书23份，区委党廉办与基层纪委书记签订党风廉政建设岗位责任书8份。年初以来，区纪委负责人同下级党政主要负责人谈话27人次，领导干部述职述廉35人次，函询9人次，任职廉政约谈99人次，履职廉政约谈121人次，警示廉政约谈9人次，案后回访廉政约谈9人次明确廉政责任，规范自身行为。

【经商办企业问题】按照《呼中区关于开展党员领导干部及亲属违规经商办企业问题专项整治工作方案》要求，3月25日开始，通过有线电视公布举报受理部门、电话和电子邮箱，全区30名处级领导干部和434名科级干部进行登记申报，其中科级干部经商5人，亲属经商23人。依据廉洁自律有关规定，进行认真甄别核实，其中3名科级干部进行整改，其他2人还在整改中。

【"践行《准则》、严守《条例》"主题活动】加强领导，周密部署，成立活动领导小组，制定下发活动方案，对各项工作任务进行分解，召开由纪委委员、基层各单位书记和纪检书记、机关科室负责人和纪检监察干部参加的动员会，调动党员、干部参与活动的积极性，为活动的开展奠定基础。强化学习，广泛宣传。区各级党组织把"主题实践活动"纳入中心组学习计划，区委党校将"主题实践活动"列入每期科级后备干部和入党积极分子轮训班的重要教学内容；各单位各部门党政负责人录制贯彻落实"主题实践活动"访谈18人次；公开向社会承诺，广泛接受群众的监督。区直各单位利用报纸、电视、网站、微信等平台对"主题实践活动"的开展集中报道36篇，其中在《大兴安岭日报》上发表"主题实践活动"报道4篇。活化载体，选树形象。工作中，组织全区党员干部认真开展"上社区、访民情""入网格、精准扶贫""党心、干心、民心三心相连服务零距离"等一系列帮扶活动，通过群众投票，在全区选树十佳人民公仆，百名优秀共产党员，树立党员干部的形象．立改立行，整章建制。活动中，区纪委按照《准则》《条例》的要求，改进和完善各项反腐倡廉规章制度，先后健全完善《党风廉政建设责任制度》《党风廉政建设岗位责任书》《党员领导干部廉洁从政制度》《党委党组班子成员廉政党课制度》等制度15个。全区各级党组织健全和完善各项廉政制度累计237项。

【警示教育】通过组织观看警示教育片、参观警示教育基地、以案说纪等形式，给党员干部敲敲钟、提提醒、扯扯袖，让纪律和规矩入脑入心，形成震慑警示效应，区纪委在五个社区设立了廉政建设宣传板，向社区党员干部和群众宣传党风廉政建设和反腐败工作方面的法律法规，使党员干部受到警醒、警示、警戒，做到心有所畏、言有所戒、行有所止。为加强党员领导干部党风廉政建设和反腐败工作，对每次干部任职前，集中进行任前廉政教育，今年以来，已对115名提职和调整的干部进行了任前廉政教育。为加强党员干部廉政教育，适时在元旦、春节等重大节日前，在政府采购、招投标、换届选举和干部选拔任用等重要工作开展前，在党员干部婚丧喜庆事宜操办前等腐败行为高发期，通过电视台、网站、开会及发送廉政提醒信息等形式，对党员干部有针对性地进行廉政提醒。

【案件查办】2016年1—10月，区纪委上报案件25件。处分25人，其中科级领导8人，党纪处分4人；行政处分22人。

【内设机构】按照地纪委组织部的要求，呼中区纪委监察局根据呼中区机构编制委员会下发的呼编发〔20161〕1号和呼编发〔2016〕2号文件的批复内设机构调整为7个科室，分别是办公室、党风政风监督室、信访室、案件监督管理室、第一纪检监察室、第二纪检监察室、案件审理室，另外成立第一派驻综合纪检组和第二派驻综合纪检组两个科室，并对内设机构有关人员进行相应调整。

（监察局　供稿）

人大工作

【综述】区人大常委会围绕促进经济发展这个中心，认真履行宪法和法律赋予的职责，积极开展工作，发挥地方国家权力机关的作用。监督工作发挥预算审查监督作用，加强对经济工作的监督。强化代表培训，提高代表履职能力。全年任免8人。加强人大常委会班子建设。加强领导，统一部署。精心组织，依法做好区镇两级人大换届选举各个环节工作。

【监督工作】发挥预算审查监督作用，加强对经济工作的监督。听取和审议政府关于2015年财政预算执行情况与2016年财政预算草案报告和其他财政收支情况的专题报告。开展优化发展环境的检查监督。综合运用专题调研、专题视察等方式，开展行政许可“一法一例”实施情况及优化发展环境检查监督。实行对口监督，坚持问题导向，推动政府部门及相关行业开展重点问题专项整治。加强对法检“两院”工作的监督。

【代表工作】强化代表培训，提高代表履职能力。重视代表学习培训工作，组织人大代表参加上级人大各类业务培训，连续三年开展人大代表远程培训活动。2016年，分别在四个镇举办区、镇两级人大代表履职培训学习班，参加培训代表150余人。常委会通过不定期举办代表履职培训班，就如何做好代表议案、建议的酝酿和提出，人大基本工作制度、程序、相关法律法规、如何履职及加强依法治国、依法执政等知识培训，提高履职能力。为区人大代表订送人大刊物和资料，以便人大代表了解党的主张，人大的决议、决定和政府各项政策，保证代表在知情知政的前提下有效行使职权。加强人大常委会委员与代表的联系、沟通，坚持邀请区人大代表列席区人大常委会会议，参加常委会组织的调研、视察、执法检查等活动。加强代表意见、建议办理工作。人大常委会把办理代表意见、建议作为保障代表民主权利、充分发挥代表作用的重要工作来抓。加大代表意见、建议的督办力度，健全完善常委会领导领衔督办，常委会工作机构对口督办的工作机制。

【乡镇工作】加强镇人大工作指导。组织乡镇人大主席参加监督评议、调研、视察工作及法律法规的学习，以提高乡镇人大工作者的业务水平和领导能力。坚持人大常委会组成人员包片联系乡镇人大的制度，同乡镇人大保持定期联系，参加乡镇人大召开的重要会议、活动，指导、检查乡镇人大工作，强化对基层人大工作指导，推动乡镇人大工作制度化、规范化建设。

【人事任免工作】人大常委会始终坚持党管干部和依法任免干部相统一的原则，加强同区组织部门以及提请任免机关的沟通，严格把关，对人事任免工作做进一步规范。全年任免8人，

【自身建设】加强人大常委会班子建设。落实中央和省委对地方人大工作和建设提出新要求，围绕区委中心工作和人大工作重点，加强政治理论和业务知识学习，打造优秀班子。加强人大机关建设。抓好机关政治理论和业务学习。组织人大机关干部，结合工作实际，选择人大工作开展好的地方学习调研。

【换届选举】加强领导，统一部署。精心组织，依法做好区镇两级人大换届选举各个环节工作。按照《呼中区区镇两级人民代表大会换届选举工作方案》，依法做好选区划分，选民登记，提名、确定人大代表候选人，投票选举等各个阶段的工作。在10月28日选举日，同时选举区、镇两级人大代表。共124人当选呼中区第十届人民代表大会代表，182人当选新一届镇级人大代表。按法律程序补选5名区人大代表，圆满召开呼中区第十届人民代表大会第一次会议。

（区人大　供稿）

政协工作

【综述】2016年，区政协工作以团结和民主两大主题为核心，履行政治协商、民主监督、参政议政职能，推进全区经济和社会各项事业不断发展。开展提案和调研工作，八届政协期间收到委员提案204件，经审查立案121件，立案提案全部得到办理。共召开18次专题会议，先后就林区停伐后富余职工转岗安置、老龄人口权益保障、基础教育资源配置、城镇小区物业管理等议题进行专题协商，所提意见建议大部分被区委、区政府采纳。针对林碧铁路客运列车再次停运，及时将这一问题报送政协地工委，列入需要省里帮助解决的问题之一。在政协全委会上，下发《委员履职情况通报表》，对表现优秀的委员进行表彰奖励。在政协委员中开展以“撰写一件提案、反映一条社情民意信息、撰写一篇理论文章或调研报告、提出一项合理化建议”为主要内容的“四个一”活动，并以文件的形式下发到每位委员手中，激发委员履职的热情。2012年，我们

组织委员赴漠河县就旅游产业发展情况进行考察，形成《呼中区政协赴漠河县考察旅游产业发展情况的报告》；2014 年，针对全面停止木材商业性采伐、冰雪旅游文化发展和农业发展情况等问题进行专题调研，形成调研报告 3 篇；按照省政协关于加强人民政协理论与实践研究工作的要求，组织理论水平较高、参政议政能力较强的委员撰写理论文章，并从中择优选取 25 篇报送政协地工委参加省政协论文评选活动。其中有两篇文章获得省政协优秀论文。向政协地工委报送信息、调研报告、理论文章等共 20 余篇，其中在《兴安政协》上发表理论文章 8 篇、调研报告 4 篇、信息 10 条。

【委员建议办理】抓住党政亟待解决、群众普遍关注的问题，有计划、有重点地开展专题建议。先后就全区十三五经济社会发展规划、城镇建设发展规划、旅游产业发展规划及替代产业发展、林区改革、民生改善等问题建言献策，所提建议受到政府重视。本届政协共召开 18 次专题会议，先后就林区停伐后富余职工转岗安置、老龄人口权益保障、基础教育资源配置、城镇小区物业管理等议题进行专题协商，所提意见建议大部分被区委、区政府采纳。

【委员帮扶】针对 2014 年林碧铁路停运，势必给群众出行、物流运输带来极大不便这一情况，区政协也积极参与恢复林碧铁路客运列车运营工作，及时向政协地工委提交《关于恢复林碧铁路客运列车运营的建议》，此建议政协地工委非常重视，立即呈报给省政协，省政协党组又专门向省政府作了专题报告，经省政府及有关部门和地区、呼中区领导的积极沟通协调，林碧线于 2014 年 11 月 12 日恢复运营通车，方便群众出行。今年，针对林碧铁路客运列车再次停运，又一次及时将这一问题报送政协地工委列入需要省里帮助解决的问题之一。

【提案工作】提高提案撰写质量，引导委员们围绕区（局）经济发展、城镇建设、社会保障等 8 类内容进行提案撰写，把提案撰写与委员视察、调研、委员小组活动等工作有机地结合在一起，使提案撰写有的放矢。为提高委员们提案撰写质量，采取委员提案写作培训班、报告会、座谈会、研讨会、经验交流会等多种多样的形式，推动提案工作。委员提案办理做到区委、区政府领导全部阅批，提案办理全部纳入催办程序。八届政协期间收到委员提案 204 件，经审查立案 121 件，立案提案全部得到办理。

【调研工作】委员们开展一系列调研活动。坚持把开展调研视察活动作为履行职能的重要载体，按照“求精品、重实效”的要求，选择区委、区政府重视、人民群众关注、政协有条件做好的题目进行深入调查研究，提出有价值的意见和建议，促进重大问题决策的民主化、科学化。围绕区局政治、经济和社会的重点，针对生态旅游业发展、冰雪旅游文化发展、农业发展、教育均衡发展等事关全区经济社会发展的重大课题，进行专题调研视察，广泛征求政协委员以及各方意见，形成一批具有较高价值和较强指导性的调研成果。为学习借鉴兄弟县区发展旅游业的先进经验，促进呼中旅游业又好又快发展， 2012 年，组织委员赴漠河县就旅游产业发展情况进行考察，形成《呼中区政协赴漠河县考察旅游产业发展情况的报告》。 2014 年，针对全面停止木材商业性采伐、冰雪旅游文化发展和农业发展情况等问题进行专题调研，形成调研报告 3 篇。

【自身建设】区政协以强化工作效能为宗旨，不断加强自身建设，推动政协工作创新发展。加强制度建设。建立完善《中国人民政治协商会议呼中区第八届委员会工作制度》《政协常委联系委员制度》《委员考核制度》等规章制度，使政协各个层面履行职能有章可循、有据可依。加强委员队伍建设。完善委员履职档案，将委员出席会议、撰写提案、反映社情民意、参加活动等履职情况详细登记，作为考核评价委员的重要依据。年终要求每位委员都撰写述职报告，以此作为评选优秀政协委员的依据。在每年召开的政协全委会上，都下发《委员履职情况通报表》，对表现优秀的委员进行表彰奖励。在全区政协委员中开展以“撰写一件提案、反映一条社情民意信息、撰写一篇理论文章或调研报告、提出一项合理化建议”为主要内容的“四个一”活动，以文件的形式下发到每位委员手中，激发委员履职的热情。加强政协机关队伍建设。在机关党员干部中开展“党的群众路线教育”“三严三实”“守纪律、讲规矩”“深入基层联系群众服务接力进网格”“两学一做”等活动，机关党员干部的工作作风进一步改进，党性修养进一步加强。同时，注重业务培训，2015 年 5 月份，政协机关全体干部在地委党校参加政协地工委举办的为期一周的培训，进一步提高全体机关干部的业务水平。

（区政协　供稿）

区（局）办公室工作

【综述】区（局）办公室围绕中心工作和重大决策，认真履行督办督察、应急值守、信息报送、协调指导等职责，不断提高工作质量、办事效率和服务水平，促进各项工作顺利开展。强化督察提高效率，确定督办事项 106 项，办理上级督办件 57 份，上报行署各类动态和信息 75 篇。加强应急基层组织管理和应急预案体系建设，开展防火、地震、防汛等应急预案演练活动。

【政务公开】全区设立政务公开栏 7 个，通过电子信箱、民主听证会、广播电视、报刊等媒介公开区（局）财政预算、公共资源配置、社会公益事业建设等群众关心、社会关注热点问题及重点领域信息，全年公开政务公开信息 817 条。更新政府网信息内容，保障人民群众享有知情权、参与权、表达权和监督权。落实事后监督，公布监督举报电话，自觉接受人民群众监督，方便企业和群众办事。

【办文办会】执行区局议事规则、常务会议流程、公文办理各项规章制度，对重大活动安排，重要文件核发、重点任务分解等工作加强源头控制、简化不必要程序，提升工作效率。审核制发文稿 270 件，筹备承办区局常务会议十次，各类专项专题大小会议百余次。成功承办了大兴安岭地区经营管理现场会。做好档案资料收集整理、归档立卷工作。

【政务值班】坚持 24 小时政务值班制度，提高突发事件信息报送时效性将地区在信息上的批示，传达至相关部门抓好落实。

【后勤管理】先后制定后勤管理制度和岗位责任制度，对办公场所进行不定期检查，改善办公环境。加强财务管理，成立固定资产办公室，专人负责办公室采购工作。

【安全保卫】加强安全保卫工作，对各办公楼值班值宿情况进行实地巡查 50 次，对违规用电情况专项检查 15 次。在群众来信来访上，做到随时关注群众关心热点难点问题，协调有关部门化解群体性事件，保证全区社会稳定。

【应急管理】应急管理工作遵循“居安思危、预防为主”的总方针，完善应急管理组织网络、应急预案体系，全区制定区级总体预案 1 个，专项预案 11 个，部门预案 121 个，对各镇（场）、部门、学校、社区预案全进行备案。强化应急救援队伍建设，我区充分依托扑火队、消防、森警部队等骨干队伍，科学整合全区应急力量，构建综合应急队伍、专业抢险救灾队伍、兼职救援队伍和义务志愿者队伍四位一体应急救援队伍体系。利用电视、网络，媒体各个应急宣传活动，宣传应急管理知识，全年宣传活动悬挂标语 20 余条，发放“公众防灾应急手册”500 余册、“防灾减灾基本知识”宣传单 1000 余张。利用“5・6”“5・12”“12・4”等纪念宣传日开展一系列防震减灾、应急演练等活动，完善应急管理突发事件预警、监测等机制，从而树立危机意识、责任意识和服务意识。把各镇广场、公园、体育场等有条件场所作为应急避险场所，完善避险场所基础设施、标志牌和指示牌等基础设施。

（区局办公室　供稿）

人力资源管理

【综述】积极开展实施劳动关系协调、人事制度改革、工资收入分配、社会服务能力四项工作。转变工作作风，提高服务意识，强化部门窗口作用，做到工作职能流程公开。按照黑龙江省编制委员会关于全省核减收回“吃空饷”单位空余编制的通知要求，对全区 91 家事业单位共 2298 人（其中：行政人员 429 人，事业人员 1629 人，工勤人员 240 人）进行核查清理。全面落实更加积极的就业政策，全区新增就业 813 人，其中为就业困难人员实现就业 279 人。开发公益性岗位 1033 个。就业再就业培训 79 人。组织有关部门相继开展“就业援助月”“就业政策宣传周”“民营企业招聘周”等专项活动。加强人力资源市场和公共职业介绍机构建设，投入 6 万余元，为基层平台购置了电脑、档案柜等办公用品，巩固和完善人力资源市场和社区劳动保障工作平台。积极构建和谐劳动关系，进一步加大劳动保障监察力度，对73户用人单位实施了劳动监察，涉及人员4821人，签订劳动合同1789份。完成各类专项检查10次。

【工资福利待遇】完成企业干部调整工资998人，人均增资258元；机关事业单位退休人员增加退休费705人，人均增资270元；调整职级并行人员工资待遇117人，人均增资480元；调整警衔津贴170人，人均增资830元；调整艰苦边远地区津贴在职人员1095人，人均增资90元；退休人员814人，人均增资75元；职务兑现123人。

【公务员管理】全区共有7个事业机构被批准为参照公务员法管理单位，参照管理时间从8月1日起执行。新招录行政机关科员6名：人社局1名，政府办2名，审计局1名，司法局2名。通过笔试、面试、体检、考核等程序，已被录用上岗。按照上级职务与职级并行工作的要求，通过审核共61人符合条件并审批完毕。接待要求公务员身份诉求人员4人，从政策角度给予合理的解释及答复。督促在职公务员坚持进行公务员网上培训，已有部分人员完成网上培训任务。

【人事职称评定】在全区高级人才中，卫生6人，教育1人进行高级人才申报，进入高级人才专家库。按照行署人社局中小学中、高级专业技术职务指数分配指导意见对2名高级教师申报，4名中级教师改职进行初审。

【军转干部管理】落实自主择业军队转业干部的医疗保险费、取暖费、菜金、独生子女费等社会保障有关待遇，发放取暖费、菜金、独生子女费共计26640元；随军家属费1440元。

（人社局　供稿）

工会工作

【综述】2016年，区工会以重点工作为牵引，以职工满意为标尺，以维护稳定为己任，勇于担当，主动作为，引领职工走出转型困境。围绕职工创业开展工作，鼓励产业大户带头成立各类合作社、联合体，至2016年年末，全区成立合作社12个，参与职工1000余人。提供技术帮助，推广和应用食用菌小孔密植、人工促进丰产等10余项新技术。开展精准扶贫，发放两级困补资金120万余元，救助1022人。推进厂务公开民主管理工作，非公有制企业厂务公开建制率85%以上。工会组建率100%。签订女职工权益保护合同，覆盖全区女职工，签订率100%。开展文体活动，增强职工的凝聚力。开展岗位技能培训，培训360人。进行安全生产检查，查处隐患2处。加强“职工书屋”建设，添置图书3000余册。接待职工来信来访35人次，合理解决职工利益诉求。

【厂务公开】全区两级工会组织推进厂务公开民主管理工作，国有集体及其控股企业、事业单位厂务公开建制率95%以上；非公有制企业厂务公开建制率85%以上。

【工会组建率100%】全区国有和非公企业工会全部进行工会法人登记，登记率100%。工会组建工作和发展会员工作完成上级下达的指标。各新建企业基本做到“双亮”（工会组织亮牌子，工会干部亮身份），保证职工维权。

【女职工权益保护】开展《女职工劳动保护特别规定》宣传活动，发放宣传单2000余份，普及女职工维权和劳动卫生知识。继续实施“巾帼建功”活动，开设“女工讲座”，开展“巾帼建功，创一流业绩”活动。走访单亲困难女职工100余人，发放帮扶资金20 000余元。签订女职工权益保护合同，覆盖全区女职工，签订率100%。

【文体活动】先后举办全区职工森林防火知识竞赛、最冷小镇“职工杯”“身边正能量”手机摄影大赛、“创业杯”职工篮球、排球、乒乓球、羽毛球和毽球五类球赛、迎国庆“展劳动风采·绘兴安风貌”职工书画摄影展、人工造林技能竞赛、职工中国梦、劳动关系“安康杯”演讲比赛等活动，丰富职工文体生活，增强了职工的凝聚力。

【工会业务培训】举办全区工会干部培训班、职工代表培训班、安全监督员培训班，培训人员近200人次，提升工会干部业务水平。

【扶贫解困】关心帮扶困难职工，帮扶救助因病、死亡、临时突发事故等造成生活困难的职工50余人次，救助资金10余万元。开展“金秋助学”6人，救助金额3万元。为12名2000年1月1日以前的退休劳模和3名省级以上现职劳模办理荣誉津贴和补贴3.82万元。对有劳动能力没有资金的职工，围绕全民创业职工增收致富活动，鼓励产业大户带头成立各类合作社、联合体，至2016年年末，全区成立合作社12个，参与职工1000余人。从职工创业入手，先后举办人工造林技能培训、家政服务实用技能培训班2期，培训职工近200人；与省微生物研究所、地区农林科学院等科研机构建立长期合作关系，提供技术帮助，推广和应用食用菌小孔密植、人工促进丰产等10余项新技术；研发麦饭石有机微肥添加技术，使黑木耳产量由每袋平均40克提高到50克，全区黑木耳产量提高20%。呼中麦饭石黑木耳售价由原来的每千克54元提高到96元，创出历史最高价格。对有劳动能力的贫困人口，落实项目启动资金86.3万元，包扶67人，脱贫项目有灵芝、北茶、森林鸡、冷水鱼、旅游5个（其中包扶项目3个），包扶人与包扶对象对接122个，贫困家庭实现就业589人，对接贫困家庭中零就业家庭96个。工会通过"金秋助学""关爱女职工行动""送温暖、献爱心""面、心、实""一帮一"扶贫解困和临时救济等活动，发放两级困补资金120万余元，救助1022人。全区困难职工救助基本实现常态化，即时救助比例显著提高。对贫困人口中完全或部分丧失劳动能力的人，由社会保障兜底，逐步实现低保线和扶贫线"两线合一"，将符合条件的贫困家庭纳入低保范围，做到应扶尽扶、应保尽保。

【安全生产活动】开展"安全生产竞赛活动"，各镇场组队参加，普及安全生产知识。会同安全生产监督管理部门进行岗位技能培训，办培训班3期，培训360人。开展"百日安全生产行动"和"安全生产月"活动，配合其他部门到作业现场进行安全生产检查，查处隐患2处，提出整改意见3条，使职工的切身利益得到保障。

【职工宣传教育】开展《中华人民共和国工会法》《中华人民共和国劳动法》《企业工会工作条例》等法律法规宣传，提高职工维护自身合法权益的意识和能力。加强"职工书屋"建设，为各基层单位订报刊20余种，添置图书3000余册，为提高职工文化素质和知识水平、丰富业余生活提供条件。

【信访稳定】开展"面对面、心贴心、实打实服务职工在基层"活动，接待职工来信来访，畅通职工合理诉求通道。2016年，区工会接待职工来信来访35人次，合理解决职工利益诉求，发挥工会组织"减压阀"作用。

【合理化建议】开展征求职工合理化建议活动，引导、鼓励职工为企业发展献计出力。围绕节能降耗，开展技术革新、技术协作活动，15名职工被授予优秀职工提案获得者。

（区工会　供稿）

共青团工作

【综述】2016年，区团委以"两学一做""三严三实""反腐倡廉"为指导，以团结带领青年听党话、跟党走、去致富；培育少先队员做共青团的接班人；关心儿童健康成长为己任，努力做好团组织建工作，重点抓基层组织建设，加强乡镇团委制度建设，建立健全"五制一管理"（工作例会制度、工作纪实制度、履职述职制度、信息上报制度、分工负责制度，目标管理办法）制度，并已张贴上墙。帮助扶持青年人创业致富，发挥典型带动战略，从典型入手，实现一人带几人、十人带一群的工作目标，树立种、养、采同行业的典型20余人，带动一批创业青年投身到创业致富行动中来，4月份开展了创业明星评选活动，其中2人获得了地级创业明星称号。用法律保护青少年的合法权益，在公、检、法、司、教育部门的支持与配合下，加强和规范法制校长职责和选聘派出所干警程序，建立健全法制校长的考评表彰机制，目前，各中小学校法制校长的配备率达到100%，成为维护未成年人合法权益、预防和减少未成年人违法犯罪的一支重要力量。关心指导少先队员的成长，3月份开始，以基层少先队组织为单位，以"我是少先队员""我生活在少先队组织中""我为少先队添光彩"为主要内容，广泛开展少先队光荣感教育，帮助少先队员加深对队章的理解，明确自己的权利义务，了解少先队的性质和使命，明确少先队员在组织中的地位和作用，熟悉少先队的组织生活。关注儿童的生活，为他们送去满满的爱心，暖暖的爱意。组织青年志愿者关爱老、幼、病、残、妇，3月5日组织青年到镇内孤寡老人家中进行了家政服务活动，帮助老人收拾了室内卫生、清理了院内积雪，为老人劈柈子准备引柴。4月26日开展“迎五四，庆五一”志愿劳动，组织青年志愿者20余人次，协同机关团支部，共同清理了镇内垃圾和废弃木耳袋。5月26日，响应区党委号召，组织青年志愿者进行植树活动，栽种树木100余株。

【团组织建设】区团委现有书记1人，基层团书记14人。每季度定期召开团干部例会，研究落实“进一步加强新形势下基层党建带团建的实施意见”和上级有关文件精神，提高政治理论素质，增强工作的指导性。加强乡镇团委制度建设，建立健全“五制一管理”（工作例会制度、工作纪实制度、履职述职制度、信息上报制度、分工负责制度，目标管理办法）制度，已张贴上墙。加强乡镇团委阵地建设，按照区团委要求做到了“有牌子、有场所、有制度、有资料、有台账、有团旗”的“六有”基本标准建好乡镇团委活动阵地。

【青少年权益保护】深入开展青少年法制教育，不断深化法制建设扩大法制宣传，增强法制教育。利用“五四”、“六一”、“国庆”、“12·4”全国法制宣传日等具有特殊意义的纪念日，开展青少年法制宣传教育活动。每年与区教育局、区司法局举办的“法制教育进校园”活动，让青少年知法、懂法，用法来保护自身权益，深受广大师生的欢迎和好评。开展自护宣讲活动，向青少年及其家长宣传普及青少年自护常识。采取老师授课、模拟情景训练等多种形式，集中向青少年教授自我保护的基础知识和技能；组织开展火警、地震撤离等防灾避险体验活动，使青少年在亲身体验中培养良好心理素质和应变能力，熟练掌握避险自护技能。加强制度管理，推进法制校长工作。在公、检、法、司、教育部门的支持与配合下，加强和规范法制校长职责和选聘派出所干警程序，建立健全法制校长的考评表彰机制，目前，各中小学校法制校长的配备率达到100%，成为维护未成年人合法权益、预防和减少未成年人违法犯罪的一支重要力量。选派的干警向中小学校授课“两法一例”。参与有关青少年政策法规的执行和监督。加强与党政有关部门的联系沟通，通过联合调研、工作联动、评优表彰等形式，推动有关部门贯彻实施青少年法律法规和政策。参与执法检查和监督，把惠及青少年的法律法规和政策落到实处。继续做好有关青年节放假规定的协调和解释工作。

【增收致富行动】团委以各个团支部为依托，通过开辟专栏、电视新闻、网络、板报、发放宣传单等形式宣传就业创业培训信息及相关政策，吸引各类青年参加就业创业培训。由团地委牵头，邀请创业青年典型，开展“奋斗的青春最美丽——我的创业故事”分享活动1场，共200多人参加到其中。重点围绕蓝莓、木耳、养殖、中草药四项产业培养了3名致富带头人，起到示范带动作用，利用网络、报纸、电台、电视台等媒体，宣传青年创业典型事迹。同时带动20名青年到创业中来。4月份开展创业明星评选活动，其中2人获得了地级创业明星称号。抓住典型，明确青年就业创业方向。确立选发挥典型带动战略，从典型入手，实现一人带几人、十人带一群的工作目标。树立种、养、采同行业的典型20余人。选择木耳种植大户关兴武优秀青年典型进行全范围的宣传推广。开展“青年致富能手、创业明星、致富带头人”等评选活动，让青年典型脱颖而出。通过典型的示范作用帮助青年转变就业观念大胆投身创业实践。帮扶并举，优化青年就业创业环境。发挥团组织的自身优势为青年创业创造良好的外部环境，与有关部门沟通为青年们争取相关的优惠政策，抓住开办“小额贷款”的有利契机为青年创业牵线搭桥，解决青年创业资金上的困难，同时联合妇联了解情况发放6次小额贷款给符合条件的女创业者。鼓励青年企业家、外驻单位团组织与创业青年结成帮扶对子，为种养殖户提供了塑料薄膜、小杆等物资。专门成立青年种养志愿服务小分队，累计为种养殖户义务献工200多小时。

【青年志愿者活动】开展青年志愿服务活动，努力提高团组织的影响力，利用“学雷锋纪念日”契机开展志愿服务，3月5日组织青年到镇内孤寡老人家中进行家政服务活动，帮助老人收拾室内卫生、清理了院内积雪还为老人劈柈子准备引柴。4月26日开展“迎五四，庆五一”志愿劳动，组织青年志愿者20余人次，协同机关团支部，共同清理镇内垃圾和废弃木耳袋。5 月 26 日，响应区委号召，组织青年志愿者进行植树活动栽种树木 100 余株。文体活动的开展，使青年的业余生活色彩缤纷。五四青年节，开展“欢乐青春”棋牌赛，象棋、五子棋和扑克三种赛事使得参赛的青年欢聚一堂。端午节来临之际，开展“浓浓粽香情”爱心大赛，包粽子比赛环节，在使青年领略节日快乐的同时，深刻了解中国传统文化，送粽子进社区环节，使得镇内孤寡老人感受到政府的关爱。

【少先队工作】开拓进取，以主题活动，活跃全区少先队工作，开展少先队员光荣感、责任感教育。3 月份开始，以基层少先队组织为单位，以“我是少先队员”“我生活在少先队组织中”“我为少先队添光彩”为主要内容，开展少先队光荣感教育，帮助少先队员加深对队章的理解，明确自己的权利义务，了解少先队的性质和使命，明确少先队员在组织中的地位和作用，熟悉少先队的组织生活。开展“民族精神代代传”活动。以抗战 70 周年为契机，充分利用德育基地，爱国主义教育基地开展形式多样的主题活动。5 月份组织开展“喜迎十九大，我向毛爷爷说句心里话”主题征文活动，各级少先队组织积极投稿参加征文比赛。开展“争做文明小公民”活动。组织广大少先队员认真学习《公民道德实施纲要》，组织开展“向不文明行为告别”“小手拉大手，共创文明城镇”“尊老爱老”等宣传实践活动，规范少年儿童思想道德行为，增强爱国守法明礼诚信意识。开展“新世纪我能行”体育教育活动。利用体育教育活动，带领广大少年儿童在学习生活中体验，在社会生活中体验，在大自然中体验，在集体劳动中体验，培养少年儿童创新精神和实践能力。

（团委　供稿）

妇女工作

【综述】2016 年，区妇联在地区妇联和区委的领导下，以“两学一做”“三严三实”“反腐倡廉”为指导思想，以一手抓发展，一手抓维权为抓手，以为妇女儿童办实事、妇女儿童家园建设、爱心妈妈联盟救助、幸福家庭评选等工作为重点，在妇女所需上下功夫，在妇联所能上创特色，立足实际，开拓创新。以“创业、兴家、致富”为主题，以“用资源兴家・创五富品牌”活动为载体，推进全民创业致富工程深入开展。以“搭建供需平台，促进转移就业”为主题，联合开展“春风送岗位行动”，解决失业、下岗、家属富余劳动力转移等就业问题。节日期间，全区各级妇联在电视开设专题宣传各类妇女典型、妇女工作 12 篇，并录制《巾帼风采》4 期，通过宣传妇女典型和妇女工作成就，在全社会营造尊重妇女、关心妇女、支持妇女事业发展的舆论氛围。通过设立咨询台、举办培训班、答题竞赛、法律知识竞赛等形式，送法进企业、进社区、进家庭，面对广大妇女开展集中宣传活动，共组织妇女法律知识宣讲团成员走进 100 户家庭开展普法宣传，受教育群众达 1200 余人。围绕妇女和家庭的需求，组织巾帼志愿者在 3 月 5 日雷锋日，走访慰问空巢老人、单亲母亲 18 户，为她们送去慰问品，为她们打扫卫生，给予她们亲情关怀与慰问。5 月初妇联通过学校和社区对贫困、留守儿童情况进行调查摸底，选出品学兼优、家境贫困的 31 名儿童，于 5 月 23 日，进行走访慰问，为她们送去 300 元资助款，看望妇联长期资助的留守儿童杨胜，为他送去 300 元现金、衣服、鞋、牛奶，区妇联向同学们致以节日的问候和祝贺。

【“创业兴家”活动】深入开展“用资源兴家，创五富品牌”活动。以“创业、兴家、致富”为主题，以“用资源兴家・创五富品牌”活动为载体，推进全民创业致富工程深入开展。全区现有从事“特色种养业、采集业、手工编织业、家政服务业、幼中林抚育业”妇女人数逐年增加，建有示范基地 1 个，巾帼合作社 2 个，今年将重点推进黑木耳、马铃薯、山野菜等特色种养植基地建设，扶持产业大户，致富能手，培养选树创业典型，扩大示范带动效应。

【“春风送岗位”行动】从 3 月初开始，妇联与劳动就业局等部门以“搭建供需平台，促进转移就业”为主题，联合开展“春风送岗位行动”，组织开展 1 次就业培训班、174 人参加培训，举办 1 次招聘会，吸引近 400 多名求职者入场咨询和求职，34 人成功自主创业，使 70 人就业，240 余人与用人单位达成意向性就业协议。解决失业、下岗、家属、富余劳动力转移等就业问题。

【巾帼风采】“三八”期间，妇联集中表彰46名“三八红旗手”，7个“三八红旗集体”，同时充分发挥电视、广播、网络等新闻媒体的宣传优势，广泛宣传妇女工作成就和优秀妇女典型。节日期间，全区各级妇联在电视开设专题宣传各类妇女典型、妇女工作12篇，并录制《巾帼风采》4期，宣传妇女典型和妇女工作成就，营造尊重妇女、关心妇女、支持妇女事业发展的舆论氛围。组织开展“赛创业技能，展巾帼风采”手工制作作品大赛。通过比赛的形式，组织引导全区广大妇女群众积极投身全民创业热潮中来。本次活动有60多名手工制作爱好者带着各自的作品参加比赛，她们带来100多件精美的手工艺术作品进行展示，其中8名进行现场制作，展示妇女创业技能水平和自尊、自信、自立、自强的精神风貌。

【妇女维权】发挥“妇女之家”的宣传教育功能，利用“三八”妇女维权周、综治宣传月等重大节日，组织妇女维权、家庭教育、医疗卫生等各类巾帼志愿者，通过采取设立咨询点、发放宣传资料、张贴标语、悬挂图片、摆放展板等形式向广大妇女群众宣传“《反家庭暴力法》”、《妇女权益保障法》、《婚姻法》和防艾禁毒知识。咨询群众达500余人，发放宣传资料1200多份，张贴标语3条，摆放展板10余板，宣传面达70%以上，群众的知晓率达65%以上；聘请司法局工作人员在向阳社区开展了普法讲座，100多名社区内的妇女群众参加。还以“女性大讲堂”为平台，宣传12338维权热线，让更多人了解“12338”热线，是为了广大妇女群众提供法律、政策、心理、社工、就业信息等咨询服务、接受侵权投诉，化解矛盾纠纷的社会公益服务专用号码、为妇女群众提供便捷的、高质量的法律咨询和服务，让广大妇女同志真正享受到法律就在身边，随时能够用法律的武器来保护自己的合法权益。在检察院设立维护妇女儿童合法权益工作领导小组。为严厉打击各类侵害妇女儿童权益犯罪，保证涉及妇女儿童权益案件的高质量结案，检察院领导班子高度重视维护妇女儿童合法权益工作，专门成立“维护妇女儿童合法权益工作领导小组”，设立领导小组办公室，并配备一名女检察官。这个组由检察院副检察长任组长，专职检委会委员任副组长，公诉科科长任主任、公诉科科员等为成员的维护妇女权益工作组，负责协调、监督各职能科室办理涉及妇女权益案件，重点办理侵害妇女权益和涉及妇女犯罪的案件。依托载体活动，集中宣传。通过设立咨询台、举办培训班、答题竞赛、法律知识竞赛等形式，送法进企业、进社区、进家庭，面对广大妇女开展集中宣传活动，共组织妇女法律知识宣讲团成员走进100户家庭开展普法宣传，受教育群众达1200余人。

【志愿者服务活动】全区各级妇联组织充分发挥巾帼志愿者情感细腻、亲和力强等特点，围绕妇女和家庭的需求，组织巾帼志愿者在3月5日，走访慰问空巢老人、单亲母亲18户，为她们送去慰问品，为她们打扫卫生，给予她们亲情关怀与慰问。联合区医院志愿者举办妇幼保健知识讲座；并举行“关爱女性健康”免费体检活动，为贫困妇女、贫困母亲、单亲母亲提供妇女常见病、多发病的普查，对敬老院和行动不便的老年妇女进行上门义诊。累计开展各类为民服务6次，提供服务110人次。

【暖心救助活动】在春节、三八国际妇女节期间，各级妇联组织相应开展走访慰问活动。妇联系统共走访慰问特困妇女54人，送去各种慰问品约合人民币15000元。举行“爱心奉献、帮扶特困童”活动。5月初，妇联通过学校和社区对贫困、留守儿童情况进行调查摸底，选出品学兼优、家境贫困的31名儿童，于5月23日进行走访慰问，送去资助款300元，看望妇联长期资助的留守儿童杨胜，送去300元现金、衣服、鞋、牛奶，区妇联向同学们致以节日的问候和祝贺。呼中区教育局妇委、各镇妇联也相应开展走访慰问活动，全区累计资助春蕾儿童50人，资助款项、学习生活用品折合人民币共计16000元。

【“寻找幸福之家”活动】开展寻找“幸福家庭”活动。在全区开展寻找“幸福家庭”活动，在电视台播放家庭事迹，组织各镇妇联、妇委会相继开展寻找“幸福家庭”宣传活动；寻找“幸福家庭”启动仪式；寻找“幸福家庭”推荐会；寻找“幸福家庭”座谈会等形式多样的宣传活动，在全区范围内掀起寻找呼中“幸福家庭”活动的良好氛围。

（妇联　供稿）

法　治

政法委及综治工作

【综述】全区政法各单位贯彻落实省地政法工作会议精神和呼中区“两会”及政法工作会议精神，围绕发展“六大产业”，实施“三大工程”，营造“两大环境”的战略部署，坚持以法治为引领，以打造“最平安小镇”为目标，以平安呼中、法治呼中、过硬队伍建设为重点，以化解社会矛盾、创新社会治理、提高司法公信力、加强思想政治和纪律作风建设、提升政法工作的现代化水平为着力点，努力为实现“十三五”全区经济社会发展良好开局创造安全稳定的社会环境、公平正义的法治环境、优质高效的服务环境。深化安全防范体系建设，加强应急处置工作，落实社会矛盾预防化解机制，创建优良经济发展环境，刑案惩治效果凸显，治安防范效果凸显，资源管理效果凸显，加快推进“三大体系”建设，加强流动人口服务管理，做好特殊人群服务管理，交通安全效果凸显，消防管理效果凸显，加强队伍建设，政治建警，素质强警，科技助警，法制兴警，机制束警，从严治警，加强党的领导，坚持把政法工作始终置于党的绝对领导之下，提升党委政法委新形势下统领政法工作的能力和水平。推进党委政法委自身建设，发挥政法委“把握政治方向、协调各方职能、统筹政法工作、建设政法队伍、督促依法履职、创造公正司法环境”职能。落实《关于地委政法委协助管理政法系统领导干部的意见》，坚持政法机关工作汇报制度等工作机制，确保政法工作正确方向，政法委获得省级先进单位提名。政法委获得省级先进单位提名。全区连续12年保持“平安县区”荣誉称号。

【安全防范体系建设】加强和改进情报信息工作，公安局建立特情6人，全方位搜集和获取各类预警性、内幕性、情报信息。搜集各类情报资料12条，整理上报公安情报3期。上报地区国家安全局信息并采用1条。组织了全国首个“4·15国家安全日”宣传教育活动。在《中华人民共和国反间谍法》颁布实施两周年之际，开展学习宣传活动，未发现境外间谍情报机关非法活动和敌对势力插手“维权活动”，未发现境外宗教组织非法宗教活动，没有发生邪教案件。教育转化受蒙蔽群众、开展无邪教创建活动。在广场开展反邪教主题宣传活动。

【应急处置】公安局立足实际情况，将镇内两个派出所整合到一个派出所和一个防恐处突大队。健全完善各项工作预案，创新勤务模式，以呼中镇派出所为试点，建立“所队一体化、巡处合一”勤务机制，一方面履行巡特警职能，每天保持三个巡逻组在街面定点屯守和武装徒步巡逻，最大限度地把警力摆在街面，提高见警率、管事率；另一方面强化打击查处功能，每天保持两组警力值班备勤，实行接处警专业化。强化在重点时段“1、3、5分钟到场处置”的涉暴突发处置的“迅捷警务圈”。《呼中区公安局强化“迅捷警务圈”建设》的经验被中央政法委《长安》杂志采用，省政法委推广。做好重点部门和人员密集场所的安全管理，并按照不漏一人、不漏一屋、不漏一死角的要求，对旅店业、出租屋、网吧、洗浴等行业场所开展集中清查行动，最大限度地挤压违法犯罪空间，有效遏制各种违法犯罪活动。及时发现和消除各种安全隐患。

【社会矛盾预防化解机制】完善和发展大调解工作体系，健全各类社会调解组织，开展大下访、大排查、大调处活动，司法局组织全区各镇基层司法所积极参加矛盾排查化解工作，发挥调解员和信息员的作用，将矛盾化解早，调解好，不发生反弹。全区15个调解组织口头和书面调解民事纠纷18件，纠纷调处率和成功率达100%，发挥了化解矛盾主渠道作用，接听群众打来的咨询电话50多个；接待来访群众40多人次；共办理法律援助民事案件5件，代写法律文书34份；法院发挥诉讼服务中心的窗口作用，共接待来访400余人次，未发生因接待不周等问题而引起矛盾激化和信访案件。法院民商事案件结案率为78%，比2015年同期上涨34个百分点。加大调解工作的力度，已审结的62件案件中，以调撤方式结案61件，调撤率98.39%，做到案结事了，收到社会效果和法律效果。对劳动关系、征地拆迁、企业改制、工资待遇等重点领域进行重点排查。发现的群体性矛盾纠纷是下岗知青、90年代大中专毕业生要求就业、教师要求公平待遇群体这3个不稳定群体仍有再次上访可能。

【创建优良经济发展环境】开展公安局领导走进直播间录制访谈、在人员密集场所集中宣传、向人民报告工作以及开放警营等一系列活动，增强公安机关与辖区职工群众的沟通与联系，向社会各界征求意见建议。研究出台《便民利民20条措施》，推行“一站式服务”“上门服务”等亲商、便商、利商措施，对与经济建设相关的审批项目，切实做到特事特办、急事先办。坚持和完善警企共建制度，真心诚意为企业发展排忧解难。响应省公安厅出台的便民利企三十条新措施公安局组织开展便民利企30条知识考试。

【推进“三大体系”建设】推进法治化治理体系建设中，发挥法治在“平安呼中”建设中的引领、保障作用，坚持以问题为导向，以源头预防为重点，运用法治思维和法治方式推进社会治理和“平安呼中”建设。在加快推进立体化社会治安防控体系建设中，建成综治工作网络平台，两年连续投入资金近12万元，录入各种信息5万余条，通过网络平台把网下的综治各项工作在网上实现资源和信息共享，促进和加快社会面治安防控网、重点行业和重点人员治安防控网、镇场和社区治安防控网、机关企事业单位内部安全防控网、信息网络防控网等“六张网”的建设，以网格化、信息化、社会化、法治化、科学化管理做细、做强、做实、规范、提升防控网，实现立体化治安防控体系建设全覆盖。按照标准化扩建辖区的派出所，公安局110报警中心建成较完备的应急指挥中心，6个综治维稳中心、5个综治维稳工作站，4镇划分的87个网格，编织了横向到边、纵向到底的社会治安管理网络；通过“天眼工程”、单位和个体视频监控构建技术防控网络；通过“政法干警、领导干部进网格”构建社区网格防控网络；利用社会信息、网络舆情监控和政法综治部门填报的社会稳定形势分析表，做好社会稳定形势研判，构建信息防控网络。通过各项防控网络的建设，努力构建呼中区的社会治安立体化防控体系。其工作经验做法在全省综治工作经验交流会上进行交流，同时一些好的做法在2016年《长安》杂志第5期以题为《立体化防控奏响“中国最冷小镇”平安曲》给予刊登，在大兴安岭地区产生了良好效应。在加快推进网格化责任管理体系建设中，进一步健全网格化责任管理体系，加强网格长、治安员、保安员、楼栋长、治安中心户、平安志愿者等社区网格群防群治力量建设；继续深入推进政法干警进网格工作，深入创建无群体信访、无治安案件、无刑事案件、无邪教、无公共安全隐患、无毒“六无”社区网格，全区87个网格中有70%以上达到“六无”要求。推进群防群治创新。根据辖区实际，把网格长纳入治安员序列，作为维护辖区治安防范的基础力量，开展日常走访宣传、安全防范、了解社情民意、调解邻里纠纷等工作，使网格长真正成为维护稳定的治安员、舆情收集的信息员、安全防范的宣传员、辖区群众的服务员。协调各镇场，以每十户左右居民组成一个群组，形成“邻里守望、十户联防”的防控网。并组成治安积极分子和志愿者等群众性义务巡逻队伍，重点做好易发高发案部位和时段的巡逻防控，弥补治安防范的薄弱环节，不断地提高呼中区综治工作信息化的能力和水平。将部分综治成员单位、各镇、社区和网格纳入到综治信息网络平台，完成了基础数据的录入，将发挥其在实践应用的作用，促进社会治安信息不断地向网络化、大数据方向迈进。在全区干部中开展“落实责任进网格、了解社情进网格、阳光帮扶进网格、信访稳定进网格、解决民生进网格、督导检查进网格”的“六进”网格活动。将“服务接力8+8”活动和“阳光帮扶行动”作为开展领导干部深入网格的延伸和拓展。全区29个处级领导干部每人帮扶2个困难户，80多名科级领导干部每人帮扶1个困难户，全区共帮扶困难户130余户，提供资金和物资，解决他们的实际困难，以网格小平安汇聚社会大平安。

【充实政法综治力量】全区各镇组建由治安联防员、治安志愿者，社区组织网格长、楼长、栋长等群众参加的群防群治社会防控工作队伍14个志愿者组织，4500余人都分担综治任务。综治工作逐渐形成多方参与，共同治理，群防群治的格局。建立完善齐抓共管，相互配合的工作机制，继续推进警力下沉，加大辅警配备力度，大力强化公安派出所基层基础建设，不断提升公安基层实战能力。

【提升政法综治基础性工作】坚持以政法干警全员进社区、进网格工作为载体，着力完善群防群治队伍建设，发展壮大综治协管员，治安信息员，治安楼栋长，平安志愿者等社会力量，构建好维护社会平安稳定的“感受器”和“效应器”，不断深化“红袖标”工程，加强社保会、调委会、治安巡防队建设。组织群众开展联防联治，自防自治，进一步完善，地、区、镇、场四级调解组织和人民调解、行政调解、司法调解“三调联动”的工作体系。立足从源头化解矛盾，确保全区安全稳定。深入开展基层基础平安创建活动，积极营造人人共建平安、人人共享平安的社会氛围。政法委综治委开展一次全区政法综治工作大检查，对提升年工作检查指导，实行典型引路、严格考核奖惩，广泛宣传发动，坚持高起点规划，高水平建设，高标准保障。努力实现基层政法综治组织健全有力，基层政法综治队伍发展壮大，各项基础保障充足到位，政法综治基层基础建设强明显加强的建设目标。

【强化法治保障】法院成立法官“送法服务”小组，进行大走访活动，认真听取群众当下存在的主要问题和困难，以及对法院工作的意见和建议。截至10月末，共受理各类案件106件，审结78件，综合结案率73.58%，审限内结案率100%。其中，刑事案件9件（含旧存2件），审结6件；民商事案件80件，审结62件；执行案件18件，执结9件。没有行政类案件和应由审监庭审理的案件。司法局认真实施“七五”普法规划，深化对群众的法制宣传教育，努力形成尊重法律、崇尚法治的良好氛围。司法局在“三八”国际妇女劳动节前，联合区妇联以《反家庭暴力法》实施为契机，结合法治呼中建设，开展普法培训和宣传活动，推进法治文化建设。在呼中最冷小镇文化建设长廊中展出6块法治文化宣传板块，将法治文化建设融入城镇文化建设中。司法局委派负责普法人员为全区入党积极分子及后备干部上法治课。筹备“七五”普法做好相关准备活动。在《今日头条》开通“法治呼中”公众号，上传呼中区法治宣传信息，扩大法律宣传面。大力推进基层民主法治单位创建活动，形成覆盖社会各领域的法治创建活动体系。进一步加强法学会建设，全区有法学会会员27人。

【执法司法规范化建设】检察院强化监督意识，突出监督重点，全面履行监督职责。监所开展安全防范检察40次，联合检查4次。对部分行政执法单位的执法情况开展重点调研2次，走访行政执法单位15家，提出整改建议3件。政法委依托全区政法系统执法检查与案件评查人才库执法检查队伍，配合地委政法委开展执法检查1次。对加强对立案、侦查、批捕、起诉、审判、执行等执法环节的监督检查，对发现的2个问题进行整改，提升司法水平。

【司法体制改革】法院8名入额法官和检察院9名入额检察官已经通过审核；全力抓好各项改革措施的推进落实。政法委作为社会体制改革专项工作小组牵头单位，共承担33项改革任务。实际已经完成31项，时限内要求完成的除财政局一项未收到相关文件和公安局提高干警代遇的一项外均已完成。责任单位有10个，均按照各自职能和改革任务分工，积极解决改革中存在的困难和问题。形成有效推进的良好局面。

【落实信访工作责任】落实领导包案责任，坚持主要领导亲自抓积案化解，带头包案化解重点案件，分管领导具体抓，直接上手办案，协调解决难点问题。公安机关把化解人民内部矛盾作为重要任务，特别是全国“两会”、北戴河暑期安保、G20峰会安保等重大会议、中共十八届六中全会等重大活动及敏感日期间，对已经掌握在册的不稳定重点人员责任落实到人。协调区相关部门积极化解信访积案，依法严厉打击非访行为，把各类不稳定问题化解在基层。要做好重要节点、重大活动和敏感时期的社会稳定工作，入省进京涉法涉诉访“零”登记。进一步加大指导推进力度，落实好政法单位班子成员包片负责制，定期开展带案督查指导，以重点积案的突破带动积案化解整体工作取得新成效。

【实行矛盾分类化解】建立完善矛盾纠纷多元化解机制，着力在提高积案化解质量上下功夫。对肇事肇祸精神病人员（20人）实行社区、辖区民警及监护人三级包保制度，确保不稳定人员不出区。特别是对省厅通报非访重点人7人建立“包保”责任落实方案，做到了一人一案，未发生进京赴省非访问题；落实政法机关主体责任和依法处理各项措施；对坚持无理过高要求的，按照《全区关于建立律师参与化解和代理涉法涉诉信访案件制度的实施意见》和《地委政法委关于强化信访公开听证推进涉法涉诉信访问题化解工作的实施意见》，采取律师参与化解和代理以及第三方组织公开听证等方式，理顺情绪，消除疑惑，把思想疏导和教育解释工作做到位。对符合司法救助条件的，积极给予救助帮扶，2016 年发放司法救助金 1.2 万元，使 2 件涉法涉诉信访案件息诉息访。

【社会综合治理试点建设】确定呼中镇和宏伟镇为社会治安综合治理试点单位。试点镇开展网格服务活动，变群众“上访”为领导干部“下访”，深入居民走访排查，全面准确掌握当前社会矛盾与安全隐患，充分发挥矛盾排查化解作用。在网格中开展“365 维稳服务接力”活动，绘制“民情地图”、建立“民情档案”、“民情日记”、发放“七彩连心卡”、划定“十分钟服务圈”、有针对性地对有困难人群帮扶活动等一系列有效措施，做到 365 天为社区居民排忧解难。

【政法队伍建设】公安局举办法律知识培训班 5 期，网上培训 25 期，利用省厅网络学院平台考试 7 期，组织网上考试 3 期。举办 PGIS 警务实战平台建设培训班和信息化应用培训 6 期。科技助警全面完成警用地理信息的采集和录入工作，推进 PGIS 警用地理信息平台的深入应用。公安局网安大队，完成“两化建设”功能区改造，购置了三套无线电子信息采集设备，有效提升公安机关情报预警、治安管理、打击犯罪的能力和水平。加强“电子物证检验鉴定实验室”建设，购置一套热点数据分析系统，提高公安机关的情报导侦水平和侦查破案能力。建设完成 350 兆数字集群通信系统，通讯距离有效地覆盖呼中全镇，实现可视化指挥。在原有 159 个监控点的基础上，新增设 16 个公益性视频监控点，扩大监控覆盖面。并利用社会力量对历年损坏的监控点进行维护保养，有效地保证视频监控点的正常运行。公安局鼓励民警的“小发明”“小创造”，提倡“微改革”“微创新”，挑选出 26 个创新项目，有 7 个项目已报送地局参评，其中安北派出所“掌眼相通、掌上监控，利用废旧智能收机作为监控探头”项目，获得省厅警务创新大赛“机制类”三等奖。法制兴警推进受案立案制度改革，健全受案登记制度，完善立案审查制，加强对接处警和受（立）工作的监督、检查指导工作。公安局、法院、检察院都建立完善现场执法活动视音频记录制度，实现对执法办案活动的全程视音频记录和可回溯式管理。试推行刑事案件法制部门统一审核、统一出口工作机制建设，提高刑事案件办案质量。法院、公安局逐步推行执法公开，落实执法告知制度，构建开放、动态、透明、便民的阳光警务机制，实现案结事了。完善执法质量考评机制，采取个案评查、专项督导、网上考评、通报执法问题等方式，强化日常执法监督，对基层执法单位接处警工作、执法台账、执法档案建设、执法办案功能区管理使用、办理的行政案件、刑事案件卷宗进行执法质量考评，公安局全年开展网上综合执法巡查 1 次，专项考评 5 次，开展综合执法考评 2 次，网上通报检查情况 5 期。查阅刑事、行政卷宗 41 册，发现并纠正问题 87 件。机制束警面对基层基础工作薄弱、队伍执行力不强的实际情况，从完善岗位工作职责入手，明确各部门科室和每个岗位的职责以及每个岗位领导的职能权限，全面厘清单位和全部岗位人员职责，使每名民警都清楚自己该做什么，要做什么，必须做什么，进一步规范行为标准，促进作风养成。建立督办制度，对局重要决策、部署、阶段性重点工作和特殊时期紧急任务进行跟踪督办，及时向领导反馈落实情况，确保各项工作任务如期完成。从严治警组织开展“践行《准则》、严守《条例》、争做表率”主题实践活动，部署启动“破坏经济发展环境突出问题”“侵害群众利益不正之风和腐败问题”“党员领导干部及亲属违规经商办企业问题”等专项整治活动，引导党员加深理解，增强贯彻落实的自觉性和坚定性，加大对特权思想、霸道作风、粗暴执法、以罚谋财等不良风气的治理力度，进一步强化车、酒、赌、枪等内部管理，加强对“用权”、“不廉”以及“八小时以外”问题的监督，严格贯彻执行各项警规警纪，使民警主动适应从严治警新常态，自觉做到严守道德高线、不触碰制度红线、不逾越法纪底线。

【加强党的领导】坚持把政法工作始终置于党的绝对领导之下，进一步提升党委政法委新形势下统领政法工作的能力和水平。积极推进党委政法委自身建设，充分发挥政法委“把握政治方向、协调各方职能、统筹政法工作、建设政法队伍、督促依法履职、创造公正司法环境”职能。认真落实《关于地委政法委协助管理政法系统领导干部的意见》，坚持政法机关工作汇报制度等工作机制，确保政法工作正确方向。

（区政法委　供稿）

法治政府建设

【综述】2016年，区政府法制工作在行署法制办的指导下，在呼中区委、区政府的正确领导下，开展落实行政执法责任制，严格依法论证，确保决策事项科学、民主、规范。出台了规范性文件3件，抽查已经形成卷宗的案件，抽查率达到60%以上。采取多种形式方法，增强法治宣传教育实效。成立了区行政复议委员会，建立行政复议委员会制度。专门聘请了一名律师负责行政应诉工作。审查梳理全区23个行政部门，3347个行政职权行政权力清单、行政责任清单、行政权力流程的合法性。落实“二随机、一公开”工作制度。

【完善学法制度】完善领导班子学法制度。坚持区政府常务会议学法制度、专题讲法制度。做到学法计划、时间、内容、人员、效果“五落实”。适时掌握新的法律知识，提高法律素养。落实依法行政集中培训制度。行政执法人员的行政法律知识的培训，每年列入年初计划，聘请拥有丰富法律知识的专家、教师为广大学员培训，培训结束进行测试，考试成绩通过率100%。

【严格依法论证】按照省、行署的规定，出台《区政府林业局党务会议议事规则》、《呼中区（局）领导班子议事规则》和《呼中区（局）领导班子工作制度》等制度。凡是重大事项决策的都要按照程序通过会议来决定，确保行政决策的科学性、民主性和规范性。

【行政执法】严格规范性文件审查工作。坚持做到有案必备，有备必审，有错必纠。截至10月份，区共出台规范性文件3件，区政府法制办均进行了严格审查，并上报备案。严格个案监督和行政执法卷宗评查工作。严格监督全区各行政执法部门，要求每名行政执法人员做到持证执法，公正文明执法，抽查已经形成卷宗的案件，抽查率达到60%以上，确保行政执法合法有效，树立政府的公信力和执行力。

【法治宣传教育】区政府法制办利用电视、广播、电子显示屏、悬挂条幅、法律宣传单等多种形式开展法律法规宣传活动，营造全民学法尊法用法良好氛围。

【行政复议】区政府高度重视行政复议和应诉工作，成立区行政复议委员会，建立行政复议委员会制度。聘请一名律师负责行政应诉工作，提升化解行政争议的水平。2016年全区没有行政复议案件。

【优化法治环境】审查梳理全呼中区23个行政部门，3347个行政职权行政权力清单、行政责任清单、行政权力流程的合法性。落实“二随机、一公开”工作制度，成立由常务副区长为组长，各行政执法单位负责人为小组成员的推广随机抽查规范事中事后监管工作领导小组。制定相应的工作规则，要求工作人员对被抽取的市场主体实施检查时，不得妨碍市场主体正常的生产经营活动，不得索取或收受市场主体的财物，不得谋取其他利益。行政执法体制改革工作，建立了政府法律顾问制度，外聘一名具有丰富经验的专业律师作为区（局）的法律顾问，发挥参谋、助手和法律顾问的作用。

（政府法制办　供稿）

公安工作

【综述】2016年，呼中区公安部门按照“边寨警务的实验田、平安兴安的主力军、绿色屏障的守护神”三大定位，打造“最特色的警务、最平安的地区、最坚强的队伍”三大任务，围绕大局发挥职能，服务发展创新管理，立足长远夯实基础，抓住根本严管队伍，为全区经济转型发展和人民群众安居乐业创造和谐稳定的社会环境。维稳方面，成功处置“4·7”集访事件，实现政治效果、社会效果和法律效果的高度统一，为大兴安岭地区社会稳定类似事件的妥善处置提供经验和遵循。打击方面，扎实开展“查控收戒一号”等一系列专项行动，以打开路、以打促防，实现命案和有重大社会影响案件零发案。严厉查处涉毒违法犯罪活动，破获涉毒刑事案件2起，缴获毒品500余克。加大网上追逃工作力度，抓获网上在逃人员2人。防控方面，开展缉枪治爆、危险物品大清查和打击黄赌"断链"等专项行动，破获一起利用网络贩卖仿真枪和管制刀具案件，收缴仿真枪5支、管制刀具19把。加大社会面管控力度，开展"保平安2016一号行动，严格落实三级巡控勤务模式，大力推行群防群治大联防机制，辖区群众的安全感、满意度不断提升。管理方面，牢固树立民生警务理念，全面改进和加强公安管理工作，以"防事故、保安全、保畅通"为核心，以开展"道路交通安全年"活动为载体，集中整治"三超一疲劳"、酒驾、毒驾、无牌无证、乱停乱放等突出违法行为，全年无重特大交通事故的发生。开展消防安全"大检查、大整治、大整顿"活动，及时消除消防安全隐患，实现火灾起数和损失"双下降"。社会治安防控和警务改革创新收获新成果。强力推进警务实战平台和数字集群通信系统工程建设，网安"两化建设"顺利通过省厅验收，情报导侦水平和侦查破案能力得到提升。认真落实受立案制度改革，推行刑事案件统一审核、统一出口工作机制建设，规范工作流程，强化监督管理，有效解决受立案工作中存在的突出问题。强力推进"防范预警、管理服务"的社区警务运行机制和"所队一体、巡处合一"的勤务模式。延伸社会管控触角，大力推进"实体"警务室，创建"微信"警务室，建立微信公众平台，为警务工作注入新活力。开展特色警务创新大赛活动，全局共立创新项目26项，安北派出所"掌眼相通、掌上监控，利用废旧智能收机作为监控探头"项目，获得省厅警务创新大赛"机制类"三等奖，《呼中区公安局强化"迅捷警务圈"建设》的经验被《黑龙江省政法》采用。

【反恐处突】落实各项反恐措施，健全完善各项工作预案。创新勤务模式，以呼中镇派出所为试点，建立"所队一体化、巡处合一"勤务机制，履行巡特警职能，每天保持3个巡逻组在街面定点屯守和武装徒步巡逻，提高见警率、管事率；强化打击查处功能，每天保持2组警力值班备勤，实行接处警专业化。强化在重点时段"1、3、5分钟到场处置"的区域巡逻守护、涉暴突发案（事）件处置等工作职责，形成高压态势。

【警务创新】推进警务机制创新，围绕大兴安岭地区公安局党委提出的"边寒警务试验田"，积极探索具有本区特色的现代警务模式，将镇内两个派出所的户籍民警整合到安北派出所，把安北派出所民警由治安民警、户籍警向社区民警转变，由执法者向服务者转变。使民警有足够的精力和时间在自己的"责任田"内精耕细作，发挥社区警务的优势作用，实现"扎根社区全日制、服务群众全方位、履行职责全身心"。同时，延伸社会管控触角，大力推进"实体"警务室建设，在社区建立警务室，增设校园警务室、医院警务室和客运警务室。每天有一名民警进驻警务室，灵通与各社区、单位的消息，及时收集和发布最新社会动态和治安信息，强化警民互动机制，调处化解矛盾纠纷，把社区警务落到实处。并让社区警务向白山、石林旅游景区延伸，使其真正成为维护稳定第一道防线，服务群众的第一平台。大兴安领行署公安局提出的特色警务创新大赛，鼓励民警的"小发明""小创造"，提倡"微改革""微创新"，呼中区公安局挑选出26个创新项目，有7个项目已报送地区局参评，其中，安北派出所"掌眼相通、掌上监控，利用废旧智能收机作为监控探头"项目，获得省厅警务创新大赛"机制类"三等奖。推进服务渠道创新，创建"微信"警务室，建立警务微信公众平台，7月22日举行微信公众平台启动仪式，发放宣传单5000份，得到区局有关领导和辖区群众的高度关注。微信公众平台包含行政许可、交管、出入境、户籍、法制、治安、消防、禁毒、网安等业务，有办事大厅、便民服务、平安阵地三大功能模块。三大功能模块中又包含咨询求助、身份证换领公告、情况线索举报、车辆违章查询、驾驶证记分查询、警务资讯等十个小功能模块，使之成为网上咨询、预约服务、有奖线索举报、微信报警、网上信息查询、网上缴费等为一体的综合服务平台。目前，微信公众平台关注人数5000余人，平台访问量超过20000余人次，为群众提供业务办理和查询服务580条，发布预警及通知500余条，征集意见建议60余条，征集各类线索120余条。推进群防群治创新，把18个网格长纳入治安员序列，开展日常走访宣传、安全防范、解社情民意、调解邻里纠纷等工作，使网格长真正成为维护稳定的治安员、舆情收集的信息员、安全防范的宣传员、辖区群众的服务员。协调各镇场，以每十户左右居民组成一个群组，形成“邻里守望、十户联防”的防控网。组成治安积极分子和志愿者等群众性义务巡逻队伍，重点加强对背街小巷、交叉地带、散居户以及易高发案部位和时段的巡逻防控，弥补治安防范的薄弱环节，有效压降各类案件。推进行政管理创新，先后开展局领导走进直播间录制访谈、在人员密集场所集中宣传、向人民报告工作以及开放警营等一系列活动，向社会各界广泛征求意见建议。出台《便民利民20条措施》，进一步推行“一站式服务”“首办责任制”“限时办结”“预约服务”“上门服务”等亲商、便商、利商措施，对与经济建设密切相关的审批项目，做到特事特办、急事先办，坚持和完善警企共建制度，拓宽共建领域、丰富共建内容、改进共建方式，组织开展便民利企30条知识考试，检验学习成效，增强服务意识，为企业发展排忧解难。

【刑事案件】坚持“更快破大案，更多办小案”的侦破理念，保持严打高压态势，开展“查控收戒一号”“平安一号行动”等一系列专项行动。公安局关注盗窃、电信诈骗等侵财案件，破获一起强奸幼女案件。刑事案件立案18起，破案9起。抓获犯罪嫌疑人15人，刑事拘留13人，取保候审3人，批捕7人，移送审查起诉8人。针对涉毒案件，成立专案组，主动出击找线索，“缴毒品、抓毒贩、追毒源”，取得较好战果。破获涉毒刑事案件2起，抓获作案成员4人，缴获毒品507克；破获禁毒行政案件5起，抓获作案成员5人。加大网上追逃工作力度，抓获网上在逃人员1人。检察院受理公安机关移送审查批捕案件5件7人，经审查批准逮捕7人；受理公安机关移送审查起诉案件11件13人，加大网上追逃工作力度，抓获网上在逃人员2人。提起公诉5件5人；批捕、起诉准确率达100%，法定时限结案率达100%。严厉打击金融诈骗、非法集资、偷税漏税、职务侵占、商业贿赂、侵吞国有资产等违法犯罪活动以及破坏经济发展环境的行为。检察院贪贿案件立案3件，当年结案率、起诉率、有罪判决率达100%。

【治安防范】开展缉枪治爆、危险物品大清查和打击黄赌“断链”等专项行动，健全完善多警种各部门参与、区域联动缉枪治爆工作机制。严格落实案件督办、线索核查、责任倒查制度，破获一起利用网络贩卖仿真枪和管制刀具案件，收缴仿真枪5把、管制刀具19把。加强实有人口熟悉和动态管理，企事业内部安全保卫工作，开展矛盾纠纷大排查，摸排管控刑释解教人员和易肇事肇祸精神病人等各类重点人员及流动人口，按照不漏一人、不漏一屋、不漏一死角的要求，对旅店业、出租屋、网吧、洗浴等行业场所开展集中清查行动，最大限度地挤压违法犯罪空间，有效遏制各违法犯罪活动。

【交通安全】交巡警大队以“防事故、保安全、保畅通”为核心，以开展“道路交通安全年”活动为载体，集中整治“三超一疲劳”、酒驾、毒驾、无牌无证、乱停乱放等突出违法行为，大队共出动警力5300余人次，警车2300余台次，查处各类交通违法行为210余起，处理交通事故82起，其中简易事故78起，一般事故4起。4月份以来，在全区开展整治酒驾醉驾违法行为专项行动，查处非驾1起，查处酒驾违法行为12起、醉驾9起，酒后驾驶3起。联合安监、交通、公路、建设等部门，对道路和城区街道的道路安全隐患进行一次全面排查，排查隐患路段5处，将排查出的危险路段逐一建档，并附照片，研究提出整改方案，加强对现有险路、险桥和山区急弯、陡坡、路面破损等险要地段的整治工作，完善公路安全防护设施和标线，健全公路路口信号灯或让行标志。开展交通安全宣传八进工作，组织民警深入辖区客货运企业、各镇场、学校，采取讲授交通安全知识，播放交通安全宣传光碟，发放交通安全宣传材料等方式，共组织交通安全宣传活动15次，发放宣传资料2300余份，教育驾驶员800余人。

【消防管理】采取白天检查与夜间检查相结合，每日深入社会单位开展消防监督检查。元旦前后，消防大队会同公安派出所深入呼中区木耳养殖户的平房开展隐患排查，并督促公安派出所与木耳养殖户签订防火安全责任状、督促网格化管理人员深入开展隐患排查，不留死角。根据本地木耳养殖户用火取暖较多的特点，消防大队会同公安派出所深入呼中区木耳养殖户开展隐患排查，并督促公安派出所与木耳养殖户签订防火安全责任状、不留死角。开展冬春火灾防控工作，强化火险隐患排查，坚持防火宣传不放松，宣传期间共发放宣传品1500余份。消防大队科学制定演练计划和演练方案，对辖区消防安全重点单位和人员密集场所开展演练80余次。全区发生火灾8起，直接经济损失3254元。开展冬春火灾防控工作，利用电视、LED、微信公众平台围绕城镇防火主题，119宣传周宣传冬春季防火知识和防火工作，并组织文职雇员、消防知识宣讲团组成服务队到大街小巷进行消防宣传，共发放宣传品1500余份、重大节日等在电视播放滚动字幕500余次。消防大队科学制定演练计划和演练方案，对辖区消防安全重点单位和人员密集场所开展演练80余次。全区共发生火灾8起，直接经济损失3254元，与去年相比，火灾起数持平，火灾损失下降97.4%。

【保护森林资源】深刻认识“绿水青山就是金山银山、冰天雪地也是金山银山”的绿色发展理念，控制偷拉私运、滥砍盗伐、非法加工以及以木耳养殖、取暖包烧为名盗采新鲜树木等违法犯罪行为的发生。严厉惩治不法分子猎捕野生动物行为，收缴各种粘网9张，用于猎捕野生动物的夹子、套子100余个，解救野鸭3只、各种鸟类300余只。开展宣传教育两次，发放宣传单200余张。严厉打击非法占用林地等违法行为，并对工程建设、修路、采石、挖沙场点、乱挖鱼塘、改变林地用途、私自搭建房屋等现象加大监管检查力度，办理涉林违法行政案件2起。开展春季森林防火工作，春防戒严期开展“三清”工作，预防人为森林火灾的发生，火案破案率100%。“采集山产品”特殊时期，开展“护林”专项行动，民警深入到各支叉线采摘地点，对发现滥采、盗采、采青及破坏性采摘人员进行严肃批评教育，共办理涉林违法行政案件两起，受理森林火灾案件8起，综合查明率100%，无一起人为火灾。

【流动人口服务管理】建立高危人群管控机制，预防减少和惩治流动人口违法犯罪，加强和完善流动人口服务措施，帮助解决流动人口在就业、居住、教育、纠纷调处、医疗卫生等方面存在的困难，推动流动人口公共服务均等化。在大力推进“实体”警务室的同时，创建“微信”警务室，建立警务微信公众平台，7月22日公安局举行微信公众平台启动仪式，发放宣传单5000份，得到区局有关领导和辖区群众的高度关注。通过“零距离”网上快捷服务，切实将公安行政管理服务延伸待群众身边，搭建警民沟通的“连心桥”，为警务工作注入新活力。微信公众平台关注人数达到5000余人，平台访问量超过20000余人次，为群众提供业务办理和查询服务580条，发布预警及通知500余条，征集意见建议60余条，征集各类线索120余条。

【队伍建设】加强政治建警，开展理想信念教育，打牢队伍忠诚履职的思想根基。加强素质强警，以“提质创优”活动为载体，制定《2016年教育训练活动实施方案》《练兵教育训练工作计划》，开展岗位练兵活动。举办法律知识培训班5期，网上培训25期，利用省厅网络学院平台考试7期，组织网上考试3期，举办PGIS警务实战平台建设培训班和信息化应用培训6期。加强科技助警，推进PGIS警用地理信息平台应用，成立网安大队，完成“两化建设”功能区改造，购置三套无线电子信息采集设备，加强“电子物证检验鉴定实验室”建设，购置一套热点数据分析系统，建设完成350兆数字集群通信系统，新增设16个公益性视频监控点。加强法制兴警，推进受案立案制度改革，建立完善现场执法活动视音频记录制度，实现对执法办案活动的全程视音频记录和可回溯式管理。试推行刑事案件法制部门统一审核、统一出口工作机制建设，推行执法公开，落实执法告知制度。完善执法质量考评机制，全年开展网上综合执法巡查1次，专项考评5次，开展综合执法考评2次，网上通报检查情况5期。查阅刑事、行政卷宗41册，发现并纠正问题87件。加强机制束警，将2016年定为“基层基础建设年”，建立督办制度。加强从严治警。开展“践行《准则》、严守《条例》、争做表率”主题实践活动，部署启动“破坏经济发展环境突出问题”“侵害群众利益不正之风和腐败问题”“党员领导干部及亲属违规经商办企业问题”3个专项整治活动，加大对特权思想、霸道作风、粗暴执法、以罚谋财等不良风气的治理力度，强化车、酒、赌、枪等内部管理，加强对“用权”、“不廉”以及“八小时以外”问题的监督，严格贯彻执行各项警规警纪，使民警主动适应从严治警新常态，自觉做到严守道德高线、不触碰制度红线、不逾越法纪底线。

（公安局　供稿）

检察工作

【综述】2016年，区检察院围绕区局工作大局，以党的群众路线教育实践活动为载体，履行法律监督职能，受理公安机关移送审查批捕案件5件7人，经审查批准逮捕7人；受理公安机关移送审查起诉案件11件13人，提起公诉5件5人；批捕、起诉准确率达100%，法定时限结案率达100%。妥善处理群众来信来访，接待群众法律咨询来访10次，无涉检信访案件。贪贿案件立案3件，当年结案率、起诉率、有罪判决率达100%。监所开展安全防范检察40次，联合检查4次。对部分行政执法单位的执法情况开展重点调研2次，走访行政执法单位15家，提出整改建议3件。进一步宣传检察联络室的工作职责、检务公开，抓好三个乡镇检察联络室工作，以社区为载体搞好法治宣传和培训，以社区检察联络室为依托，结合办案开展个案预防1件、重大项目同步预防1件和重点行业系统预防3件。通过以案释法、知识竞赛、成果展、法治讲座等形式丰富检察联络室内容。预防职务犯罪教育基地开展警示预防教育10次，受教育人数200余人。

【刑事检察】全年共受理案件24件33人。其中：（1）审查逮捕：共受理审查逮捕案件7件13人，批准逮捕6件8人；不批准逮捕案件1件5人；办理提请延长羁押期限2件2人；无捕后不起诉案件。（2）审查起诉案件：共受理审查起诉案件17件20人（包括自侦案件3件3人），起诉16件19人；不起诉2件2人(自侦案件)；(3)共立案侦查职务犯罪案件3件3人；侦查终结2件2人，移送起诉2件2人.其中：反贪部门立案3件3人；侦查终结2件2人，移送起诉2件2人，无移送不起诉案件与撤销案件，1件1人正在侦查；反渎部门无立案案件。截至2016年12月23日，呼中区现有社区矫正人员13人，其中缓刑13人。全年对社区矫正情况检察2次；无脱、漏管情况；无重新犯罪情况。呼中看守所于2016年8月12日暂停使用。

【民事行政检察】民事行政检察工作(以下简称民行检)在院党组和分院民行处的正确领导下，熟练掌握修改后的《民事诉讼法》《行政诉讼法》《民事诉讼监督规则（试行）》，落实大兴安岭地区检察分院2016年度评价基层院(以上看下)工作办法。民行检既是一项维护司法公正和法律尊严的工作又是一项处理大量社会矛盾纠纷的“民心工程”，事关社会稳定大局。警务人员文明礼貌接待当事人，帮助他们学习、理解有关法律知识，增强运用法律维护自身合法权益的意识，让人民群众有理有处讲，有冤有处伸，让申诉人深切感受到检察机关是他们的贴心人，维护申诉人的合法权益。呼中区检察院于5月19日开展主题为“民事行政检察工作推进年”社会宣传系列活动，提升民行检在社会上知晓度和影响力。

【职务犯罪预防】在地区检察分院和院党组的正确领导下，把发生在群众身边损，害群众利益的职务犯罪预防工作和预防职务犯罪的警示教育作为工作重点，开展“两学一做”活动，加强品德修养和党性锻炼，坚持学习工作两不误两促进。开展规范司法行为专项整治工作,通过翻阅近三年的调查报告、检察建议等进行自查工作，共查找出文号标注符号使用、落款时间书写、多字、少字、错字等六种不规范问题，自觉加强整改。先后在呼中区民政局碧水镇、呼中镇（北秀、向阳社区）、呼源镇开展了职务犯罪预防工作，到呼中区所辖镇场、呼源、碧水、机关广场等人员密集区域进行法律宣传4次，发放宣传单300余份，解答群众提出的问题和咨询10余次。民政系统工作中开展预防调查1次，预防咨询4次，警示教育2次，口头提出建议4次，下发检察建议1次。职务犯罪预防科到国税局、地税局、区委党校开展法治教育讲座3次，警示宣传8次，与控申、民行、反贪、反渎等部门共同开展举报宣传周活动。用AJ2013系统开展各项工作，一律实行网上录入、网上管理、上网监督、网上考评，提高预防工作的质量。全面开展行贿犯罪档案查询工作，先后到财务科、财政局、建设局等部门送发相关文件，告知查询事宜，将工程招投标、设备物资采购、个人资格认定、建筑企业资格许可等方面全面纳入查询事宜，为进一步贯彻落实行贿档案查询工作奠定基础。预防科干警到分院参加预防业务培训1次，接受行贿犯罪档案查询12次。

【反贪污贿赂检察】围绕“强化法律监督，维护公平正义”这一主题，积极履行反贪工作职能，共立案查处贪污贿赂职务犯罪案件3件3人，受贿案件1件1人，单位行贿案件2件2人。受贿案件呼中区检察院先后派侦查人员8人到呼玛县开展侦查工作，现案件已办结，做出不起诉处理决定。分院交办两件单位行贿案，第一件中，侦查人员赴苏州、北京、内蒙古、辽宁等地调取证据，因案件涉及面广，复杂，取证困难等原因，延长侦查羁押期限2次，案件侦查期限长达近6个月，犯罪嫌疑人对犯罪事实供认不讳，现案件已移送审查起诉，案件正在进一步审理中；另一件单位行贿案已立案，犯罪嫌疑人已出逃，对案件线索正在进一步摸排中，发现后立即抓捕。干警积极配合其他院调查取证工作，查询敏感部门、敏感人员的信息状况100余人。

【侦查监督】贯彻“强化法律监督、维护公平正义”的检察工作主题，落实“加大工作力度，提高执法水平和办案质量”，充分发挥侦查监督职能，对疑难复杂案件，严格审查把关，防止出现冤假错案。共受理案件6件12人，经审查逮捕5件7人，其中非法贩卖毒品1件2人、盗窃1件2人、涉嫌强奸1件1人、故意伤害1件1人，诈骗1件1人，不予批准逮捕1件5人。平均办案时限5天，批捕准确率达100%。

【公诉案件】以“加强法律监督，维护公平正义”为主题，加强侦查监督和审判监督，把好监督关。加强内部机制建设，把好规范关。共受理各类移送起诉案件17件20人。其中经济案件1件1人，法纪案件11件12人，刑事案件5件7人。提起公诉案件14件17人，不起诉案件3件3人，退侦查机关补充侦查案件4件6人。提起公诉的14件17人中，盗窃案件2件3人；诈骗案件1件1人；故意伤害案件2件2人；其他案件9件11人。2016年，出庭支持公诉8件，适用简易程序6件。法院下达判决8件8人。

（人民检察院　供稿）

法院工作

【综述】2016年，呼中区法院贯彻地委、区委和上级法院工作会议精神，抓住开展“两学一做”学习教育活动的契机，队伍建设抓精良，执法办案抓精品，司法为民抓精细，推进司法改革，抓司法办案，维护社会公平正义；抓司法廉洁，推动廉政建设；抓便民服务，提升服务群众能力；抓信息化建设，推进基层基础建设；抓司改落实，完成法官入额遴选工作。共受理各类案件116件，审结113，综合结案率97.41%。其中：审结民商事案件84件，刑事案件12件(含旧存2件)；执行案件20件，执结19件。没有行政类案件和应由审监庭审理的案件。

【刑事审判】2016年，新收刑事案件12件，2015年，新收刑事案件8件，同比上升50%。2015年旧存2件。2016年，审结13件（旧存2件），2015年，审结6件，同比上升117%。2016年，判处罪犯11人，2015年，判处罪犯6人，同比上升83%。2016年，人民法院共审结13件刑事案件，其中：侵犯公民人身权利、民主权利罪3件2人；侵犯财产罪2件2人；危害公共安全罪2件2人；贪污贿赂罪2件2人；组织、利用邪教组织破坏法律实施罪2件2人。依法惩治危害人民群众生命财产安全犯罪。2016年，共审理故意伤害等严重暴力犯罪案件3件，判处罪犯2人，与2015年相比上升均为100%；审结盗窃等侵财犯罪3件，判处罪犯3人，与2015年相比持平。不断加大打击力度，依法保护人民群众的人身权和财产权。依法惩治危害公共安全犯罪。2016年，共审理危害公共安全犯罪案件2件，判处罪犯2人，与2015年相比上升均为100%。依法严惩贪污贿赂犯罪。坚持铁腕反腐，2016年，共审理贪污贿赂犯罪案件2件，判处罪犯2人，与2015年相比上升均为100%。充分发挥审判职能作用，推动反腐败斗争深入开展。依法严惩组织、利用邪教组织破坏法律实施罪。2016年，共审理组织、利用邪教组织破坏法律实施罪案件3件，判处罪犯2人。发挥审判职能作用，严厉惩治邪教犯罪。

【民商事审判】开展岗位练兵和优秀法律文书

的评比活动，提高业务能力；对初访的涉诉当事人，建立办案法官接访和答疑制度，提高法官做好群众工作的能力，增强法官的亲和力，树立法官公信力；成立速裁法庭，加大庭前调解力度，对双方争议不大，权利义务明确的案件和小额诉讼案件，及时解决，以提高诉讼效率，降低诉讼成本，方便群众诉讼。整合审判力量，打乱庭室界限，成立两个民商事案件审判组。2016年，新收民事案件85件，2015年旧存2件。2016年，审结86件，旧存1件。2016年，人民法院共审结86件民事案件，其中：民间借贷纠纷17件；离婚纠纷15件；金融借款合同纠纷13；电信服务合同纠纷16件；其他民事案件25件。2016年，院庭长共办理民商事案件67件，占审结案件的80%，继续加大调解工作的力度，已审结的84件案件中，以调撤方式结案82件，调撤率98.39%，做到案结事了。

【执行工作】2016年全年呼中区人民法院共受理执行案件20件，申请执行标的额为208.537818万元。执结19件，结案标的额为62.652124万元。未结1件，未结标的额为145.885694万元。执行结案率为95%，均为民商事执行案件。在执行结案中撤回执行申请6件，自动履行3件，终止本次执行2件，强制执行8件。执行局的工作方法是：进一步落实财产申报制度和财产调查制度，做到每案落实，追查被执行人的财产。根据实际情况对被执行人的消费做出硬性规定，向其发出书面告知书，限制其高消费，违反规定者予以制裁。对隐匿、转移财产的被执行人予以制裁。加大宣传力度，对典型案例予以大力宣传，对被执行人起到震慑作用。对被执行人予以公开曝光，以起到社会监督作用。发挥执行联动机制作用，争取各职能部门的有力配合。依法对被执行人采取强制措施，该拘留的拘留，该罚款的罚款，够成拒执罪依法应追究刑事责任的坚决追究刑事责任。对失信被执行人尽快公布信息，充分利用网络查控系统查找被执行人财产。规范执行案件立案程序，制定执行款物的管理办法，加大执行工作力度，依法运用强制措施，保护当事人合法权利，新收执行案件19件，全部结案。按照最高人民法院“用两到三年的时间基本解决执行难问题”的工作部署和省高院基本解决执行难工作动员会议的精神，加强执行信息化建设，建成了执行指挥系统、网络查控系统、远程指挥系统，配备执法车辆、通信系统，工作人员配备单兵执法仪以及其他必要的物质装备，为下步开展工作打下物质基础。

【司法服务】成立法官“送法服务”小组，进行大走访活动，认真听取群众当下存在的主要问题和困难，以及对法院工作的意见和建议。活动中，干警借助“法官送法服务”活动平台，走访社区、医院、自来水公司、苗圃等单位，了解他们在便民和自身发展建设中存在的主要问题及困难，详细解答群众提出的有关法律问题。共走访全区20余家企事业单位和个体户，发放法制宣传资料200余份，接受群众咨询50余人次，解答广大人民群众疑难问题30余次。共接待来访400余人次，未发生因接待不周等问题而引起矛盾激化和信访案件。加大化解信访案件的力度，建立约见接待制度，积极和信访案件当事人沟通，尽最大努力解决他们的诉求，确保稳定，没有出现越级访现象。

【队伍建设】呼中区法院全面启动“两学一做”学习教育活动，坚持把“两学一做”落实到审判执行工作中，结合正在全区法院系统开展的“双争”、“学《准则》、守《条例》、做表率”等活动，引导干警践行司法为民。开展学习培训、庭审观摩、案件质量评查活动，自5月份开始，举办为期二个月的书记员业务技能培训。制定了学习培训计划，每天集中学习培训不少于1小时。为适应审判管理信息化的要求，由审管办牵头，对全体办案人员进行数字法院业务应用系统的培训，开展庭审观摩4次，开展案件质量评查3次，对有瑕疵的案件进行了通报整改，要求必须准确到标点符号，通过整改提高了案件质量。

【司法廉政建设】呼中区法院始终把司法廉洁作为长效机制来抓，在开展的廉洁司法集中教育活动中，要求干警要增强法纪制度意识，培养遵守法纪、执行制度的思维习惯和行为习惯。要求全院干警要统一思想，有组织、按步骤、同参与、共开展。以习近平总书记关于党风廉政建设和反腐败斗争的重要论述、落实全面从严治党要求、党风廉政建设“两个责任”以及《准则》《条例》和廉政纪律、人民法院廉洁司法制度规定为主要内容，以法院系统干警违纪违法典型案例为反面教材，巩固和拓展“三严三实”专题教育成果。

【信息化建设】建成使用高清科技法庭，完成数字化改造，实现“每庭必录”，同步内外网直播。建成具有综合功能的诉讼服务中心，配备案件查询系统和LED显示屏，极大地方便当事人对案件办理情况的查询。2016年上半年，完成执行指挥中心建设，该中心的使用，提高了快速反应能力，为及时处理执行案件和处置突发事件开辟快速通道，进一步促进执行工作的规范化、公开化，为解决执行难问题，提供科技保障。为了适应现代化办公和审判工作的需求，2016年下半年，筹措资金80余万元对审判法庭和审判辅助用房进行整体改造和维修，达到标准化。

【法官入额遴选工作】根据《黑龙江省司法体制改革试点方案》《黑龙江省法官入额遴选办法（试行）》的规定，制定本院方案。按照方案要求，采取自愿报名方式，政工科对入额法官的资格进行审查后，参加全省统一考试，政工科对入额法官进行考核打分，按照得分党组研究推荐人选意见，上报遴选委员会专业审查，呼中区法院上报的8名入额法官已经通过审核。在组织遴选时，严密组织实施，严明政治纪律和人事纪律，坚持组织原则，遴选程序风清气正，严格按时间节点，完成各环节工作。

（人民法院　供稿）

司法行政

【综述】司法局贯彻落实地委政法工作会议精神，以创建“人民满意的司法行政系统”为目标，组织开展“两学一做”教育活动和学习十八届六中全会精神活动。成立组织机构，制定学习计划，领导干部定期讲党课作专题辅导，干警按时记笔记、撰写学习心得，测试学习效果，自查、整改自身存在问题。重视干警教育培训，支持相关人员去外地学习业务知识，提高业务素质和工作能力。强化干警党章党规党纪意识、遵规守纪的自觉性，提高干警的综合素质和为人民群众服务的能力。现在矫正人员共计15人，全区15个调解组织口头和书面调解民事纠纷18件，纠纷调处率和成功率达100%。调查摸底造册2012年至今的刑释解教人员101名，接听群众打来的咨询电话50多个，接待来访群众40多人次；办理法律援助民事案件5件，代写法律文书34份。办理公证106件，接待来访人士280人次，上门办证服务2名。

【普法宣传】在“三八”国际妇女劳动节前，联合区妇联以《反家庭暴力法》实施为契机，结合法治呼中建设，开展以“《反家庭暴力》”为主题的普法培训和宣传活动。推进法治文化建设，在呼中最冷小镇文化建设长廊中展出六块法治文化宣传版块，将法治文化建设融入城镇文化建设中，委派负责普法人员为入党积极分子及后备干部上法制课。“七五”普法启动，做好相关准备活动，扩大法律宣传面，在《今日头条》开通“法治呼中”公众号，上传呼中区法治宣传信息。

【社区矫正工作】2016年社区矫正对象接矫8人，解矫4人，矫人员共计15人，矫正类型都为缓刑，无重新犯罪、参加群体性事件等情况发生。加强社区矫正管理工作方面：司法局对四镇司法所的社区矫正工作情况进行了一次大检查，查看基础资料是否齐全，日常管理等环节是否严格规范，对发现的问题及时提出整改意见。开展对拟适用社区矫正人员开展调查评估工作，2016年调查评估2人，将调查评估意见及时反馈给委托调查机关。开展社区矫正工作站的建设，在四个镇共建立5个工作站，社区相关工作人员参与、协助、配合司法所开展社区矫正工作，实现社区服刑人员日常监管工作的无缝衔接，预防和减少社区服刑人员脱管失控与重新犯罪。开展集中清理判处实刑罪犯未执行刑罚专项活动，根据黑司通〔2016〕39号关于《全省社区矫正机构开展集中清理判处实刑罪犯未执行刑罚专项活动实施方案》要求，组织相关人员同呼中区公安局、检察院、法院、看守所进行信息沟通，在呼中区所辖的4个镇，所有在矫人员均不存在方案中应清理范围的五种情形，无判处实刑罪犯未执行刑罚情况。司法局与移动公司签订开办手机定位业务合同，在黑龙江省社区矫正管理平台输入人员信息，在矫人员15人，11名社区服刑人员进行手机定位，手机定位率为73%。通过信息管理平台实现“区域监管，人员定位，警示告知，在线审批，动态考核，决策分析”的社区矫正信息化执行功能，打造“人在网上走、事在网上办，结果在网上查”的社区矫正工作新模式。

【特殊人群服务管理】司法局认真落实好刑满释放人员必接必送措施，努力做好帮教工作，切实做到不脱管、不漏管。社区矫正对象接矫8人，解矫4人，已经矫人员15人，矫正类型都为缓刑，无重新犯罪、参加群体性事件等情况发生。扎实推进社区矫正工作，强化对社区矫正对象的监督管理，未发现涉疆少数民族活动。按照《黑龙江省重性精神病人服务管理工作指导意见》要求，对区排查出20名精神病人进行专项管理。健全区各项工作管理制度，确保相关工作落到实处。积极开展预防青少年违法犯罪工作，加强对有不良行为青少年的教育矫治，解决闲散青少年失学等问题。

【基层法律服务】推进人民调解工作，组织全区各镇基层司法所参加矛盾排查化解工作；组织各镇人民调解员对人民调解法进行学习，提高调解人员的业务素质和调处矛盾纠纷的能力；全区15个调解组织口头和书面调解民事纠纷18件，纠纷调处率和成功率达100%。推进两放人员安置帮教工作，2016年呼中区14名刑满释放人员回归，书面接茬率100%，各镇司法所制定了刑释解教人员个人档案，调查摸底造册2012年至今的刑释解教人员101名，建立相应台账，定期或不定期的回访与帮教。

【法律援助】开通“3430148”法律服务热线，2016年，接听群众打来的咨询电话50多个；接待来访群众40多人次；共办理法律援助民事案件5件，代写法律文书34份。呼中区看守所设立法律援助工作站，增设法律援助申请受理窗口，制定各项制度并上墙，为在羁押人员赠送法律书籍，解答法律咨询，保持控辩平衡、促进在押人员教育转化、维护看守所的安全稳定。

【公证工作】2016年，公证处增添了服务设备，共办理公证106件，其中合同7件，继承48件，单方法律行为3 4件，亲属关系8件，其他有法律意义事实5件，文本相符4件，拒证8 5件，接待来访人士280人次。上门办证服务2名，均为年老、行动不便人员。

（司法局　供稿）

军　　事

人民武装

【综述】人民武装部在军分区党委的正确领导下，在分区机关的帮助指导下，“围绕改革抓稳心，聚焦职能抓升级”，即紧紧围绕改革强军主题，抓人员思想统一、抓人员行动自觉；紧紧聚焦新的职能使命，在思想认识上提挡升级，增强定力，强化“四种意识”，按照两学一做教育要求，提高党员学党章、党规、争当模范意识，先后组织党员重温入党誓词、原原本本学党章、习主席讲话、佩戴党徽、观看红色影片等活动，每个人对照自身职责都在党支部会上做出承诺，将承诺内容在显示板上张贴，接受广大群众监督，提高大家自觉承诺践诺的意识，增强学习教育效果。在民兵整组上编排有序，科学合理，彻底解决扑火分队与地方专业分队交叉编兵问题，走在整个地区前列；在民兵训练上扎实有效，稳步提高，在九团民兵骨干集训中获全区第三名好成绩；在征兵工作上有所突破，兵役登记率、大学生入伍率地区排名第一，圆满完成征兵任务，实现3年零退兵。根据上级有关文件，修订完善《呼中区人武部财务管理规定》《食堂管理制度》《职工考勤登记表》等制度，确保后勤建设有章可循。根据上级精准扶贫要求，与北秀社区进行党支部共建，与两贫困户进行对接，完善扶贫帮困计划，参加区委区政府组织的各种公益活动，每个基层武装部，每个党委成员都结有帮扶对子，开展以捐资助学为重点的帮扶解困活动。在安全管理工作上强化责任，成效明显，单位整体建设水平稳步提升。

【思想政治建设】坚持用习主席重要指示和上级决策部署统一思想行动，以深入学习、理解、把握习主席系列讲话精神为重点，紧跟习主席思想步伐，学习领会“四个全面”战略思想，适应新常态，不断强化用党的最新理论指导人武部建设实际能力。以抓好党委中心组理论学习为牵引，不断提高理论素养。组织人武部党委中心组理论学习，帮助大家了解形势，统一思想，增强与党中央、中央军委保持一致的自觉性和坚定性。专题民主生活会每名干部都能表明立场，坚决拥护党中央习主席权威，坚决肃清郭徐流毒影响，从思想上组织上进行一次大清洗。在学习方法上坚持参加上级轮训、党委中心组集中学习、个人自学相结合；坚持上级带下级、党委带机关、书记带班子，把全面系统学与围绕任务学统一起来，不断提升学习效果。以开展两项重大教育活动为抓手，不断提高思想素质。在突出抓好主题教育和“两学一做”教育同时，结合贯彻中纪委六次全会精神查摆纠治不正之风专项整治活动，注重抓“三个结合”“两个重点”“一个延伸”。“三个结合”，即把专项整顿活动与党史军史教育、主题教育结合起来，与查找在党性党风、思想道德方面存在的突出问题结合起来，与忠实履行我军使命和完成本职工作结合起来，研究制定整改措施。“两个重点”，即在教育内容上突出解决好始终保持政治意识、大局意识、核心意识、看齐意识，努力锻造“四铁”机关，树立正确政绩观，秉公用权，自觉为基层服务和严于律己等问题为重点，在教育对象上以党委、干部为重点。“一个延伸”，即通过集中学习、组织民兵教育和全民国防教育，把教育整顿向人武部职工、基层武装部、专武干部、民兵延伸。主要领导带头进行党课辅导，帮助大家领会精神实质，掌握思想理论武器；认真按照两学一做教育要求，提高党员学党章、党规、争当模范意识，先后组织党员重温入党誓词、原原本本学党章、习主席讲话、佩戴党徽、观看红色影片等活动，每个人对照自身职责都在党支部会上做出承诺，并将承诺内容在显示板上张贴，接受广大群众监督，进一步提高大家自觉承诺践诺的意识，增强学习教育效果。大力营造政治氛围建设，先后制作两项重大教育、“五好”干部、“四铁”精神、“四有”军人显示板，在楼前设大型喷绘板、灯箱宣传栏、安全提示等，有力增强党员干部、职工的学习热情。

【国防教育宣传】结合全民国防教育日，制定《国防教育计划》，开展“庆‘八一’党政军领导军事日”活动，联合呼中电视台，利用电视、广播、板报等形式进行《国防法》宣传。结合冬季征兵工作，采取电视讲话、播放电视滚动标语、设立社区咨询站等形式，对《国防法》《兵役法》《征兵工作条例》等法律法规进行宣传，发送手机信息26000条，发放宣传单2000份。

【国防动员调研】根据国防动员调研要求，针对调研内容，向区委领导汇报，先后多次例会研究，曾3次到基层检查迎检工作，先后对基层武装部办公秩序、登统计时行规范，对各镇民兵进行点验，专门利用一周时间进行扑火拉动演练。在军分区黄司令对部里民兵点验、基层人武部建设及应急分队拉动演练给予高度评价。

【后勤保障】用艰苦奋斗的思想抓后勤建设，科学筹划，精打细算，努力发挥好服务和保障作用。加强教育，统一思想。教育干部职工树立过紧日子的思想，使有限的经费发挥出最大的作用。建章立制，规范管理。根据上级有关文件，进一修订完善《呼中区人武部财务管理规定》《食堂管理制度》《职工考勤登记表》等制度，确保后勤建设有章可循。开源节流，加强硬件建设。积极与地方有关单位协调，筹措资金，积极改善环境，开设电子商务采购室，严格审批手续，大项开支列入年初预算落实党委会审批、纪委监督、主官联签制度，确保使每笔经费都能经得住审查。

【民兵整组】专门例会进行统一部署，进一步细化工作内容，从制定工作计划、搞好宣传教育、调整民兵干部、集中民兵点验、组织入队宣誓到总结上报工作逐项抓好落实。按照“定岗位、定专业、定规模”的原则，深入抓好“三类队伍”（应急队伍、支援队伍、储备队伍）建设。主动作为，积极协调呼中镇政府，在政府机关编兵，彻底解决扑火分队与地方专业分队交叉编兵问题，走在整个地区前列，得到军分区高度认可。组织新入队基干民兵开展入队宣誓、唱民兵之歌活动，激发广大民兵履行职责的荣誉感和自豪感；对基干民兵进行政审，建立健全资料档案；完成民兵干部的任免工作，做到整组资料种类齐全、统一规范、使用方便。投入近万元对标准化配载库房地面进行整修，并填置部分器材。民兵训练扎实有效，坚持合理制定训练计划，严格按照程序组织施训。在规定时间内较好地完成人武部指挥所带应急排拉动点验任务。3月份，副部长朱胜利带民兵参加军分区在九团组织的人武部带专武干部民兵骨干集训，在集中学习认真，刻苦训练，取得全区综合排名第三好成绩。集训后部里又对基层专武干部民兵骨干进行为期五天的培训，进一步提高民兵骨干能力素质，同时顺利安全完成民兵到伊春进行森林扑火专业跨区集训任务。

【安全稳定】人武部尽管人少，但始终坚持落实一日生活制度，以军分区“深化条令法规学习暨学管理、强管理、精管理，全面提高正规化建设水平”活动为载体，经常开展教育活动，坚持分析安全形势，并通过开展安全教育整顿和隐患排查，强化安全意识、法规意识。管理工作有效落实，人员管理上，严格落实各项规章制度，每周一讲评干部职工遵章守纪情况，强化所属人员自觉规范言行的意识；工作管理上，注重各类文档规范，认真抓好工作秩序落实，保证各项任务在工作日有效落实；车辆管理上，注重对驾驶员的教育和车辆保养，保证车辆安全。牢固树立安全发展理念，做到警钟长鸣，强化底线思维，张贴标语，时时提醒，清除隐患，确保安全。坚持定期分析安全形势，严格落实安全保密、车辆管理、干部值班等制度，坚持每月进行一次拉网式安全隐患排查，及时整改存在的问题，先后更换灭火器和报警器。坚持做到落实上级指示精神不走样，抓实每个步骤，干部职工抓安全的意识不断增强。

【双拥共建】与区小学、公安局、森警部队建立共建对子，积极开展军警民共建和拥政爱民、拥军优属活动。协调地方落实军民融合发展实施意见贯彻落实，协调副部长朱胜利当选区人大代表；区(局)长办公会对退役士兵安置问题进行明确，回来后全部安置，并下发会议纪要；根据上级精准扶贫要求，与北秀社区进行党支部共建，与两贫困户进行对接，完善扶贫帮困计划，参加区委区政府组织的各种公益活动，每个基层武装部，每个党委成员都结有帮扶对子，开展以捐资助学为重点的帮扶解困活动。民兵参建工作有序展开，先后组织民兵应急分队参加植树造林、爱国卫生等公益活动，出动兵力1000多人次，植树3000余棵，清理垃圾10余吨，受到驻地百姓好评。

（区武装部　供稿）

森警建设

【综述】区森林警察中队以落实组织制度建班子，加强学习实践强能力，培育人才队伍上层次，筑牢安全根基谋发展为工作思路，把工作的着眼点和落脚点放在扎实抓好经常性、基础性工作上，官兵思想政治素质不断增强，实战化训练扎实推进，“改革强军”主题教育、“两学一做”学习教育活动取得良好效果，春秋两防中心任务完成圆满，部队始终安全稳定，中队全面建设水平再上新台阶。坚持在建设中求创新，在创新中求发展，开展思想政治教育，逐人审定“光荣传统我弘扬”、“光荣感激励我成长”演讲稿和树立“四有”军人好样子授课教案，每周三组织战士上讲台，通过兵说兵事提高政治教育感染力，持续激发广大官兵争做“四有”新一代革命军人的自觉性和主动性。军事训练，利用夏季训练黄金期，结合支队尖刀班比武，扎实做好“五长集训”成果转化工作，中队采取学本子、看片子等方式，对“五长”集训成果进行深入细致的研训，使集训成果在中队得到有效的落实。规范战备、训练、生活、学习四项秩序，抓好防火灭火中心任务工作。结合实际，修订完善《灭火作战方案》《抢险救灾方案》《处置突发事件方案》《巡逻执勤方案》。开展野外驻训，提高干部战士野外生存能力。全年出动兵力360人次，车辆22台次，春防期间，中队官兵闻令而动，圆满高效完成呼源林场呼滨34号线、飞虎山29号线、保护区3次灭火作战任务，出动速度之快、完成任务之好受到各级首长的高度认可，尤其是呼源林场灭火作战被支队挑选为经典战例。加强后勤保障。根据战备方案经常进行演练。以重大节日为契机，与消防、公安、教育、政府机关等单位开展篮球友谊赛、大合唱、文艺联欢会等文体活动。组织官兵开展拥政爱民活动，连续5年照顾 孤寡老人、资助贫困学生。为美化最冷小镇义务植树300余株。

【思想政治教育】加强思想政治工作，筑牢改革强军信念。提高政治教育效果。按照“大课辅导强化、小课串讲细化、班排讨论消化、个人领悟内化、岗位践行转化”要求，开展“改革强军”主题教育，严密组织“投身改革强军实践、争做‘四有’革命军人”主题演讲、“改革强军大家谈”、“我与改革同行”征文和“点赞改革强军先锋”故事会等配合活动，强化官兵改革强军的政治责任感和历史使命感；突出内部关系、法纪教育、尊干爱兵和心理健康为主的经常性思想教育，参加总队光荣感教育大讲堂，课后中队干部深入班排讨论，深化教育效果；逐人审定“光荣传统我弘扬”、“光荣感激励我成长”演讲稿和树立“四有”军人好样子授课教案，每周三组织战士上讲台，通过兵说兵事提高政治教育感染力，激发广大官兵争做“四有”新一代革命军人的自觉性和主动性。

【军事训练】注重教练员队伍建设。贯彻上级加强教练员队伍建设的指示，1月份，中队党支部研究制定教练员分工计划，组织编写57个科目教案，中队长利用每周四晚间时间组织教练员进行试讲试教，为年度训练开展奠定坚实基础；每月组织教练员精品课授课竞赛，强化中队军事教员力量，塑造崔洪安、张明山、刘勇等一批过得硬的教员人才。注重抓好成果转化。年初以来，支队相继组织四次军事教练员集训，每次集训中队党支部都十分重视，把住参训人员这个源头，精心挑选骨干力量张乐乐、候圣力、张明山等同志参加，归队后中队召开专题成果转化部署会，合理安排时间对集训规范的科目进行成果转化，有效确保支队规范一次、中队训练质量上升一个台阶。利用夏季训练黄金期，结合支队尖刀班比武，做好“五长集训”成果转化工作，中队采取学本子、看片子等方式，对“五长”集训成果进行深入细致的研训，使集训成果在中队得到有效的落实。

【防灭火工作】中队党支部一班人切实把工作的着眼点和落脚点向中心任务聚焦，落实上级春防工作会议精神，谋划打赢本领，根据培训、休假、老兵退转实际，修改完善六类战备方案，严格落实“三分四定”要求，确保遇有任务能够快速出动。进入防期，每周组织候圣力、刘勇等技术骨干对中队灭火机、油锯、水泵进行全面检修，确保机具装备完好率达到100%；春防期间，中队官兵闻令而动，圆满完成呼源林场呼滨34号线、飞虎山29号线、保护区3次灭火作战任务，出动速度之快、完成任务之好受到各级首长的高度认可，尤其是呼源林场灭火作战被支队挑选为经典战例。

【战备保障】修订完善《灭火作战方案》《抢险救灾方案》《处置突发事件方案》《巡逻执勤方案》，明确任务分工、兵力编成和处置决心。防火期内，落实战备等级转换以及一日生活制度，严格控制官兵外出，对防火车辆、机具及其他战备物资进行维护保养，购买配备120人7日量给养物资，储备油料，配备常用药物90余种。对战备装进行缝补、晾晒，准备机具完好率达到100%。根据战备预案进行演练，组织官兵野外驻训，定期开展急行军、野外宿营、野炊、水架设和撤收、分队灭火、灭火机具使用及故障排除等科目训练，提高班长等骨干组织指挥及官兵实战能力。

（森警队　供稿）

公安消防建设

【综述】消防大队以城镇消防为重点，全面开展各项工作，强化执勤战备训练、深入开展两学一做，全体官兵作战英勇、忠于职守、工作踏实，兢兢业业，完成防灭火为中心的各项工作。年初，结合辖区实际情况，分析解辖区火灾和抢险救援形势特点，形成《呼中区消防安全形势分析评估报告》，向政府汇报近三年来的火灾形势，提出提升当前防灭火的建议，针对当地火灾形势特点，有针对性地开展训练。通过社区和重点单位警务室，建立微型消防站，成立微型消防站组织机构，完善微型消防站的值班制度，能够及时将火灾消灭在萌芽状态，实现自2009年现役部队进驻以来火灾最小值。未发生人员伤亡火灾。开展正风肃纪专项活动，大队以培育干部清正、部队清廉、政治清明的良好风气为目的，采取多项措施，加强部队党风廉政建设。开展拥政爱民实践活动，在六一儿童节、八一建军节等重要节日，大队官兵深入呼中区贫困家庭慰问，并带去米、面、油等慰问品。围绕防火灭火中心任务，开展火场紧急避险、班组灭火战术、火场心理行为等专业技能训练，提高官兵的防火灭火专业技能。大队图书室新增书籍300余册，丰富官兵的精神世界，购置多媒体影音设备，利用节假日和周末组织官兵开展文化娱乐活动，陶冶官兵思想情操，丰富官兵业余文化生活，提高部队的凝聚力和战斗力。强化营区环境整洁，美化、香化、亮化、硬化营区环境，彻底治理营区的脏、乱、差现象，彻底清理多年推集的垃圾，实现垃圾日产日清，不许垃圾在营区过夜。呼中消防大队现有官兵21人，担负着全区4个城镇、0.94万平方公里，4.74万人口的消防安全保卫任务。为更好地完成火灾的扑救工作，提请政府修订《重大火灾和特殊火灾扑救联动预案》，对辖区18个消防安全重点单位和九小场所开展演练。在演练过程中，大队官兵掌握辖区各类火灾的特点和处置方法，同时对辖区单位和场所的各类情况进行了熟悉，做到一旦发生火灾，能够在第一时间内形成战斗力。

【防灭火工作】开展火灾隐患整治不留死角活动。自2016年1月1日以来，大队陆续开展平安元旦、春节元宵消防安全保卫战、冬春火灾防控、夏季消防检查，G20峰会安保等一系列专项治理。大队集中整治敬老院、中小学校、幼儿园等场所存在的消防安全隐患，开展火灾隐患专项治理行动。在“两节”、“两会”、“G20杭州峰会”安保、中秋国庆双节期间，实行全天候巡逻防控，做到不留死角。排查整治棚户区及城乡结合地区老旧建筑的消防安全隐患，督促住建、电业、社区等部门落实消防安全管理职责。开展全民消防知识宣传，提升社会总体火灾防控水平。组成消防宣讲团，每周深入两家社会单位进行消防知识宣讲，受益人数上千人。针对不同的人群，开展针对性的授课，针对个体工商户，主要进行“四个能力”的教育；各单位的消防安全责任人、管理人，主要讲授各自职责范围内的消防安全职责。2016年，大队继续推进消防安全示范街建设，创建中新大街、向阳路两条“消防安全示范街”，大队在示范街内开展区域联防，进行四个能力培训。促进全民消防知识大提升。大队在商贸大厦前方广场设置消防宣传阵地，每年的“5·6”火灾警示日、“119”消防宣传日，举行消防安全知识的宣传。通过微信公众平台，及时发布最新消防资讯，让更多人群关注消防、远离火灾。为进一步加强派出所的消防安全监督管理，呼中区公安局及时调整完善派出所消防工作指导小组，由治安大队、指挥中心、消防大队、各派出所消防监督人员组成，进一步加强派出所消防监督业务水平。大队每年两次深入各派出所开展消防监督业务指导，及时向他们传达当前火灾防控的主要工作方向，完善派出所消防监督执法程序、内业材料，促进派出所消防执法规范化。大队完善社区消防监督管理模式，完善社区网格化消防安全管理，构件大中小三级管理模式。各级网格化管理人员履行消防职责，开展隐患排查和互查。通过社区和重点单位警务室，建立微型消防站，成立微型消防站组织机构，完善微型消防站的值班制度，能够及时将火灾消灭在萌芽状态。全年共发生火灾9起，其中木耳棚4起，电动车1起，仓房2起，平房2起，直接财产损失3264元。火灾起数比2015年减少4起，直接财产损失下降96.2%。实现了自2009年现役部队进驻以来最小值。未发生人员伤亡火灾。

【政治思想教育】坚持政治工作的“生命线”地位，部署改革强警主题教育和“学党章党规、学系列讲话，做合格党员”为主题的“两项重大教育”，部署庆祝中国共产党成立95周年和纪念长征胜利70周年系列活动，加强官兵思想教育，强化部队管理，采取多种形式的教育活动，大队思想政治工作取得显著成效，充分发挥思想政治工作的“服务保证”作用，为推动消防大队各项工作的顺利开展提供了有力保障。开展基层软弱涣散党组织整顿“回头看”活动，用合格党员标准，完善党组织“三会一课”制度；开展正风肃纪专项活动，大队以培育干部清正、部队清廉、政治清明的良好风气为目的，采取多项措施，切实加强部队党风廉政建设。

【拥政爱民】严格落实上级“关注民生，服务发展”为主题的拥政爱民时间活动，以服务当地群众为指引，开展拥政爱民实践活动，在六一儿童节、八一建军节等重要节日，大队官兵深入呼中区贫困家庭慰问，并带去米、面、油等慰问品。大队结合“学习雷锋月”等活动，深入各社区、老年人活动场所、学校等场所开展帮扶活动，，深入社区帮助居民清理卫生、为贫困居民送去生活用品。通过慰问活动，进一步提高消防部队的良好形象，弘扬消防部队拥政爱民的优良传统。

【军事训练】按照《军事训练与考核大纲》的要求，制定了《复训补训计划》《单兵专业训练计划》，区分阶段、突出重点、强化“体能、技能、智能”训练。围绕防火灭火中心任务，开展火场紧急避险、班组灭火战术、火场心理行为等专业技能训练，提高官兵的防火灭火专业技能。根据武警部队职能任务性质，适时开展处置突发事件、抗洪抢险、执勤等综合训练，增强部队遂行多样化任务的能力。

【后勤保障】在营区内开展蔬菜种植，并在营房内规划禽类养殖场，官兵在业余时间，参加农副业生产，在菜地上种植茄子、西红柿、辣椒等作物，种植的作物用于改善官兵伙食，确保官兵吃饱、吃好，在工作中体验劳动的乐趣。通过强化基层基础设施建设，大队官兵工作、生活条件明显提升，部队战斗力得到明显提高，为圆满完成防灭火工作提供坚实的物质支撑。2016年以来，大队根据本单位官兵的实际特点，充分发挥其特长，开展丰富多彩的警营文化。中队四级警士长杨瑞东，擅长书法，大队创造条件为其创造一个练习书法的环境。大队图书室新增书籍300余册，丰富官兵的精神世界，购置多媒体影音设备，利用节假日和周末组织官兵积极开展文化娱乐活动，陶冶官兵思想情操，丰富官兵业余文化生活，提高部队的凝聚力和战斗力。

【环境整治】积极参与呼中区镇内环境治理工作，组织干部战士到街道上清理垃圾40余车，修理板杖子200多米，植树240株。强化营区环境整洁，美化、香化、亮化、硬化营区环境，彻底治理营区的脏、乱、差现象，彻底清理多年推集的垃圾，实现垃圾日产日清，不许垃圾在营区过夜。

（消防大队　供稿）

林　业

生产机电管理

【综述】自 2014 年转产以来，生产机电管理科改称“呼中林业局生产技术部”，只有养路护路一项任务。呼中林业局对养路工作高度重视，把养路工作作为重中之重来抓。林业公路在册里程 1910.2 千米，2016 年养路成本投入 18.05 千元，年度累计养护里程 601.4 千米，其中一级养护 219.8 千米，二级养护 216.8 千米，三级养护 164.8 千米，投入人员 125 人，投入养路机械 43 混合台。受夏季雨水侵袭，部分公路不同程度的水毁，累计修复水毁路面 25 公里，维修桥梁 7 座、涵洞 56 道。保证交通干线行车运输畅通、支、岔线无阻，满足呼中林业局森林防火、营林生产、山野品采集等各项工作的需要。

【林公路养护】2016 年呼中林业局公路养护费用累计投入 180.5 万元，做到公路养护资金专款专用。主管局长每月工作例会，安排部署养路工作。4 月份是养路筹备阶段，按集团公司工作要求，结合呼中林业局实际情况，制定养路计划。5 月份呼源、呼中两养路队进入设备检修阶段，同时组织人员、设备上路垫坑槽，保证道路状况良好。各养路队修旧利废，革新改进一些技术问题，使设备都能在全部报废利用的基础上，合理利用发挥效益。使报废的养路设备状态良好，保证设备的完好率与出勤率。6 月下旬全部检修完毕，准备上路养护。6 月 16 日呼源养路队提前设备检修完毕，通过验收，呼中养路队 6 月 18 日验收。7 月份正式投入养护工作。

【森林防火应急道路建设工程】道路建设工程共计 2 条线路、累计里程 20 公里。其中：呼源林场大白山 25 号线 13 公里、碧水林场吉阳河 43 号线 7 公里。本项目采用林业公路四级标准，设计行车速度 15 千米 / 时，路基宽 4 米，路面宽 3 米，每 500 米内设置错车道，道路结构为 20 厘米碎土层，铺垫 3 厘米风化砂磨耗路面。成立了由林业局主管领导为组长的建设工程项目领导小组，成员有计划、劳资、财务、纪检、生产、建设局等部门，负责建设项目前期工作组织、施工质量监督检查以及工程验收等各项工作。道路建设工作由我局筑路工程公司牵头、联合呼源林场养路队、呼中林场养路队组织施工。计划总共投入机械 39 混合台，投入养路员工 86 人。呼中林业局对森林防火应急道路建设工作实行目标责任制管理，各施工单位实行行政领导负总责，分管领导具体抓，分级管理的工作机制，建立和完善施工指挥、现场检验、完工自检组织，制定目标责任到人。建设工程项目领导小组对建设项目进行全程监督检查，对于达不到施工标准及工程质量的单位不予验收，不支付建设工程费用。

【规范林业公路管理】统一安置主要支岔线公路标志牌 156 个、危险路段标志牌 16 个。为克服木料短缺的实际困难，两支养路队配置钢制模具 11 套，挖掘潜力自制水泥涵管，将损毁木制涵洞全部替换为永久性的水泥涵洞，保证道路交通顺畅。规范路政管理，严格路政管理，按照《林业公路养护管理规程》中的路政管理相关规定，严禁超载车辆上路，严禁侵占、破坏公路设施，禁止履带设备不做保护路面措施行驶，保护养路成果。

（生产技术部　供稿）

林产工业

【综述】2016 年，产业发展部按照区委区政府年初“两会”的安排部署，结区林产工业实际情况，通过认真抓落实、想办法，为能够适应区情和市场的企业做好服务，努力减轻林产工业萎缩，保证林产工业持续发展。5 月和 12 月两次配合企管科对全区林产工业企业国有资产进行盘点，完成木材加工企业的库存产成品、原材料的盘点工作。按照行业管理的原则，多次与信访人员沟通，宣传国家和区局政策，了解信访者的诉求，及时反映给上级领导和劳动部门，及时解决了他们的上访诉求。全局林产工业总产值 643.3 万元，完成年计划的 103%；工业增加值 250.9 万元，完成年计划的 103%。

【企业管理】做好林产工业的数据统计工作。根据区统计局和地区林产工业处的要求，及时收集和上报林产工业的经济运营和产销存数据。对外购原料企业做好服务和监督管理工作。通过各种渠道收集口岸木材的销售信息，及时提供给需要外购木材原料的企业，为企业外购木材原料提供信息服务。根据林业局对外购原料管理规定，对加工企业外购木材原料进行登记备案、检尺、核对，加强对外购木材的监督管理工作。加强企业安全生产工作。依据国家、省地有关法规，按照“管行业必须管安全，管业务必须管安全”的原则，传达省地安全生产工作电视电话会议精神，春节前对各生产企业进行安全生产检查工作，督促企业健全规章制度，发现的隐患落实整改责任，相关企业及时进行整改，企业防患意识明显提高，进一步规范企业安全生产管理工作。完成国有资产盘点工作。5 月和 12 月两次配合企管科对全区林产工业企业国有资产进行了盘点，完成木材加工企业的库存产成品、原材料的盘点工作。3 月和 12 月，配合林管局资源局对全区 15 家林产工业企业的库存原料、产成品进行全面盘点，加强资源管理工作。

【主要产品生产】全局外购口岸杨桦木原料 2143 立方米；消耗原料 3136 立方米，年末加工企业库存原料 5793 立方米。全局人造板销售 998 立方米，库存 1507 立方米；雪糕板生产 685 吨，销售 1021 吨，库存 49318 箱；筷子库存 21900 箱；锯材生产 58 立方米，销售 993 立方米，库存 3058 立方米；小料生产 1552 立方米，销售 2687 立方米，库存 1224 立方米；机制炭生产 217 吨，销售 155 吨，库存 79 吨。

【职工社保】截至年末，协助人力资源和社会保障局完成林业局改制企业 62 名职工办理退休申报和查档，协助医保局完成破产企业 118 名职工的大病救助缴费、205 名退休职工医保缴费、18 名退休职工的门诊药费审核、27 名退休职工住院药费审核、12 名退休职工异地就医申报、14 名林产工业职工（含退休职工）基本医疗保险门诊慢性病医疗补助申报，协助计生委完成 145 名一次性安置退休职工独生子女一次性奖励审证申报发放工作。做好信访接待工作，积极配合相关部门解决林产工业信访人员的诉求。

（产业发展部　供稿）

全民创业

【综述】呼中区全面落实发展“六大产业”，实施“三大工程”，营造“两大环境”的工作思路，深入推进全民创业工作。夯实工作基础，健全全民创业运行机制，呼中区高度重视全民创业工作，设置全民创业领导小组办公室，掌握具有行业特点、示范引领作用、推广意义的创业项目 128 个。统计《2016 年林业职工贴息贷款计划申报表》，对职工群众贷款需求进行摸底，意向贷款额度 799 万元，完善全民创业服务体系，推进林下经济取得新突破，目前建设示范基地 27 个，总面积达 18660 平方米。2016 年在北药种植、食用菌种植、水产品养殖、特色产品养殖、草莓蓝莓种植、营林抚育、家政服务、电子商务等方面共开办培训班 30 余期，参学人员有呼中区局各单位领导、机关职工、私营企业负责人、转产工人、种养殖户、无业人员等 5000 余人次，2016 年全民创业人数 7390 人，同比增长 4.9%；人均收入 29688 元，同比增长 10.9%，增加值 34344 万元，增长率 23.3%。在 2016 年全地区创业工作综合评比中排名第三。

【夯实基础工作】呼中区高度重视全民创业工作，设置全民创业领导小组办公室，掌握具有行业特点、示范引领作用、推广意义的创业项目 128 个。统计《2016 年林业职工贴息贷款计划申报表》，对职工群众贷款需求进行摸底，意向贷款额度 799 万元。积极争取地区的扶持政策。多形式的创业政策给予创业户大力的扶持和帮助。定期对全区创业情况进行普查，把普查信息录入网格平面图，做到创业项目情况一目了然。对创业工作内业材料进行收集整理、登记造册，台账式管理。

【完善全民创业服务体系】建设示范基地 27 个，总面积达 18660 平方米。2016 年在北药种植、食用菌种植、水产品养殖、特色产品养殖、草莓蓝莓种植、营林抚育、家政服务、电子商务等方面共开办培训班 30 余期，参学人员有呼中区局各单位领导、机关职工、私营企业负责人、转产工人、种养殖户、无业人员等 5000 余人次。通过培训，使无业人员找到工作，创业户和私企提高经济效益，掀起创业热潮，促进创业工作发展。在全国各级报纸、电视台、网站、微信、微博发稿191篇。利用新浪微博（@兴安特产哥）宣传大兴安岭农特产品和旅游风光，涉农话题“中国最冷小镇”在全国“涉农大V影响力排行榜”排名中，9月下旬上升到第17名，话题阅读量超过2800万人次，宣传面极广，为大兴安岭外宣做出了积极贡献。签约网县网农特产馆的“《网县网》大兴安岭特产信息平台运营管理”项目。呼中区创业办是大兴安岭地区唯一一家具有网县网后台运营管理权限的部门，相当于为大兴安岭特产打开一个窗口、找到一个平台和销售渠道。入驻商家20余户，为促进特产线上线下销售奠定良好的基础。在省会城市开设呼中区林下生态产品连锁店，引导呼中电商积极参与“互联网+”行动计划。目前，呼中有近百个微商、淘宝店铺等电商，整体效益良好。有6家企业在北京、广州、上海等地开设旗舰店（专卖店）、专柜等。本区销售林下生态产品规模较大的店铺15家，并全部实现网店、实体店同步经营，大大提高经济效益。同时鼓励各企业积极参加一些博览会、产品交易会，以此扩大产品销售渠道，提高企业影响力和知名度，10月份在菏泽举办的第十三届中国林产品交易会上，呼中森林大益有限责任公司的麦饭石黑木耳和灵芝孢子粉2样产品都获得了金奖，在大兴安岭首届全民创业项目大赛上，呼中区森林大益有限责任公司获得优秀奖。11月份在义务举办的第九届中国义乌国际森林产品博览会上，松益果仁食品有限责任公司的偃松果仁获得金奖，大兴安岭千日果保健食品有限责任公司的松果粉获得金奖。

【搭建产品展示销售平台】在“双创周”活动期间，举办展品展示会，共有10个单位组织52家私营企业，11家个体户参展，社会各界人士1100人进行参观、交流经验、洽谈业务。展会设品尝区、山特产品展示区、林产品展示区、根雕根艺展示区、北药展示区、菌类产品展示区、特色养殖展示区、经验交流区8个区域。现场交易额13580元，有订购产品意向的企业15家。产品展示会取得较好的效果。

【工作调研】组成区局领导为组长，以创业办、农林局、统计局、药监局为成员单位的调研组，对全区全民创业发展状况进行调研。了解全民创业发展情况，帮助创业户解决实际困难。调研以听取汇报、现场查看、走访创业者、座谈等多种形式进行。

（创业办　供稿）

调查规划

【综述】2016年，呼中林业调查规划大队按照《森林采伐更新管理办法》、《森林采伐更新调查设计细则》及相关文件要求，围绕《设计纲要》和《设计规范》进行资源三类调查，调整发展思路和方式，实现单一调查设计想多渠道拓宽的工作理念。深化各项管理措施，强化责任落实，通过召开座谈会、专题调研、围绕主业调查设计、安全生产、森林防火、林下经济、精准扶贫等工作，层层落实责任制。加强防火工作的宣传教育，在上山作业前，开展防火知识、防火政策法规的宣传和警示教育工作的宣传，悬挂防火条幅，机关与小队，小队与队员层层签订《呼中设计队森林防火宣传教育工作责任状》及《呼中设计队森林防火宣传教育工作责任书》，营造浓厚防火氛围。为职工购买养木耳原材料，出车出人力帮助他们运送木耳袋下地，鼓舞他们全身心地投入创业的积极性。为大队职工接种预防蜱虫疫苗100多针，使大队职工能够安心工作。常规抚育、补贴抚育全面完成调查任务，全部通过地区验收，验收率100%。在2016年荣获大兴安岭地区森调系统劳动技能外业竞赛二等奖。

【营林调查设计】森林抚育调查完成20712.4公顷，蓄积调查完成：45199.8立方米；补植补造调查完成：4000公顷；人工更新造林调查完成：333.3公顷；义务植树：17.649公顷。通过严密组织、精细安排，保质保量100%完成了各项森调设计任务。

【防火工作】按照区防火工作要求，对防火工作全面安排和部署。成立防火工作领导小组，及时召开领导班子专题会议，研究部署防火工作。加强防火工作的宣传教育，在上山作业前，开展防火知识、防火政策法规的宣传和警示教育工作的宣传，悬挂防火条幅，机关与小队，小队与队员层层签定《呼中设计队森林防火宣传教育工作责任状》及《呼中设计队森林防火宣传教育工作责任书》，营造浓厚防火氛围。并施行值班值宿制度，确保24小时有人值班，确保火信息上传下达通畅。加大资金投入，对扑火机具，进行检修。确保山上小队不发生一起人为火。

【精准扶贫】高度重视“精准扶贫”工作，经过仔细排查，单位两位职工家庭困难，列入精准扶贫家庭，经过扶持，现两名困难职工已全部脱贫，在全民创业工作中，完善全民创业领导小组，为有创业梦想的职工提供服务，设计队已经帮助2名职工完成小额贷款业务；帮助在创业过程中遇到困难的职工出人力、出车、出资金帮助解决。单位职工已经开一个化妆品店、一个蔬菜店、一个鞋店。

【关心职工】班子成员定期到职工群众中走访了解情况，对他们关心的热点、难点问题，及早给予解答，设身处地为职工群众解决实际困难。在办公区安装了5台摄像头，既减少冬天更夫出外开大门，也保障安全生产。为职工购买养木耳原材料，出车出人力帮助他们运送木耳袋下地，鼓舞职工全身心地投入创业的积极性。为职工接种预防蜱虫疫苗100多针，使职工能够安心工作；积极做好工会、妇联、信访等工作，设计队无一人上访。

（设计队　供稿）

营林管理

【综述】2014年，大兴安岭全面停止天然林商业性采伐后，林区的主要生产经营活动已经由木材生产转向营林生产，木材生产、贮运等环节的干部职工转产转岗到营林生产上来，营林的基础地位已经上升为林区的主导产业，承担着兴林与富民的重要职责。五年来，呼中林业局营林生产工作共安置木材生产战线转岗职工611人，加上原有营林生产职工600人，共完成森林抚育生产任务116760公顷。补植补造生产任务共完成11000公顷，造林733.33公顷。全局林业有害生物监测面积650533.33公顷，林业有害生物测报准确率达到100%，无公害防治率达100%，种苗产地检疫率达100%，成灾率为0，“四率”指标均达到或超过指标要求，森林病虫害防治面积9292.67公顷；义务植树39.3万株；母树林培育完成600.6公顷，呼中国家森林公园林改造项目106.67公顷，2016年争取到钻天柳、偃松两个种质资源保存项目，目前申报通过国家林业局的初审，项目计划投资1200万元。

【营林工作】2016年营林生产计划任务为，森林抚育26800公顷，比去年增加1400公顷，补植补造4333.33公顷，人工更新造林333.33公顷，义务植树6万株。按照年初生产进度安排营林生产已完成补植补造4333.33公顷，人工更新造林333.33公顷，义务植树6万株。森林抚育截至11月30日完成13866.67公顷，预计12月25日前完成其余生产任务。病虫害防治完成应施监测面积139066.67公顷；完成林业有害生物防治作业面积3366.67公顷；测报准确率达到100%，无公害防治率达100%，种苗产地检疫率达100%，“四率”指标均达到指标要求。

【技能培训】举办两期营林生产岗前培训班，累计培训1211人次。8月29日，由林业局工会、营林管理处、区人力资源与社会保障局联合举办人工造林技术技能竞赛，搭建学技术、练技能的舞台，促进营林队伍建设。

【营林生产规章制度建设】呼中林业局先后制定出台了《呼中林业局天保二期后备资源培育工作管理办法》《呼中林业局天保二期后备资源培育工作奖惩办法》《呼中林业局2016年度营林工作综合管理目标考核评分标准》，量化管理条件、细化经济考核指标；同时出台了《中幼林抚育生产作业公开公示制度》《天保二期后备资源培育工作宣传工作制度》《天保二期后备资源培育工作内业建设工作制度》《天保二期后备资源培育工作质检验收工作准则》，规范营林生产作业，提高生产作业质量。

（营林处　供稿）

林业经济

【综述】2016年，以实现“保生态、惠民生、促发展”为目标，以创新、协调、绿色、开放、共享发展为理念，发展林下养殖，运用标准化栽培技术发展食用菌产业，全区种植食用菌示范基地6个，食用菌大棚29个，林下经济实现产值21536.88万元，完成年计划的106.6%。野生蓝莓集约化经营850公顷，野生蓝莓采集408吨，采集产值实现1514.70万元，红豆采集912吨，实现产值1276.80万元；忍冬蓝靛果采集产值实现19.38万元；蓝莓（包括红豆）产业实现总产值达2810.88万元。完成年计划的101.7%。为森林大益公司对黑木耳、草菇、牛杆菌、蕨菜、蒲公英、偃松籽不同产品分别进行绿色食品认证，现已取得6种绿色食品认证标识，确保产品打入高端市场实现品牌效应。"呼中偃松籽"申报地理标志产品材料以通过省质监局审核，申报材料已报到国家质监总局审核。

【食用菌产业】全区养殖黑木耳1480万袋，菌包产值达到2664.18万元，实现养殖产值5921.5万元，实现加工产值391万元，野生菌采集产值达378万元，实现养殖总产值9354.68万元，完成年计划的102.3%。

【北药产业】全区实现野生药材经营面积13000亩，实现野生药材经营产值1300万元；实现药材人工种植面积5000亩，实现人工种植产值2000.68万元；采集药材60.58吨，实现采集产值302.9万元；北药产业实现总产值3603.58万元，完成年计划的100.1%。

【林下养殖业】全区实现禽类出栏量100086羽，禽类养殖产值262万元；牲畜类出栏量达15009头/只，牲畜类养殖产值实现2218万元；蜂蜜产量1.5吨，实现产值12万元；林下养殖业总产值2492万元。完成年计划的101.3%。毛皮动物特色养殖出栏量402只，实现特色养殖产值102.56万元；冷水鱼养殖数量达5.62万尾，产量14.86吨，实现产值25.68万元，完成年计划的102.6%；偃松籽采集量达275吨，初步产值约2750万元；山野菜采集量达55.58吨，实现产值397.5万元。

【林下种植业】种植面积8085亩，其中马铃薯种植4566亩，玉米种植654亩、小麦种植855亩，大豆种植400亩，其他农作物1610亩。全年农业总产值达3176万元，农业经济保持了平稳发展的势头。

【专业合作社】2016年，专业合作社在工商局注册数量由上年15家发展到33家，合作社主要由食用菌专业合作社、马铃薯种植合作社、畜牧养殖合作社、冷水鱼养殖合作社组成。

（农林局　供稿）

城镇建设

建设管理

【综述】2016年，呼中区住房和城乡建设工作以优化人居环境、保障民生和健全完善城镇功能为目标，以打造“生态旅游名镇”、做好城乡规划为重点，加大城镇建设、城镇管理工作力度，在建设资金投入、项目建设规模和改善城镇面貌等方面取得突出成绩。全年完成基本建设投1687.87万元，基本建设项目共13项。抓好文明城镇活动，集中整治五乱现象，按照“属地管理、条块结合、上下联动”的原则，一级抓一级、层层抓落实，提升城镇“十小难题”整治、“上下联动”的水平，重点清理市场、河道、棚户区及单位企业内部等区域的卫生死角，城乡清洁工程共出动人员38010人次，车辆8270台次，清运垃圾19500吨，综合整治背街巷108条，拆除广告牌198个，清除小广告2210个。区局投入绿化资金40万元用于呼中镇内绿化工程，栽植乔灌木35000株、栽植绿篱2000平方米，新增绿地面积3公顷。开展绿化美化活动，打造城镇环境亮点，把城镇园林绿化工作作为提升城市形象、改善人居环境的重要举措，集中力量，全力推进。

【城镇规划】《呼中镇城镇总体规划（2016—2030）》经行署研究审批通过。聘请大兴安岭勘察设计院编制呼中镇控制性详细规划，严格建设项目规划的建前审批管理，坚持城乡建设没有规划不决策，没有控制性详细规划不供地，不按规划建设的项目一律不审批，共办理《建设项目选址意见书》9份，“建设用地规划许可证”10项，“建设工程规划许可证”8项，“一书二证”发放率达到100%；强化规划实施的管理。对已批建项目实行全程规划跟踪管理和规划区内规划建设的精细化、网格化管理。对严重违反规划管理的违法行为依法进行严厉打击。结合实际科学设计，挖掘自身潜力，咨询请教专业规划设计部门，综合多方意见，科学确定城镇绿化定位、项目规模和风格特色，采取见缝插绿、拆房增绿、规划建绿等形式，做到在没有专业规划设计的情况下标准不降，品位不低。

【公共基础设施建设】加大对老自来水管道和水厂维修改造力度，对国税局至汽电处自来水管道进行维修，更换外网管道230米，对32号楼下门市房自来水管道进行维修，更换外网及室内管线，对自来水公司水厂工艺管道进行维修，新砌阀门井一座，共计完成投资35万元。加大呼中镇内小区道路及升级改造硬化力度，实施呼中林业局保障性安居工程配套基础设施建设项目（第一批）、呼中林业局第二保障性安居工程配套基础设施建设项目（第二批）、呼中林业局保障性安居工程追加配套基础设施建设项目，结算价格241万元。投入资金100万元，对呼中镇内大坝路、兴林小区道路进行黑色路面升级改造。投资284万元对建工路两侧人行道彩砖进行更换，面积2.7万平方米。

【重点项目维修改造】投资220万元新建区残疾人托养中心；投资67.9万元新建南入口景观及雕塑、停车场绿化等项目；投入资金420万元，对呼中一小（原呼中二小）进行全面维修改造，铺设塑胶跑道和人工草坪足球场，学校整体面貌大幅改观，实现提档升级；投资225万元建设区疾控中心；投资400万元进行白山景区防火瞭望塔及附属工程建设，目前除防火观光瞭望塔安装末完成外，其余附属工程已施工完毕；在休闲广场及建工路西侧新建两处水冲式旅游公共厕所，投入65.92万元；投入资金460余万元，对呼中区内幼儿园及各个学校进行维修。顺利通过了省级均衡教育整体验收；医保局办事大厅维修改造工程投资11万元，已经投入使用；投入资金14万元，对人社局办公楼进行维修改造。

【规范办理房产业务】做好廉租补贴发放审核和房屋管理、房地产交易管理等项工作，截至2016年年末办理房屋产权交易66户，廉租房办理32户，廉租补贴发放725户，共计发放135.20万元。办理棚户区房证87本。

【为百姓服务】设立棚户区住房接待室，认真抓好信访接待工作，全年以来共接待各类群众来访118人次，下水道渗漏反味、屋面漏雨、因大风造成的屋面彩钢瓦掀翻、西瓦脱落等质量问题有序得到解决，百姓满意率不断提高。

（住建局　供稿）

环境保护

【综述】2016年，呼中区环保局坚持抓环保促经济发展理念，全面完成污染减排、生态功能区建设和生态环境保护等工作任务。加大监测人员的培训力度，以“6·5世界环境日”为契机，紧扣今年世界主题和中国主题，开展形式多样的宣传活动。投资5658万元污水处理厂项目全部完工，已通过行署环保局验收。实行全程服务与管理。对前来办理审批手续热情服务，大力提高办事效率；对已审批的项目，把服务贯穿于项目审批工作中的全过程，并督促落实“三同时”制度。为申报省级生态区打下基础。

【污染减排】严格控制准入门槛，对新上项目是否符合产业布局规划，是否是高能耗、高污染项目，是否采用先进工艺、选址是否恰当等方面从严把关，不符合要求坚决不批，促进发展方式转变。加强对重点企业环境监管，强化危险废物管理，加大检查频次，加大查处力度，确保企业治污设施正常运行，达标排放。严厉打击企业的环境违法行为，确保不发生大的环境污染事件。淘汰2台燃煤小锅炉。

【环境应急管理】加大对各类风险源的检查频次和力度，督促企业及医疗机构做好危化品堆放，防止发生偷排漏排等违法行为。加强水质监测工作，重点确保饮用水源地安全，及时掌握水质变化趋势，发现异常及时进行应对处置。七月开展河流污染应急演练。

【生态建设】申报国家级生态乡镇2家（呼中镇、呼源镇），省级生态乡镇2家（碧水镇、宏伟镇）省级生态林场2家（呼中经营所、呼中林场）。呼中区为省级生态区。

（环保局　供稿）

房产管理

【综述】按照区局“两会”和区局重点工作安排，区房产与供暖公司本着服务发展，让居民用户、职工满意，让领导放心的宗旨解决一个取暖期存在供暖问题。着实帮扶困难职工，增加职工收入为原则，节约挖潜，创新工作理念，创新管理方式，促进公司全面和谐发展，从2015年7月份开始，所有棚户区楼道内灯由房产与供暖公司负责，公司组织人员系统检查，加大对居民偷电力度的检查，5月份更换九个单元主电缆，保证住户用电安全。仅上半年节约3000余元。对区医院北面等镇内供暖效果不好的供暖区域进行部分改造。对呼中林场室内管道重新安装，改造老旧管线合计约1公里。由于不是缴费高峰期，截至6月初已收缴取暖费30多万元，历年拖欠取暖费正在进行清缴中。

【供暖工作】针对2016年供热运行存在的问题制定了维修计划，及时上报区局，春季供暖结束后，对3台锅炉更换水冷壁管、除尘器、炉排、伸缩节、阀门等，对7处换热站清洗换热器并对附属设备进行维修保养，加装法兰盘活结以便更好供暖。粉煤机的投入使用，仅上半年就节约燃煤2000吨。同时加强对温度的调控和管理，上半年同比节约近5万元。

【物业管理工作】疏通冻死井12个、修复屋顶27处共计近300延长米，维修单元门8扇，维修破损马葫芦11个，更换破损井盖15个，更换地沟下水主管道80延长米。公司在民悦10号楼新建缴费大厅，室内摆放桌椅，方便居民住户缴费。加大对物业小区的管理力度，公司抽出8名精干人员充实到物业小区管理中。组织物业工作人员入户统计，建立住宅楼住户台账。截至6月初剩原煤500吨。在公益活动中共捐款1920元，植树300多棵，清理分担区卫生。

（房产公司　供稿）

农　业

畜　牧

【畜牧产业】2016年，全区畜牧工作坚持以发展现代畜牧业为中心，发展林下养殖，促进养殖业发展，加强畜牧科技推广、重大疫病防控、畜产品质量安全监管等工作，畜牧业实现健康稳定快速发展。全区共养殖獭兔1130只，生猪存栏8000头，禽类70000羽，牛900头，羊4400只。产值达3980万元。

【动物疫病防控】畜牧防、免疫工作有序进行，畜牧防疫工作采取零报告制度，制定工作人员岗位责任制度，实现防、检疫三级防控措施，签订责任状。设立动物卫生监督所，在春、秋防期间免费发放疫苗，对全区畜、禽进行了注射免疫。春、秋防按时完成，免疫猪口蹄疫、猪高致病性猪蓝耳病和猪瘟等，应免疫密度均达100%。

（农林局　供稿）

水　务

【综述】2016年，呼中区水务局围绕“兴水强区，建设大好兴安的”的工作目标，通过落实各项规章制度，约束水务局干部职工的思想、作风、纪律。按照“抓项目就是抓发展”的要求，坚持以规划为龙头，项目为载体，本着“因地制宜，科学布局”的原则，有目的、有重点的对全区水利建设项目进行规划和储备，完善《呼中区防洪应急预案》，汛前组织召开全区防汛工作会议，下达防汛计划，签订责任状；凌汛水毁修复工程投资115万元，呼玛河治理工程投资7283.11万元，2015—2016年黑龙江省山洪灾害防治项目投资299万元，黑龙江省大兴安岭地区2016年度第二批节水增粮行(呼中项目区),计划总投资313.6万元，农村饮水工程 中央投资253万元，水行政执法收费6.367万元。山洪灾害防治项目落实专业抗洪抢险队伍600多人，专业技术人员队伍15人；严格按照省、地防汛要求，落实各类防汛物资，筹措资金建设呼中区防汛物资储备库，实行定点存放专人保管；落实24小时防汛值班制及堤防巡查报讯制度，全区共安排堤防安全管理员20名。

【凌汛水毁修复工程】呼源镇自然保护区呼玛河护岸凌汛水毁修复工程 。工程总投资65万元，工程主要内容：呼中区呼源镇自然保护区呼玛河护岸进行修复建设，长度212米，左岸57米、右岸155米，护岸采用阶梯宾格石笼形式，工程于2015年12月5日开始施工，2015年12月30日建设完成。呼中区呼源镇呼玛河护岸凌汛水毁修复工程。工程总投资50.00万元。主要建设内容：对林碧公路(省道501)处200米护岸水毁修复工程，采用阶梯宾格石笼护岸、抛石护底，于2016年10月27日建设完成。

【呼玛河治理工程】工程总投资7283.11万元。批复主要内容为：建设4段堤防13.391公里，其中加高培厚干流堤防13.059公里，新建堤防0.332公里。新建护坡8处，总长12.822公里。新建穿堤建筑物3座，压渗7.182公里，填塘13处。恢复原有沥青混凝土路面4.032公里，新增砂石路面9.346公里。呼玛河治理工程分三期工程，一期、二期工程已全部完成，三期工程现已完成78%。

【山洪灾害防治项目】2015—2016年黑龙江省山洪灾害防治项目总投资299万元。其中：国家和省级补助资金250.00万元，地方自筹资金49.00万元。工程的主要内容划分5部分，①山洪灾害调查评价部分；②硬件部分；③软件部分；④群测群防部分；⑤山洪灾害应急保障系统建设。工程已按期建设完成。

【节水增粮行项目】黑龙江省大兴安岭地区2016年度第二批节水增粮行(呼中项目区)。计划总投资313.6万元，（其中：水源工程170.30万元、每公顷投资6901.8元；高效节水灌溉工程投资125.14万元、每公顷投资5072.55元；独立费用19.16万元、每公顷均投资776.7元）。项目区建设高效节水灌溉工程面积327公顷，其中：喷灌267公顷，微喷60公顷。项目共划分两标段。一标段金额168.3970万元，建设的主要内容是新建水源井29眼、井台井盖29座、水泵29台。计划工期自2016年8月20日至2017年6月30日。二标段金额124.9082万元，建设主要内容是采购图塑软管移动管道式喷灌设备、棚式微喷及微喷设备。计划工期自2016年10月9日至2016年11月30日。截至2017年5月，一期工程已完成新建水源井29眼、井台井盖29座、水泵29台。二期工程已完成采购图塑软管移动管道式喷灌设备、棚式微喷及微喷设备，并于2017年4月22日开始安装微喷灌溉设备12套。现工程正在施工当中。

【农村饮水工程】工程中央投资253万元，工程主要内容：新建设水源井6眼，铺设DN300水源管网1.2公里，农村饮水工程已全部完成。

【防汛保障】完善《呼中区防洪应急预案》，汛前组织召开全区防汛工作会议，下达防汛计划，签订责任状，进行安排部署；组建充实抢险队伍，落实专业抗洪抢险队伍600多人，专业技术人员队伍15人；严格按照省、地防汛要求，落实各类防汛物资，筹措资金建设呼中区防汛物资储备库，实行定点存放专人保管；落实24小时防汛值班制及堤防巡查报讯制度，全区共安排堤防安全管理员20名，汛期各安全管理员都能到岗到位，并做好巡查记录。

【行政执法】严格水行政执法，加强水资源及砂石管理费的征收。执法人员高标准、严要求，懂法、守法、文明执法，控制水事案件的发生。2016年水资源收费5.144万元，砂石管理收费1.223万元。两项收费累计6.367万元。

（水务局　供稿）

交通 通信 电力

公路交通

【综述】交通部门按照年初两会要求，突出抓好交通行业管理，着力构建和谐交通，实现交通各项工作全面协调发展。呼中区纳入黑龙江省公路网络的交通运输线路里程达到483.376公里。其中通乡公路216.829公里，通村公路265.785公里，专用公路0.762公里。通车公路总里程中。技术指标为三级216.829公里。水泥混凝土路面144.573公里，其余砂石路面公路264.368公里。全区所有镇政府所在地都通三级公路。加强农村公路养护工作力度，全面提升公路养护水平和质量。全年无安全生产责任事故发生，无公路“三乱”现象发生。

【公路养护】开展过冬后农村公路路况调查工作，重点对公路路面病害、路基、危险路段沿线设施等做好病害调查统计，并根据调查的情况制定养护计划及相应整改措施。经排查后需要更换水泥块280平方米，水泥路面塌陷510平方米，路面麻面处理2200平方米，桥面麻面坑槽修补610平方米，水泥路面断板修复210延长米，更换警示桩340根。

【路政检查】全面做好桥梁定期安全检查工作。对桥梁总体状况进行全面检查，重点对桥梁桥面状况、安全设施等进行全方位检查，确保桥梁无安全隐患能安全畅通运营；对发现存在安全隐患的桥涵进行重点监管，对桥涵构造物及排水设施进行检查和疏通，对发现危桥险涵立即采取措施进行加固维修，完成路面积雪清理，确保公路无积雪、积冰和积水。坚持政府主导，部门联动的治理原则，紧紧依靠地方政府，积极与公安、交警、运管等相关部门沟通协调，坚持“跨区域合作，多部门联动，以卸促治，治出形象、治出效果”。全年共堵截超限超载车辆9辆，严厉打击了超限超载行为。

【客运站建设】全区共有汽车客运站4座，（呼中、碧水、呼源、宏伟）有通镇客运线路3条，（呼源、碧水、宏伟），县际班线运输3条（漠河、塔河、加格达奇），客运出租车126台。

【交通安全管理】抓好交通安全生产工作。进行安全教育和宣传工作，签订安全生产责任书，认真履行安全生产责任制，对养护作业人员要进行生产前安全知识培训，明确安全注意事项，落实作业现场安保措施，及时对农村公路危桥险涵进行排查，并设专人看守，同时设举报电话，对发生的案件及时上报，确保全年的农村公路养护生产中无事故。客运方面一是增强源头管理，以驻站办公室为基点，监督客运站经营行为，认真开展汽车客运站经营行为专项整顿活动，重点督促客运站“三不进站、六不出站”规定的执行情况。二是强化流动稽查，配备稽查车辆，对运输车辆执行动态监管。每天不间断执行运输市场巡查，对无从业资格证的驾驶员责令立即更换，对不按核定班次运行、站外揽客、乱停乱靠、无证经营等违规行为执行处罚。

（交通局　供稿）

铁路交通

【综述】2016年，林碧公司经营情况非常严峻，一是货物发送量枯竭仅有少量到达货物，货运量完成0.41万吨（到达0.41万吨）。二是2016年4月，哈尔滨铁路局对林碧公司线路状况进行了安全检查和评估。认为林碧线线路基础薄弱、设备陈旧老化，具有安全隐患，随即下达了管内通行的4057/4058次旅客列车临时停运命令。游客发送1.4万人次，上年同期4.6万人次，同比减少32077人，减少69.46%。原因为2016年4—12月林碧线客车停运。

【改造施工】为对林海至宏图间完成6.2公里木枕更换灰枕，委外铁路工程专业队伍施工。参与施工人员130人，日更换灰枕480根，日完成线路长300米。

【抢修施工】为对宏图至碧水间线路抽换木枕，消除全线路病害及失格处所，对桥隧涵及挡墙进行修砌。参与抢修人员140人。共完成109公里线路不良处所的整修，木枕抽换1528根，消除线路及桥隧涵病害处所28处，挡墙修砌30延长米。林碧线抢修改造工程于10月31日完成，历时40天。

【开行轨道式公交运输】于2016年11月28日正式开通轨道式公交运输。轨道式公交运输是指采取两辆轨道车，牵引一辆硬座客车管内路用列车的运输方式。呼中站至林海站间每周二、四、六、日开行，当日往返。车次为路用57997/8次。上行路用57998次列车呼中站6：00始发，林海站8:50到达；下行路用57997次列车林海站13:50始发，呼中站16:40到达。路用列车运行平稳，安全正点，全天发送旅客68人次。林碧线开通轨道式公交运输，解决了寒冬季节百姓出行的大难题，得到了当地群众的热烈欢迎。

（林碧公司　供稿）

邮　政

【综述】2016年，邮政工作按照大兴安岭地区邮政分公司经营工作要求，全面落实“创新驱动年”各项工作任务，为推动邮政创新转型发展，提升企业效益。全年业务总收入增长4.32%。其中集邮业务增长68.69%、报刊业务增长14.95%、代理金融业务增长2.31%。加强企业管理，规范工作流程，保障邮政的各项工作顺利开展。根据省、地公司要求，对在职的人员进行合理优化，加强定岗定编工作，达到盘活人力资源的目的。推行职能部门“一专多能”制，从优化作业组织角度实现减员增效。规范窗口、投递、揽收人员的服务流程，强化监督检查，狠抓两岗履职，通过常规检查、专项检查和突击检查等多种方式相结合，促进服务水平不断提升。突出抓好邮件时限管理，遏制邮件逾限问题，规范服务投诉处理流程，提高客户满意度。

【函件业务】通过发展刮刮卡项目，开发制作风景刮刮卡、“中国最冷小镇”白山景区门票和消防安全刮刮卡。创新账单商函项目，与“森林大益绿色食品有限公司”成功洽谈数据库商并为农村信用社合作邮寄账单等，营销效果显著，呼中函件业务全年完成年计划157.93%。

【集邮业务】围绕社会热点，在呼中镇内开展了生肖贺岁、集邮巡展、新邮预订等营销活动，创新营销措施，拓宽营销思路，得到呼中百姓的认可，并增加用户对集邮的热度。集邮业务全年完成年计划123.88%，同比增长68.69%。

【报刊业务】大力拓展私费订阅市场，重点抓好高效报刊、畅销报刊的收订。以图书进广场、进军营、进校园图书展销等方式开展销售工作，举办“邮韵龙江，书香兴安”惠民书展活动，实现图书销售1.1万元。报刊大收订攻坚战全区通过投递员上门揽收、微信订阅、电话订阅等多种方式，推进《生活报》《都市资讯报》《家庭保健报》等6种都市报的收订，报刊业务全年完成全年计划的86.59%，同比增长14.95%。

【代理金融业务】转型是邮储代理的网点面临的主要工作，将转型工作深入开展，转型标杆网点产能提升工作，是金融业务的重点工作内容，为增加客户到访数量，增加客户的用邮意识，邮政组织形式多样的网点节假日主题营销活动，使金融业务在2016年全面完成地公司定计划140.33%，同比增长31.57%。

【包裹快递业务】大规模走访宣传，通过“洗街、洗楼”等方式，利用百团资费政策吸引客户，更为客户提供一站式寄递服务，为客户提供便利。开展“积分赠礼”活动中，包裹业务与各项业务共同协作发展，通积分奖励带动包裹业务增收，在开展活动的3个月里，实现收入14.28万元。同时木耳发运旺季分公司采取全员搜集客户发运信息，重点开发收货客商，在微信朋友圈里发送“邮政包裹上门取货等服务优势”，通过全体员工及呼中同城快讯的多次转发，成功开发批量发运客商2户，发运木耳1500件，实现收入3.6万元。

【综合管理】重点提升服务质量，各支局要明确树立“内控优先”的理念，加强风险防控意识，更要加大对网点案件风险排查的工作。本岗位的业务操作和业务知识熟练程度掌握。加强网运考核指标的抽查，及时发现问题，确保各项考核指标达标。加强支局服务质量的检查力度，增强网点服务人员的服务意思，提高用户的用邮体验的同时提升服务质量。机要工作要严格收寄安全把关，加强检查严格执行各项制度。

【人力资源管理】根据企业发展的优化人员结构，严格落实地公司下达的人员编制计划。特别是金融网点劳务工辞职后，小时工又补充不上来，在人员紧张的情况下我们通过优化作业流程，保证金融网点正常营业。按照投递网建设的工作要求，在一季度把投递班、转运班进行了合并，根据投递、转运的工作职能重新搭配人员，科学调整作业流程，实现人员合理交叉作业。公平、公正做好优秀劳务工转招统计、考评、上报、公示等工作。针对劳务用工基本积分不足14分的人员，根据每个人的实际情况制定了提高学历、职业技能鉴定等级的提升素质计划。对人力资源系统里每个人的信息进行维护，保证个人信息完整、准确。组织全体员工安装使用邮政员工自助服务系统。

【安全管理】安保部门认真执行安全规章制度，在安全工作方面，会同安保、后勤部门整改安全隐患5处，修理电视监控2处，按要求为4个网点和两个支局增加了防范器具，换、配灭火器48具，换报警器3台，安装红外线报警器4处，安防检查面达到了100%。邮政分公司紧抓企业防火安全，成立安全防火领导小组，并组织分公司干部职工进行消防普及培训，加强对防火知识的学习和宣传，提高员工防火安全意识。将资金安全管理作为重点，经常督促落实，领导多次与监检部人员深入到班组、支局、所检查和突击检查，查值班守护、查防范设施、查账务。共计电话检查64次，夜间检查12次，集中检查2次，由于领导重视，使所有员工对安全这根弦绷得更紧。

（邮政公司　供稿）

移动通信

【综述】2016年有员工22人（其中合同制员工20人，社会化员工2人；女员工16人，男员工6人），员工平均年龄43岁。共有基站29个，TD-LTE80个，载波140个。日均通信客户市场份额：70.82%，宽带客户发展：在网客户达到1360户，集团专线发展条数：14条。

【营销渠道】有自办营业厅1个（呼中向阳营业厅），渠道网点8家，区伟民手机卖场、区好运来移动通信授权代理店、区信誉通信授权代理店、区建工路手机专卖店、区利学手机专卖店、区便捷通信授权代理店、区月亮通信授权代理店、区顺民通信授权代理店）。

【设备维护】定期对29个基站进行维护、电话拨测，做到发现障碍及时处理；定期检查代维情况，并提出指导意见。

【网络优化】对镇内4G信号路测普查；调整天线，对部分天线的高度进行提升，不定期对呼中、呼源、碧水、宏伟等小镇停电，要求网络部在停电期间做好基站、机房、营业厅发电工作，同时加大对光缆类、基站、机房巡检，排除一切网络隐患，提升网络服务质量。

（移动公司　供稿）

联通通信

【综述】2016年呼中联通公司在区委、区政府和地公司领导指引下，实现收入新增市场份额目标和关键业务的有效发展，推进重点业务，联通分公司较好地完成各项任务指标。区分公司完成收入505.97万元。完成收入序时进度88.95 %，移动业务累计发展1572户，完成进度105.72%，宽带累计发展481户，宽带用户1645户，智慧沃家完成385户，完成进度133.52%，全区排名第一。

【重点业务】公司以百兆光纤普及风暴、携手4G与沃共赢G网夏日营销、5·17挑战40天、跨年营销等活动为契机，进行一对一精细化营销，同时利用光改组织相关人员到支局进行现场营销，大力发展4G、宽带、智慧沃家、IPTV等重点业务，并取得较好成绩；注重客户维系，做好欠费收缴等基础工作。由包区经理进行管理，在宽带客户包年资费到期前及时通知，避免欠费产生，提供优质服务的同时保证客户不流失。

【后台支撑工作】公司积极推进光改工作，光改进度排全区前列。在全区范围内进行杆路整治，美化环境、排除隐患对呼中及支局杆路大面积整治和小灵通杆拆除工作，由于年久杆路腐蚀较严重，整治杆不足，组织人员雇用车辆将雄关废旧杆路拆除，缓解了整治杆不足的情况，共计整治杆303个、拆除小灵通杆28个。

（联通公司　供稿）

电信通信

【电信业务】呼中电信公司共有员工 5 人，自有营业厅 1 个，代理营业厅 5 个，2016 年公司整体投资规模 458.9 万元，无线网投资 177.3 万元，基础设施投资 35.8 万元，传输网投资 241.7 万元，有线接入网 77.7 万元（宽带接入 56.9 万元、政企 15.8 万元、其他 5 万元），局房及数据投资 27.8 万元，其他项目投资 3.7 万元。完成立项 8 个。续建转固率 47%。重点项目计划，室外站开通 3 个，室分站开通 5 个，小站开通 3 个，农村 800M 站点 5 个。室外基站交付 3 个，室分站交付 5 个，小站交付 3 个，农村 800M 站点交付 3 个，建设小区 5 个、覆盖楼宇 60 栋及大部分临街商铺等，新建端口 1582 个，乡镇光缆网，建设规模新建光缆 136.79 公里，覆盖 2 个乡镇。

（电信公司　供稿）

国家电网供电

【综述】2016 年呼中客户服务分中心接受电量 17603.82 千瓦时，同比多接受 755.99 千瓦时。销售电量 16336.882 千瓦时，同比多销售 842.666 千瓦时，比计划多销售 115.746 千瓦时。损失率完成 7.20，同比降低 0.84%，比计划降低 0.65%，比年计划降低 0.80%。售电单价完成 628.01 元 / 千瓦时，同比降低 22.28 元 / 千瓦时，比计划降低 18.17 元 / 千瓦时，比年计划降低 21.20 元 / 千瓦时。正常电费完成 10187.89 千元，同比多 112.11 千元，比计划少 293.95 千元。到 12 月末接受电量 21703.82 千瓦时，同比多接受 869.05 千瓦时，与计划持平。销售电量 20108.882 千瓦时，同比多销售 984.585 千瓦时，比计划多销售 115.746 千瓦时，损失率完成 7.35，同比降低 0.86%，比计划降低 0.53%，比年计划降低 0.65%。售电单价完成 631.20 元 / 千瓦时，同比降低 24.43 元 / 千瓦时，比计划降低 13.11 元 / 千瓦时，比年计划降低 18.01 元 / 千瓦时。正常电费完成 12600.19 千元，同比多 61.73 千元，比计划少 281.65 千元。

【安全生产】组织职工学习安全生产文件精神，签订安全生产、安全防火责任状。根据安全供电要求，组织各班组对辖区的 11 条 10 千伏线路、设备及 64 个公共台区的线路、变压器等进行专项巡视，将隐患进行消缺处理。制定《呼中客服分中心包保责任制以及包保方案》及各种预案，查找春防工作中存在的隐患与不足，并切实加以改进。在 3 月 15 日进入林区春季防火期前，进行线路巡视、负荷测试等工作，保证防火期的安全供电。春检，拆装效验避雷器 67 组，更换跌落式熔断器开关 4 只。为了更好地完成低压台区治理工程，重新制作安装埋设拉线地锚 11 个台区，共计制作安装埋设拉线地锚 288 个。对营销 6 个高损台区治理改造线路长度为 14.216 千米。生产 5 个低电压台区技改线路长度为 15.234 千米。对 10 千伏线路长度为 13.35 千米的宏伟线进行技改，出色完成技改任务。10 月份呼中运检班、碧水抄表班、呼源运行班分别对所辖线路和变压器进行巡视检查并及时进行消缺，为冬季安全可靠供电打下良好的基础。坚持开展安全教育培训工作，积极开展各项业务技能培训。

【电力营销】完成低压现场核抄及第二次高压现场核抄工作，对辖区内用户进行营配贯通表箱定位工作，对营配贯通人员进行现场操作指导，确保营配贯通工作质量达到 100%。对分中心 64 个低压台区进行高损治理，分成 3 个检查小组，对台区进行统一更换表箱封印及表箱锁，逐户进行线路、电能表的检查。做到被检查台区真正降损增效。营财一体化工作全面展开，数据准确率达到 100%。做好迎接国家工商总局检查工作。

【客户服务】分中心狠抓优质服务工作，健全服务机制，完善服务措施，改进服务手段，从源头严把控服务质量，最大限度地实现便民、利民服务。为全力打造良好的企业形象和品牌效应，促进和谐稳定的供需关系，分中心大力营造“你用电 我用心”的服务理念。分中心教育员工立足于本职工作，全力做好“始于客户需求 终于客户满意”的服务宗旨。供受理 95598 工单 23 笔，故障报修 19 笔，意见 1 笔，服务申请 2 笔，圣元公司超时停电投诉 1 笔。

（国家电网　供稿）

金　融

邮政储蓄银行

【综述】2016年，邮政储蓄银行呼中区支行紧紧围绕“信贷业务精细化管理年”工作目标，以“管理上层次，管理促发展”为指导思想，个金和信贷两大业务条线协调发展，完成总收入295.94万元，完成中国邮政储蓄银行大兴安岭地区分行（以下简称地行）计划完成收入计划83.60%，欠收入58.06万元。基础性管理工作不断深入，风控管理工作取得实效。

【信贷业务】信贷收入计划为112万元，截至年末，信贷业务完成47.83万元，完成收入计划42.71%，欠收入64.17万元，本年累计发放贷款20笔，放款额435.60万元，贷款结余213笔，余额11431.31万元。

【个人业务】以示范网点推广贯穿整个业务发展进程，以省行季度竞赛——月滚动计划为统筹推进，分期通报、持续跟进截至12月末完成243.55万元。完成年计划的102.76%。开放式理财保有量是3756万，固定式理财保有量1757万元，本年开放式和固定式理财增量为5513万元。完成地行下达的计划。信用卡业务：全年累计成功发放信用卡332张。信用卡收入完成26.28万元。基金完成3.25万元、国债完成0.68万元、托管完成5.62万元，短信收入完成1.83万元。

【公司业务】截至12月末完成计划的178.80%，完成8.94万元，超进度3.94万元。

【作风建设】开展了“三严三实”专题教育及“学乐东”活动，推进党风廉政建设工作，作风建设不断加强。坚持标准不动摇，执行制度不走样，全行领导干部办公用房均不超标，公务用车、公务接待等工作全部实现制度化、规范化管理。2016年，大兴安岭地区分行会议费、差旅费、业务招待费同比下降6%。推进“两个责任”的落实。推进行风建设，开展“金融知识进万家”“普及金融知识万里行”等活动，展示企业进步风采，践行企业社会责任。开展“接地气”及工会“送温暖”活动，走访慰问全区所有支行网点，帮助基层解决实际困难。推进职工小家建设，从地到县，职工食堂建设全面启动。职工利益优先保障，四项补贴、职工体检、住房取暖等标准依照新规全部落实。

【人力资源管理】年初下发年度教育培训计划，利用每天上午提前上班30分钟时间组织培训28次，参加人员22人次，培训内容涵盖各条线业务知识培训、常用办公文体培训、法律事务、道德风险培训、安全保卫常识培训及警示教育等方面内容。

【风险管理】强化银邮协调，加强案防体系建设，各专业委员会规范运转，继续保持全年零发案率的目标。开展“除隐患、提能力”支行建设集中整治、“两加强、两遏制”专项检查“回头看”、“顶冒名”排查等活动，共排查各类风险隐患95条，整改率达到95%以上。强力宣贯“十条禁令”及“十条高压线”，加大对违规人员的处罚力度。加强印章管理工作，分支行全部实现双人管理、实时监控、审批用印。强化培训，加强沟通，坚持按季开展声誉风险排查工作。安保技防、物防投入力度加大，隐患整改工作不断加强，全年无安全责任事故发生。先后组织抵质押品现场排查，强化合规意识，严控信贷风险。

【企业文化】组织拔河比赛、征文比赛、徒步走大赛，“我的邮储，我的娃”摄影大赛。

【信息宣传】根据人员变动情况梳理调整信息员队伍，形成固定信息上报制度。全年共上报12篇“零售信贷精细化管理年活动”信息，分设管理看点、发展前沿、你追我赶、数字新闻等版块，每月刊发一期，全年共刊发14期。向黑龙江邮电报、黑龙江银行业协会等刊物投稿。

（邮政储蓄银行　供稿）

工商银行

【综述】2016年，中国工商银行大兴安岭分行呼中支行坚持服务客户为中心，抓好两项存款，实现经营稳健、持续、快速健康发展。树立存款立行、存款兴行经营理念，巩固对公存款优势。全部存款50087万元，贷款余额2179万元，中间业务收入343万元，基金销售1010万元，保险销售2915万元，理财产品销售11410万元，实现利润673万元。全年实现安全无事故。工商银行呼中支行获大兴安岭地区文明单位标兵称号。

【内控外防】以“从严管理，预防为主保障安全”为原则，树立“安全第一”的思想，增强安全保卫意识。落实风险管理责任，强化现场管理，提高制度执行力。开展“十大违规风险事件”专项治理工作，全年十大风险违规事件零发生。贯彻银企联席会议制度。保安不定期开展联席会议四次，共同制定和修改相应应急预案和制度。组织开展防暴演练两次，演练覆盖面和员工参与率100%，有效提升员工安全防范意识和技能，全年无安全事故发生。

（工商银行　供稿）

农村商业银行

【业务发展】2016年，塔河县农村信用联社股份有限公司呼中分社履行农村金融机构职能，服务三农，惠利于地方百姓，争做政府的银行，百姓的银行，采用一级独立法人核算管理体制。结合百姓金融需求，积极推动呼中区经济发展，结合实际工作指标，把握重点，以吸收低成本存款和发放居民贷款为重点工作，促使存贷款稳健增长，2016年末，存款余额为27468万元，贷款余额为67万元，2016年累计销售保险产品2381.5万元、累计销售理财产品1471.5万元，全年无不良贷款和违规责任事故。2016年12月31日，接到银监局批复，成功改制为农商银行，改制后名称为黑龙江塔河农村商业银行股份有限公司呼中分理处。

（农村商业银行　供稿）

中国人民财产保险

【综述】2016年，中国人民财产保险股份有限公司大兴安岭地区呼中支公司深入贯彻落实，省、地公司年度总体工作思路和经营发展方针，加强行业领先。以“做人民满意的保险公司”为目标，将提高理赔效率与增强产品销售能力，客户服务能力建设有机结合，畅通理赔全流程，各环节。强化服务考核，实施“服务优先”策略，以人性化服务稳固和吸引客户，全年实现全口径保费收入137万元。全年受理各类保险责任范围案件106笔，赔付金额约35万元。

【非车险业务】在非车险业务发展方面采取重点客户和系统客户相结合，集中业务和分散业务响呼应，强化大客户公关，开发和扩大优质客户资源，开展集团业务保源摸底调查，收集新增资产信息，稳固存量业务阵地。加强风险管控，注重渠道建设，拓展非车险业务销售网络，不断扩大非车险业务规模。巩固扩展车车险业务规模。创新工作机制，建立续保团队，增加相关岗位的人员并加强培训和考核，增强保户的互动，与汽车修理行和洗车行合作。巩固传统商车险存量业务。密切同代理渠道合作，采用直销，营销，电销，网销全方位发展和展业手段和风险可控措施，实施车险客户专营机制，扩大商车险及交强险市场占有率，全年承包各种机动车辆1000余台。

【经营管控】调整优化业务结构，修订完善承保有利润的选择性承保政策，将风险评估和验标核保落实到实处，提高业务分类精细化水平，及时剔除经营亏损或效益较差的不良业务，加强承保管控。加强理赔管理，简化内部流程和手续，实施并深化“理赔管理革命”持续探索和完善理赔成本管理模式和理赔监督制约机制，提升理赔速度，缩短赔付周期，提高服务销率。实行现场查勘定损人员轮岗交流，开展未决赔案清理竞赛，提高理赔数据质量。全年受理各类保险责任范围内案件126笔，已决已付赔款106笔，综合赔付率84%。

【客户服务】以“服务领先”策略为指导，主打服务品牌，从客户价值出发，明确咨询、销售、承保、理赔、投诉等全流程服务标准。开展全流程，各环节梳理排查，重点解决单证收集、赔款支付等环节效率不高问题，简化理赔手续，推行限时服务，全年提高赔案流转速度和陪看支付速度，全面落实办公楼宇，职场，设施统一标准和员工等直接面对客户的服务界面推行大堂经理制，全面提升企业品牌价格和整体服务能力。

【合规经营】加强依法合规教育，加强与行业协会和同业公司的沟通，共同规范市场秩序和维护待业利益，严格落实合规经营责任状，执行违规问责和追究制度。总结提炼正反案例，举办业务合规，法律合规，反洗钱知识，监管规定知识。各级管理人员专项合规培训，加强合规能力修炼，培养主动合规行为习惯全年参加省，地公司举办的各类培训班4次，累计培训人员4名。

（区财产保险公司　供稿）

太平洋人寿保险

【综述】2016年，太平洋保险呼中支公司以“诚信天下，稳健一生，追求卓越”的文化核心价值观为指导，坚持“稳增长，强基础，促转型的工作主线”，实施预算管理；深化改革，狠抓队伍建设，2016年共实现保费收入450万元，完成全年任务计划的129%，市场占有率为70%。其中，个险新保保费收入（含意外险）400万元，完成年度计划的110%，同比增长15%，全区达成率第五名；提前两个月完成全年任务。团险完成10万，完成计划的115%，提前半年超额完成任务；个险续收保费完成年度计划的96%，超额达成任务目标。与去年同期相比，业务结构更加合理，经济效益大幅度提高。同时，公司在当地保险市场的占比和社会影响都有非常大的提高，全年新保总量居市场的第一位，当地市场客户份额第一，已经连续九年保持这个纪录。

【个险业务】按照年初制订的总体战略，以标团建设为重点，突出培训，强化增员，稳扎稳打，健康发展，全年个险保费和增员率在各家保险公司激烈竞争的情况下，保持稳步增长。

【团险业务】公司与呼源，呼中，碧水等镇各单位续签“职工团体商业医疗保险合同”。为公司带来巨大的社会效益和社会影响，为公司的有续发展奠定坚实的基础。意外险业务规模迅速扩大，赔付率不断下降，在呼中当地市场占比不断扩大。

【续收业务】在加大客户服务专员技能技巧培训的基础上，强化区域管理，加大新员工知识的培训，当期达成率不断提高。按照省公司的考核，各项指标全部达标。

【内部管理】实现规模和效益的稳步发展。下设林 场镇所框架基本搭建完成，各镇所建设初具规模。内部人才管理进一步加强，不断改善人员内部素质。管理的专业化、集约化、规范化水平进一步提升。充分认识市场形势，抓住机遇，直面挑战。在工作中，坚持“一手抓业务，一手抓管理，两手抓，两手都要硬”的原则，加强和改善各项内部管理工作。通过各规章制度的贯彻和落实，公司内部管理工作进一步加强，管理水平进一步提升。通过一系列的措施，促进团队的稳定和管理工作的加强，内控机制得到强化，风险得到有效的控制，减少浪费，降低成本，实现增收节支。合规工作的实施落地，设置惩罚扣分制度。重视企业文化建设，丰富职工的文化生活；召开民主生活会，相互谈心，相互帮助，复盘不足，取长补短，会上提出合理化建议12条，对合理的建议逐一解决。民主会的召开，为全面提高公司经营、管理水平，向创建一流寿险公司的目标推进打下坚实的群众基础。2016年，全年理赔金额109万元，人数达74人，理赔服务时效的加强，降低理赔投诉的频率，快速周到人性化的理赔，真正地做到优质的服务，体现太保公司的服务理念“一切以客户的良好感受为中心”。

【拓展车险市场】2016年，公司车险保费48万元，同时机遇与挑战并存。从保险业内部看：一是实行新的监管政策，由此引发各公司产品和销售策略的调整。二是竞争主体不断增强，在认真细致地分析市场情况后，公司坚持效益优先的原则，加大力度控制保险费率的上升，实行新车业务以及续保业务同时进行的展业原则，提高承保质量，转变原有的思想观念、开拓创新适合自身经营特点的企业理念。同时，在对市场进行调研后科学、细致地做好市场定位，争取第一时间掌握市场信息的变化，依靠我公司的品牌强势来赢得市场。

（太平洋人寿保险公司　供稿）

商贸　旅游

商务贸易

【综述】2016年，全区商务贸易服务经济发展大局，以招商引资为平台，以扩大内需为重点，创新招商引资工作体制机制，探索招商引资新举措，制发《呼中区2016年招商引资工作的实施方案》《呼中区招商引资工作奖励办法》，实施招商包保责任制，与经济工作考核挂钩，2016年全年招商引资域外资金计划是1.7万元，引进省外资金计划0.69万元，全年完成实际利用域外资金13230万元，完成计划77.6 %，其中实际利用省外资金8330万元，完成年计划的 120.7%，签订招商引资项目2个（合同1个，协议3个），其中开工项目2个（落地项目2个，经济合作合作项目3个），项目履约率99%，积极服务企业，实行“一个项目、一个方案、一名领导、一套班子、一抓到底”的“五个一”模式，在项目办证、审核、报批、建设管理等方面提供“一条龙”服务，执行限时办结制度，加强成品油管理和报废汽车管理工作，指导督促报废回收企业规范运作标准化经营。呼中区交易分团获得第27届“哈洽会”优秀成果奖、优秀交易分团和突出贡献奖。

【招商引资】制发《呼中区2016年招商引资工作实施方案》《呼中区招商引资工作奖励办法》，实施招商保责任制，与经济工作考核挂钩。通过网络、电视、报纸、宣传牌、标语、传单等媒介促进招商，发放招商引资项目册5000册，宣传册7000册和宣传光盘3000张，成立6个招商小分队，采取处级领导责任招商，主要领导带队招商，上门招商、以商招商等方式开展工作，召开项目推介洽谈会30余次，吸引50家知名企业和120名企业家实地参观考察，达成投资意愿10个，全年实际利用外资金　13230万元，完成计划的77.6%，签订招商引资项目2个，（合同2个，协议3个），其中开工项目2个（落地项目2个，经济合作项目2个），项目履约率99%，5000万元以上的落地项目1个。

【参加第27届哈洽会】利用展会平台，扩大招商引资成果，组织11人参加第27届哈洽会，强化宣传呼中区天然绿色食品深加工，发放宣传资料5000份，签约额5000万元，呼中区被授予优秀成果奖、优秀交易和突出贡献奖。

【社会消费品零售】全区完成社会消费品零售总额35690万元，同比增速7.5%。上年明显上幅。2016年社消费品零售总额运行限额以上批发、零售、住宿、餐饮企业合计达到62家，相比2015年同期新增加限上企业7家，其中，批发业完成7309万元，同比增长13.5%，零售业完成31298万元同比增长16.8%，住宿业完成1927万元，同比增长15.1%，餐饮业完成3272万元，同比增长13.5%。

【行业管理】成品油价格和报废汽车回收行业监管，指导督促企业规范运作，标准化经营。

（招商办　供稿）

粮　油

【综述】2016年，呼中粮贸局强化粮油市场监督管理，做好市场调查、分析、预测，上报各项业务报表。按照《粮食流通管理条例》，履行粮食行政管理部门对粮食流通的管理和行业指导职责，做好粮食流通统计工作，配合地区粮食局做好粮食流通监督检查工作，为粮食经济发展创造良好环境，让百姓吃上放心粮油。制定了《粮食应急预案》，建立与完善粮油储备制度，在全区设立5家粮油应急供应网点，应急粮源库存200吨，豆油4吨，食盐供应网点3个，库存100吨。能负责全区2万多人口在应急、突发事件期间提供15天的粮源。加强盐业市场管理，加大对私盐的查处力度，杜绝私盐进入市场，规范盐业市场正常秩序，让百姓吃上加碘盐、放心盐。加大宣传力度，每年都会同疾控中心、电视台，在向阳社区广场进行宣传，让百姓更深入地了解食用加碘盐的好处。

（粮贸局　供稿）

旅　游

【综述】2016年，紧紧围绕地区下发的“全域旅游分解任务表”的要求在地区行署旅游局下发全域旅游分解任务表后，全区迅速召开区全域旅游分解任务工作会议，成立旅游工作领导小组，以宣传促销、制定“旅游＋互联网”工作计划，重点从旅游营销、纪念品销售、景区数字化管理等方面进行有效结合，并与同程网合作销售白山景区门票，印刷2016年新版的旅游宣传图册，制定网络宣传计划，项目建设、重大旅游建设项目稳步推进。一是镇内项目建设。在呼中区全域旅游分解任务制定下发后，呼中区永清公司根据文件要求，在呼中镇东山半山腰处修建观景凉亭，既可在爬山途中休憩有可在凉亭处可观看呼中镇全景。景点开发，开发“龙首洞古人类遗址”公园，重点工作为着力点全力推动旅游产业快速发展，开发冬季、夏季徒步登山、森林穿越、森林探险、攀登兴安最高峰等常态化互动项目。

【加强领导】在地区行署旅游局下发全域旅游分解任务表后，全区迅速召开区全域旅游分解任务工作会议，成立旅游工作领导小组，强化对本区域旅游工作的统领，形成全域旅游的发展格局，切实将旅游产业打造成经济转型的支柱产业。

【旅游宣传促销】制定“旅游＋互联网”工作计划，重点从旅游营销、纪念品销售、景区数字化管理等方面进行有效结合，并与同程网合作销售白山景区门票，印刷2016年新版的旅游宣传图册，制定网络宣传计划。5月份，区旅游局局长组织各镇场旅游科对呼中区域内的旅游资源进行了踏查整合从而进一步对呼中旅游宣传图册进行重新编辑工作，在新版的旅游宣传图册内添加了呼中十大景观，让游客更清楚地了解呼中区域内的景观特色，在加漠公路156公里处，设立呼中区旅游路线图。在加漠公路上建立呼中区旅游路线图，可以让自驾游游客对呼中景区有所了解，吸引更多游客到呼中游览。举办“最冷小镇文明之星”评选活动。区旅游局协同区宣传部等部门，联合举办“最冷小镇文明之星”评选活动，将此活动列入宣传部评先进优的重点一项。通过微信平台，投票评选最冷小镇的吉祥物。2016年年初，呼中区宣传部通过呼中宣传微信公众帐号平台，征集吉祥物，最终入选8个人物代表进入到最终环节，最后投票最多的成为最冷小镇吉祥物。在5月19日旅游宣传日活动中，呼中区旅游局组织社区人员参观博雅画苑，向广大居民介绍呼中区旅游业的形势，旅游业的发展方向，以及旅游业惠民的好处。进一步提高居民的旅游意识，营造出支持旅游、参与旅游的良好氛围与环境。2015年，率先成立家庭宾馆、交通运输、纪念品开发销售等旅游民间协会，建立相关制度和标准，有效防止低价竞争、低质竞争、恶意竞争等现象发生。

【旅游项目建设】重大旅游建设项目稳步推进。镇内项目建设：在呼中区全域旅游分解任务制定下发后，呼中区永清公司根据文件要求，在呼中镇东山半山腰处修建观景凉亭，可在爬山途中休憩，可在凉亭处观看呼中镇全景；对呼中镇内主次干道两侧植被进行了恢复或重新绿化工作，打造林区特色风景线。旅游线路节点建设工作：在呼中区区域内，在林碧公路上选择红柳湾、白桦林、魔界，在呼阿公路上选择驯鹿场建设为旅游景观节点，在其节点配置摄影台、休闲亭等配套设施。在白山景区大门南侧建设公共卫生间，将沿途管护站打造成集游客休憩、纪念品和商品销售于一体的休闲节点，为自驾游做好配套服务，解决长距离单调乏味的行车生活，打造公路沿线特色景观带。加强景区森林防火重点工作。在防火期间，区旅游局要求各镇场旅游科及旅游企业制定方案，明确责任，建立应急组织领导机构，在各景区入口悬挂森林防火标语，在景区售票处粘贴森林防火提示和要求，向购票散客发放森林防火宣传单，向团队游客进行游览前的森林防火说明，在各景区加强内部森林防火巡查、确保每名巡查员配有必备的灭火设备及通信工具等。在森林防火期，区旅游局局长要求各镇场及旅游企业必须加强值班调度工作，确保信息畅通，手机24小时全天待机。节假日期间要做到24小时值守，并有领导带班，一旦发生紧急情况，30分钟内上报区旅游局。设立景区标识牌。年初，呼中区旅游局和交通局共同对呼中区域内的路线标识牌进行了踏查摸底工作，对路线标识牌的设立深入了解，并且做详细的规划，现等地区局统一的标识牌模板进行设立，初步计划在7月末前全部设立完毕。建立重大旅游项目招商引资库，做好旅游项目招商的基础性工作。呼中区将白山景区、龙首洞古人类遗址公园纳入招商引资库的重大旅游项目，统筹到全区招商引资总体规划中通盘考虑，利用网上公示、印发招商手册等形式，通过推行 PPP 模式，鼓励外商、集体、个人和有实力企业投资旅游产业。

【景区开发建设】开发“龙首洞古人类遗址”公园。9 月份制定“龙首洞古人类遗址”公园的详规，按照规划科学开发建设，积极做好龙首洞博物馆建设资金争取工作，抓好古人类遗址古迹游。白山景区野外帐篷宿营地项目建设。呼中区旅游局对白山景区进行实地勘察，计划将野外帐篷宿营地建设在白山南侧沟谷内，选择沿溪流 0.5 公顷的平坦区域，在场地环境的生态承载力之内计划搭建 15~20 顶帐篷，其中包括单人间帐篷、双人间帐篷、家庭间帐篷等。依托“最冷小镇”品牌，开发冬季、夏季徒步登山、森林穿越、森林探险、攀登兴安最高峰等常态化互动项目。户外游览途中设置地窨子、撮罗子、木房子和冰屋子，开发睡土炕、烤肉、喝大碗酒、烧土豆、制作冰糖葫芦等休憩消费，丰富生态旅游内涵，打造野外拓展森林体验品牌。

【“生态旅游名镇”建设】抓好文明城镇活动，集中整治“五乱”现象。按照“属地管理、条块结合、上下联动”的原则，一级抓一级，层层抓落实，不断提升城镇“十小难题”整治水平，重点清理市场、河道、棚户区及单位企业内部等区域的卫生死角。截至 2016 年至底，城乡清洁工程共出动人员 38010 人次，车辆 8270 台次，清运垃圾 19500 吨，综合整治背街巷 108 条，拆除广告牌 198 个，清除小广告 2210 块，刊发稿件 35 件。把城镇园林绿化工作作为提升城市形象、改善人居环境的重要举措，集中力量，全力推进。区局投入绿化资金 40 万元用于呼中镇内绿化工程，栽植乔灌木 35000 株、栽植绿篱 2000 平方米，新增绿地面积 3 公顷。

（旅游局　供稿）

经济管理

经济发展与改革

【综述】2016 年，发改局围绕区委、区政府在年初区局“两会”提出的各项工作任务，扎实推进各项工作。2016 年共向上争取资金 3364 万元 。通过国家林业局对呼中林业局天保二期的核查工作和国家林业局对呼中林业局天保工程实施单位人员及社会保障情况的抽查工作。落实中央及省、地关于推进全民创业、大众创新的各项优惠政策。做好与群众生活、节日消费密切相关的重要商品和服务价格监测工作。

【产业项目建设】林业局天然林资源保护工程二期项目，争取中央投资 2200 万元；区档案馆建设项目，争取中央投资 242 万元；林业局第二小学改扩建工程项目，争取中央投资 322 万元；防火应急道路工程，争取中央投资 600 万元。黑龙江森源食品科技有限公司野生蓝莓产品深加工项目总投资 9182 万元，2015 年开工建设，项目现已竣工，厂区路面硬化、冷库改造、酒窖改造、厂房主体建设完成并安装了设备，其中酒罐和饮料加工生产线设备安装完毕。

【天保工程】年初签订 2016 年度天然林资源保护工程二期目标责任状。完成 2015 年度年报的上报工作，2016 年度季度报表及天保工程信息、简报上报工作。人员机构社保信息系统采集和录入工作全部完成，系统数据的统计报表已导出并上报给集团公司天保办。《关于呈报〈呼中林业局森林资源管护区区划调整方案〉的报告》，批复已经下达。完成《国家林业局计财司关于提报林业生态护林员有关数据》及《国家林业局办公室关于开展国有林场、国有林区管护站点用房调查摸底》的工作。2016 年度上半年天保工程绩效考评工作已全面完成，做好下半年绩效考评工作。国家林业局开展天保工程（二期）中期评估工作，我局中期评估报告已上报给林业集团公司天保办。通过了国家林业局对天保二期的核查工作和国家林业局对我局天保工程实施单位人员及社会保障情况的抽查工作。

【支持中小企业创业】落实中央及省、地关于推进全民创业、大众创新的各项优惠政策。根据全力推进全民创业的总体部署和要求，抓住地区出台全民创业实施意见及设立全民创业发展专项资金这一有利契机，组织中小企业创业基地（森林大益有限公司）培育创业人员。开展了“创业专家走基层服务创业小企业”系列活动。解决初创企业、创业小老板在创业成长过程中在管理、融资、法律、财务、营销、项目等方面存在的难题。

【物价工作】开展市场价格监督检查工作，进行明码标价检查及市场监管巡查检查 6 次，共计检查商户 300 余家。对标价不规范的商家，进行明码标价内容规范讲解，完善标价质量，让消费者明白消费，强化明码标价工作的开展。完成处理举报咨询件 2 件，结案率 100%。群众投诉举报得到及时处理，举报案件依法办理，发挥价格举报系统接收作用。做好与群众生活、节日消费密切相关的重要商品和服务价格监测工作，掌握价格变化，完成价格分析 5 篇和一季度价格调研报告。针对收费单位下发《关于建立行政事业性收费情况报告公示制度加强事中事后监管的通知》文件，填报全国收费动态监管系统平台和 2015 年度收费情况统计报表已完成上报。对本辖区内所有本级政府制定的商品和服务价格进行排查。

【规划编制】完成并上报“十三五”期间林业产业项目调查表。完成区林区资源项目情况表及林区资源项目简介的上报工作。编制完成国民经济和社会发展第十三个五年规划纲要。编制完成美丽林场建设三年行动规划。编制完成大兴安岭地区林业产业发展总体规划。编制完成大白山工业园区总体规划。

（发改局　供稿）

财　政

【综述】2016 年，财政部门围绕区局经济会议要求和工作部署，把提高工作效能和作风建设作为重点。加大向上争取资金力度，服务经济社会发展，公共财政收入完成 749 万元，占年度预算 803 万元的 93.3%，其中国税完成 116 万元，是年度预算 34

万元的 341.2%；地税完成 280 万元，是年度预算 271 万元的 206.9%。非税收入完成 525 万元，占年度预算 188 万元的 103.3%。发挥财政职能作用。支持全区产业结构调整和发展方式的转变，加强财政监督，提高财政收入质量，优化财政支出结构。提升依法理财水平，积极向上争取资金，促进产业项目达产增效，全年争取各项到位资金 16760 万元，加大民生投入，支持民生事业发展，发放财政补贴资金 21729 万元。

【资金争取】财政资金收入是财政工作的基础，采用管用措施，加大于省地财政部门的协调，全年争取到位财政资金 16760 万元，政策性资金 10260 万元，项目类资金 6500 万元，其中最低生活保障金 1669 万元，就业资金 1293 万元，城镇居民医疗保险 1398 万元；职工医疗保险 2749 万元；政法办案补助及装备资金 1130 万元；政府经费 3321 万元；低保取暖补贴 160 万元；医疗救助资金 224 万元。

【资金支出】充分扩大内需调整和改善民生，截至 12 月末，资金支出 21729 万元。项目资金支出 7198 万元。污水处理专项资金 2708 万元；就业和社会保障设施建设资金 294 万元；残疾人康复和托养中心建设资金 236 万元；林碧铁路维修补助 260 万元；生态功能区建设资金 300 万元；节水增粮项目资金 313 万元；疾控中心建设资金 245 万元；生活垃圾处理工程项目资金 639 万元；中小河流治理呼中堤防工程 1490 万元；文教卫生资金支出 1391 万元。公检法司办案补助急装备资金支出 1562 万元。政府经费支出 3589 万元。

【惠民补贴】民生及其他资金支出 7989 万元。其中，油价补贴 251 万元；城镇居民最低生活保障金 1000 万元；廉租房补贴 213 万元；扶贫资金 88 万元；政府调控 527 万元；民政救助资金 64 万元；商业资金 1300 万元；医疗救助资金 224 万元；城镇职工医疗保险 3331 万元；城镇居民医疗保险支出 800 万元。

【收入管理】加大收入目标责任制管理。对体现均衡入库和稳定增长工作任务进行重点考核。跟踪重点企业的税源增长，动态掌握税源信息。加强对主体税种的征收，保证收入稳定增长。继续国税、地税及相关部门之间的协调配合和信息沟通，加强税收管理，防止税收流失，加强非税收征管，确保非税收的应缴尽缴和及时足额入库。

（财政局　供稿）

林业财务

【综述】2016 年，财务科在区委、区政府、林业局以及年初两会精神指导下，财务科强化经营管理，加强财务核算，努力提高企业经济效益，稳步实施天保工程，较好的完成企业各项工作任务。在资金使用方面，做到领导层层审批，严格控制政府经费、林业事业费、管理费用支出，压缩了费用支出。多渠道积极筹措资金，偿还债券本金 4700 万元，偿还债券利息 637 万元。偿还林业局贷款本金 80 万元，偿还贷款利息 348 万元。同时保证政策资金的及时到位，保证了职工工资及时、足额的发放。按管局相关部门要求，完成资产清查工作主体，基本摸清全局的家底，真实、完整地反映了企业财务状况。并且通过相关联合检查组的验收。

【各项费用支出】管理费用支出 5538 万元，其中折旧 3641 万元，税金 135 万元，其他 1762 万元。政府经费支出 4837 万元，全部是折旧。林业事业费支出 4073 万元，全部是折旧。财务费用支出 271 万元。营业外支出 4163 万元。利润完成情况：1 — 10 月利润实现 -181 05 万元。上缴款完成 3450 万元。【中幼林抚育资金使用】中幼林抚育资金到位 269 00 万元，支出总金额为 166 50 万元，余额 122 50 万元。

【天保资金使用】天保财政补助收入总额 272 799 万元。其中：管护事业费 737 32 万元；教育经费：432 86 万元；卫生经费 6430 万元；政府经费 212 40 万元；公检法经费 197 30 万元；社会公益补助 119 90 万元；停伐补助资金 367 00 万元；基本养老保险金 596 91 万元。各项经费支出均按序时进度进行支出。

（财务科　供稿）

林业审计

【综述】2016 年，呼中区林业审计工作继续坚持“审深、审透、审严、审细”审计方针，突出对重大违规违纪问题处理处罚。完成审计项目 7 个，其中组织实施审计项目 7 个。查出主要问题金额 55 万元，审计处理处罚金额 55 万元，其中应归还原渠道 55 万元，审计发现非金额计量问题 3 个，出具审计报告和专项审计调查报告 7 篇，提出审计建议 9 条，被采纳 6 条。

【经济目标和经营目标审计】开展对林业局 2016 年度经济目标和经营目标完成情况审计，重点审计利润、财政收入，应收款回收，非公有制税金，企业增加值等指标完成情况，揭示个别单位存在多记财务费用，多列管理费用，扩大开支范围，生产成本未按序时进度进行核算和跨年度列费用等问题。提出加强财务管理和会计核算等方面意见和建议。

【经济责任审计】对呼中镇原镇长周广志，呼源林场原镇场长陈世军，呼中林业局森林调查设计队队长张雁冰的离任经济责任审计，加强对领导干部任期经济责任和经济指标完成情况的审计监督，规范审计内容和审计评价，为区委区政府全面考察，正确任用干部提供可靠的参考依据。

【内部审计】2016 年，受林业局主要领导的指派，先后开展了对中心苗圃 2011—2015 年经营情况，呼中区山洪灾害防治项目工程竣工，呼中区呼源镇呼玛河护岸凌汛水毁修复工程竣工的审计。加强对各项资金支出的监督和管理。确保各项资金支出的合理使用，针对核算和管理不规范等问题提出整改意见和建议。

（审计局　供稿）

国税管理

【综述】2016 年，国税局实现各项税收收入 365 万元，占全年计划 117.7%（计划税收 310 万元）全年调整 22 户个体业户的定额。增加个体税收 20 余万元。对 4 户纳税人进行评估，查补税款、滞纳金、罚款 4.8 万余元。在重点税源自查和税收专项检查工作中，查补收入 4.5 万元。从启动“营改增”工作的三个月完成 185 户“营改增”纳税人交接确认工作。清缴连续三年亏损企业，为 159 户企业办理了“三证合一”税务登记证。落实简政放权，全年执法行为 1026 次，为 364 户个体户减免增值税 59 万余元，为 60 多户企业免征增值税 50 余万元。与地税开展税收宣传 2 次发宣传单两千余张，税企座谈 2 次，走访纳税 54 户，培训班 6 次，12 篇消息，国税工作效率显著提高。

【税收征管】国税局大厅设置“营改增”代征窗口，国税大厅设置地税业务服务窗口。“营改增”试点工作，自 3 月 15 日至 6 月 30 日完成 158 户纳税人交接确认工作。实现“五一能开票”“六一能申报”的目标。对全区 69 户企业的所得税进行会算清缴，对零申报减免所得税，连续三年亏损收入大于 1 亿元，税额为零的企业进行核查，上报总结数据，落实税务总局“三证合一，一照一码”，全年为 159 户企业办理“三证合一”税务登记证。落实金税三期税收管理系统的运行工作。

【税务稽查】加强对代开发票，增值税发票和停废业发票的管理，实行以票控税，利用金税工程协查系统和稽查举报案件管理，年内查补收入额 4.5 万元，4 户存在问题的纳税人依法进行处理，税收全入库上缴。

【纳税评估】开展企业纳税评估和税源清理，对 4 户纳税人评估，查补税款，滞纳金罚款 4.8 万余元，做到应收尽收。

【税惠落实】年内对 364 户个体户减免增值税 59 万元，为应享受各项税收优惠政策的 60 多户企业免征增值税 50 余万元，减轻企业负担。

【执法服务】落实简政放权。对行政审批项目实行目录化管理，推行权力清单制度，制定税务行政处罚权力运动流程图。发布关于公开行政审批事项目录的公告和公开行政审批事项目录并公示。全年通过税收执法信息监控的执法行为 1026 次。申辩调整前发生执法过错 2 项。全年对 2 笔风险管控疑点和 14 笔疑点信息进行详查并上报。

【纳税服务】开展“便民办税春风行动”。在实行首问负责制服务承诺制，一窗式一站式等服务基础上，推行办税事项，“二维码”一次性告知业务。简化办税流程，提供预约，上订，无假日和流动纳税服务车等涉税服务。“一机双屏”使纳税更加透明。大厅实行局长及各部门负责人值班制。将国税的7大类45项纳入同城通办的服务事项。全年与地税共同开展税收宣传2次，走访纳税人54户，培训班6次，网上发表基础动态65篇，在光明网、《大兴安岭日报》等发表各类消息12篇。

【队伍建设】完成省国税系统“岗位大练兵，业务大比武”测试活动。开展“学雷锋做刘香平式好干部”“传承好家风好家训”等活动。全年中心组学习6次，党课2次，研讨会2次。一名同志被省局授予“优秀党员”。国税党支部被呼中区委授予“先进基础党组织”。全年开展志愿活动12次。被省授予“学雷锋做刘香平式好干部活动品牌”。

【党风廉政建设】落实党风廉政责任制。加强对权力的监管制约。自查自纠出4个方面12个问题，明确整改责任人和部门，逐个问题进行整改销号。严追不认真履行法定职责的部门责任。执行“营改增”“金税三期”等税改措施。杜绝在管理和服务过程中出现推、拖、躲、挡、吃、拿、卡、要故意刁难等违纪行为。

【绩效管理】加强绩效管理，完善和修订《呼国税2016绩效考核评价实施办法》建立绩效管理台账，做到周周有进度，月月有汇报规范考核奖惩制度。全年共20人参加考评，考评的个人工作任务指标共114项。其中个人承担的科室组织绩效任务95项，共性指标19项，共性指标全年没有扣分情况，个性指标扣7.6分。

（国税局　供稿）

地税征管

【综述】2016年地税局围绕为国聚财，为民收税工作思路，发挥地方税收职能作用，累计税费收入1.23亿元，其中税收收入413万元，养老保险费收入11918万元，其他规费收入17.6万元。依法组织税收应收尽收，制止防止越权减免税，落实各项税收优惠政策的组织原则，堵塞税收征管漏洞，挖掘收入增长潜力，加大欠税清缴，强制回收欠税。完成稽查三项目标，稽查入库税款达到2015年税收收入的2%以上，滞罚入库数额达当年稽查入库税款的25%以上。上报3起稽查案件，应参保企业和职工参保缴费面达到100%。落实未参保集体企业人员参保缴费工作。实现“营改增”试点行业税制转换。

【税制改革】扎实开展营业税欠税清理。摸清欠税户数组织欠税企业进行约谈。确保欠税清缴入库。对营业纳税人在移交前进行“销户式”清理。与国税合作，提前移交户管基础信息，将纳税人基本信息移交国税，并将管理模式，征管措施，风险防控，发票管理等情况整合形成总结报告，供国税参考。地税派人入驻国税直接征收地方税，建立国地税合作通讯录，召开联席会3次，对口部门交流10余次。

【队伍建设】加强领导班子建设，开展“岗位大练兵，业务大比武”测试活动。开展有针对性多层次的学习培训，提高干职的业务水平和工作能力。加强绩效管理，建立健全绩效管理机制，明确分工，协调配合，完善反馈机制。税收征管质量不断提高，纳税服务优化，巩固纳税服务12366热线成果，开展“便民办税春风”活动推“二维码”一次性告知，简并申报缴税，用好纳税信用评价。推动“税融通”升级为服务“调转促”的战略举措。预约服务等4类38项便民措施。至12月末预约62人次，延时服务160余人次。累计延长时间80小时。提升纳税人获得感。加强党风廉政建设。落实党组主体责任和纪检监察、监督责任。实现廉政教育常态化，观看专题警示片，邀请纪委领导作专题讲座。开展廉政预警谈话，严格执行廉政条规。落实责任追究制度。按《四条禁令》查处以税谋私、失职、渎职及侵害纳税人利益的违法违纪行为。专项检查重点税源企业。确保重点税源企业检查面达到100%。教育干部职工依法依纪依规办事。制定2016年普法计划，突出做好“营改增”税制改革宣传，落实权利清单制，梳理公开权利清单7类58项。

发现纠正问题 7 个，按月开展执法软件考核，纠错 283 条，责任追究 2 人次。把“文明单位建设”“青年文明号”创建与税收中心工作结合起来，提升队伍素质，形成整体推进的良好态势。

【党建工作】落实区委“学党章党规，学系列讲话，做合格党员”文件精神。成立“两学一做”领导组。制定方案，组织集中学习 8 次，专题党课教育 4 次，学习心得 20 篇。组织全体党员开展学党章党规，学系列讲话测试 1 次。深入开展主题实践活动，组建“党员志愿者服务队”将“两学一做”学习教育与慰问、帮扶、文化创建等内容有机结合。

（地税局　供稿）

质量技术监督

【综述】2016 年质监局根据大兴安岭地区行政公署质量技术监督局和呼中区政府的工作部署，结合本局全年工作规划开展工作，本着服务经济发展、打造质监工作新局面的方针，努力做好本职工作，以创新工作思路，提高质监工作质量为目标，局全局之力出色完成了年度工作任务。开展计量器具免费检验和校验工作。结合特种设备检验检测中心对停止供暖锅炉进行检验工作的同时开展锅炉的监察工作，共对呼中区辖区内 25 台在用锅炉进行监督检查。“质量月”进行计量法律知识的宣传，质量宣传。对辖区的建筑生产企业进行监督检查。为偃松籽地理标志产品保护申报工作提供准确可靠数据。

【计量监管】“5·20”期间开展计量器具免费检验和校验工作：对三个社区医疗中心，一家医院，六家快递公司，三个镇场，三个邮政网点用于结算和出具医疗数据的电子秤 68 台（件），血压计 31 部进行检定校验和检测；出动执法人员 40 人次，检查使用计量器具企事业单位20家，个体业户若干，责令停止使用不合格计量器具 4 台（件），彻底停用报废血压计 2 部，配合地区计量检验所对辖区内 1 家加油站的加油机进行计量和静电设备的检验工作 2 次。同时配合地区计量检定所对加油机更换为防作弊加油机安装检验，完成加油机的更换。

【特种设备安全监察】结合特种设备检验检测中心对停止供暖锅炉进行检验工作的同时开展锅炉的监察工作，共对呼中区辖区内 25 台在用锅炉进行监督检查，发现隐患 1 处，对其下达特种设备监察指令书 1 份责令限期整改。全年在重大活动和节假日期间包括“五一”、“十一”、元旦、春节期间均开展专项执法检查。全年共下达特种设备监察指令数 15 份。

【宣传工作】借助“3·15”、“5·20”计量日和“六一”国际儿童节、“质量月”进行宣传，走访 3 所学校、3 个社区、3 个贸易市场进行计量法律知识的宣传，质量宣传，共发放宣传资料 80 余份。并及时向大兴安岭日报、省局网站、当地政府网站、电视台投递稿件，宣传质监为民服务的工作信息 11 篇，省局网站采用图片信息 2 条，呼中电视台采用 8 条，《黑龙江法制报》刊登 1 篇专题报道。

【质量监管】按照地区质量技术监督局文件要求，对辖区内的建筑生产企业进行监督检查，辖区内共有生产加工建筑用朔钢窗企业 2 家，检查中发现其中 1 家处于停产状态，对另一家进行登记上报，并列为一般监督检查对象。同时，在“六一”儿童节期间对辖区内销售儿童用品的 5 家商铺进行检查，主要对 3C 强制认证产品 15 个批次的产品进行现场检查，对外来联合展销会展销产品质量进行监督检查 1 次，对旅游产品质量随时随地进行检查，避免了计量欺诈行为的发生，为维护最冷小镇的声誉做出应有贡献。同时对地区局下发的专项检查进行落实，包括对工业明胶检查，塑胶跑道检查，农资农具执法检查，对建材市场的执法检查。同时省局关于“质检利剑”“利民行动”以及 12365 执法系统情况，做到及时上报信息情况。

（质量技术监督局　供稿）

物价管理

【综述】2016 年区物价局在围绕区委、区政府在年初区局“两会”提出的各项工作任务，扎实推进各项工作。规范市场价格秩序，维护消费者合法权益，开展市场价格监督检查工作，扎实做好与群众生活、节日消费密切相关的重要商品和服务价格监测工作，对本辖区内所有本级政府制定的商品和服务价格进行排查。

【市场价格监督检查】2016年规范市场价格秩序，维护消费者合法权益，开展市场价格监督检查工作，进行明码标价检查及市场监管巡查检查6次，共计检查商户300余家。对标价不规范的商家，进行明码标价内容规范讲解，完善标价质量，让消费者明白消费，强化明码标价工作的开展。

【价格监测】做好与群众生活、节日消费密切相关的重要商品和服务价格监测工作，掌握价格变化，完成价格分析5篇和一季度价格调研报告。发挥价格举报系统接收作用。依法处理举报咨询件2件，结案率100%。

【价格服务】针对收费单位下发《关于建立行政事业性收费情况报告公示制度加强事中事后监管的通知》组织填报全国收费动态监管系统平台，2015年度收费情况统计报表完成上报。按照《大兴安岭地区进一步治理规范政府定价程序工作方案》有关部署和要求，对本辖区内所有本级政府制定的商品和服务价格进行排查。

（发改局　供稿）

工商管理

【综述】2016年，工商局在区委、区政府和行署工商局的正确领导下，着力加强党风廉政建设，创新实干，完成行署工商局部署的各项工作任务，深化商事制度改革、促进市场主体发展为重点，推进工商营业执照、组织机构代码证和税务登记证“三证合一”改革，推进企业注册全程电子化，换发“三证合一、一照一码”企业执照54户。在全面落实注册便利化、先照后证政策的中，分局积极营造服务周到、办事高效的政务环境，推行“登记注册窗口规范管理制度”，提升窗口人员素质和业务水平，做到只要材料齐全，当场办结，以实际行动服务经济发展。截至2016年年底，全区共有市场主体849户，其中内资企业24户，个人独资企业20户；个体工商户805户，农民专业合作社38户。企业执照“三证合一”已换发86.90%，其中：内资企业20户、私营企业12户、农民专业合作社26户。

【年报工作】根据年度报告公示的要求，将年报公示的对象、时间、内容、程序、要求、操作方法及不按规定履行年报公示义务的不良后果在电视台滚动播出。各工商分局指定专人整理辖区所有需要年报公示的个体户名单及电话，逐户打电话进行通知提醒。在碧水设联系点，设立一名联络员帮助年报，通过联系点为碧水业户年报。分局还采取上门服务、进行一对一帮扶、微信平台服务等多种方式强力推进年报工作。针对呼源镇内不能完成年报填录的业户，分局专门派人进行一对一指导，对企业、个体工商户提出的各种具体问题进行解答。年报的同时，对更换“三证合一”执照的公司企业，进行新的电子版、纸质版的监管档案录入，保证正常的监管工作。2015年度企业年报工作提前38天完成，年报公示率达到100%。

【诚信建设】按照上级“诚信兴安”建设工作和“诚信建设年”活动的总体部署，由分局牵头组织当地政府31个行政单位去地区会展中心参加行政许可和行政处罚信用信息公示工作指导培训培训，6月14日正式启动“双公示”工作，参加培训人员于6月30日前在黑龙江信用信息共享交换平台完成录入。

【商标注册】推进“商标兴企”“融资活企”，以呼中的特色产业为重点，打造寒带黑木耳行业品牌，动员有自己产品包装、装潢的合作社和企业对包装、装潢申请专利，进行商标注册，提升大兴安岭品牌知名度。加大商标品牌宣传力度，5月4日，分局联合公安局开展商标法大课堂活动，在辖区设咨询台1个，采取现场咨询、宣传商标标语、发放宣传单，在区电视台发布滚动字幕等方式，搭建宣传版面2块，发放各种宣传资料1000余份，解答群众咨询30余人次。通过面对面指导、与业户添加微信方式，及时解答业户申请商标所需材料，帮业户联系省商标中介公司，帮助业户设计商标样稿等商标申请注册相关工作，使其认识商标战略对企业发展的实际意义，商标工作取得一定实效。辖区新增注册商标3件；指导商户申请商标11件，有9个已接到受理通知书。截至2016年年底，共有注册商标22件，其中知名商标2件，闲置注册商标9件。

【服务社会】每个月为民政局核查150户低保家庭是否经商情况；每个季度为统计局提供工商信息表（企业、农专、新增、变更、注销情况），为国税、地税核实业户明细（三照合一、一照一码信息共享）；为消防支队查询企业、个体信息，帮助困难群众查询资料信息；为民政局史志提供数据；每个季度为区政府报送工商统计分析。配合组织部查询非公经济党建业户个体户8户，企业2户，成立区非公经济和社会组织工作委员会，局登记人员为工作委员会办公室副主任；成功培育1户企业为非公党建典型。为优化旅游市场环境献计献策，打造一个风景秀丽，民风淳朴的“最冷小镇”。

【建立信用监管机制】更新监管理念，从单纯依靠传统行政监管手段向注重运用市场主体信用监管转变，扩大企业信用信息公示范围，实现信息资源共享，强化社会监督。

大力推行“双随机、一公开（抽查结果公开）”制度，在企业监管抽查中实行“双随机”，构建“一处违法，处处受限”的联合惩戒机制，建立市场主体名录库和执法检查人员名录库，公布抽查事项清单，按照省局公示信息的抽查名单进行企业实地核查，按照上级要求完成“双随机”三次抽查任务，按要求录入综合业务系统并进行公示，提高市场监管的精准度和有效性。推进事中、事后常态监管，建立事中事后监管新模式，确保“先照后证”改革各项举措落地生根。创新日常监管机制，根据《哈尔滨市场主体随机抽查管理办法》，创新思路，制定工商分局检查、抽查记录表，推行市场主体抽查监管工作。定向抽查和不定向抽查相结合、日常监管和专项整治相结合，提升监管执法效能。

【农贸市场监管】发挥工商行政管理职能，开展红盾护农工作，成立工作领导小组，制定《工作方案》，确保工作的有序开展。在宣传方面，采取横幅、标语、宣传单等形式在全区内开展有关农资市场管理法律法规和农资质量基本知识的宣传，提高农民的维权意识，引导农民自觉从正规渠道购买农资。开展“送法下乡”活动1次，座谈会1次，发放有关农业种植、畜牧养殖等方面的法律、法规知识图书50余册，宣传资料1000余份，现场解答农民咨询20余人次，发布农资消费警示2条。在监管方面，实行以市场巡查制、大要案限时办结制、农资经营企业档案制度、农资商品质量监测制度、不合格农资退市制度等监管方式。基层工商所对农资经营户建立明细台账，实行分级管理，提高监管的针对性和有效性。做到责任到人。在经营户自律方面，工商所与农资经营户签订《目标责任书》，建立经营承诺制、信誉卡制、索证索票制、“两账两票一卡一书”制、农资经营单位第一责任人制，地规范农资经营者经营行为。

【广告市场监管】组织全体职工学习新《广告法》并组织辖区媒体和广告经营者学习新《广告法》为广告日常监管工作打好理论基础。在日常工作中，分局严把广告登记关，对不符合法律法规规定的广告坚决不予以登记，严格按照广告法律、法规审核户外广告。分局开展虚假违法广告专项整治行动，针对通过电视媒体发布的医疗、药品等违法广告，开展专项整治，把直接关系到人民群众切身利益的医疗、药品、保健食品等广告，作为整治的重点，并对电视台发布的广告进行监测，并制成光盘，上报到地局商广科。规范广告市场秩序。

【网络监管】依法管网、落实以网管网、信用管网、协同管网的要求，同步推进网络监管平台、监管机制和监管队伍建设。在“大数据”“互联网时代+”时代，落实网店实名制，引导行业和网络经营主体诚信经营，加快建立网络商品交易消费维权机制，分局结合3·15消费者权益日，宣传《网络交易管理办法》《消费者权益保护法》等法律法规，引导消费者树立正确的网购消费观念并参与到对网商的监督中来，推进网络市场信用体系建设。严厉打击网络市场侵权假冒行为，净化网络市场环境。引导辖区山产品特色店的商品和旅游相关产业的服务通过互联网进行宣传、销售，即增长经济效益又营造了良好的网络交易环境。

【消费维权】区消协组织坚持把做好投诉受理工作作为消费者维权的重要手段，切实抓好落实，规范投诉工作，完善投诉工作制度，确保消协工作及时认真受理，依法公正解决。发挥消协组织作用。开展消费调查等活动，推动消费维权关口前移。开展“3·15”国际消费者权益日纪念活动，制作宣传展板2块，散发宣传资料3000余份，张贴宣传横幅3条；开展消费教育活动2次、“五进”活动2次。全年受理投诉40件，调解结案40件，调解率100%，为消费者挽回经济损失69245元；全年共发布消费警示14条，接待来访、咨询331人次。开展重点领域利用合同格式条款侵害消费者权益违法行为联合专项行动；配合公安等相关部门做好禁毒、非法集资等社会管理综合治理工作；加强安全生产监管，配合安全生产管理部门抓好安全生产工作，扎实开展隐患排查和专项整治，明确部门监管责任和企业主体责任，把安全生产作为重大政治问题、发展问题和民生问题，落实“党政同责、一岗双责、失职追责”的安全生产责任体系；推进商品交易市场和行业诚信体系建设。开展创建放心旅游市场、成品油市场专项整治行动。共下达行政指导告诫书21份。共查处各类违法违章案件5起，一般程序案件2起，罚款1650元，未发生一起行政复议和行政诉讼案件。

（工商局　供稿）

安全生产管理

【综述】2016年落实行署安委会和区政府、林业局的各项安全生产工作精神，本着安全责任重于泰山的理念，强化责任落实、隐患排查和安全生产法律法规知识宣传等工作。认真落实国家及省、地安全生产工作会议精神，根据行署安委办的文件精神，结合实际及时做好节日及两会期间的安全生产工作，及时落实各级安全责任。组织召开安委会成员季度例会4次，开展行业安全大检查4次，区政府组织联合检查4次，落实属地责任，区局长同各镇场签订责任状12份，切实将行业责任、属地责任、企业主体责任进行细化落实，各行业管理部门按照安全职责细化各项安全工作。查处各类安全隐患，加强安全事故统计工作。全区各类事故1—11月份为生产经营性火灾事故1起，生产经营性交通事故0起，排查各类隐患60次，全部隐患整改完毕。

【安全设施建设】区局先后为消防大队投入10万余元用于器材装备建设，购买泡沫灭火剂、消防梯、水带、空气呼吸器以及防汛抗洪器材装备等一批实用性较强的器材装备。为消防大队购置城市主战消防车一辆，为完成灭火救援及各项消防安全保卫任务提供装备保障。在职工安全防护用品保障工作中，为各镇场投入劳动保护用品资金10万余元。

【安全生产专项活动】吸取各类安全事故教训，对木耳养殖大户进行安全隐患排查和安全知识宣传，区安监局联合交通局部门对道路两侧超高树木进行打枝清理。在节日期间联合消防队对燃放孔明灯行为进行检查。开展呼阿公路及林碧公路道路隐患排查，做好道路清理积雪、刨冰工作。针对清理报废黄标车行动，区政府成立专项领导小组，区交巡警大队在清理工作中，按规定进行清理，第一阶段报废21辆。在行业安全生产大检查和岁末年初安全大检查工作中，明确各行业检查内容，依据检查清单进行照单检查，注重实效。区交通局和区交巡警大队在冬季道路交通安全隐患排查，发现道路交通安全隐患3处，并设置警示标识。旅游局抓好旅游景点和景区管理工作。区教育局开展中小学生安全大检查知识宣传，严格按照安全规范加强校园安全管理，增强教师、学生安全意识。

【安全隐患排查整治】深入排查安全隐患，在全年安全生产大检查中，开展安全生产联合检查4次，区安监局、住建局、消防大队对液化气市场进行细致排查；区安监局、消防大队对区商贸流通领域进行了防火安全检查；区安监局、交通运输管理局对客运站进行安全隐患排查。区安监局和住建局对供热、供水、企业进行安全检查。区交通局对卡玛兰大桥设立永久性限高杆，保障过往车辆安全行驶。在阿木尔检查站林碧公路0公里设置专人对进入运输车辆进行劝返，保证道路交通安全。区质监局对特种设备进行安全检查。区工会举办“安康杯”演讲比赛。区营林局组织安全生产岗前安全培训，对管理人员及生产作业人员进行培训，设置安全员，由营林验收员增加工作职责兼职安全员，营林安全生产中，加大对营林队的安全生产内业、现场操作情况进行检查，提出当场整改意见5条。在采山期间各镇（场）、部门根据采山特点，及时提醒、督促采山人员加强安全防范措施，防止事故发生。交警大队夏季早上4点上路进行巡查，确保车辆安全通行；在道路交通安全监管工作中，区交通局对呼阿公路和林碧公路破损路面进行重新铺设沥青路面，做好交通隐患的治理工作。区交通部门和交巡警大队在呼阿公路及林碧公路增设炉灰20车，在雪天对道路路面进行铺撒炉灰进行防滑。区局对养路队投入20万元资金进行非雪路面清理。

【安全生产 宣传教育】安全宣传教育广泛深入，每周定期向监管企业和成员单位发送安全信息提示40条。在微信（大兴安岭安全）上发送新闻4篇，在呼中电视台播发安全知识宣传6次，组织参加地区组织的安康杯知识比赛获得第二名的好成绩，悬挂安全月宣传条幅10幅，宣传单500份，下发督办通知书19份，完成安全生产报征订任务。消防大队，集中整治了敬老院、中小学校、幼儿园等场所存在的消防安全隐患，开展火灾隐患专项治理行动。在两节两会、中秋国庆双节期间，实行全天候巡逻防控，做到不留死角。排查整治棚户区及城乡结合地区老旧建筑的消防安全隐患，及时督促住建、电业、社区等部门落实消防安全管理职责。加强宣传，在“5·6”火灾警示日、“119”消防宣传日，举行消防安全知识的宣传。通过微信公众平台，及时发布最新消防资讯。针对冬季旅游增多，交管部门做好温馨提示，广大群众做到安全出行。加大安全宣传工作力度，在区电视台以滚动字幕宣传安全信息提示50条。

（安监局　供稿）

企业经营管理

【综述】2016年，按照林业局改革工作的要求，同审计科、财务科、物资科对生产单位的库存固定资产进行详细的盘点清查，通过此次盘点各单位的库存材料与台账相符合，并对各单位材料进行了封存。按照林管局企业人员管理工作的总体要求，对所有企业职工的个人基本信息进行收集与汇总。开展企业绩效管理工作。对全局机电设备进行了全面系统的检查。

【企业机构编制信息化管理平台建成运行】2015年年末，按照林管局企业人员管理工作的总体要求，对所有企业职工的个人基本信息进行收集与汇总。2016年1月9日，企业机构编制化信息管理平台建成，进行人员基本信息录入工作，历时27天按时限完成录入工作，受到上级部门的表扬。

【企业绩效管理】依托企业绩效管理成果，确定了“用制度管住人、财、物整体盘子”的经营战略，在《呼中林业区局制度汇编》的基础上，对过时的制度进行废止，对陈旧的制度进行修订，对新出现的问题制定及时建章立制，财政、财务、营林、医保、人社和房产与供暖公司等各职能部门共废止、修订和新出台10余项规章制度，为增收节支提供了强有力的制度保障。在全科的共同努力下连续三年在全区取得前三名的成绩。

【设备管理】对全局机电设备进行了全面系统的检查。为了保障设备的安全使用，将各单位报废的设备一律查封，不允许在进行使用，对在用的设备进得了性能测试，对所有机电设备登记造册以便统一管理，为领导决策提供了准确的数据。并对以下企业的清产盘点工作，碧水雪糕板厂、台湾盛铭、兴森木业、兴隆木制品厂（现由碧水林场管理），保证国有资产不流失。配合财务科做好设备资产清查工作。设备管理检查工作顺利完成，保障全局设备完好。

（企管办　供稿）

统计管理

【综述】2016年统计局在区委、区政府的正确领导和行署统计局的精心指导下，以实现“保生态、惠民生、促发展”为目标，深化统计改革创新，突出统计数据质量提升，围绕创新、协调、绿色、开放、共享发展新理念，全方位提升统计工作的整体水平，圆满完成各项工作任务。加强统计分析和统计信息工作，提供优质产品成果，加强对经济社会运行情况的监测，强化以GDP为龙头与专业联动的国民经济核算工作，及时反映全区经济社会发展现状，做好专业和综合统计分析、统计信息工作。

【统计监测】各专业统计采用“微观监测与宏观事、前监测与事后评估相结合”，实施区主要指标监测，强化预计分析的监测预警。开展统计监测预警。按照区委、区政府发展战略和地区重点工作，开展“宏观经济运行监测”、编制“呼中区统计信息”等统计监测信息预警工作。

【统计服务】以月卡片统计信息和专项统计分析为载体，提供辖区经济发展动态，公布统计信息，为区委区政府及有关部门提供准确统计数据。深入基层开展调研，掌握实际情况，提出解决经济运行中存在的问题和建议，为领导掌握全区经济情况提供可靠依据。

加强统计基础工作，督促和帮助调查单位依法设置统计人员，健全原始记录、统计台账和各项统计管理制度，规范统计报表填报、报送程序，保证源头数据质量。围绕当前宏观经济形势，加强对经济发展深层次矛盾和问题的研究，对苗头性、倾向性问题密切跟踪，加强原因分析，说明变化因素，及时提供信息，便于区局党政领导及时调度、科学决策，努力提高统计分析水平。

【统计调查】完成各项调查，为全面、真实、准确反映新常态下经济发展新特点，新亮点，对新产业、新业态、新商业模式的新经济发展进行“四众企业”专项统计调查，为结构调整产业升级搭建信息平台；为反映黑龙江省劳动力资源，就业和失业人口的总量和结构，全区进行劳动力抽样调查，保质保量按时完成调查任务；文化产业是经济发展的新的增长点，开展文化产业一次性普查，全区法人和产业活动单位 17 家，个体经营户 104 家。

【统计执法】开展统计执法大检查，动员自查、抽查、处理和总结四个阶段组织实施。检查落实统计法律法规贯彻执行情况，发现和查找存在的问题及原因，有针对性地提出改进建议。抓好统计队伍的建设，必须坚定地以科学发展观统领统计事业的发展，把服务科学发展作为全部统计工作的宗旨，通过学习和掌握统计知识，丰富工作经验，来提高工作水平。继续搞好统计信息化建设，努力实现对现有统计信息系统软件进行升级换代，及时做好统计内、外网站的维护更新。三是针对新经济统计工作，抓好新领域的统计基层基础建设，不断完善工作思路和手段。四是做好统计培训工作，完成全区统计人员再教育培训。

（统计局　供稿）

资源管理

森林资源管理

【综述】2016年，资源科开展保护森林资源“十三五”专项行动。围绕局维护森林生态安全的这一核心任务，综合运用打击、防范、治理、整顿等手段，对非法破坏森林资源、滥捕、滥猎野生动物行为进行清理惩治。1月5日开始，在全局范围内组织开展为期三个月的清理打击毁林种参专项行动，在行动期间共计出动车辆30余台次，人员20余人次对林业局局址、呼源、宏伟、呼中、永青公司、碧水五个林场进行全面排查，重点检查林农交错地带，严厉打击占用林地和擅自改变林地用途的违法行为。协调相关部门组织召开专题工作会议，成立专项行动领导小组，制定《呼中林业局开展保护森林资源“十三五”行动方案》，确定责任部门、责任人、工作时限和工作要求。在全区范围内开展“《森林法》宣传月”“爱鸟周”主题宣传活动，通过张挂横幅标语、发放宣传单等向广大群众共发放宣传资料700余份，形成浓厚的舆论氛围。3—4月，资源科开展全区春季惩治破坏候鸟等野生动物资源违法犯罪专项行动，行动中对各饭店、宾馆、小吃部、农贸市场等可能非法经营利用野生动物的重点场所进行突击执法检查，未发现存在贩卖野生动物及其制品的行为。专项行动中，协调公安局相关部门，对区所属区域内的河流、沟岔、林地进行拉网式的反复检查清理，将非法入山的各类人员彻底清出山外，切实做到不留死角、死面。锁定惩治重点，协调公安、纪检等部门积极配合，深入林地一线开展重点排查工作，逐一记录，建立专项行动台账，做到情况明、底子清，确保无死角和疏漏之处；组织人员深入林区巡查监督，加强对林地的巡护检查。为提高广大干部和群众依法护林意识，资源科组织开展形式多样的宣传动员活动。广泛宣传《森林法》《森林法实施条例》《林地保护管理条例》等林业法律法规。利用过路横幅、墙体标语、微信平台等多种形式，宣传林业法律法规。通过一系列的宣传教育活动，增强全民法治意识和生态优患意识，使广大干部群众在思想上不断提高依法护林认识，行动上正确处理发展经济、保护资源、建设生态三者之间的关系，形成全社会关注林业，全民建设生态的良好氛围。

【占用林地管理】为规范林地管理，强化依法治林，守住林地和森林红线。从2016年1月5日开始，在全局范围内组织开展为期三个月的清理打击毁林种参专项行动，在行动期间共计出动车辆30余台次，人员20余人次对林业局局址、呼源、宏伟、呼中、呼中所、碧水五个林场进行全面排查，重点检查林农交错地带，严厉打击占用林地和擅自改变林地用途的违法行为。截至2016年年底，未发现种参及毁林种植行为。加大对征占用林地申报、审批的管理力度。严格按照《森林法》《森林法实施条例》《占用征用林地审核审批管理办法》等规定程序报批，对在建项目依法审查其合法性，凡是取得项目批复文件并需要征占用林地的项目，均依法勘验，帮助其申报办理征占用林地手续，并征收森林植被恢复费。凡未采取得项目批复文件并需要征占用林地的项目，林业局均依法下达停止侵占林地建法通知书。从而规范征占用林地审核程序，促进林业健康发展。

【林政执法】开展严厉打击整治非法占用林地等涉林违法犯罪专项行动。为有效遏制涉林违法犯罪高发态势，维护森林资源安全，林业局于9月12日至11月30日，在全区范围内组织开展“严厉打击非法占用林地等涉林违法犯罪专项行动”。强化组织领导，制定《严厉打击非法占用林地等涉林违法犯罪专项行动方案》，成立以林业局局长为组长，主管资源副局长、公安局局长为副组长、资源、纪委、公安局等部门为成员的领导小组，负责组织实施、协调、查处案件等工作，确保专项行动落到实处，取得实效。锁定惩治重点，协调公安、纪检等部门积极配合，深入林地一线开展重点排查工作，逐一记录，建立专项行动台账，做到情况明、底子清，确保无死角和疏漏之处；组织人员深入林区巡查监督，加强对林地的巡护检查。加强和规范林地保护管理的审核审批制度，行动的开展促使我局申请办理征占用林地更加规范严格执行林地定额管理制度，依法支持重点项目建设和区域经济发展。确保打击实效。严格落实案件过问登记制度，加大案件查处力度，追根溯源，一查到底。行动开展以来，共排查非法征占用林地案件线索6起，结案2起，违法单位2个，分别是呼中区水利工程建设管理站、齐齐哈尔市矿产勘查开发总院，违法占用林地面积0.1262公顷，罚款23730元，其余4起案件现正在调查中。对违法犯罪人员坚决依法查处，移交纪委，依法给予严肃问责。

【野生动物保护宣传】为保护野生动物不被猎杀，资源科利用悬挂横幅、发放宣传单、广播宣传车、进学校讲解等多种手段，宣传《野生动物保护法》，使人们懂得动物是人类的朋友，和保护野生动物的重要性。3—4月，资源科开展全区春季打击破坏候鸟等野生动物资源违法犯罪专项行动。行动中对各饭店、宾馆、小吃部、农贸市场等可能非法经营利用野生动物的重点场所进行突击执法检查，未发现存在贩卖野生动物及其制品的行为。提高全社会的森林资源保护意识和林区生态保护的意义以及林业法治观念。

【森林保护模式】根据管护经营的需要，把呼中林业局事业区划分为8大管护区，在此基础上，又划分为70个小管护区，统一编号，建立管护区责任档案，落实“四定、一包、五无”责任制（四定：定区域、定面积、定责任人、定管护时间；一包：包资源管护；五无：责任区内无人为森林火灾、无乱砍滥伐、无毁林开荒、无乱占林地、无乱捕滥猎野生动物）。全局管护大队、管护人员都签订管护协议，瞭望塔、森林防火检查站都签订责任状。建成森林防火检查站20个，永久性管护站16个。管护责任落实到人头、山头、地块，形成远山设卡、近山人承包管护和机动车巡护等形式多样的森林保护模式。

（资源科　供稿）

天然林保护工程

【综述】区发改局围绕区委、区政府在年初区局“两会”提出的工作任务，解放思想，创新思路，创新工作，开拓进取，真抓实干，加强综合协调服务，扎实推进各项工作，确保天保工作顺利完成。规范天保工程建设，年初与各森林资源管护区签订2016年度天然林资源保护工程二期目标责任状。顺利通过国家林业局对呼中林业局天保二期的核查工作和天保工程实施单位人员及社会保障情况的抽查工作。

【天保工程基础工作】完成2015年度年报的上报工作，2016年度季度报表及天保工程信息、简报上报工作。人员机构社保信息系统采集和录入工作全部完成，系统数据的统计报表已导出并上报给集团公司天保办。《关于呈报〈呼中林业局森林资源管护区区划调整方案〉的报告》，经行署林管局第一次常务会议及地委第二次地委委员会议审议通过，批复已经下达。完成《国家林业局计财司关于提报林业生态护林员有关数据》及《国家林业局办公室关于开展国有林场、国有林区管护站点用房调查摸底》工作。

【天保工程专评】完成2016年度上半年天保工程绩效考评工作，做好下半年绩效考评工作。全面评价天保工程二期各项政策执行情况，国家林业局开展天保工程（二期）中期评估工作，呼中林业局中期评估报告已上报给林业集团公司天保办。顺利通过国家林业局对呼中林业局天保二期的核查工作和天保工程实施单位人员及社会保障情况的抽查工作。

（发改局天保办　供稿）

国土资源管理

【综述】国土资源局围绕在区委、区政府确定的中心工作，坚持稳中求进工作总基调，适应经济发展新常态，围绕全区经济社会发展大局和年初确定的目标任务，主动作为，积极服务，严格监管，执行土地利用总体规划、城市规划和土地利用年度计划，坚持规划先行，发挥土地利用总体规划和年度用地计划的“两划管控”作用，提倡集约节约利用土地，高效利用资源，控制新增建设用地，各项工作取得较好成绩。

【土地管理】加强国土资源规划管理。2016年上半年启动第三轮矿产资源规划修编工作，选择齐齐哈尔矿产勘查开发总院做为矿产资源规划修编的承担单位，确保规划科学修编。完成呼中区生活垃圾处理工程建设项目用地预审，为残疾人托养中心等5个项目出具建设项目用地意见，保证项目用地需求。加强耕地保护工作。全面落实最严格的耕地保护制度，全区耕地保有量为343.29公顷，在年初的全区国土资源管理工作会上，区政府与各镇签订《耕地保护目标责任状》，明确耕地保护责任和奖惩措施，将耕地保护工作落实处。完成黑龙江省大兴安岭呼中区呼玛河治理工程农用地转用，项目总面积为15.8934公顷。上报呼中区生活垃圾处理工程项目农用地转用工作，项目总面积为5.422公顷。推进地籍管理工作。按照国家、省、地文件要求，开展不动产登记前期工作，率先完成房屋登记数据移交，于今年6月30日颁发首批呼中区不动产登记证书，截至2016年年底，已发放不动产登记证书135本。为保证土地变更成果的准确性和现势性，完成2015年土地利用现状变更调查和城镇土地变更调查汇总。

【苍山石林省级地质公园揭碑开园】苍山石林省级地质公园资格取得后，先后编制完成苍山石林省级地质公园总体规划，聘请地质公园专家对公园软硬件建设进行规划和指导，建成特色鲜明、立意突出的主、副标志碑，设置景区说明牌及界碑，设立交通指示牌、导引标识牌、管理标识牌及景点解说牌等标识牌。于10月末顺利通过省国土厅验收，获得苍山石林省级地质公园正式命名。

【水资源管理】摸清水资源，做强水经济。年初委托省904水文地质工程地质勘察院对全区水资源进行调查，发现3处重要矿物质水源地，形成水质检测报告。经检测呼源林场水源锶含量0.531，超过锶型矿泉水要求的0.4的标准；宏伟林场水源锶含量达到3.063，超过限量指标8倍以上，为高锶矿泉水。呼中区正与青岛崂山矿泉水有限公司洽谈合作开发呼中区矿泉水资源。

【矿业权管理】推进呼中区白鲁山硅石矿开发进度。帮助矿山企业办理完成采矿权新立等相关手续，正在积极帮助协调其办理林地占用手续，待林地占用手续批复后开发该矿。推进飞虎山铅锌矿和偃尾山铜多金属矿开发进程。在采矿权办理、项目用地申报、矿山供电等方面工作给予帮助和支持，争取早日投产达效。严厉打击各类矿产资源违法违规行为。建立动态巡查机制，成立执法检查组，对全区范围内非法采矿行为进行检查。重点打击非法开采砂石等矿产资源行为，查处4起非法开采建筑用砂和建筑用石违法行为，没收违法所得并处罚款共计3.0万元。矿产违法行为4件，已立案查处并结案。严格卫片执法检查工作。年初下发4个土地疑似违法图斑，经实地核查其中1个为违法图斑，已立案查处，其余3个为伪变化。实现地勘项目分类管理，为地勘单位服好务。全区有地勘项目14个，采取勘查项目分类管理的方式进行监管，对于投入大、成果好、见效快的地勘项目进行重点扶持；对找矿前景好、潜力大的探矿权要加快推进，做到跟踪服务，力争早日探明资源储量。为保证建设项目工程用料，申办采矿权6个，其中土料场4个、石场1个、砂场1个。

【地质灾害防治】做好地质灾害防治工作。先后编制全区地质灾害防灾预案、地质灾害应急处置预案，完善地质灾害群测群防、监测预报预警制度。汛期以来，积极主动落实区委、区政府的工作部署，开展地质灾害隐患排查工作，到全区各镇场开展地质灾害排查，共排查出地质灾害隐患点19处，在重要地质灾害隐患点设立警示牌，向各镇场发放地质灾害宣传画和防灾明白卡，要求各镇场完善好群防监测体系，组织好汛期地质灾害巡查，落实好监测责任人，确保潜在的地质灾害隐患得到及时勘查和治理。区林碧公路崩塌地质灾害勘查与防治项目已竣工验收。做好第三轮矿产资源规划修编工作。委托齐齐哈尔矿产勘查总院编制三轮矿产资源规划，规划正在编制中。

【国土资源法律法规宣传】开展国土资源法律知识培训，同时开展国土资源工作和法律法规的宣传。在“6·25全国土地日”，通过制作横幅、设立咨询台、网站、电视和发放宣传单等多种形式，丰富宣传内容，拓宽宣传渠道，扩大宣传氛围，突出“节约集约用地 切实保护耕地”的主题，得到社会各界人士的关注，提高广大群众充分认识保护和管理国土资源的重要性和紧迫性。利用4·22地球日、6·25土地日开展宣传活动，宣传地质灾害防治知识，让地质灾害防治意识和防灾知识家喻户晓。

【党风廉政建设】局党组多次召开专题会议传达学习省地有关会议、文件精神，要求局主要领导作为第一责任人，带头严格要求、带头接受监督，发挥表率作用。重视加强制度建设，完善和制定党风廉政建设各项制度，强化权力运行监督制约，坚持用制度管人、用制度约束人。结合实际，对重大决策、重要干部任免、重大项目安排和大额度资金使用等事项均须局党组会议讨论决定，严格遵守民主集中制原则，严格议事规则和决策程序，充分发挥集体领导的核心作用，促进“三重一大”制度在局党组的贯彻落实，保证决策的民主化、科学化。

（国土局　供稿）

森林防火

【综述】2016年区森林防火工作以贯彻执行森林防火法规制度为基础，以排查消除火险隐患为重点，以开展森林防火“三明确、三落实”活动年为载体，全面强化预防、扑救、保障三大体系建设。严把火源入山关、加强林火监测、加大巡护力度、严格野外作业管理、开展“三清”和隐患排查、城防森防一起抓。举办全区扑火指挥员业务知识培训班，做好综合保障工作，确保森林防火基础工作有序开展。完善扑火指挥体系建设，加强专业队伍管理提高处置森林火灾的能力。

【森林防火责任落实】落实15名处级领导和43名科级干部包片。全区各单位与6893名职工、10135户居民、3685名吸烟人员，76名痴、呆、傻等智障人员签定防火公约及“十户联保”责任状。结合区局实际，修订出台《呼中林业局森林防火管理办法》，做到任务明确、目标明确、奖罚分明，森林防火责任逐级落实。

【森林防火宣传教育】3月10日、9月10日分别开始提前启动宣传教育工作，制定下发《呼中区森林防火宣传教育工作方案》。4个镇完善防火宣传“一条街”4条。5月6日，举办声势浩大的“5·6”反思宣传活动，区、局处级领导、机关干部、专业队员、小学生参加游行宣传活动，在商厦楼前开展“万人签名”活动。广播、电视每天进行森林防火宣传，各单位开展森林防火宣传月和宣传周活动。区工会、共青团、妇联分别举办演讲赛、知识竞赛活动，全民森林防火意识普遍提高。

【火源管理】多措并举，夺取“清明节”、“五一”、“国庆节”战役全胜，确保节日期间森林防火平安。严把火源入山关、加强林火监测、加大巡护力度、严格野外作业管理、开展“三清”和隐患排查、城防森防一起抓。

【岗位培训】举办全区扑火指挥员业务知识培训班，邀请防、扑火经验丰富的大兴安岭地区森林防火办公室2位业务骨干授课，全区处级包片领导、各管护区主任、专业队扑火指挥员66人接受培训，提高全区扑火指挥人员应对森林火灾的判断能力、决策能力、科学指挥能力。区春、秋防期间，先后分期分批举办21期森林防火知识和安全常识培训班，累计培训各岗位人员976人次，提升呼中区森林防火各岗位人员的业务素质。

【综合保障】做好综合保障工作，确保森林防火基础工作有序开展。做好资金和物资储备、做好联防工作、车辆机具保持完好、做好道路养护、及时开设防火隔离带。

【应急处置】完善扑火指挥体系建设，加强专业队伍管理，提高处置森林火灾的能力。修订应急预案、挑选向导员、强化各类森林消防队伍管理、队伍靠前驻防。2016年，防火工作取得全年无人为火发生、9起雷击火由于瞭望塔发现及时、区防火办定位准确，区委书记、区局长亲临火场一线指挥扑火，亲自调派兵力，充分发挥尖刀排和4支快速扑火小分队的作用，武警森林部队，各专、群队伍出兵迅速、协同配合，运用机动灵活的战略，采取多点进兵、跳跃式扑打、递进式扑打、打烧相结合的扑火战术。快速扑灭的业绩，避免小火酿成大灾。过火总面积186.14公顷，其中，最大火场面积82公顷，最小仅2公顷。

【党建工作】按照“解放思想，发展转型”总体工作要求，确定“围绕防火抓党建、结合实际促发展”的工作思路，全力打造学习型、务实型、发展型党组织，使党总支发展思路更明晰。组织引导广大党员干部学习党章党规和习近平总书记的一系列重要讲话，掀起学习党章党规、学习系列讲话，争做合格党员的热潮。面对防火办点多、线长、面广的实际，建立以总支为中心，以支部为支点，以专业队、瞭望塔为触角的学习网络。先后8次召开党建专题会议，研究党建工作，听取基层支部工作汇报，制定出台8项管理机制，完善组织建设。全年组织中心组学习24次，主持召开党员大会12次，每月到各支部进行调研、指导，发现问题，及时解决。投资10000余元对党员活动室进行全面更新，更新图版三块共计13.17平方米，更新学习资料书籍200余本。结合自身实际，开展形式多样的党员主题实践活动，以“党旗在我心中”“党员挂牌上岗”活动为载体的主题实践活动。畅通服务职工渠道。做到职工反映诉求时“找得着人、说得上话、办得成事”。领导干部定期下基层调研。开展思想政治工作，深入基层关注解职工的工作、学习、生活等关注的热点难点问题，真正为职工做好事做实事。

【职工队伍建设】以创建“三型”职工队伍为目标，推进“党工共建”活动，关注民生，维护职工权益，提升职工队伍整体素质。为提高全区专业森林消防队伍的整体水平，5月19日，成功举办全区专业技能大赛，来自全区的5支专业森林消防队和各管护区的6支预备队，共700余名扑火队员参加比赛。通过技能竞赛，以比代练、以赛促训，比出干劲、赛出水平，提升全区森林消防队员工作和技能学习的热情，增强森林消防队伍的凝聚力和战斗力。

（防火办　供稿）

科　技

科技管理

【综述】2016年，呼中区科技工作围绕区“两会”精神部署，为走出一条质量更高、效益更好、结构更优的转型发展之路提供坚实的科技支撑。通过政策宣传、推介对接等多渠道培育科技型中小企业，加强高新技术企业培育。组织企业代表参加行署科技局召开的高新技术企业认定工作培训会，有针对性地解决企业在认定过程中遇到的实际问题。积极开展技术对接。面向全区企业发放调查问卷，征集企业技术难题，把握企业技术需求状况，并对重点企业进行走访调研。引导呼中电商、创业者探索发展“互联网＋电子商务平台”销售模式，督促其形成“互联网＋生产”“互联网＋销售”等新业态。

【培育发展科技型企业】根据《黑龙江省科技型中小企业认定暂行办法》《大兴安岭地区企业研发经费投入后补助管理暂行办法》等配套管理办法同步实施，进一步优化科技政策环境。加强创新主体培育，把森林大益有限责任公司等6家企业作为重点跟踪对象。加强科技型中小企业培育工作，通过政策宣传、推介对接等多渠道培育科技型中小企业，大兴安岭松益果仁食品有限责任公司被评为2016年大兴安岭地区典型示范科技型企业。加强高新技术企业培育，组织企业代表参加行署科技局召开的高新技术企业认定工作培训会，有针对性地解决企业在认定过程中遇到的实际问题，为今后顺利开展高新技术企业认定工作奠定良好的基础。8月21日，行署科技局到区进行视察，通过走访企业、与企业负责人交流，详细了解企业发展情况，认真听取企业的意见和建议，并进一步介绍高新技术企业和科技型中小企业相关的申报流程以及支持的政策信息，提高企业参与的积极性和申报信心。通过学习研究政策，熟悉各类科技项目指南，掌握科技项目申报的具体形式及要求。开展企业调研，有针对性地对全区农业产业、食品加工等特色产业开展多方位摸底调研，收集全区科技型企业的项目资料，把握上级的政策扶持方向和资金投入导向，找准与全区经济、社会发展的结合点。时时关注大兴安岭地区行署科技局网站，第一时间了解发布的相关项目信息，对项目申报工作做到早谋划、早安排，严把项目质量，将企业申报项目的前瞻性、研发点等写清写透，突出技术难点、攻关焦点、成效亮点从而提升项目申报成功率。

【开展技术对接】面向全区企业发放调查问卷征集企业技术难题，把握企业技术需求状况，并对重点企业进行走访调研，获取需求涉及小浆果、食用菌、中草药、偃松油开发等多个方面。组织4家企业参加黑龙江省科技创新大会在线对接活动，组织3家企业参加大兴安岭行署与省科技厅在哈尔滨科技创新城科技大厦举办的“黑龙江省高新技术成果转化大兴安岭地区主题日活动”。在此次活动中，大兴安岭松益果仁食品有限责任公司与东北林业大学达成偃松油研发的对接意向；黑龙江省文杰生物科技有限责任公司与东北林业大学达成杜香精油产品研发的对接意向；大兴安岭鹏世达山产品开发有限公司与东北林业大学达成桦树泪研发的对接意向。

【科技创新平台建设】紧扣现代市场营销方式，科学谋划好线下线上营销策略。积极引导呼中电商、创业者探索发展“互联网＋电子商务平台”销售模式，督促其形成“互联网＋生产”“互联网＋销售”等新业态；鼓励扶持创业者在各大城市集贸市场、超市设立营销专柜，在本地开设实体店21家，广泛拓宽产品销售渠道。与行署科技局协调衔接，建立全方位的信息沟通渠道。研究相关政策，主动向上级部门反映、汇报科技工作，尤其是重点工作中存在的需求、困难和问题，争取上级部门在政策及专项资金方面对全区的扶持。帮助大兴安岭松益果仁食品有限责任公司和黑龙江文杰生物科技有限责任公司创新推出新产品，努力使企业形成规模化、产业化，打造成本区明星企业。

（科技局　供稿）

防震减灾

【地震监测】2016年3月18日0时53分发生M:4级地震，震源深度7公里，本次地震属于浅源型地震。震中距呼中镇约78公里，距加格达奇区约137公里。这是至呼中区建成地震台网第一次成功向省地震台网中心实时传送，并在第一时间上报区委主要领导，启动地震Ⅳ级应急预案，在天亮后及时组织人员去距地震中心最近的呼源镇进行实地走访，通过走访了解此次地震未对群众生活、工作、房屋造成影响。

【防震减灾宣传】5月12日民政局、向阳社区、北秀社区联合在中心广场开展了以“减少灾害风险，建设安全城市”为主题的防震减灾科普宣传活动。活动中，派发宣传手册450余份，宣传单800余份，使广大群众在一定程度上增强了应急避难能力。7月28日是唐山地震四十周年纪念日，开展铭记历史灾害，防患于未然，防震减灾宣传活动，发放防震减灾小常识手册300余份，防震减灾知识读本200余份，宣传单500余份。通过宣传为广大群众树立“宁可千日无灾，不可一日不防”的防震减灾观念。

（科技局　供稿）

气　象

【综述】2016年，呼中区进入秋防以后，气象局积极开展秋防气象服务，制作每旬天气分析，及时报送地方领导和防火部门，在整个秋防期间没有出现山火。完成林火自动站基础建设。防雷工作依然保持原有力度，对易燃易爆和中小学校、人员密集场所，进行重点检测。区气象局省级文明单位标兵创建工作正式启动。

【完成林火自动站基础建设】林火站建设是2016年省局重点推进的工作，气象局高度重视，认真进行选址、建设。截至2016年年底，基础建设基本完成，将如期完成所有建设、安装工作，并保证数据正确传输。

【防雷工作】开展防雷工作，对易燃易爆和中小学校、人员密集场所，进行重点检测。同时转变工作观念，改变工作方法，对欠缴检测费的单位进行耐心催缴。

【廉政风险防控】局领导班子高度重视廉政风险防控工作，对每一笔资金使用，特别是大额资金的使用，严格按照要求运行。

【队伍建设】培养单位年轻干部，加强人才队伍建设上，因材施教，年轻干部成长较快，特别是在党建、仪器维护、后勤管理等工作上，年轻干部能够独当一面。

（气象局　供稿）

文化体育

文化工作

【综述】2016年，全区文化工作以推进文化大发展、大繁荣为主线，加强公共文化基础设施建设，完善公共文化服务网络，满足人民群众基本文化需求。加大资金争取力度。向呼中镇、碧水镇、宏伟镇、呼源镇发放音响器材。开展群众文化广场、社区和企业等文化活动18场。以“4·23全民读书日”活动为契机，组织开展捐书、赠书、图书漂流等惠民活动。加强文化市场监督，采取技术监控、上网登记、日常巡查与抽查相结合的方式强化网吧管理，重点解决网吧、歌舞厅娱乐场所规定时间内接纳未成年人上网、娱乐和超时营业等问题。以宣传和展示“最冷小镇呼中”独特的区域文化魅力为目标，开展2016年《中国最冷小镇冰雪情》广场文化4场，满足全区职工群众的夏日文化需求。开展“快乐舞步”全民健身运动，全区1000余人参加活动，在黑龙江“快乐舞步健身操”比赛中，获得了一等奖。把文化广场系列活动在电视台连续报道，把广场文化活动形成文字报道，在《大兴安岭日报》进行报道。加强文化市场监督，全年无文化事件发生。

【群众文化】以纪念建党90周年、长征胜利80周年为契机，组织策划以“颂歌献给党”为主题的大型合唱展演活动。以宣传和展示“最冷小镇呼中”独特的区域文化魅力为目标，开展2016年《中国最冷小镇冰雪情》广场文化4场，满足全区职工群众的文化需求。《孙宝山题古物拓片集》被特邀参加全国首届金石拓本题跋精品展，本人参加学术研讨。在向阳社区和宏伟镇举行“践行核心价值。迎新春送春联”活动，书写春联200余幅。全区摄影作品入展2016北京国际摄影周。在“冰雪之冠——黑龙江“国际冰雪旅游摄影大展上，全区7人8幅作品获奖。

【文化产业发展】承接完成20项文化体制改革任务，科学制定《呼中区文化产业十三五发展规划》。黑龙江卫视《回家的路》栏目组在呼中区拍摄播出专题片《诗与远方》，电影《宝贝老爸宝贝妈》剧组在呼中区拍摄最后一组镜头圆满杀青。邀请省内30位知名诗人、作家来到呼中区采风，激发创作灵感。开展“农信杯中国最冷小镇”吉祥物微信有奖征集，三件作品入选。举办电子商务培训班和手工艺品大赛，网上销售小型根雕、木雕画、桦树皮工艺品230余件。龙首洞考古取得新进展。龙首洞考古工作正式纳入国家考古计划。发掘鲜卑时期至旧石器时代文化层十层，出土了2000多件骨器、玉器、石器、陶器，发现古人类灰坑3座、灶址16处。

【基础设施建设】区体育馆、文化馆、图书馆全面实现免费开放，有效提升公益场馆的惠民指数。以“4·23全民读书日”活动为契机，组织开展捐书、赠书、图书漂流等惠民活动。充实图书馆藏书2000余册，充实藏书体系和藏书量，完善各项规章制度，力求为全区职工群众提供一流的阅读环境和良好的阅读氛围，为广大职工群众阅读学习提供便利。

【文化市场监督】加强文化市场监督，采取技术监控、上网登记、日常巡查与抽查相结合的方式强化网吧管理，重点解决网吧、歌舞厅娱乐场所规定时间内接纳未成年人上网、娱乐和超时营业等问题。对出版物市场假冒伪劣盗版书刊、盗版盗印教材及音像制品等行为进行治理，引导文化市场有序经营。

【文联工作】开展“呼中文化大家谈”活动，将优秀发言上传到“呼中网”。制作《1+1面对面》访谈类文化节目，展示全区文化工作的轨迹与成就。开展“情系森防”“五六森防宣传”“颂歌献给党”“庆祝建党九十五周年”等大型广场文化演出。开展“快乐舞步”全民健身运动，全区1000余人参加活动，在黑龙江“快乐舞步健身操”比赛中，获得一等奖。建立文联、作协、摄影、书法等协会。

（文体局　供稿）

电视传播

【综述】2016年，区电视台围绕区委、区政府、林业局的中心工作，加强新闻宣传，把握正确的舆论导向，当好党的喉舌，充分发挥政府与群众的桥梁与纽带作用。按照多出精品新闻实现新突破的工作思路和目标，创新机制，科学管理，确保新闻宣传工作目标的实现和有线电视信号高质量及时无误的传输到用户家中。维修人员按责任区分组负责，保证电话畅通方便用户报修；收费人员节假日轮流值班，使有线服务更贴近用户。策划制作专栏《广角镜头》、《生活聚焦》，对优化发展环境正反典型进行宣传报道，，特别对破坏绿地、损坏公共设施、乱堆乱放、乱倒垃圾等不文明行为全面曝光，有效发挥了舆论监督的职能。强化从业人员的业务素质，定期开展业务学习活动，经常派人到地区台、省台学习培训，提高业务水平。完善奖惩机制，员工的宣传质量、服务质量不断攀升，用户满意度明显提高。全年电视台完成自采新闻稿件600余条，在搞好内宣的同时，加大了对外宣传工作力度，在地台播发呼中区发展建设的相关报道80多篇，省台播稿5篇，中央台播稿5篇。

【电视报道】按照区委、区政府的安排部署，组织策划了一系列宣传战役，取得了较好的宣传效果。组织并搞好“两会宣传”，加大宣传力度。加大春防宣传力度，组织新闻采编人员深入到全区各地对春防的好做法、好经验和各项防火法律规范进行大力宣传。结合志愿服务活动的开展，开办了《善行呼中·美在大岭》专栏，宣传全区各单位开展志愿服务活动。结合全民读书月活动开办《全民阅读》专栏，宣传全区党员学习党章、讲话、做合格党员的先进典型。呼中台开辟《“两学一做”强党性助力发展促转型》《深入解放思想加快转型发展书记访谈》专栏，共制作播出专栏30余期，制作宣传呼中区开展“两学一做”专题教育新闻40余条。电视台开辟专栏《加快推进全民创业》，深入报道全民创业工程实施过程中的典型人物和事件，宣传致富典型；制作的呼中区旅游工作汇报专题片《中国最冷小镇——呼中》，在大兴安岭地区旅游产业发展大会上播放，获得了领导的好评。全年电视台完成自采新闻稿件600余条，在搞好内宣的同时，加大了对外宣传工作力度，在地台播发呼中区发展建设的相关报道80多篇，省台播稿5篇，中央台播稿5篇。

【数字电视网络维护】电视台确保有线电视网络维修工作正常进行、节目正常传输，加强了值班人员的政治责任感和使命感，为严肃工作纪律，电视台与机房值机、网络维修人员签定协议，奖勤罚懒，确保有线电视节目高质量地安全播出。维修人员按责任区分组负责，保证电话畅通方便用户报修；收费人员节假日轮流值班，使有线服务更贴近用户。

【舆论监督】策划制作专栏《广角镜头》《生活聚焦》，对优化发展环境正反典型进行宣传报道，特别对破坏绿地、损坏公共设施、乱堆乱放、乱倒垃圾等不文明行为全面曝光，有效发挥了舆论监督的职能。

【自身建设】塑造“政治强、作风正、业务精、能吃苦、肯耐劳”的广电队伍，服务做到“两公开、一优化”，即公开服务承诺，公开收费标准，优化办事流程。重新修订《呼中电视台制度汇编》。强化从业人员的业务素质，定期开展业务学习活动，经常派人到地区台、省台学习培训，提高业务水平。完善奖惩机制，员工的宣传质量、服务质量不断攀升，用户满意度明显提高。

（宣传部　供稿）

档案史志

【综述】2016年，全区档案系统认真贯彻落实国家、省、地档案局（馆）会议精神，履行档案事业行政管理和档案保管利用两大职能，加强档案法制、资源、信息化等基础建设。顺应形势的发展和全区工作大局的现实需要，进一步整合全区档案资源，突出重点、体现特色，着力强化生态文明战略、重大项目建设、林区产业发展、民生工程等领域档案资料，做到应建尽建、应收尽收，逐步建成内容丰富、门类齐全、结构合理、具有地方独有特色的档案资源体系。将民生档案形成单位、种类及联系方式公布于区档案局网站上，便于人民群众查找利用。制定《呼中区推进档案文化建设工作规划》和《实施方案》，指导文化档案形成单位如何收集、整理和安全保管文化建设档案。6月14日，下发《呼中区人民政府办公室关于印发＜呼中区年鉴（2017）＞相关资料的通知》，并从呼中区教育局抽调老师13人，标志年鉴编写工作正式在全区启动。制定《2016

年呼中区档案行政执法责任制目标》，重点开展集中供热、棚户区改造工程、天保工程等重点建设项目档案指导和检查工作。开展婚姻登记档案目录计算机检索录入工作，升级档案管理软件，实现文件级数据录入。

【档案馆建设】在大兴安岭地区档案局和区委、区政府的支持下，区档案馆新建项目建设资金在 2016 年 8 月份到位，区档案局积极落实建设用地，开展区档案馆新建项目建设设计工作。该项目总投资 242 万元，全部为中央投资。投资计划：大署发改字〔2016〕57 号，计划下达时间：2016 年 4 月 26 日；2016 年 7 月 11 日初设批复完成：大署发改审批 [2016]24 号。主要建设内容与规模：新建档案馆馆舍，建筑面积为 1272 平方米。其中馆库用房 530 平方米，其他业务技术用房 742 平方米。结合全区开展的规范化档案室创建工作，将数字化档案馆建设列入本地信息化建设规划，共著录档案目录一万多条，逐步建成馆藏档案目录数据库。在区政府的支持下，区档案馆今年新配置著录档案专用电脑一台、高清扫描拍摄仪一台，为加快实现档案数字化创造条件。加快档案信息化建设步伐。按照“存量数字化、增量电子化、信息化的总体要求，把建设档案馆作为当前和今后一个时期重中之重的目标，认真贯彻《黑龙江省数字档案馆建设规划》，全面启动档案信息化建设工作，使其尽快实现全文数字化管理。全力打造档案科学管理体系。力争全面抓好档案馆档案规范化管理的提档升级工作，全面提高区档案馆规范化、特色化、科学化管理水平。认真履行档案收集职责，为建设呼中提供全面真实系统的档案凭证。2016 年，接收区委、区政府、区人大、区政协电子档案。加强档案资源体系建设。顺应形势的发展和全区工作大局的现实需要，进一步整合全区档案资源，突出重点、体现特色，着力强化生态文明战略、重大项目建设、林区产业发展、民生工程等领域档案资料，做到应建尽建、应收尽收，逐步建成内容丰富、门类齐全、结构合理、具有地方独有特色的档案资源体系。

【民生档案】开展民生档案调查工作，确定民生档案形成单位和民生档案种类、数量。制定下发《关于进一步做好民生档案建设工作》的通知，对各单位民生档案工作进行业务指导，做到民生档案与其他文件材料一同归档，一同管理。将民生档案形成单位、种类及联系方式公布于区档案局网站上，便于人民群众查找利用。

【档案文化建设】开展文化建设单位调查，确定区广播电视局和区委宣传部 2 个文化档案形成单位。制定《呼中区推进档案文化建设工作规划》和《实施方案》，指导文化档案形成单位如何收集、整理和安全保管文化建设档案。

【档案行政执法检查】年初制定《呼中区档案行政执法责任制工作目标》，明确全年工作任务，确定责任人和完成工作的情况。开展档案行政执法检查活动，重点检查文件材料归档和档案安全工作。

【启动《呼中年鉴》编写工作】根据地区地方志办公室编写年鉴要求，开始筹备年鉴编写工作。5 月，区志办制定完成《呼中年鉴》篇目设计。成立年鉴编写办公室。6 月 14 日，下发《呼中区人民政府办公室关于印发 < 呼中区年鉴（2017）> 相关资料的通知》，并从呼中区教育局抽调老师 13 人，标志年鉴编写工作正式在全区启动。8 月，各基层单位上报年鉴编写人员名单。10 月，区年鉴编写办公室开始进行年鉴编写。由于基层单位供稿质量参差不齐，导致编撰工作进行缓慢。区志办召开编间会，对编写人员进行技术指导，提高编撰水平，准确把握体例。

【《大兴安岭年鉴》供稿】建立年鉴供稿长效机制，确定专人负责。3 月，向《大兴安岭年鉴》提供呼中鉴稿 28 条 10000 余字，图片 40 幅，记录全区 2016 年各行各业发展情况。

（史志办　供稿）

体育活动

【综述】2016 年，全区体育工作贯彻落实《全民健身条例》，坚持以丰富群众体育生活为目标，不断提升体育竞技水平，推进公共体育设施建设，促进体育事业健康发展。成功举办呼中区“创业杯”职工球类比赛、呼中区老年门球赛等体育赛事。做好校园足球试点工作，依托一小、一中、二中、碧水小学、呼源小学开展校园足球活动，在全区校园中推广和普及此项运动。开展健身操、交谊舞等健身运动，提高全民健身素质。为“快乐舞步”全民健身运动开展提供条件。呼中区广场舞代表队，在黑龙江省广场舞比赛中成绩名列前茅。

【全民健身】贯彻实施《全民健身计划纲要》，倡导“全民参与”的健身理念，依托学校、社区、乡镇文化站，组织开展乒乓球、篮球、台球、健身操等健身活动。成功举办呼中区“创业杯”职工球类比赛、呼中区老年门球赛等体育赛事。保证区内各项体育赛事的同时，积极参加省、地各级各类体育赛事，提高全区竞技体育水平。

【学校体育】做好校园足球试点工作，依托呼中一小、呼中一中、呼中二中、碧水小学、呼源小学广泛开展校园足球活动，在全区校园中推广和普及此项运动。

【广场舞发展】群众自发组织，在呼中区中心广场，开展广场舞，吸引广大爱好者参与群众体育活动。广场舞发展，社区、民政局大力支持，给予音响、服装等物质帮助。呼中区广场舞代表队，在黑龙江省广场舞比赛中成绩名列前茅。

（文体局　供稿）

教　育

基础教育

【综述】2016年，呼中区坚持把教育摆在优先发展的战略地位，坚持“四个优先”“五个纳入”，提出“创办人民满意教育”的奋斗目标。加大教育投入，推进义务教育均衡发展。2013至2016年，累计投入2743.2万元，对第一小学、第一中学、碧水学校、呼源学校、综合实践学校进行了维修改造，消除了C、D级危房。新增、更换电脑362台，所有中小学校光纤入校全覆盖，建立网络教室26间、录播教室1间、实现“班班通”。全面有序地推进义务教育“薄弱学校”改造工程建设，大力改善各校办学条件，为继续实现义务教育优质均衡发展奠定硬件基础。坚持走“课程引领，特色办学”之路，坚持依法治校，以德立校，以师强校，以生共校。2016年，区委、区政府在财力紧张的情况下，累计投入资金1297万元，用于完善各校教育教学设施设备、进行校舍维修改造，使全区中小学办学条件、信息化建设水平和教学环境得到大幅改善。顺利通过义务教育均衡发展国家及省、地督导评估认定，深入课题研究，探索课改模式，提升教育教学质量，精心组织，中、高考工作取得可喜成绩。

【义务教育均衡发展通过评估认定】2016年呼中区申报义务教育发展基本均衡区国家评估认定，经过自查申报，通过省、地初审，11月9日，国家教育督导评估组对义务教育发展基本均衡区进行现场督导评估认定，并顺利通过国家验收。

【探索课改模式】完成国家级《基于生态观下区域教育实践研究》课题成果上报工作。开展“一师一优课、一课一名师”活动。依托先进的教育资源在教师中开展微课制作研讨活动。开展小班化开放式教学模式，在基础设施建设、课堂教学、班集体建设等方面进行综合配套改革，提高教育教学效果。

【中高考工作】为确保中、高考工作顺利进行，2016年监考教师全部选派各中小学校科级领导及后备干部，考前对考生进行诚信教育，并面向社会宣传中、高考新政策，打造“诚信高考、阳光高考”。中、高考过程中未出现任何违纪行为，考风考绩受到省、地巡视员和社会的高度评价。

【德育工作】坚持育人为本，扎实推进素质教育，进一步全面开展“中国梦”和“三爱”宣传教育，引导学生践行社会主义核心价值观。注重发挥家长学校的作用，夯实学校、家庭、社会三方并重的德育工作网络，引导学生争做全面发展的一代新人，深化生态文明建设与德育工作的有机融合。

【学前教育】继续实施《学前教育三年行动计划（2014—2016年）》，依托幼儿园为适龄儿童家长做好科学育儿服务工作。规范办园行为，强化日常监管，实现全区学前教育质量的整体提升。加大对幼儿课堂教学的指导力度，开展各幼儿园之间的互听互评课活动，全面提升学前教育整体水平。

【特殊教育】贯彻落实国家《特殊教育提升计划（2014—2016年）》和我省实施意见。做好残疾儿童随班就读工作。落实三残儿童教育经费使用制度，对残疾儿童进行登记备案，并与区残联及时取得联系，争取救助政策，使残疾儿童得到很好的救助。

【体卫艺教育】各中小学校深入实施“体育、艺术2+1”项目，落实体卫艺课程标准，开展大课间、冬季长跑、“百万青少年上冰雪”活动，探索推进体育考试制度改革。开展冬季冰雪教育活动，达到体能与智能双提高的效果。

【心理健康教育】各校建设和完善心理辅导咨询室，配备专兼职任课教师，心理咨询室做到面向全体学生，为受咨询学生建立档案、做好保密工作、定时跟踪疏导、发现问题及时与家长沟通。做到学校、家庭二位一体的教育跟踪模式，做好学生心理辅导和心理健康服务，提高学生心理健康教育的时效性。

【信息技术建设】加大信息技术建设，各中小学、高中教师都能参加网络信息技术培训。在加大信息技术建设的同时更新信息化设备，义务教育学校各教学班全部配备了80英寸LED背光交换触控屏教学机，教师可以在教学中灵活运用信息化教学一体机或多媒体参与课堂教学。开展微课比赛，促进信息技术与课程的有效结合。

【综合实践教育】适应学生身心发展的特点，

综合实践课程安排摄影、刺绣、烹饪、电工、茶艺、航模、彩泥等20个专业课程，教学过程中，注重提高学生的自主生活能力和动手操作能力，课程的开发和利用更有实效性，把培养青少年学生勇于创新的实践精神作为主要教学目标。

【社区教育】社区学院自成立以来一直以“帮助学困家庭解决难题、促进儿童健康发展”为服务理念，以“让学生开心、让家长放心，做人民满意的教师”为服务宗旨，提升社区教育内涵建设，增强教育培训工作的针对性和实效性。

【校园综合治理】按照“党政同责、一岗双责、齐抓共管、失职追责”和“谁主管谁负责”“谁审批谁负责”的重要要求和原则，全面落实安全责任，细化措施，全区各校及幼儿园都成立安保机构及义务消防队，建立健全安全维稳长效机制及各类安全档案，制定相应的安全预案。各校、幼儿园针对火灾、地震、大型活动导致的人员踩踏事件等容易造成重大损失的事故进行定期演练。加强安全教育，持续利用校园广播、主题班队会、国旗下讲话、专题讲座等多种形式对师生进行安全教育，使师生树立安全第一的思想，把安全工作落到实处。教育局成立安全检查领导小组，对各校安全工作进行督导检查，重点对各校实验室危险化学品、食堂食品安全、饮用水安全、冬季交通安全、消防设施设备、值班值宿等进行检查。察看是否落实安全风险防控和隐患排查工作，各校、幼儿园要求实现“四个一”（一校一档案、一校一清单、一校一台账、一校一预案），检查中发现安全隐患立即下达安全整改通知书，并责令及时整改，整改后督导部门及时去验收整改结果，确保教学环境达到安全稳定，有效预防重、特大事故发生。

（教育局　供稿）

教育科研

【综述】2016年，呼中区教育科研工作注重深化教学管理，提高教育教学水平，深化义务教育质量和学生质量评价体系，加强宏观监管、监测、评估。坚持进修校领导、教研员、主管业务局长和校级领导随堂听课、随机抽班听课或预约听课的办法，加大对教学的监控力度。坚持科研导航，开展富有针对性的教科研活动。实行“全体动员，全员参与，骨干带动，重点突破”的策略指导常规课堂教学，促进教师教与学行为的转变。在课改进程中，坚持科研带动教研，有力提升广大教师教研意识，提高教学水平和执行新课程标准的能力，也为教与学方式的转变奠定坚实基础。加强中小学实验教学工作，以此提高课堂教学效果。

【师德建设】在全区开展“我为教师职业添光彩”主题师德建设活动，广泛征集论文、书画作品、开展演讲比赛、举办师德研讨等活动，帮助教师树立正确的世界观、价值观，将教书、育人有机地结合起来，提升教师的职业荣誉感，促进行风建设的深入开展，社会对教育的满意度不断提升。

【教师专业培训】注重校本研修。通过外派学习、远程培训、集中学习等方式，采取“走出去，请进来”的方法，多渠道、多举措提升师资水平。通过多种形式的各级师资培训，一大批优秀教师脱颖而出，为教师队伍注入生机，提升整体教师队伍的活力。

【教师能力测试】提高教师学科专业能力，优化教师队伍建设，呼中区教育局协同教师进修学校组织教师专业素质能力测试，对全区中小学教师进行专业素质能力及新课程标准测试。参考学科包括语文、数学、英语、物理、化学、品德与生活、科学、美术、音乐、体育、综合实践11个学科。通过测试，增强教师对新课标的理解和掌握程度，引导教师开展新课程理念下课堂教学研讨活动，促进教师学课标、背课标、考课标、用课标，打造学习型校园，为创建高效课堂夯实基础。

【党建工作】深入开展“两学一做”活动，学习贯彻党的十八届六中全会精神。把握契机，以主题实践活动为载体，组织本系统全体党员领导干部及广大师生，采取多种形式深入学习、准确把握、认真落实全会精神，将教育系统广大干部师生的思想和行动统一到全会的决策部署上来。加强中小学党建工作，集中落实党建工作责任制，加大党员干部的教育管理要求，面向全体党员深化党内教育，推动党内教育从“关键少数”向广大党员拓展、从集中性教育向经常性教育延伸，使党建工作和党员教育管理工作常态化，取得真正意义上的成效。严格依法治教，完善教育重大决策程序。落实党风廉政建设主体责任和纪委监督责任及“一岗双责”，纪检部门加强对系统单位和部门党风廉政建设的指导和监督。继续学习贯彻《准则》和《条例》，开展警示教育，利用教育网、校园网，扩大反腐倡廉教育的覆盖面。积极推动廉政文化进教材、进课堂、进头脑，大力实施廉政文化精品工程。加强作风建设，遵守党的“六大纪律”“八项规定”，持之以恒反“四风”。坚决查处违反政治纪律、组织纪律、招生考试、物资采购、贪污受贿等违纪违法行为。查处中小学教师违规补课收费、收受学生及家长礼品、礼金等问题。

（教育局　供稿）

党校教育

【综述】2016 年，区党校围绕区（局）中心工作和党员干部培训目标，开展教学研究工作，提出以“创一流干部教育学府、建和谐团结党校”为主题，以培训党员干部为重点，完成区委交给的各项培训任务。推进党员干部教育培训的改革创新，贯彻落实“两学一做”实施方案和“两学一做”进课堂活动实施方案，课堂上贯彻《廉政准则》，倡导“反四风”，认真解决形式主义、官僚主义、享乐主义和奢靡之风问题。全面落实党风廉政责任制，定期组织党员学习相关文件，增强党员反腐倡廉意识。改变过去传统教学模式，充分利用多媒体教学、远程教学等技术手段，增强课堂教学的互动性，提高学员的学习兴趣。全年举办各类培训班 7 个。培训党员干部 300 多人次，培训入党积极分子 40 多人。加强理论研究，着力在促发展、惠民生、精准扶贫等方面提出切实可行的对策、建议。夯实基础建设，改善校内环境。截至 2016 年，区委先后投入 90 余万元进行维修、改造。现代办公设备方面，2016 年区委投入 2 万余元更新老旧多媒体设备。改善党校的教学环境和教学设施。

【培训班次】全年举办各类培训班 7 个。主体班有入党积极分子培训班、基层书记政工干事培训班等。非主体班主要有与纪委、区工会、药监局、区营林局等相关单位，合办纪检干部知识培训班、食品安全知识培训班、营林业务知识培训班等多期，培训党员干部 300 多人次，培训入党积极分子 40 多人。重视《发挥龙江发展讲坛》作用，全年 6 期《龙江发展讲坛》均组织党员干部收听收看，全区党员干部 300 多人次参加。

【培训内容】严格按照《党校工作条例》对党校教育内容的新要求，围绕中央、省、地会议精神，以“两学一做”为主题，“反腐倡廉”为主导，坚持把综合素质培养和实际工作能力提升为教学宗旨，有针对性安排培训。根据参训党员干部的知识结构、专业特长、岗位特点等不同情况，围绕区（局）在不同阶段的工作大局和中心工作，安排设置培训班次和教学课程，调整充实党校的教学计划，教学内容。

【培训管理】《中共黑龙江省委关于加强和改进新形势下党校工作的实施意见》规定，县级党校由县（市、区）委书记兼任校长，县（市、区）委常委、组织部部长兼任第一副校长，并具体履行主管责任。区委召开专门会议部署落实，由区委组织部上报地委组织部审批通过，在常委会议上予以落实。同时，加强党校组织员或班主任队伍建设，区委根据党校层级、编制数量，配备了一名优秀的副科级干部担任学员主任。完善各项规章制度，形成在区委统一领导下的组织部、党校、学员三位一体的管理模式。培训班由组织部督促检查，区委党校负责日常教学和管理，培训班建立班委会，依靠学员自我管理。建立《学员跟踪管理档案》，对党校培训班学员进行跟踪管理和培养。组织调研组分赴各单位，现场召开座谈会，了解培训班学员在党校培训后的学习、工作、生活情况及对党校培训的意见和建议。把收集到的信息反馈给党校，完善党校的培训和管理。

【培训形式】改变过去传统培训形式，充分利用多媒体教学、远程教学等手段，采取任能用贤、走出去请进来使用教师的方式，综合运用座谈式、讲授式、案例式、调研式、体验式等多种教学方法，增强课堂教学效果。组织培训学员们走出课堂到各镇场、到养殖户家里参观、学习、交流。用这种接地气的方式，使培训学员达到学以致用的目的。组织入党积极分子培训班的学员，到贫困户家里进行帮扶，为解决贫困户的实际困难献爱心。

【教学组织】对于每年培训的教学内容，要求教师自己必须学深吃透，决不能“一瓶子不满，半瓶子晃荡”。坚持集体备课、新课试讲制度。对新课程进行集中说课以充实教学内容。坚持培训班教学计划集中讨论制度，培训班教学计划经班子研究集体讨论确定后，报区委组织部审核通过后实施；教学实行班主任负责制，由组织能力强、管理水平高、学识丰富知识面广的教师担任班主任，组织本期培训班教学内容的实施。坚持教学质量的评估制度，每期培训班全部课程结束后，由学员对教师的授课情况进行评估，并将评估结果向学员班通报，学员班根据反馈结果，对教师教学情况进行总结，使教师看到自己教学的长处、亮点和不足，便于今后教学中加以改进，真正做到“教学相长”。

【理论研究】把参与呼中区区情研究作为理论研究的重点，围绕区委、区政府工作的重点、难点，党校专兼职教师每人认领一个调研课题，深入调查研究，开发特色教学课程，讲学理论、促发展、强民生等方面的建议、意见推向课堂，让学员更多地了解区情，有的放矢地进行学习。全年围绕构建和谐社会、新林区建设、党风廉政建设、林下资源利用等课题，深入基层调研3次，撰写调研报告6余篇，其中1篇论文在黑龙江省党干校系统理论研讨会上获得一等奖；确立并完成党校系统地级科研课题4个。

【师资队伍】教师队伍建设方面，存在教师缺编严重和身份待遇没有兑现问题，区委制定措施给予解决。区委做出批示，将采取社会公开招聘或从教育系统调剂方式予以解决。加强对师资队伍的建设培养，积极创造条件，对现有教师进修培训、调查研究、科研立项提供便利条件。

（党校　供稿）

卫 生

医疗卫生

【综述】2016年，区卫生局以深化医药卫生体制改革，缓解百姓“看病难、看病贵”问题为中心，以公立医院改革工作为重点，人民医院全面实施药品（除中药饮片）零差价，药品降价15%，让百姓少花钱就能吃上“放心药”，对大型设备检查、检验价格、技术服务性收费进行调整。下派专业技术骨干人员88人次深入基层医疗机构执业，完善医联体内急救转诊流程，建立双向转诊绿色通道，对转诊患者实施优先诊疗，有效缓解辖区百姓看病难问题。基层医疗机构也积极选派33名医务人员到人民医院培训学习，基层医疗服务能力和技术水平得到很大提高。区医疗机构全部实行基本药物，严格执行零差率销售，真正让百姓享受到医改惠民的好政策。为使辖区特殊人群都能享受基本公共卫生服务，拥有家庭保健医，推进医联体工作，完善急救转诊流程，建立双向转诊绿色通道，有效缓解辖区百姓看病难问题；开展深化医药卫生体制改革宣传工作，加大医改政策解读和正面宣传力度，营造改革氛围；推进公立医院的薪酬制度改革，搞活内部分配，提高医务人员工作积极性，医院医疗能力、服务态度等得到改善和提高。巩固完善基本药物制度。全区医疗机构全部实行基本药物，严格执行零差率销售，截至2016年年底，药物销售额达53.9万元，让利百姓8.1万余元，真正让百姓享受到医改惠民的好政策。继续推进“家庭医生”签约服务。制定并印发《关于印发规范和推进家庭医生签约服务实施办法的通知》文件，开展家庭医生签约工作，现已签约594人。提升统筹联动能力，推进健康兴安行动．启动卫计系统“三减三健·迈向健康”全民健康生活方式行动主题活动月，形成以卫计系统为减盐、减油、减糖、健康口腔、健康体重、健康骨骼行动的引领者，倡导全区居民形成“我的健康我做主”的观念，努力使全区居民享有健康生活环境，拥有健康的体魄。第30个“世界无烟日”，全区各单位开展以“无烟·健康·发展”为主题的宣传活动，通过张贴禁烟标志、禁烟标语、电子显示屏播放公共场所禁止吸烟等宣传形式，提高单位职工对吸烟和被动吸烟危害的认识，营造无烟、健康的工作环境；医疗机构开展义诊活动，免费为群众测量血压，向过往群众介绍烟草的危害、戒烟的方法、发放宣传单等，引导和鼓励广大居民积极参与控烟活动，创建无烟环境。

【爱国卫生月活动】在第29个爱国卫生月活动期间，全区各包片单位，重点整治居民小区、主巷道，窗口单位、公共场所、城镇出入口，棚户改造垃圾、公路两侧的环境卫生，清理白色垃圾和污染物，解决与人民群众生产、生活相关的环境质量问题，预防和控制春季传染病的发生和流行，全面提高人民群众的健康水平。

【卫生执法监督】对全区旅店、浴池、美容美发等51家公共场所进行巡回监督，公共场所卫生环境有很大改善。开展基层医疗机构专项监督检查，各基层医疗机构科室设置、人员配备及人员资质均符合相关规定，未发现出租、承包科室、超范围设置科室、未经过医疗技术鉴定，未经省级卫生行政部门审批开展医疗服务的现象。开展疫苗预防接种专项监督检查，4家疫苗预防接种单位均取得医疗机构执业许可证，从业人员经预防接种专业培训和考核合格上岗，疫苗由疾控中心统一购进，疫苗的购进、分发、使用登记和报告符合要求。3月初对辖区内学校流感防控工作开展专项检查，督促学校加强通风，开展预防性消毒，落实晨检、因病缺勤登记等防控措施，做好流感防控和疫情处置工作，有效地控制疫情的蔓延和扩散。开展放射诊疗专项监督检查，全区开展放射诊疗工作的医疗机构1家，取得“放射诊疗许可证”，现有放射工作人员5人，建立放射诊疗工作人员个人剂量、职业健康监护档案，按规定对放射诊疗工作人员进行计量检测，按要求建立健全各项规章制度、放射事故应急预案以及操作规程，安装有辐射警示标识、警示灯，按规定对放射诊疗设备、工作场所及防护设施进行了检测。日常监督覆盖率100%，卫生监督员网络学习全部达到50学时以上，及时上报卫生信息，质控数据100%，能够及时完成地区下达的国家级卫生计生信息报告系统的工作要求。加大整顿医疗市场打击非法行医工作力度，开展专项行动，无非法行医案件发生。

【健康教育】全区累计建立居民健康档案41489份，建档率93%，全面实行动态管理。基层医疗机构开展了35岁以上高血压、糖尿病患者及65岁以上老年人免费健康体检活动，免费体检新增加脑部多普勒、眼底检查、甲状腺超声三项检查，利于全面掌握老年人的健康状况，共体检1653人次。采取咨询、义诊、讲座等多种形式开展健康教育宣传工作，开展健康知识讲座24次，设置宣传栏22块，发放宣传单万余份，受益居民达万余人，社区中心还创新宣传模式，创建微信公众平台，每周2~3次发送健康知识，截至2016年年底用户600余人，提高辖区居民的自我保健能力。开展党员服务接力进网格活动，定制医药箱、拔罐器、急救包以及全民健康及健康素养66条等慢性病宣传手册，把这些医用品和健康手册分别按用途发放到65岁以上老年人和重症精神病家庭手中，在发放过程中，各责任医生还为老年人讲解了中医适宜技术、如何使用拔罐器缓解身体不适、如何合理用药等知识，深受百姓欢迎。

【疾病预防控制】坚持“预防为主”的原则，做好传染病和地方病防治工作，提高疫情监测报告质量，报告发生法定急性乙、丙类传染病9种42例，发病率为93.04/10万。报告发生死亡人数240人，死亡率为601.83/10万，无突发公共卫生事件发生。加强结核病人发现与管理工作，登记初诊病人数为20人，发现活动性肺结核病人数为14人，对各镇防痨工作情况进行20次督导，书写督导报告24份，入户访视患者64人次，督导病人定期复查。加大艾滋病防治力度，随访患者4人16次，完成CD4和病载检测任务，深入学校社区开展专题讲座。加强计划免疫工作，全区新出生儿童41名，建卡、证率100%，报告接种率大于95%。为保证疫苗质量，方便接种医生工作，区政府为中心配备车载冰箱与无线温控检测仪，定期派专车送疫苗下乡，使疫苗冷链运输在全程温控下进行。加强重性精神病防控工作，检出6种重性精神病170例，检出率为3.52‰，管理率为77.36%，规范管理率为77.36%，病情稳定率为95.04%，新纳入管理的5例。突出三项制度的落实（排查制度、随访制度、档案管理制度），使之趋于常态化和制度化，建立科学规范的精神卫生防治体系。

【妇幼保健】阻断艾滋病母婴传播工作，强化三病阻断工作，妇幼保健站三病阻断人数40人，均得到孕产妇本人及家属的一致好评，使全区的产妇产前检查率有大幅度提高。新生儿疾病筛查，开展苯丙酮尿症、先天性甲状腺功能减低症、先天性肾上腺皮质增生症、葡萄糖-6-磷酸脱氢酶缺乏症筛查，筛查率达到100%。孕产妇系统管理，产妇总数38人，活产数38人，系管数38例，住院分娩数38例，产前建卡数38人，产后访视38人，产后访视率100%，住院分娩率100%，新法接生率100%。儿童系统管理，开展儿童体格检查和生长发育检测及评价，共为儿童进行健康检查112余人次。

（卫计局　供稿）

呼中区人民医院

【综述】区医院在区委、区政府和卫生行政部门的正确领导和指导下，认真开展“两学一做”活动，坚持以病人为中心、以质量为核心，加强管理、改善服务，取得良好社会效益和经济效益。加强“学习型”医院建设，不断提升职工综合素质。内科护士长毛丽娟获2016年度黑龙江省“优秀护士”；内科医生王松梅获大兴安岭地区“五一巾帼标兵”；外科主任李延林获大兴安岭地区首届“健康兴安杯·医德十佳”。呼中区人民医院被授予大兴安岭地区“职工职业道德建设先进单位”等荣誉称号。

【业务能力建设】坚持每月一次的全院性业务知识讲课，由科室带头人以及副高级职称以上人员轮流讲解临床医学知识，组织全院医护人员集中学习。组织每周以科室为单位的业务学习以及护理业务学习，记录学习笔记，定期进行业务技能考核，考试成绩记录到个人档案，作为职称评定以及评先评优的依据之一。结合“两学一做”活动的开展，组织广大党员领导干部学习党章党规、学习系列重要讲话，争做合格共产党员，把思想政治建设抓在日常、严在经常。通过党员带群众，领导帮职工的“传帮带”方式，使广大职工的政治意识、大局意识、核心意识、服务意识均得到明显增强。重视医护人员操作技能的提高，经常组织开展岗位练兵、技能大赛、模拟演练等，组织三名临床医护人员进行医疗技能练习，备战于全地区卫生系统医疗技能操作大赛。不断加大外培力度，选派内科、外科、妇科、儿科以及影像等科室医疗骨干10余人到上级医院进修学习，提高业务水平和技能。

【医疗服务】为方便患者就医，夏季实行“错时上班制”在此期间，妥善安排影像、检验、超声等辅助科室24小时值班，患者可以随时就诊和接受相关的检查治疗，为患者提供“无假日医疗服务”。设立专职导诊护士一名，为行动不便病人免费提供轮椅、担架以及饮水、导诊服务，义务开展糖尿病、孕妇健康教育课堂，配合社区卫生服务中心免费为65岁以上老年人进行B超、胸透、血尿常规、血糖等项目的免费检查，免费开展婚检、孕检以及“四种免费手术”，普及疾病防治和孕期保健知识。结合服务接力“《8+8》”以及“两学一做”活动的开展，组织党员服务队、志愿者服务队深入社区乡镇、老年公寓、居民家中以及在院前广场和中心大街等繁华路段开展义诊咨询服务和主题宣传活动。开展义诊12次，服务患者780人次，发放宣传单1300余份。

【医疗管理】围绕“以病人为中心，以质量求发展，以管理促效益”的工作宗旨，加强管理，健全制度，年初重新核定《呼中区人民医院2016年绩效管理考核办法》。绩效考核小组采取定期检查和不定期抽查的方式对职工的工作表现、劳动纪律、考勤情况等进行检查，兑现奖惩，坚持每周五的行政查房制度，把各科室一周的工作情况进行反馈，做好查房记录，把反馈的问题归纳整理予以解决。认真落实医疗管理核心制度。制定和完善医疗事故防范预案、医疗纠纷处理办法等，强化“三基”“三严”训练。把一切医疗活动纳入法律规章的规范之下，遵守《医疗卫生工作人员从医九不准》的各项规定，坚决杜绝事故隐患，确保医疗安全。

【基本药物零差率销售】随着公立医院改革的不断深入，基本药物的逐渐普及，基本药物比例已经达到总药品的54.2%，部分药品价格低于个体药店和诊所，实行药品“零差率”，全部药品降价15%，让百姓即少花钱又能吃上“放心药”。

【基础设施建设】积极申请对医院现有房屋进行改扩建以及增加必要的诊疗设备，预计总投资近3000万元，新建3000平方米的住院病区，现此项改扩建项目正在等待批复中。区政府、林业局投入40余万元为医院检验科引进全自动血细胞分析仪、电解质分析仪、生物安全柜等设备10余台（套），为临床诊断提供必要的技术支持和保障。

（呼中区人民医院　供稿）

疾病防控

【综述】2016年，疾病预防控制中心以预防为主的方针，加强艾滋病、结核病、乙肝、手足口病等重大传染病和新发不明原因疾病的监测力度。开展慢性非传染性疾病、地方病及传染性疾病网络直报工作。自2016年5月1日起对全区计划免疫工作实行日接种。无脊椎灰质炎病发生，儿童基础免疫接种率97%以上，乙肝疫苗及时接种率91%以上。开展“查漏补种月”活动，补种流脑A疫苗1针次，流脑A+C疫苗2针次。对传染病应急处理到位，全年消毒指导97次，发放含氯消毒剂11000克，开展森林脑炎疫苗接种活动，接种1278针刺。强化检验工作，监测碘盐300份，艾滋病抗体检测210人次，结核病痰涂片401张。推行VCT工作，进行高危行为干预，开展免费咨询、免费检测工作，扩大覆盖面，提高接受检测的人数，共计自愿咨询检测210人，特种人群6人，无一例HIV阳性。死因报告工作排在全地区前列（第二名），1—11月份报告人口死亡数249人，死亡率为6.01‰。全区共报死亡病例249例，年审核及时率100%。

【艾滋病防治】全区艾滋病疫情始终处于全省最低水平，发病率8.69/10万。2016年新发现1例感染者，现已由外地疾控中心随访管理。推行VCT工作，进行高危行为干预，开展免费咨询、免费检测工作，扩大覆盖面，提高接受检测的人数，共计自愿咨询检测210人，特种人群6人，无一例HIV

阳性。为在区内4名病人和感染者落实“四免一关怀”政策，进行免费抗病毒治疗，对其服药情况进行定期检测，身体状况稳定。加强行为干预和综合防治力度，实施重点人群筛查常态化管理，进行艾滋病防治知识宣传。举办1次艾滋病防治培训班，提高医务人员的防治技能。12·1世界艾滋病防治宣传日，艾防科专家配合区卫生局到呼中二中高中生课堂讲解精彩防艾知识，增强和坚定青少年防艾信心。

【结核病防治】2016年是全面推行结防工作“三位一体”新模式的一年，发现和治疗肺结核患者15人（初治涂阳病人为4例；涂阴患者11例；结核性胸膜炎2例），初诊登记48例，新涂阳肺结核患者治愈率为100%，新涂阴肺结核患者完成率为100%，肺结核患者全疗程系统管理率为100%，艾滋病病毒感染者和艾滋病病人接受结核病筛查率为100%。累计督导65次，防视病人35次。累计电视宣传1次，发放宣传材料800份，制作标语30条，挂宣传条幅4幅，提高群众结防知识的知晓率。加强学校卫生监测，遏制手足口病疫情蔓延，对全区的学校卫生监测情况进行多次督导。深入中心幼儿园和区内小学进行传染病的防治知识宣传，发放宣传单300余份，并发放消毒药品。

【死因登记信息网络报告】进行常规疫情网络报告工作，做到上报及时、准确，建立健全各项登记报告制度。定期对医疗机构进行传染病督导检查。为确保网络安全，建立VPN通道，做到早发现、早上报、早控制、早治疗。本年度全区无重大传染病的爆发流行，1–11月份报告乙、丙类传染病发病率108.55/10万(49例)，发病趋势呈平稳状态，结核病与肝炎全区仍为发病前位，防控工作取得明显成效。另外，森林脑炎全年发病9例，死亡2例，病死率22.22%。森脑将是今后防控的重点传染病。死因报告工作排在全地区前列（第二名），1–11月份报告人口死亡数249人，死亡率为6.01‰。心脑血管疾病死亡仍居死因首位。今年无迟审卡片，审核传染病报告质量综合率名列全地区前茅。重点传染病、肠道病监测、流感监测、手足口病监测及不明原因肺炎主动搜索工作及时准确，实现全区乡镇级以上医疗机构疫情网络直报全覆盖的标准，得到上级疾控中心的充分肯定。

【业务培训】组织疾控医务工作人员开展《传染病防治法》《突发公共卫生事件应急条例》《艾滋病防治条件》《结核病防治知识》等卫生法律法规的学习，提高法律意识。定期举办疾病防控业务培训，科室坚持每月学习防控业务。参加省、地区疾病预防控制中心举办的各类业务培训。

（疾控中心　供稿）

食品药品监督管理

【综述】2016年，食品药品监督管理局以法律法规为依据，以为区（局）经济发展、社会安定、生活和谐为己任，以全区百姓食安、药安为重点，以“两学一做”“三严三实”“反腐倡廉”为指导，开展食品药品监督管理工作。宣传食品药品安全的重要性，为食药安全，做到日抽查，月专查，季全查，年总查，为全区百姓食品药品安全保驾护航。全区共有酒类批发兼零售的较大企业11家，对他们进行规范化管理，所有企业都做到建立“酒类商品购销台账、酒类流通随附单”，做到酒类购进、销售账目清晰，向上可追查源头，向下能到达每个商店、餐馆。按照“一次性告知制度”和“首问负责制”的规定，为前来办理许可的食品企业提供快捷、方便的办证流程，共新发食品经营许可证123个。在“医疗机构使用医疗器械专项检查”中，针对危险等级区分检查重点，重点产品都做到查进货渠道、查产品证书、查销售方向。对学校周边餐饮店、食杂店进行卫生监督检查，重点检查从业人员身体健康状况、卫生状况、食品加工原料的来源，避免突发性公共卫生事件。树立百姓药安、食安无小事，严防死守保平安的工作理念，确保百姓吃得安全，用药安全。

【食品安全监管】在日常监管的同时，先后开展“食安龙江百日行动”、春季学校食堂、量化分级管理、旅游景点、中高考、端午节、中秋、国庆等专项整治。在节假日、“两会”、中高考期间重点对学校食堂和校园周边餐饮企业进行检查，对行署在呼中召开的“企业管理会议”进行重点食品安全保障，共进行85个批次的食品快速抽检，食品抽检66批次，餐具抽检200批次。出动执法人员800余人次，检查食品企业800余家次，责令改正120家。全区有酒类批发兼零售的较大企业11家，对其进行规范化管理，所有企业都做到建立“酒类商品购销台账、酒类流通随附单”，做到酒类购进、销售账目清晰，向上可追查源头，向下能到达每个商店、餐馆。开展保健食品、化妆品专项监管。依据日常监管及各专项整顿要求，对全区所有保健食品、化妆品企业进行检查，下达意见书6份，责令改正2家。

【小作坊监督管理】全区有15家生产豆腐、蛋糕、熟食的小作坊，普遍存在着生产环境差，操作不规范的问题，近两年都没有办理“加工许可证”。针对这种情况，请地区的专业管理人员，进行集中培训，指导他们对加工环境进行升级改造，达到标准发放小作坊许可证。

【餐饮服务许可证审查】2016年，食品流通、餐饮许可证转变为二证合一（食品经营许可证）。为保证规范化办理，指派两人进行专门的培训，购买专业的办证设备，有专人负责。按照“一次性告知制度”和“首问负责制”的规定，为前来办理许可的食品企业提供快捷、方便的办证流程，截至2016年年底，新发食品经营许可证123个。

【药品流通安全整治】强化基本药物、医疗器械使用环节监管，组织开展“小药店、小诊所专项整治”“回收药品专项整治”和“无菌和植入性医疗器械监管”活动，每一次检查都做到全覆盖、无死角。在“医疗机构使用医疗器械专项检查”中，针对危险等级区分检查重点，重点产品都做到查进货渠道、查产品证书、查销售方向。

【食品药品安全宣传】在5个社区成立“食品药品科普宣传站”，有专人负责，有办公场所，有宣传书籍。协调相关单位，开展食品药品安全宣传活动。通过现场咨询、电视、报刊，网站，宣传栏，举办培训班等形式进行宣传，发放宣传单（册）4000多份，电视台专题报道4次，播放滚动字幕20天。

【学生餐饮监管】定期与教育局、卫生局对学校食堂进行检查，对食堂采购、贮存、加工、销售中容易造成食物中毒或食源性疾病的重要环节，重点进行监督指导，对存在的问题及时给予纠正。对学校周边餐饮店、食杂店进行卫生监督检查，重点检查从业人员身体健康状况、卫生状况、食品加工原料的来源，有效地避免突发性公共卫生事件。

（药监局　供稿）

社会民生

人口与计划生育

【综述】2016年，区卫计局扎实推进人口与计生重点工作，强化管理和服务，全区计生工作持续健康发展。促进人口长期均衡发展。出生人口素质显著提高，群众普遍享有较好的医疗保健，出生缺陷发生率、出生性别比得到有效控制，以人为本的服务理念增强。继续推进卫生计生改革，确保职能和机构整合到位，职责落实到位，指导基层计生机构改革任务，做好基层计生队伍建设工作，满足群众根本需求。推进实施"两孩"生育政策，加强宣传教育、人员培训、出生监控、出生预警和督查考核，强化日常服务管理措施落实，做到工作有序衔接。加大出生人口性别比综合治理力度，强化查处非法鉴定胎儿性别和选择性别终止妊娠案例管理，完善日常督查、专项考核、区域协作机制。加强流动人口计生服务管理。抓好流动人口基本公共卫生计生服务均等化工作的落实，制定落实单位计划生育工作责任制的指导意见，理顺管理体制，明确单位和属地服务管理职责，加强城市流动人口服务管理体系建设，完善社区计生网络，实现"网格"管理。推动计划生育利益导向政策落实。抓好各项计划生育法定奖励政策的落实，继续落实企业职工独生子女父母退休一次性奖励政策。

【卫生执法监督】按规定成立卫生监督工作站。对在医疗活动中产生的医疗废物进行分类收集，暂存和转运，配备专职消毒管理人员、及时进行消毒、登记。建立传染病登记制度，对发现的传染病患者及时登记报告。设有专职计划免疫接种人员，对疫苗的保存，接种及时登记报告。开展校园卫生健康行动。各校建立学校卫生工作领导小组，建立校长负责制，开展卫生自查工作，建立突发公共卫生事件预案，设立独立的保健室和专职的保健医负责学校的传染病防治工作。建立传染病防控制度、措施、应急预案，开展传染病知识宣传。各校的学校教学环境符合卫生综合评价的要求。教学用房、教室布置、课桌椅型号、采光、照明均符合要求。电热水器有专人负责管理。供水设备有安全防护措施及清洗消毒记录。开展急诊监督检查，人民医院急诊科配备在有效期内的急救药品，护士严格执行急救药品、急诊医疗器械交接班制度，对临近失效期的急救药品能及时更换，除颤器、多参数监护仪、全自动洗胃机等抢救设备均处于工作状态。

【森林脑炎防治】针对森林脑炎发病呈集聚上升趋势，区委、区政府高度重视，采取外出学习、医务人员培训、针对百姓宣传、接种森林脑炎疫苗等有效措施，全力做好森林脑炎预防工作。区局在资金紧张的情况下，经区局长办公会研究决定，给予常住人口每针补助66元的优惠政策，为职工群众接种森脑疫苗3226支，在2016年蜱虫密度增大的前提下，无一例森脑病例发生。

【灭蚊作业】春季以来，气温回升，针对群众反响较强烈的楼区下水管网蚊虫成灾的问题，卫计局、疾控中心和房产与供暖公司组成灭蚊小组，抽调10余名业务骨干，利用一周时间，对民悦小区、兴林小区、地下管网实施细致的灭蚊作业，共使用高效氯氟氰菊酯7000毫升，高效灭蚊气雾剂120瓶，喷洒作业面积达3000余平方米，实现民悦、兴林小区没有蚊虫滋生现象。

【"两孩"生育政策宣传】高度重视"两孩"生育政策宣传，通过社区干部群众面对面、广播电视媒体、手机短信、微信、QQ群等宣传方式，加大对新政策宣传力度。5·29协会活动日，举办人口计生板报展，活动采取板报展示、发放宣传品、宣传资料、解答过往群众咨询等形式展开，促进辖区百姓了解"两孩"生育政策。9月在北出口设置一个宣传"两孩"政策的大型广告牌。

【出生人口性别比治理】4月17日，在全区医疗机构开展从业人员法制和职业道德教育培训，各医疗机构相关从业人员共20余人参加培训。6月17日，工商、药监、卫生计生对区内个体药店诊所和区医院B超室、服务站进行联合检查，经过2天检查，医疗药械市场经营较为规范，无非法出售终止妊娠药物的药店和诊所，无"两非"案件发生。区医院和服务站B超制度健全，管理规范，严格按照要求进行B超检查，不存在非医学需要的胎儿性别鉴定。

【药具管理】全区使用药具人数1483人，占综合节育措施28.1%，药具应用率98%，有效率

99.9%。综合报损率为0，按月随访率95%，知情选择面达100%。区级培训2期，培训人员66人，育龄群众避孕知识接受率90%以上。

【计生帮扶】加强计划生育技术服务能力建设。继续加强服务站“院站合一”建设，不断提高育龄群众生殖健康水平。加大计划生育特殊困难家庭帮扶力度，确保独生子女伤残死亡夫妻的扶助金匹配到位，母亲节联合各镇走访慰问特困特扶计生家庭10户，发放慰问品慰问金共计761元。区政府对符合条件的计生失独家庭，为48人办理住院和重大疾病保险，保险金额达9600元；深入开展“生育关怀”行动和计划生育家庭意外伤害保险工作，推进计生家庭民生建设。发挥计划生育协会在计划生育管理和服务工作中的作用。开展社会关怀、幸福工程、“五关怀五维权”活动和开展“新时期最可爱的人”活动。

（卫计局　供稿）

社会保障

【综述】2016年，呼中区人力资源和社会保障工作全力推进社会事业发展，转变工作作风，提高服务意识，强化部门窗口作用，做到工作职能流程公开。社会保险覆盖面继续扩大，城镇职工实现参险率100％，工伤保险和生育保险参保4916人，占在职职工的100％。失业保险参保4200人，城镇职工医疗保险参保13218人；城镇居民医疗保险参保17328人。基金征缴方面，职工缴费297.6万元，居民缴费248万元。职工医保基金按工资总额的6％匹配，统筹基金2034万元，个人账户按2％缴费297.6万元；开展一次性安置人员医保补贴工作，实现补贴人数7129人次，争取补贴资金1800万，完成一次性安置人员总人数的60%，居民医疗保险费收入增加3000千元。

【解决劳动争议】接待群众来访240人次，处理来信75件，“民生热线”转办30件，排查调处矛盾纠纷60件，书面答复、复查和复核信访事项20件，按期办结率100%。

【工伤认定】受理工伤认定4件，作出工伤认定3件，劳动能力鉴定20人，待遇审核共36人次，为41人共计支付一次性伤残补助金46万余元，老工伤纳入工伤基金9人。

（人社局　供稿）

社会保险事业管理

【综述】2016年，社会保险工作进一步明确工作目标，强化工作职责。按照工作目标任务，逐级进行分解，明确职责，完善工作制度。实施制度管人、管事、管队伍，确保监督管理到位，政令畅通。积极推进扩面征缴工作，适应对扩面征缴工作由主导到协助的角色转换，完成各项社会保险扩面、征缴和清欠任务，确保社会保险待遇按时足额发放到位。按照缴费基数，加大工作力度，提高工作效率，全面完成年度收缴工作。推进标准化管理服务建设，拓展社会化管理服务内容，将全区社会化管理服务工作提升到新的水平。

【参保职工】全局应参险职工17349人，已参险职工12552人，其中个体工商户、大集体、混岗知青和一次性安置8204人，完成计划（13127人）的96%。国有企业实际缴费职工4739人，完成计划（5481人）的86%。

【基金征缴】单位缴费基数总额为15901万元，个人缴费基数为15859万元，个体劳动者缴费工资总额为19541万元。全年收缴金额为10764万元，其中本期企业应收4973万元，实收4462万元，完成计划的90%。大集体、续保和个体工商户应收4207万元，实际收缴3908万元。完成计划的93%。本期补缴2304万元，其中企业职工补缴1928万元，续保补缴以前年度376万元。

【养老金支付】全局离退休人数为13943人，其中离休17人、退职476人、退休13450人。养老金足额按时发放。

【指纹验证】按照上级相关文件规定，退休人员13350人，活体认证1268人（活体验证）、6645人（触摸屏验证）；卡片验证人数2592人，协查认证包括其他方法验证2154人。对人在外地的退休人员通过各种渠道宣传新认证方式及网址，包括通过微信和QQ群等新的网络工具，进行告知和宣传。社保与民政等部门，加大离退休人员死亡清查力度，保证指纹验证工作在规定时间内全部完成。

【档案影像化录入】将档案种类分类划分，残缺页面挨页粘补，严格按照档案影像化规定整理录入。全年影像化整理录入档案五大类，共107卷，15438页。

（社保局　供稿）

民族工作

【综述】2016年，呼中区民族工作牢固树立“共同团结、共同繁荣发展”理念，依法行政，有力维护全区民族团结和社会稳定。制定《呼中区开展民族团结进步创建活动实施方案》和《呼中区穿件活动标准》，带动全区民族团结进步活动的开展。关爱少数民族，开展为少数民族困难群体送温暖活动，对全区贫困少数民族家庭走访慰问，帮助他们解决生活中的实际困难。加强少数民族成分更改工作。强化少数民族干部培养工作，区委选拔少数民族后备干部派送到省、地参加各类培训，提高少数民族干部的水平。更新少数民族干部人才库，把更多的少数民族人才吸纳进来。开展少数民族情况调研，撰写调研文章。

【关爱少数民族】对全区少数民族在校学生发放助学金、给予免交杂费、高中计划招生免交学杂费，开展为少数民族困难群体送温暖活动，对全区少数民族贫困户进行走访慰问，通过发放慰问品、慰问金、低保救助等救助形式，帮助少数民族困难家庭解决生活中的困难。

【促进民族团结】制定《呼中区开展民族团结进步创建活动实施方案》和《呼中区穿件活动标准》。开展民族团结进机关、进学校、进社区、进企业活动，以对贫困少数民族家庭开展结对帮扶为载体，把区疾病预防控制中心、二中、区医院、向阳社区、北秀社区等5个单位作为开展民族团结进步创建活动的试点单位。通过开展联谊活动等方式，宣传民族政策、法规和民族知识，促进民族团结。

【民族成分审核】加强少数民族成分更改审核工作，按照民族成分更改文件规定进行工作，无错改、乱改成分等违规行为发生。

【宗教工作】贯彻落实中央及省委民族工作会议精神，做好少数民族工作，做好少数民族代表人士的教育培养工作，协助做好少数民族干部的培养选拔工作，抓好少数民族代表人士和骨干人才队伍建设。把握宗教工作的方针政策，做好新形势下宗教领域重点工作，确保宗教领域和谐稳定。贯彻落实全省宗教工作会议精神，把握贯彻宗教信仰自由政策与依法管理宗教事务相结合的方针，坚持用法制思维、法治方式处理解决宗教领域的矛盾问题，切实提高依法管理宗教事务的水平。加强宗教界代表人士队伍建坚决抵御境外利用宗教进行渗透，防范宗教极端思想侵害，引导宗教为促进全区经济发展、社会和谐、民族团结、祖国统一服务。

【民族调研】5月份开始，利用一个月的时间，对少数民族基本情况、少数民族科级以上干部基本情况、少数民族受教育情况、少数民族公务员基本情况做翔实调查，撰写《呼中区培养选拔少数民族干部调查报告》和《呼中区少数民族政策落实情况的调研报告》。

【少数民族干部培养】更新少数民族干部人才库，实行少数民族干部人才数据库常态化管理，录入少数民族干部的信息，为少数民族干部的提拔提供方便。区委选派有优秀少数民族后备干部参加省地举办的各类培训。

（统战部　供稿）

民　政

【综述】2016年，全区民政部门以保障民生为出发点，建立以最低生活保障为体、临时救济为补充，社会互助等优惠政策相配套的城镇综合社会救助体系，保障城镇低保，特困救助等社会救助制度的有效实施。健全规范社会救助，2016年年底全区低保户2516户，4190人。发放低保金及物价补贴1868.4万元，取暖补贴283万元。简化医疗救助程序，持续推进“一站式”服务，全能核销医疗救助223.8万元，发放孤儿费28.8万元。健全临时救助制度，发放临时救助86.6万元，安置退伍军人10人，

6人选择自主就业。全区有各类志愿者服务队30支，组织开展社区义务服务活动110余次。为社区居民提供各类服务2000人次。开展中介服务40余人次，举办各类文艺活动1000人次，参与群众1.2万余人。增强服务能力，全年接待群众450余人，没有发生因民政工作失误而越级上访事件。

【城镇低保管理】 落实由镇政府先审核，再由区民政局进行审批的“二级管理”模式，成立低保监审会，组建低保民主评议小组。执行由政府相关部门组成的低保工作联席会议制度、低保家庭月收入申报制度、低保对象劳动就业行业认定制度、低保审核与就业服务衔接制度和低保监督举报制度，定期开展低保清楚工作，联合社保局、工商局、公安局、建设局、金融、保险等部门建立低保家庭收入核对机制，杜绝人情保、关系保等现象发生。全年清退不符合低保条件家庭658户、974人。建立调查、审核、审批责任追究制，保证居民合法权益。全年发放低保金及物价补贴1868.4万元，发放低保取暖费283万元，一次性生活补贴134万元。

【社会福利】 将全区15名“三无老人”全部纳入到低保中，将生活由原来每人每月1000元提高到1200元，已发放生活补贴19.4万元。对社会福利院进行全面的安全防火大检查，保证“三无老人”集中供养的环境安全舒适。为60周岁以上老年人办理141个老年证。为全区47名60周岁以上的低保、低收入的失能及半失能老人建立档案。为全区18名离岗老委主作发放生活补贴7.99万元。全区现有社会散居孤儿20名，为保证孤儿的正常生活和学习，按要求20名孤儿已全部录入到全国儿童福利信息系统平台，将孤儿生活费由1000元提高到1200元，已发放1至12月生活补贴28.8万元。为困难残疾人和护理人员发放生活补贴60.6万元，其中享受困难残疾人的生活补贴人数为357人，护理补贴人数为206人。

【应急救助】 全年发放临时救助86.6万元，发放2015一2016年救灾救助款35万元，各项救助工作“零遗漏”“零误差”。

【双拥优抚安置】 落实优抚政策法规，加强对重点优抚对象和贫困优抚对象的帮扶解难。全区现有优抚对象23人，其中伤残军14人，烈属2人，在乡军2人，参战1人，满60周岁农村户籍4人。社会性发放2016年优抚对象抚恤金35万元。并为伤残军人、在乡军人解决医药费用3.1万元。春节慰问重点优抚对象5户，发放慰问金0.35万元。其中10人选取安置工作，6人选取一次性经济补助金。选取工作的退伍士兵，已安置到呼中扑火队，此项工作达到退役士兵家属、退役士兵、接收单位的“三满意”。2016年现发放义务兵家属优待金60万。

【社区规范化建设】 加强社区基础设施建设，实行社区网格化管理，使用网格服务办公软件，全区5个社区87名社区干部兼职网格长，发挥社区干部作用，全年发放网格长误餐补贴20.88万元。

【居家养老服务】 建立健全居家养老联络员、联络站、居家养老服务站、居家养老服务中心四级服务网络，覆盖社区内所有老年人，并掌握老年人信息。全区各镇成立5个居家养老服务战，完善养老服务机构建设，维修改造一所综合性福利院，建筑面积480平方米，占地面积1200万平方米，拥有服务能力18床位。福利院主体工程完工，供暖、供水管线、供电配套设施及福利院周边道路硬化完成。

【地名普查】 推进第二次全国地名普查工作的开展，成立呼中区第二次全国地名普查领导小组及办公室，明确职责分工，制定呼中第二次全国地名普查工作制度及《呼中区第二次全国地名普查工作实施方案》。财政局、国土局、建设局、交通局、统计局、工商局、水利局等32个领导小组成员单位密切配合，为普查工作提供支持和服务，指派联络员，负责提供相关行业地名信息资料。召开《呼中区第二次全国地名普查领导小组联络员会议》及《呼中区第二次全国地名普查工作推进暨培训会议》，整理各类培训材料100余份，发放业务指导手册30本，共培训20余人次，完成呼中地名普查地名目录140余条，完成地名登记表100余份，及时上报各类省、市、区普查工作文件、会议文件及信息等。完成2015年规划内全国地名普查工作任务。

【殡葬管理】 安排部署清明节祭扫服务保障工作和全国殡葬系统主题宣传月活动，开展文明、低碳、环保，绿化祭扫活动，悬挂条幅4条，发放2100份宣传单，出动30余车次，百余人参加宣传。

全区死亡人数164人，火化率达100%。

【婚姻登记】推进婚姻登记规范化管理。全年办理结婚登记190对，离婚登记200对，补发证件登记80对，登记合格率100%。

【社团管理】根据《社会团体登记管理条例》，监督检查社会团体执行登记管理条例情况，截至2016年年末全区共成立登记社会团体10个，合格率100%。完成对2015年的社会团体的年检工作。

（民政局　供稿）

残联工作

【综述】2016年，呼中区残联工作取得突破性进展。认真做好康复工作。“双项补贴”工作由民政部门牵头，残联配合负责协调审核残疾人证，通过社区、镇、残联、民政4级审批制度，具体补贴款由民政部门负责发放。2016年办理核发残疾人证126个。保障金收缴工作顺利完成。残疾人服务状况与需求专项调查工作顺利开展。呼中区托养中心建设工作完成，投入使用。

【康复工作】2016年完成孤独症儿童康复救助2例；成人肢体康复服务5名；对981名残疾人完成康复需求调查，其中，贫困残疾人384人，有康复需求的残疾人74人。

【残疾人就业】全区4镇的专职委员全部上岗到位，为提高专职委员的办公水平，6月份开展第一期电脑培训班，聘请区实践学校的专业老师进行集中授课，参加培训的残疾人以及残疾人专职委员近30名。区残疾人公益性岗位长期就业人员年初为63人，由于有2人办理退休手续，有3人自愿解除劳动合同，年末有公益性岗位在岗人员为58人。

【残疾人扶贫】“双项补贴”工作（重度残疾人护理补贴和贫困残疾人困难补贴）主要由民政部门牵头，残联配合负责协调审核残疾人证。通过社区、镇、残联、民政4级审批制度，具体补贴款由民政部门负责发放。2016年，全区4个镇5个社区共计发放重度护理补贴款262人262 00元，困难补贴381人304 80元。有26户52名残疾人享受“一户多残”贫困残疾人家庭特殊救助金共计312 00元。

【残疾人证办理】2016年，办理核发残疾人证126个，其中，视力残疾12个，听力残疾2个，肢体残疾100个，智力残疾1个，精神残疾10个。

【保障金收缴】中国邮政集团公司大兴安岭呼中区分公司到残联完成年审。地税局共收到保障金41555.03元，其中中国工商银行股份有限公司呼中支行缴纳35306.64元，大兴安岭地区保安押运有限公司呼中分公司缴纳6248.39元。

【残疾人服务状况与需求专项调查】残联主管领导和工作人员于2016年6月28日参加地区残联举办的残疾人基本服务状况和需求信息更新业务培训。培训后及时组织各镇负责此次专项调查的相关人员进行岗前培训。通过3个月的调查，需调查残疾人为1031人，实际调查1031人，其中入户调查898人、电话调查133人，入户调查率达87%，完成调查指标，完成上报工作。

【盲人按摩院筹建】盲人按摩院正在准备运行中，所需设备按摩理疗床、足疗沙发、足疗桶、踩背床已全部购置完毕，房屋、人员配备到位，有2名按摩人员，预计在2017年5月开始正式对外营业。

【托养中心建设】呼中区托养中心建设工作，于7月15日正式动土开工建设，10月30日主体工程完工，11月20日室内装修完成。

（残联　供稿）

关心下一代工作

【青少年教育】关工委坚持不懈地用社会主义核心价值体系教育青少年，积极探索改进青少年教育的载体，发挥“五老”结对帮教青少年的优势和作用，净化青少年成长的社会文化环境。

【维护和谐稳定】进行信访大排查。妥善处理各种矛盾和问题，及时化解不稳定隐患，维护社会的和谐稳定。在黑龙江省第十二次党代会和一带一路峰会期间，排查人员以“条块结合、以块为主”的原则，对辖区内社区的所有小区进行排查，深入居民家中，大力开展综治信访稳定大排查。经深入走访排查，未排查出不稳定因素。

（关工委　供稿）

镇场管护区

呼中林场

【综述】2016年，呼中林场以“保生态、惠民生、促发展”为目标，以经济转型为重点，大力发展全民创业，与上级部门协调，组织职工参加食用菌养殖、北药种植、特色动物养殖、营造林生产、电子商务、职工创业技术水平，拓宽致富渠道，促进各项经济事业稳步发展。加强森林资源管护，严格执行停止商业性采伐的决定，发挥检查站、管护员的职责，与有关部门密切配合，严格管理森林资源，无一起林政案件发生。成立“三清”领导小组，对辖区内的13条沟系逐一进行“三清”，做到入山有人查，进山有人管，坚决杜绝闲散人员入山。推行“民情恳谈会、民情分析会、民情调解会”的“民情三会制度”，为职工解决实际困难。呼中林场以“植树绿化、美化家园”为主旨，开展了呼中居民区的义务植树活动，规划出各区域种植版图，并确定相应版图树种，在指定位置进行描点定位，指定区域分管负责人，带领各自小组成员进行挖坑、栽种、踏实、浇水、扶正等系列工作。提高营林质量，完成中幼林抚育4733.3公顷，补植补造799.9公顷，造林100公顷，完成任务的100%。鼓励职工利用营林工作的闲暇时间，大力开展山野资源采摘，采集蓝莓23吨、红豆84吨、偃松籽465吨。全场动员、上下齐心发展自营经济，帮扶职工开展北药种植、食用菌养殖、牲畜家禽养殖、特色养殖等。对没有技术的，请能人教技术；对没场地的，提供场地，对没原料的，帮助解决原料；没资金的，帮助联系贷款；没有销路的，帮助联系销路；竭尽所能帮助职工创业致富。建立完善党务、政务公开等规章制度。对企业改革、职工就业、职工缴纳养老保险、医疗保险、营林生产任务分配、林下经济小额贷款发放等工作实行办事公开化，做到事前、事中、事后全程接受监督。

【森林防火】防火工作中，强化责任落实，签订防火责任状，与本场职工、各作业组共签订《春季森林防火责任状》110份、《秋季宣传教育责任状》110份、《吸烟责任制》70余份，与林下经济户、营林作业组等责任人签定《防火保证书》34份，增强全民的防火意识。制定《呼中林场秋季宣传教育工作实施方案》，落实宣传责任人、宣传目标和任务。组织机关干部、志愿者到人员集聚区发放防火宣传单500多份，宣传森林防火法律法规。张贴防火布告5张，，实施“彩旗工程”，在林场周边，悬挂大型防火条幅6幅、在呼阿公路设立大型的防火标语牌6块，对野外作业人员采取“一对一”、“面对面”等宣传方式，落实“义务宣管员”责任，使宣传教育覆盖面达到100%。制订《呼中林场森林防火培训计划》《呼中林场森林防火培训方案》对专业扑火队员、调度值班员、向导、管护员、巡护员进行岗位培训进行分层分岗岗位培训。成立了“三清”领导小组，对辖区内的13条沟系逐一进行“三清”，做到入山有人查，进山有人管，坚决杜绝闲散人员入山。组织了50人的专业扑火队，60人的半专业扑火队，精干扑火队25人。加大了资金的投入力度，在东山推防火隔离带800延长米，林场有防火车辆7辆、风力灭火机18台、二号扑火工具54把，准备充足的扑火物资，确保防火工作圆满完成。

【民生工作】推行“民情恳谈会、民情分析会、民情调解会”的“民情三会制度”，为职工解决实际困难。把“服务接力8+8”活动与“领导干部深入基层联系群众服务接力进网格”活动相结合，充分调动在职党员服务社区的积极性和主动性，强化党员的服务意识。面向全场职工征集全民创业“金点子”5个。成立金龙林下经济合作社，从事黄芪、桔梗等北药种植，共20户，种植北药83.2666667公顷。养殖东北黑蜂60箱、林羊300多只、森林猪等特色养殖；鼓励有创业需求的职工率先转变思想，成立4合作社养殖黑木耳、灵芝和滑子菇等食用菌254.3万袋，在个人增加收入的同时，带动其他转产职工共同致富；开展林下商业产品的采集工作。采集蓝莓23吨、红豆84吨、偃松籽465吨。组织职工参加营林生产技术、食用菌种植、林下养殖等各类技能培训6次。鼓励青年职工带头开设网店、微店。林场领导从他们的思想上入手，以扶志激发摆脱贫困的内在动力，不断帮助他们转变思想观念，带领他们到养殖种植示范户家进行现场观摩，与他们进行面对面的交流，激发他们的创业热情。

变被动救济为主动脱贫，为贫困职工搭建致富平台、家政服务等方面的技能培训班，与上级部门协调，组织他们参加食用菌养殖、北药种植、特色动物养殖、营造林生产、电子商务等培训，提高贫困职工创业技术水平，拓宽脱贫致富渠道，提升自主脱贫能力。工会始终把服务职工作为第一要务，免费为女职工办理女性安康保险，并为男职工办理男性特定疾病保险。

【义务植树】组织林场83人志愿者服务队，义务参加环境绿化和责任区环境清理等劳动。林场以“植树绿化、美化家园”为主旨，开展居民区的义务植树活动，规划出各区域种植版图，并确定相应版图树种，在指定位置进行描点定位，同时指定区域分管负责人，带领各自小组成员进行挖坑、栽种、踏实、浇水、扶正等系列工作。为确保达到绿化工作的终极目标保质存活，林场制定绿化责任分解表，将居民区划定为分担区，由各小组进行日常维护，要求各组每天在责任区“扶正踏实”至少一次，各自负责分担区浇水工作。林场职工在居民小区共义务种植云杉746棵、樟子松307棵、红瑞木15270株（400延长米）、稠李子291株、黄槐2簇、山丁子183棵、金铑梅20005株（200延长米）、榆树74棵、山楂（面果）43棵。

【信访工作】在维稳工作中，实行党政领导公开接待群众来访日制度，经常召开信访工作会议，走访慰问贫困职工，及时发现问题，解决问题。针对来访人和重点人员的诉求，通过多方协调尽量满足，做好耐心解释工作，使信访人最终达到息访、罢访的目的。为做好事前防范，加强重要会议、重大活动等重要敏感时期的信访工作，实行零汇报制度和接送站制度。

【党建工作】党委中心组重点学习区局两会、党章及习近平总书记系列讲话等48次、各基层党支部分别集中学习48次、上党课12次。林场党委结合各支部的实际情况，本着方便活动，注重实效的原则，投入资金，为支部党员活动室更新活动图版，订阅党报、党刊等完善了支部阵地建设，丰富党员文化生活。推行“民情恳谈会、民情分析会、民情调解会”的“民情三会制度”，为职工解决实际困难。把“服务接力8+8”活动与“领导干部深入基层联系群众服务接力进网格”活动相结合，充分调动在职党员服务社区的积极性和主动性，强化党员的服务意识。在“两学一做”方面，以支部为单位组织全体党员深入学习六中全会公报和全会审议通过的《关于新形势下党内政治生活的若干准则》和《中国共产党党内监督条例》，把学习全会精神与林场当前的工作相结合，切实抓好全会的学习、贯彻和落实。组织党员学习了中央电视台联合录制的反映全国“两优一先”典型事迹的专题节目《榜样》和黑龙江省“两学一做“系列微党课，每名党员都撰写了观后感。在廉政建设方面，班子成员建立了《党风廉政建设工作纪实记录》，落实党委主体责任和纪委监督责任，推进分管部门的党风廉政建设工作。建立完善党务、政务公开等规章制度。对企业改革、职工就业、职工缴纳养老保险、医疗保险、营林生产任务分配、林下经济小额贷款发放等工作实行办事公开化，做到了事前、事中、事后全程接受监督。

（呼中林场　供稿）

呼源镇（场）

【综述】2016年，呼源镇（场）以经济发展为主题，以民生改善为主线，以体制创新为动力，以增加百姓收入为中心。努力做好党建工作，做好党建为民生，提倡党员带头创业，全民奔向小康；全力做好营林工作，承包做到不外包，对内对外公开透明，今年累计完成造林266.7公顷，补植补造933.3公顷，补苗3242.4公顷，整地666.7公顷，病虫害防治695.12公顷，病虫害防治监测31266.7公顷，幼林抚育2000公顷，保质保量地100%地完成营林生产任务。大力开展山野资源采摘，发展林下经济，对于山野资源，进行合理采摘，做到永续利用，杜绝野蛮采摘，毁灭式采摘；全年采集蓝莓28吨，采集红豆88.3吨，采集偃松籽42吨。加强护林防火工作，全镇高度重视，人人护林防火，个个保护青山绿水，守护好金山银山，杜绝林正事件的发生；重视旅游开发，让事业区内的景观，为镇域经济创造出更多的财富；壮大养殖业，多措并举，扩大养殖规模，增加养殖种类，提高养殖效益，增加百姓收入。

【镇域经济】支持全民创业，镇场积极鼓励职工创业致富，为种养殖户免费提供厂房3000平方米、场地11000平方米。组织职工参加木耳、灵芝养殖、林下采集、北药种植、家政服务技能等培训班，共计150余人参加培训。成立灵芝、黄芪、桔梗等北药种植示范区共计566.7公顷。为木耳养殖户解决桦木锯末原料问题，保证养殖户能够正常生产。职工养殖木耳的有15户，养殖木耳100万袋；养殖灵芝的有23户，养殖灵芝33.3公顷；桔梗养殖户有36户，养殖桔梗53.3公顷；种植黄芪466.7公顷。镇场加大畜禽养殖的支持力度，多渠道、多方面进行扶持，现有养牛职工6户，养牛150头；养羊职工3户，500头；养猪职工8户，养猪1000头；养鸡的职工有17户，养鸡12000只。累计完成造林266.7公顷，补植补造933.3公顷，补苗3242.4公顷，整地666.7公顷，病虫害防治695.12公顷，病虫害防治监测31266.7公顷，幼林抚育2000公顷。实现保质保量100%完成营林生产任务。大力开展山野资源采摘，全年采集蓝莓28吨，采集红豆88.3吨，采集偃松籽42吨。

【护林防火】在防火工作中，形成层层负责的防火责任体系，严格落实各项防火措施，防火责任状签状率达100%，动用机械设备组织工作人员在主街悬挂480面防火旗，张贴防火标语大字块20幅、小条幅10幅，设立封山杆60个。安排防火宣传车在镇内全天进行防火教育宣传，张贴省、地级防火公告20余张；对扑火使用的12台车辆、39台风力灭火机、8台油锯、30把2号工具进行全面的维护和保养，保障扑火是零故障工作；组建专业80人的扑火队，50人的精干扑火队，50人的群众扑火队，适时加大扑火队员的体能和专业技能训练，使扑火队员召之即来，来之能战；加强资源管护力度，对各入山路口加强监管，严防火源入山。通过加强制度管理、明确责任、派出驻厂监督员等有效措施，做到严抓细管，切实做到保护好资源，使资源合理利用。加强检查站、管护站的管理，严格检查登记，发挥站卡作用，加大管护队员的上路巡护检查力度。加强保护资源教育，提升职工群众的资源保护意识，严禁私自占用和破坏林地资源。各检查站由科级领导和机关干部带班全部上岗到位；春夏季几次发生雷击火警，由于接到命令早，出发迅速，扑救及时，指挥方法得当，紧密合作，克服高温干旱等诸多不利因素，都在最短的时间内将雷击火扑灭，有效保护国家有限的森林资源。

【文明城镇创建】镇场以打造生态旅游城镇为目标，在保障日常生活垃圾达到日产日清的同时，2016年扶直板杖子1000多延长米，死树栽除30余颗，修整草坪6000多延长米，平整小区巷道4000余延长米。同时深入开展城镇绿化美化亮化工程，对往年栽植的未成活的部分树木进行更换，修剪红瑞木绿篱2300多延长米，种植各类花卉13000多株，全面维修了主街两侧的路灯，并在桥头加设3盏路灯，镇场还多次组织职工在镇北出口位置开展植树活动，累计达700余株，冬季为美化镇内环境，在主街两侧及中心位置堆雪墙、设冰景、插纸花，使镇容镇貌焕然一新。

【民生工作】镇场把保障和改善民生作为振兴发展的重要工作，加强民政工作，严格落实低保和大病救助政策；入户发放计划生育各类补助金84385元；开展广场健身文化；关心弱势群体，开展“双百工程”“服务接力8+8”“网格包服”等帮扶活动。2016年，全镇在岗职工年平均工资25284元，比2012年20789元增加4495元，年均增长4.3%。职工开始享有住房公积金待遇。加强扶贫工作，为贫困户建立了精准脱贫台账，建档立卡，做到了一户一档，一人一卡，确保了贫困户基础数据的准确。在困难职工中筛选出15户，组织镇场科级干部与他们进行一对一帮扶，给他们提供技术和信息帮助让这些困难职工早日脱贫致富。在两节期间，镇场和工会自筹资金25000多元，慰问重病职工（退休和在岗）、工伤人员、工亡遗属、特困职工50余人。

【旅游业发展】围绕国家AAA级旅游景区和石林地质公园，加快旅游业发展，不断提升景区的档次和知名度，促进镇场旅游业快速发展。制定景区门票收取标准，细化各项管理机制。自6月1日实施景区门票以来，接待游客达1万人次。加强景区基础设施建设，镇场累计投资41.9万元，修建小白山观光塔并在小白山景区北侧山谷修建露营基地，为户外穿越项目做准备，正在筹建中。在石林景区增加主、副碑两个标志性建筑，规范景区标识牌，拓宽景区入口场地，把此处修建的广场打造成路边公园。打造冰雪旅游项目，镇场组织职工在主街两侧及中心位置堆雪墙、设冰景、插纸花，丰富冰雪文化内涵，突出最冷小镇特色。

【社区建设】镇（场）为呼源社区添置电脑6台，办公桌8个，开展“网格包服”“服务接力8+8”等活动，组织党员干部开展“我和百姓心贴心”活动，孤寡老人、残接人献爱心，帮助做家务送信息送温暖。志愿者服务队有10支，主要从事环卫清洁工作、慰问困难职工、慰问残疾户、植树、镇内亮化美化、景区卫生清洁、帮助孤寡老人干活、为扑火队员义务献工等工作。

【社会综合治理】做好信访稳定和综合治理工作。落实各项信访工作制度，坚决防止影响社会稳定的事件发生。坚持“三包二保二见面一接站”的方法，加大矛盾纠纷排查化解力度，切实解决群众反映的实际问题，提高预防化解矛盾能力，深入开展平安创建活动，认真排查突出治安问题，对违法犯罪保持高压态势，增强群众安全感。镇（场）高度重视安全生产、城镇消防、食品药品安全等项工作，确保不激化百姓生活矛盾，保证广大群众的生命财产安全。

【文明创建】结合工作实际，开展“网格包服”活动、“服务接力8+8”活动和“志愿者服务”活动，全年，8个网格共开展各类服务活动90多次，帮助群众解决难事120余件，为弱势群众义务献工400多人次，进一步密切党群、干群关系。在精神文明创建活动中，开展了以“爱在呼中、美在大岭”为主题的丰富多彩的活动。开展大兴安岭精神教育、文明礼仪教育普及、社会志愿服务等活动，弘扬社会正能量，典型引领带动，有力推动社会文明进步和各项建设事业的发展。

【党建工作】围绕“两学一做”活动展开学习，全年中心组学习32次64学时；进行6次集中研讨，每人上交了一份3000字以上的心得体会文章；设立“基层领导学习日”制度，坚持每周召开例会，互相交流经验，互相点评工作；2016年，召开支部书记联席会、党政班子联席会、党委会等各类会议50多次，研究解决大小各类问题130多个。通过党建学习，党员干部廉洁自律，心里装百姓，工作为民生。

（呼源镇　供稿）

碧水镇（场）

【综述】2016年，碧水镇（场）抓住发展的机遇，按照“天保支撑、项目带动、依托资源、产业富民、注重效益、科学发展”的思路，以保护森林资源为中心，以培育林业产业为根本，全面提升生态环境质量，建立比较完备的森林生态体系和林业产业体系，达到生态与产业良性互动，协调发展，人与自然和谐相处，实现林业可持续发展。结合实际，以市场为导向、资源为依托、科技为支撑、效益为核心重点扶持恒森珍禽养殖、冷水鱼养殖业、灵芝养殖业、黑木耳养殖业，重点培育发展野生浆果业、林下资源业、特色养殖业、生态旅游业。遵循“预防为主，积极消灭”的防火思路，投入大量人力物力，采取有效措施，进行科学管理，做到入山有证，道口有卡，路上有巡逻，严防死守，实现了全年无林政事件、零火险的目的。精准扶贫工作有序开展，做好对困难户、自营经济户的帮扶工作。社区通过开展一站式服务大厅，设置社区便民服务卡，上面注明服务内容和社区联系方式，将卡片向居民发放，方便居民咨询办理各项事宜。通过实行网格化管理，将社会管理责任细化落实到具体的网格包保人，保证社会管理措施落实更加敏捷、精确和高效。保质保量完成营林生产任务，中幼林抚育4997.3公顷、补植补造1000公顷、造林133.3公顷，完成年计划的100%。大力开展山野资源采摘采集蓝莓45.6吨、红豆62.1吨、偃松籽28.7吨。重点扶持特色养殖，想养殖户所想，急养殖户所急，为养殖户免费提供场地、木料、厂房，现养殖火鸡4000余只；帮助免费投放冷水细鳞鱼苗3000鱼尾，养殖细鳞鱼、提锣鱼、江鳕鱼、茴鱼等各类冷水鱼10万余尾。

种植灵芝菌椴7000椴，黑木76万袋。

【镇域经济】重点扶持恒森珍禽养殖场建设，在碧水镇场的支持下，镇里无偿提供给姜兴安一栋闲置的房舍，上半年，在原来已有鸡舍230平方米的基础上，又扩建了鸡舍780平方米，围圈养殖场15000平方米，无偿提供工时200人次，帮助解决柱脚、小杆500根。在区委区政府协调帮助下，申请小额无息贷款6万元。碧水林场火鸡在高寒地区饲养技术已获成功。居民姜兴安2016年上半年饲养火鸡近4000只，单只销售300元以上。产品厂家负责回收，养殖场销售商品鸡和鸡蛋，主要销往外地，以哈尔滨、大庆、齐齐哈尔、内蒙古以及大兴安岭周边为主，销往外地700余只，养殖场年销售额20余万元，春节前能全部回收、销售完。为扩大养殖规模和效益，养殖场又联合了5户居民成立恒森珍禽养殖专业合作社，实现全镇珍禽养殖技术和生产销售的合作共赢。通过大户的示范和引导，为全镇发展火鸡、贵妃鸡养殖起到很好的带头作用。大力帮扶冷水鱼养殖业。职工卫艳军冷水鱼养殖基地在碧水林场秀山分场秀山277林班，2014年5月，成立林下经济农业专业合作社，得到政府、林业局、碧水镇场在人力、物力、财力上给予大力支持，区局在他紧缺冷水鱼苗情况下于2014年、2016年上半年春先后两次无偿给予细鳞鱼苗3000多尾，为使这个基地发展壮大，碧水镇场冷水鱼养殖基地位于秀山277林班，养鱼场面积45000平方米，总投入20余万元，养殖细鳞鱼、提锣鱼、江鳕鱼、茴鱼等各类冷水鱼10万余尾，是大兴安岭林区水域独一无二生态养鱼场，对高寒地带饲养冷水鱼，起到引领示范作用。基地使当地30多名转产职工得到就业，年创效益达10多万元，走出一条“创业、创新”的发展新路子。全力支持灵芝养殖业。职工卫艳峰野生灵芝种植基地，潜心试验，为灵芝种植打好坚实的基础。基地位于碧水秀山277林班，占地面积30公项，职工卫艳峰在碧水林场的大力扶持下，利用山场伐区树墩进行野生灵芝的栽培，先后投入资金15万元，吸纳林业转岗工人25人，在伐区树墩上扩菌八万余眼，种植灵芝菌椴7000椴，基地采用成熟先进的灵芝栽培技术及种植方式，2016年4月加入赵联峰《呼中区兴安宏盟友山珍品野生灵芝专业合作社》，养殖灵芝的队伍不断壮大，为一线转产职工转型创业开拓一条发展新路。打造黑木耳养殖业。职工郭启明《正达食用菌合作社》得到呼中区全民创业办、碧水镇场重视和大力扶持，合作社成立于2012年3月，注册资金400万元，从最初的5人现发展有成员13人，黑木耳养殖基地位于碧水镇政府附近，占地面积3000平方米，合作社采取“生产在家，服务在社，集中购买生产资料，统一销售”的经营模式，2016年上半年合作社销售黑木耳1.5万公斤左右，价格在29~30元，销售外地（如淮河、齐市）其中黑木耳深加工“小耳黑木耳”市场销售效果好，销售深加工“小耳黑木耳”3000斤，价格在40元左右，2015年黑木耳都已销售完，无库存。合作社在不断壮大发展的同时不忘回报社会主动安置当地农民工30人，有效帮助当地困难群众解决致富无门的难题，为维护社会稳定做出贡献。

【森林防火】遵循“预防为主，积极消灭”的防火思路，投入人力物力，采取有效措施，进行科学管理，做到入山有证，道口有卡，路上有巡逻，严防死守，实现了全年无林政事件、零火险的目的。林场有专业扑火队94人，群众扑火队60人，防火专用车9辆，风力灭火机38台，扑火二号工具80把。成功扑灭本林业局内雷击火6场。签订了宣教责任状3000余份，共签订防火公约900份；签状率为100%。悬挂更新过街横幅7幅，发放森林防火宣传单2502张，发放粘贴省、地区、区森林防火布告30张悬挂更新防火宣传彩旗500面。通过灵活多样、内容丰富的宣传教育活动，使森林防火的各项政策、法规“家喻户晓、人人皆知”。在4月26日组织全场职工开展了“防火杯”棋类比赛，各单位职工踊跃参加此次活动，增进了团结，丰富了职工的文化活动。组织3名选手参加了区工会举办的防火知识竞赛，提高了防火知识的遍及率。比赛积极参加区工会和区防火办举办的防火业务大比武活动，并在活动中取得较好的成绩：拔河比赛第一名，3公里越野比赛中碧水队队员张勤勇荣获第2名、副队长孔繁盛荣获第8名的好成绩，全队荣获优秀奖，通过比赛提高了扑火队员的业务素质，提高了队伍的整体形象。

【文明城镇创建】今年5月份，在西出口处修建一处“生态航母园区”，沿呼碧公路线两侧规划，占地面积70亩，整个园区是以云杉为边界的椭圆形园区，内部用乡土树种绿化成若干个区域，形成了多层次、多树种、多色彩的森林生态景观文化，以“乡土”特色贯穿整个生态区，充分体现大兴安岭林区树种优势。园区绿化以开花植物、景观树种为主，坚持乔灌草结合，在苗木类型上，大面积造林以小苗为主，边界绿化以中苗和大苗为主。通过镇场近100名干部职工历经近2个月的辛勤劳动，栽植树木花卉2万余株，“生态航母园区”的阶段性工作圆满完成。

【民生工作】在区局的支持下，更换深井潜水泵2个，变频器2个，又对水厂办公室平房屋面彩钢瓦进行更换，水暖管线进行了维修。镇房管所联系承建商，对碧水板厂小区当年棚改存在问题的住户房屋进行再次修缮，对52户居民存在的不同问题逐一解决。按照区局政策，分两次（上、下半年）为镇内低保户中的97户残疾、老龄和重病家庭发放了廉租补贴。春节期间党政班子成员向老劳模、特困户等送去米、面、鱼等物品价值2000余元。对54户困难职工给予资金上的补助，用实际行动把党和政府的温暖送到那些生活相对困难、需要帮助的群众手中，密切党群干群关系。精准扶贫工作有序开展，特别做好对困难户、自营经济户的帮扶工作。通过长期联系、沟通、帮助，达到了解、默契、信任的目标。现有在岗职工477人，其中贫困职工82人（其中单职工家庭人均收入低于650元的职工28人、因患病致家庭贫困的14人、因子女上学致家庭贫困的40人，占林业职工的17%。城镇贫困户576户，1317人，占城镇人口的51%，其中低保家庭540户，（因患病致家庭贫困的351户、因子女上学致家庭贫困的137户、因劳动能力丧失致家庭贫困的52户），低保家庭占贫困人口的93%。统计并发放独生子女家庭退休后3000元一次性奖励费，买断人员958000元，未买断人员86000元。为计划生育特别扶助家庭建立了信息卡及联系人制度，为特别扶助人员发放特别扶助金60240元。统计并发放2016年城镇无业人员独生子女费37265元。在职职工独生子女费11900元。

【社区建设】夏季，碧兴社区由文化站搬迁回到上年维修的办公地点，并成功整合社保、民政、计生等相关服务办事部门统一在社区办公、实现资源共享、高效便捷的群众办事一体化理念。社区通过开展一站式服务大厅，设置社区便民服务卡，上面注明服务内容和社区联系方式，将卡片向居民发放，使居民少跑腿就能咨询办理各项事宜，从而方便居民。社保方面：考虑到退休人员年纪偏大，行动不便，在社保方面新增添指纹采集机，以前退休人员采集指纹信息都要坐车到呼中社保大厅办理，现在到社区服务大厅就可以解决，方便居民，为居民来回跑节约费用。截至2016年年底已为406名退休人员办理指纹采集工作。同时为灵活就业人员办理申请灵活就业社保补贴457人，为6人办理就业失业登记证。将民政纳入社区服务项目，业务功能有低保申请、临时救助申请、残疾人服务等服务内容，使有需求的居民一次性办理所需的服务，为72户困难人员办理低保申请，58名困难人员申请临时救助，金额为4960元，为85名残疾人重新填写残疾人信息动态变更。计生方面包括出示计生证明、办理流动人口婚育证、计生保健咨询等，共出示计证明62份、办理流动人口婚育证18份、为居民免费发放避孕药具2箱、出示免费“四术”申请表12份。医保方面包括城镇居民医疗保险办理、核销等业务，共为3667人办理医保参保业务，医疗保险缴费572.967.0元。

【信访工作】认真贯彻落实上级有关信访工作的指示精神，从狠抓信访工作机制入手，一级抓一级，层层抓落实，加强对信访工作督办力度，在保持全镇社会稳定方面做大量工作，取得了明显的成效。全年共接待群众来访7次，处理网上信访案件2起，来信访0起，全镇未发生重大集体访、越级访案件，维护社会稳定，保证社会建设和事业发展的良好秩序。

【党建工作】将全镇5个委，划分为12个网格。由12名班子成员每人分别包保一个网格。每个网格安置一名网格长（社区委主任）、一名消防员、一名民警、一名医生、各支部人员分别进入网格。本着就近、就熟的原则，划分包保户。镇内特困户、重点扶贫对象、信访户由主要领导包保。全镇共有居民住户838户，共分包保人119人，每位包保人平均包保68户。建立档案。经过多次研究，广泛征求各方面意见。建立包保档案。本着“详细、全面”的原则，针对住户家中的实际情况，逐步确立完善。内容包括住户家中每位居民的民族、经济情况、宗教信仰、问题诉求、房屋买卖等方面，做到情况清，底数明，以方便为居民住户提供各方面的服务。明确包保人的工作范畴，落实区域化管理责任。每名包保人即是政策宣传员，又是防火工作监督员，还是信访协调员。协助做好创业、综治、安全生产、生活等工作服务。负责信息收集，提供便民服务，反映群众需求、解决群众问题，动员公众参与管理等职能。通过实行网格化管理，将社会管理责任细化落实到具体的网格包保人，保证社会管理措施落实更加敏捷、精确和高效。

（碧水镇　供稿）

宏伟镇（场）

【综述】2016年，宏伟镇（场）以“解放思想、抢抓机遇、转型发展”作为目标任务，争当解放思想的推动者，加快经济转型发展。加强森林管护站建设和入山管理，加强防火队伍管理和训练，对事业区内主要公路、各支岔线进行全天巡护；建立森林资源管护警示牌，标识牌和宣传牌，对管护人员进行培训，提高管护素质，确保全年无林政事件和人为火发生。大力发展食用菌产业和养殖业，打造野生灵芝养殖、黑木耳养殖基地，2016年木耳、灵芝等食用菌产值180万元；大力发展旅游业，打造白桦林摄影基地，扶持根雕加工产业；大力开展山野资源采摘，扶持偃松深加工产业，采集偃松108.3吨、蓝莓24.6吨、红豆19.1吨。绘制“十分钟服务圈”示意图，开通党员志愿者服务热线，为居民群众提供高效、快捷的脱贫致富服务。做好自己包片的信访工作，，确保小事不出网格，大事不出镇场。提高营林作业质量，确保全年营林质量，营林任务、人员等实行公开公示，营林任务惠及职工，绝不外包，全年病虫鼠害踏查检测宏伟林场一共踏查9条线，68个林班，1506.7公顷，补植补造466.7公顷，中幼林抚育2653.3公顷，义务植树3000余株，栽植樟子松小苗300株，山果树412株，乔灌木7000余株、花卉2000株。实现镇场党建、经济工作齐头并进，先后被评为国家级无邪教乡镇，省级生态乡镇、无邪教社区，地级先进基层党组织、平安乡镇、精神文明建设标兵单位。

【森林防火】创新性开展防火工作。建立防火彩旗宣传一条街，通过悬挂100面彩旗、宣传条幅6条、发放宣传单等形式，营造浓厚的防火氛围，《森林防火责任状》签状率达到100%。把62069公顷的森林施业区，按林班落实科级干部包保。镇址划分为5个网格进行管理，每个网格都落实科级干部和大员包保。在所有入山道口设置路障和警示牌，在群众入山较多的重点部位24小时驻点巡护，组建30人的专业防火队，落实防火车辆5台、风力灭火机15台、二号灭火工具100把，动员全民防火，将隐患挡在林外。连续多年来无林政事件和人为火发生。

【镇域经济】立足镇域特点、依托地缘优势和资源优势，精准定位发展方向，精心谋划“321镇域经济发展思路”，即努力打造野生灵芝养殖、黑木耳养殖和白桦林摄影三个基地，扶持偃松和根雕加工两个产业，建设一个以山泉水、农家院、纯天然为特色，以休闲、养生、体验为一体的“候鸟式养老”生态旅游观光镇。全镇干部职工义务献工，建设占地1万余亩的养殖园区，免费提供给养殖大户使用，养殖草地绵羊500余只。无偿提供房舍350余平方米，扶持职工创办根雕工作室，加工制做茶桌、花架、沙发、凳子等实用家居产品。搭建木栈道、钓鱼台、停车场、蒙古包等设施，把林地内1万余平的天然水泡开发成“月牙湖垂钓园”景点。开办家庭宾馆，室内设有自来水、卫生间、小火炕，院内开设小菜园，供入住游客采摘、食用。积极打造“三式”全民创业模式，即“分散式”种养殖业、“候鸟式”庭院经济、“立体式”林下项目。制定实施养殖大户免费使用房舍、种植大户使用土地免收相关费用、对种养殖户给予义务劳动支持的“两免一义”扶持政策。提出建立林药、林菌、林果、林菜、林禽共5个种养殖模式的发展项目，群众在房前屋后土地种植无公害蔬菜，养殖笨鸡、笨猪，掀起全民创业的热潮。镇（场）开展“把创业致富能手培养成党员，把致富创业党员培养成典型”的“双培”活动。聘请养殖大户为群众讲解木耳、灵芝的养殖知识，93人听取讲解。成立党员志愿服务小组4个，为3名养殖户义务献工310小时，为3名养殖户节省开支5000余元。促使70多名职工群众加入到致富创业行列，人均收入与上年同比增加3000余元。

【民生工作】把维护职工群众的根本利益作为各项工作的出发点和落脚点，办好民生实事。开展平安创建。通过“四个一”措施，即形成上下一条线、打造纵横一个面、编织整体一张网、创建平安一面旗，形成横向到边，纵向到底，上下联动的工作格局，确保全镇无刑事、治安案件发生，平安创建、群防群治工作取得明显成效。实施精准扶贫，采取组织收看养殖技术讲座、提供养殖技术书籍、开展“全民创业”、把基层党组织建设与精准扶贫工作相结合等方式带动职工群众致富。绘制“十分钟服务圈”示意图，开通党员志愿者服务热线，为居民群众提供高效、快捷的脱贫致富服务。在此基础上，通过就业送岗、创业扶持、就医扶助、社保政策兜底等方式进行脱贫帮扶。发挥好已经建成的宏伟家庭宾馆的辐射作用，引导更多的职工群众参与进来，成立协会，采取政府引导，协会管理，带动更多的职工群众发展家庭宾馆。扎实做好特殊人群城镇医疗保险工作，对没有参保的低保户和残疾人，进行政策宣传和动员，达到通过医疗救助脱贫一批的目标。完善最低生活保障制度，对贫困人口中完全或部分丧失劳动能力的人，由社会保障来兜底，逐步实现低保线和扶贫线“两线合一”，将本镇符合条件的贫困家庭纳入低保范围，做到应扶尽扶、应保尽保。对特困群体实施分类救助。为6户低保户办理医疗救助，救助资金4万余元；临时救助40余户困难户，发放救助款2万余元；为681人办理城镇医疗保险；为31名居民核销住院药费，累计金额达60余万元。打造志愿服务品牌。开展“送春联、拜大年核心价值观进网格”系列活动，邀请当地书法家按照百姓意愿为他们写春联，邀请摄影家协会的摄影家为高龄老人照全家福，记录下一个个幸福的瞬间。小年当天，开展“温暖一家亲”关爱空巢老人过小年活动，15名科级领导干部分成组，深入到空巢老人家中，为孤寡老人炒菜、做饭，陪他们过小年；春节期间党员干部还深入到“365服务接力”活动对接户家中，给群众拜大年，送去新年礼物和诚挚的祝福。

【信访工作】抓好信访工作。采取“点线面”立体式信访工作机制。“点”就是通过“365服务接力”活动，每名党员干部联系十户左右群众，对信访工作包户到人，充分满足群众合理诉求，提升群众满意度，将信访苗头消灭在萌芽状态。“线”就是要求所有科级干部对自己分管战线的干部职工，做好信访排查和化解工作。“面”就是每两名科级干部包一个网格，做好自己包片的信访工作，确保小事不出网格，大事不出镇场。

【增收节支】加强绩效管理。制定出台一套《经营管理计划书》，将本镇场的经营管理目标层层分解，强化企业管理，减少办公地点，机关和社区合并办公，节省取暖费、电费等费用4万余元；办公费用按单位和人员单独核定，实行超支自负，与上一年相比降低8%；机械设备采取能用即用，能修则修的方法，节省维修资金2万余元；班子成员分工协作，谁主管谁负责，在油脂材料的使用上实行严格审批、厉行节约，使材料管理精细化、制度化，从源头上杜绝铺张浪费的现象的发生，节省油脂材料费用3万余元。

【文明城镇创建】大力开展法制宣传教育活动，定期邀请派出所和公安局的同志，讲解法律法规，让广大职工懂法、守法；使广大职工群众能用法律的武器保护自己的合法权益。定期邀请妇联、疾控中心的同志，普及健康知识，增强职工居民的身体素质。定期举办文明礼仪培训，普及文明知识。开展社区文化建设，社区活动室设立图书角、棋牌室、台球室，文化站新增电脑、音响、大屏幕彩电等设备，供职工居民娱乐之用；组织建立广场舞蹈队，秧歌队；加强环境整治建设，打造特色绿化带扮靓宏伟。在铁路东、穿镇公路南侧空地栽植樟子松树苗3000株，在启航广场栽植180厘米以上山果树370株，在公路两侧栽植120厘米以上樟子松911株，栽植乔灌木1.4万株、花卉1800余株，在新建仓房两侧增设排水沟，进行绿化，建成具有宏伟特色的绿化带。

【党建工作】实行民主集中制。通过完善议事规则，规范党委会、党政联席会，实行“有部署、有沟通、有督办、有反馈、有总结、有回访”的“闭合式工作法”，打造团结的领导班子。狠抓廉政教育。开展“践行《准则》、严守《条例》、争做表率”和“两学一做”等主题实践活动。通过微信群发布学习内容，加强党员干部廉洁教育。建立党员亮点档案、开展“两重温、一查摆”督促党员干部干在实处、走在前列，不忘初心、继续前进。强化廉政监督。大力推进党务、政务、企务公开，对全镇场排查出的各类廉政“风险点”进行重点监督，营造不敢腐、不能腐氛围。强化效能问责，加大庸懒散问题治理力度，打造廉洁高效党员干部队伍。打造宏伟精气神。通过举办演讲赛、知识竞赛和迎庆“七一”系列文体活动，提升职工队伍的精气神。党政班子成员带头参加义务劳动，不搞特殊化，带动干部职工队伍呈现出真抓实干、朝气蓬勃的精神风貌。实现镇场党建、经济工作齐头并进，先后被评为国家级无邪教乡镇，省级生态乡镇、无邪教社区，地级先进基层党组织、平安乡镇、精神文明建设标兵单位。

（宏伟镇　供稿）

大西沟管护区

【综述】2016 年，大西沟营林管护区以“创新发展六大产业，深入实施三大工程，积极营造两大环境”的战略目标，促经济发展，保民生工程，求社会稳定，强化资源管理，各项工作取得实效。加大对职工上岗前安全防火知识教育和管护区防火检查力度，严格执行各项安全防火规章制度，确保无一起重大安全事故、无一起人为火险发生。逐渐形成以特色种植业、养殖业、采集业、加工业、服务业为主体的“全民创业工程”产业。对困难职工做到精神上扶志、生活上扶贫、能力上扶技、创业上扶资，引导教育困难职工积极参加职业技能培训，并给予资金、技术、物资等方面的支持，帮助困难职工能尽快脱贫，走上致富之路。停止木材采伐后，呼中贮木场转型从事大西沟事业区的营林工作，完成中幼林抚育 2133.3 公顷，补植补造 200 公顷，造林 13.3 公顷。完成年计划的 100%。义务植树 400 株。为使职工创收，鼓励职工加大山产品的采集力度，采集蓝莓 25 吨，采集红豆 60 吨，采集偃松籽 10 吨。全力扶持职工创业致富，急职工所急，想职工所想，缺原料的帮助解决原料；缺场地的帮助解决场地；缺房舍的帮助解决房舍；缺资金的帮助跑贷款；却木料的帮助解决木料。由于单位的大力支持，使林场自营经济户达 28 户，从事运输业、餐饮业、养殖业、特色养殖业、北药种植业、服务业和加工业等多种行业。继续坚持勤俭办事和厉行节约原则，把有限的资金用到企业的发展和惠及职工群众身上。

【防火工作】大西沟森林管护区，管护区防火工作是工作的重中之重，特别是对于上山从事营林生产作业人员的安全防火教育一时也不能松懈，加大对职工上岗前安全防火知识教育，加大管护区防火检查力度，严格执行各项安全防火规章制度，确保无一起重大安全事故、无一起人为火险发生。进入防火期期间，组织 30 人的扑火队伍，随时处于待命状态；每名职工都进行防火知识教育，并签订了防火责任状 80 份，签状率达到了 100%，在场区内及管护区检查站悬挂了防火宣传旗 50 面，悬挂防火条幅 6 幅，配备防火专用车辆 3 台、风力灭火机 4 台、防火 2 号工具 80 把。张贴省、地、区各级防火布告，使每名职工对防火宣传教育都能入心入脑，对扑火待命人员进行防火业务知识培训及体能锻炼，力争打造一支扑火过硬的队伍，到 2016 年底，完成 3 次上山扑火任务。对大西沟管护区内的损毁桥头涵洞进行修护，修护 15 处涵洞 6 处桥头，确保防火和营林生产工作顺利完成。

【全民创业】根据职工家庭的实际条件，引导帮助他们选准创业致富项目，发挥职工自身优势，明确方向，突出重点。逐渐形成以特色种植业、养殖业、采集业、加工业、服务业为主体的“全民创业工程”产业。全场有职工自营经济户 28 户，其中种养殖业 13 户，餐饮业 2 户，运输业 4 户，商贸 4 户，从事其他服务业 5 户。黑木耳种植户 7 户，种植黑木耳 26 万袋；仿野生灵芝种植户 1 户，种植灵芝 3 万袋；肉牛养殖户 1 户，养殖肉牛 60

余头；生猪养殖户2户，养殖生猪20余头；蛋鸡养殖户2户，养殖蛋鸡5000只；林蛙养殖户1户，养殖林蛙7万余尾。在山产品采集期，场部科学合理地安排工作时间，尽一切可能地为职工创造上山采集时间，引导教育职工群众对山野产品进行科学有序采集，保护好林下资源，达到永续利用，合理采集，以便提高产量和经济效益，增加职工群众的经济收入。

【扶贫解困】开展领导干部深入基层联系群众、领导干部党建工作联系点、"一帮一"扶贫解困工程、全民创业等活动，坚持"扶贫扶志、扶勤扶能"原则，深入困难职工家中走访调查，了解困难职工的实际情况，采取个人扶、集体帮及"一帮一""多帮一"等有效形式，对困难职工做到在精神上扶志、在生活上扶贫、在能力上扶技、创业上扶资，引导教育困难职工积极参加职业技能培训，给予资金、技术、物资等方面的支持，帮助困难职工能尽快脱贫，走上致富之路。组织全场干部职工参加"献爱心""送温暖"等活动，为特困职工、贫困学生捐款捐物，帮助他们解决实际困难。在开展节日"送温暖"活动中，为20户困难职工发放困难补助金7000余元，并为他们送去大米、面粉、豆油等慰问品。为患病职工捐款、为困难家庭子女捐资助学达5000千余元。

【信访工作】经过认真梳理排查，针对在思想情绪上波动大的职工及重点户，采取班子成员及机关干部"一包一"责任制，主动地找他们谈心，把全区当前的形势耐心细致的为职工讲清，深入到职工家中走访、慰问，了解他们存在的实际困难，能解决的帮助他们解决，不能解决的给他们讲清楚，使他们能够真正安下心来工作、生活。一年来没有出现上访事件。

【作风建设】建立健全各项规章制度，继续执行季度考评制度，狠抓干部职工责任心不强、不作为等问题，使每名干部职工时刻保持艰苦奋斗和廉洁自律的工作作风，敢于承担重任。进一步提高干部职工的务实创新能力，明确责任，认清形势，既要转变思想观念，还要转变工作方法，求真务实，开拓创新，为推动企业转型后能健康持续发展做出更大贡献。

（大西沟管护区　供稿）

提阳山管护区

【综述】2016年，提阳山管护区以管护、营林生产、防火这三方面为抓手，以生态建设、保护森林资源为重点、依托林下资源发展全民创业。围绕落实全面从严治党，践行"三严三实"要求，结合"两学一做"，开展反腐倡廉，同时，把关注民生放在工作的首位，在特殊的节日带领全体党员到自营经济户家进行义务劳动，帮助他们干一些力所能及的活。鼓励职工群众全民创业致富。全年完成中有林抚育2133.3公顷，补植补造200公顷，造林13.3公顷，义务植树3000株，保质保量完成了营林工作，100%完成年计划。发动职工大力开展山野资源采摘创收，采集蓝莓21吨，红豆53吨，偃松籽15吨。扶持职工发展养殖业，免费提供场地、免费提供房舍、帮助联系贷款。职工群众养殖黑木耳20万袋，种植黄芪13.3公顷，森林猪80头，灵芝1000段。

【民生工作】为更好的为职工服务，班子成员牵头带动职工进行创业，带领5户贫困职工种植黄芪13.3公顷；大棚养殖仿野生松灵芝1000段、养殖黑木耳20万袋、养殖生猪80头；扶持自营经济户6户。在特殊的节日带领全体党员到自营经济户家进行义务劳动。支部在"群众服务接力进网格"活动中，把遗属邵桂芝家庭列为重点帮扶对象，开展多项帮扶。和碧水镇沟通为低保户提高低保，办理特困救助，保证生活来源。为职工购买乒乓球、羽毛球、篮球等体育用品，给职工提供健康舒适的工作、娱乐场所。

【森林防火】加强森林管护，凡是入山路口都设卡检查，凡是入山道路都有人巡护。通过落实森林防火宣传教育责任，严格加强野外火源管理，加强防火值班值宿，提高防火应急保障能力，严格责任追究制度等工作措施，无人为火发生，无林政事件发生，保护森林资源。鉴定防火责任书110份，悬挂防火条幅3幅，防火彩旗50面，配备了防火车4台，风力灭火机10台，防火2号工具50把，成立30人的半专业扑火队。很好地完成扑救森林火灾的任务。

【信访工作】在信访工作上按照"排查得早、发现得了、控制得住、解决得好"的要求，及时化解一些可能引发集体上访的重点事、重点人和一些苗头性问题，对重点人员进行领导包保，做到了全年无群众上访事件发生。

【旅游开发】打造佛山景区，2016年在佛山旅游景点，新增景观摄影亭一处，景区停车场一处，并在景区多处悬挂宣传标语、景区管理、景区入口牌及景区景点介绍、树种标牌、花草标牌等。

【党建工作】4月区委下发“两学一做”学习教育等一系列学习规划，通篇诵读和讲解《党章》，做到读原著、写原文、悟原理，深入学习了《准则》《条例》以及习近平总书记系列讲话精神。为了创造学习型领导班子，党支部采取多种措施，认真组织党员干部学习，把“三严三实”的要求融入到学习中；全年共集中学习40次、讲党课4次，学习笔记每名党员达6万字以上，撰写学习心得4篇；微信每月至少转发15条以上党建工作信息，在7月1日组织全体党员面对党旗重温入党誓词，重新激发党员的工作热情，不断提高全体党员为人民服务的宗旨。认真履行党风廉政建设及反腐败工作职责，推举两名党风廉政监督员，对党员领导干部进行日常监督，做到教育为先，警钟常鸣。通过开展“一把手”讲廉洁党课、开展廉洁教育、廉洁文化进机关“三项活动”，大力促进党风廉洁建设工作。组织党员干部集中观看廉政警示教育片《思想溃堤后的堕落人生》等警示教育片，举办廉洁知识测试，签订廉洁承诺书。坚持做到每个干部办公桌上有廉洁格言警句，重要时段和节假日给领导干部发送廉洁短信，让廉洁文化上机关墙面、上办公桌面、上网络页面，使廉洁教育在潜移默化中入脑入心。

（提阳山管护区　供稿）

雄关营林管护区

【综述】2016年，雄关营林管护区以围绕抓创新、谋发展、促和谐的工作目标，将维护广大职工群众利益作为根本任务，“党政合力谋发展，求真务实创业绩”为工作载体，以“促企业转型，，带职工致富”为主线，在林业转型期，发挥在全场党员干部中深入开展了服务接力进网格活动，党员干部在岗上忠于职守、尽职尽责，岗下联系群众、服务群众作用，树立党员干部为民务实清廉形象，全场经济实现快速发展，职工收入明显增加。严格执行领导带班、机关工作人员值班、管护员站道巡护、经警昼夜巡查的交叉式四级联防工作制度，各部门积极参与配合，全面细化、量化防火的各项工作任务。在每年的山产品采集期，为广大职工提供创收平台，要求职工在不耽误安全防火及营林生产的前提下，进行采山，每年的人均创收达4600元以上，保障了职工不下岗，有活干，有钱赚。开展与贫困户对接活动，通过对接和走访调研，认真倾听贫困户诉求，耐心询问每户家庭情况，帮助分析致贫根源，结合每一户贫困户实际情况，因户而异、因人而异，提出协助引进扶贫羊（牛）实现养殖脱贫、鼓励他们种植农作物增加收入，动员有劳动能力的外出劳务创收、鼓励贫困户多渠道创业，确保宜养则养、宜种则种、宜工则工等精准扶贫措施。做好群众职工的信访工作，做到有访必接，首接负责，接访必答。全力落实“两个责任”强化责任担当，认真贯彻民主集中制原则，健全了党支部议事和决策机制，重大问题、重大决策和人事调整等方面的问题都严格按照程序，由集体讨论决定，倾听职工群众呼声，自觉接受监督，提高工作透明度和公信力。

【森林防火】加强火源管理，组织专人在主干线及各叉路口看守，有效预防森林火灾。严格执行领导带班、机关工作人员值班、管护员站道巡护、经警昼夜巡查的交叉式四级联防工作制度，各部门积极参与配合，全面细化、量化防火的各项工作任务。加强监督检查。领导班子成员定期到管护区内进行防火巡护督促检查，对空岗、漏岗、缺岗人员进行相应的处罚。针对存在的问题和隐患，做到及早发现、及时排除和认真整改，确保森林防火工作万无一失。在采集山野产品的非常时期，为有效保护森林资源安全，组织机关干部在各检查站24小时轮流值班，加强火源管理，严禁无证人员入山，杜绝掠青，充分发挥林政工作站和防火办的作用，严防破坏森林资源的违规行为和森林火灾的发生，确保职工群众顺利创收增收。组成30人的森林消防预备队、20人的群众扑火队，配备防火用车4台、GPS一部、对讲机5部、风力灭火机10台、油锯2台及各种扑火用具。

【民生工作】鉴于停止木材生产后部分职工无工资收入的实际情况，领导班子向上争取政策支持，开展季节性工作，如营林生产、森林管护和防火巡护等。在每年的山产品采集期，为广大职工提供创收平台，要求职工在不耽误安全防火及营林生产的前提下，进行采山，每年的人均创收达4600元以上，保障了职工不下岗，有活干，有钱赚。为了做好营林抚育工作，在年初，组织转产计件职工进行两期营林业务培训，共计112人次。通过系统的营林培训，使转产职工掌握了营林生产的基本技能为更好的适应新岗位打下坚实的基础，完成补植补造200公顷，中幼林抚育2466公倾，义务植树3000株。鼓励和扶持职工自主创业，加大对职工自营经济的帮扶力度，森林猪养殖出栏60头，规模从10余头发展到56头、母猪5头，总规划面积236亩，共投资18万元，建设标准猪舍2栋，208平方米；简易猪舍1处，63平方米，在2015年3月份已被地区森林猪养殖协会吸纳为会员。截至2016年年底待出栏的森林猪已有27头。为人工灵芝养殖户姜德福提供养殖场地，养殖灵芝2万段左右。

【精准扶贫】按照“公开、公平、公正”的原则，采取“一申请、两公示、一公告”的程序和方法，全力做好精准扶贫工。精准识别贫困人口。真实填写《贫困户登记表》，全面掌握职工的贫困状况。精准管理贫困户信息。通过入户登记，实事求是地获取了贫困对象的各项信息资料，并将信息录入电脑，建立电子档案，做到一户一档、一人一卡。开展与贫困户对接活动，通过对接和走访调研，认真倾听贫困户诉求，耐心询问每户家庭情况，帮助分析致贫根源，结合每一户贫困户实际情况，因户而异、因人而异，提出协助引进扶贫羊（牛）实现养殖脱贫、鼓励他们种植农作物增加收入，动员有劳动能力的外出劳务创收、鼓励贫困户多渠道创业，确保宜养则养、宜种则种、宜工则工等精准扶贫措施。调整产业结构，发展特色产业。根据当地气候、土壤等特点，大力发展特色产业，建成规模达126666.67公顷脱毒马铃薯基地一个，为贫困户增收脱贫打下了坚实基础。组织劳务输出，转移富余劳动力，经过与镇场协调，参与本镇实施开发的基础设施建设、招商引资等项目，帮助解决劳动力2人，人均增收400元。开展走访慰问活动，关心职工温暖。节约办公经费购买大米、面粉、油等慰问品3份，由领导亲自带领党员机关干部送到贫因户手中，拉近干群关系。强化扶贫对象的信息管理，建立长期的工作机制。实现“一户一帮扶”，做到“干部到户、责任到人”。帮扶对子结成后，工作队和责任人对贫困户进行精准识别、了解贫困状况、分析贫困原因，理清思路、制定规划、细化措施，重点为帮扶对象找准产业发展路子，改善基础设施，落实帮扶责任，明确工作时限，实现结对帮扶工作常态化、制度化。

【信访工作】做好群众职工的信访工作，做到有访必接，首接负责，接访必答。把职工群众的困难疾苦放在心上，凡事替职工群众着想，换位思考，设身处地地把群众的事当成自己的事去办。紧密结合工作实际，进行矛盾纠纷排查，成功调处矛盾纠纷工作；把职工群众工作做深、做细、做实。

【党建工作】“三严三实”“两学一做”等一系列专题教育活动的开展，本着“了解社情民意、发现反映问题、宣传落实政策、帮扶困难家庭、增进群众感情”原则，巩固“两学一做”学习教育成果，党支部组织党员和机关干部共12人对呼源镇第一网格的住户进行了全面细致的走访，建立《第一网格居民基本情况统计表》《呼源贮木场党员干部深入基层联系服务群众接力进网格台账》《党员干部深入基层联系服务群众接力进网格对接表》等，通过与群众的交心与谈心，掌握了网格内居民生产生活等基本情况，为深入开展服务接力活动开一个好头。拓展党的群众路线和“两学一做”教育实践活动成果。

（雄关营林管护区　供稿）

永青公司

【综述】2016年，永青公司以生态建设、旅游基地建设、森林防火、资源管护、改善群众生活水平等项工作为重点，加强管护队伍建设，加大管护站管理力度，坚决打击盗采、盗伐等各类违法行为。深入开展兴安系列专项治理活动，重点查处借矿产开发、发展林下经济的名义，非法占用林地、毁林开垦等违法行为。加强营林专业队伍建设，完善管理制度，做到让利于民。完成中幼林抚育和补植补造生产任务，实现森林资源的有序经营、科学利用。完成中幼林抚育生产任务 1028.04 公顷、完成补植补造生产任务 333.3 公顷。在区（局）“绿化家园、美化环境”植树活动中，种植接骨木 150 株、云杉 100 株、红瑞木球 300 株、山榆树 50 株、偃松 20 株。鼠害防治 502.6 公顷。加大山产品的采集力度，采集蓝莓 8.69 吨；采集红豆 385.5 吨；采集偃松籽 111.9 吨；采集偃松塔 335.579 吨；蘑菇 33 吨。增加职工的收入。

【防火工作】通过落实森林防火宣传教育责任，加大管护员的巡查力度，加大检查站的检查力度，严格加强野外火源管理，加强防火值班值宿，提高防火应急保障能力，严格责任追究制度等工作措施，无人为火发生，保护了森林资源。鉴定防火责任书 300 份，悬挂防火条幅 3 幅，防火彩旗 100 面。配备防火车 3 台，风力灭火机 6 台，防火 2 号工具 50 把，在防火期间，我公司成立 30 人的半专业扑火队，随时处于待命状态，做到召之即来，来之能战。很好地完成了扑救森林火灾的任务。

【特色养殖】本着因地制宜、扶持典型、政策支持的方针，发展林下经济、食用菌产业、扶持壮大黑木耳产业，推进灵芝等食用菌的发展，为转产之后的职工提供急需的贷款担保，原料供应等尽可能的便利职工，引导职工建立不同形式的合作社，提高抵御市场风险的能力。北药产业，做好桔梗、水飞蓟、黄芪的种植和补贴资金的争取。建设特色基地，根据施业区资源实际情况，重点发展脱毒马铃薯基地 171.4 公顷、小麦种植 18 公顷；森林鸡养殖基地，养殖森林鸡 1 户，养殖 6000 只；养殖森林猪 2 户，养殖 400 头、养殖森林蜂 100 箱，利用施业区便利的地域条件发展养羊业，养殖山羊 200 只；1 号线 433 林班冷水鱼养殖繁殖基地，将天然河道进行改造养殖了冷水鱼，由 1 户职工放养鱼苗 30 万尾；北药种植桔梗、黄芪、水飞蓟共 40 公顷；带动了传统的种、养、采、加、服产业。截至 2016 年年底公司从事黑木耳养殖 12 户，养殖 80 万袋；灵芝养殖 2 户，养殖 5 万袋；滑子菇、平菇 2 万袋。蛋鸡饲养 3 户，养鸡 3 万多只；养家猪 1 户，养殖 100 头；发展粮油蔬菜店、个体运输业、熟食店、修理部等服务行业，现已形成良好的发展态势。

【民生工作】保障职工就业创业，做好公益性岗位的争取工作，解决好企业转岗人员的就业问题；组织职工参加职业技能培训，鼓励职工多渠道自主创业。健全社会保障体系，加大对困难职工、遗属的帮扶救助力度。丰富群众文化生活，保障社会和谐稳定。完善公益性群众文化服务体系，抓好安全生产工作，开展扶贫解困工作。通过不同方式为公司 20 多名困难职工提供帮助，对困难职工家庭进行走访慰问，落实扶持政策，帮助困难家庭入户黑木耳基地及大棚养植基地。选树致富典型，评选出以黑木耳养殖大户伍华富为典型的致富能手 3 名，影响和带动其他职工大力发展职工自营经济。有 20 户职工家庭养殖黑木耳超过 10 万袋，10 户职工家庭超过 3 万袋，单位扶持的 5 户家庭每户达到 2 万袋。

【信访工作】公司以构建“三位一体”调解体系为主，强化信访基层基础工作，立足“早发现、早排查、早处理”，在全国、全省“两会”和党的十八大、十八届六中全会期间，公司各部门进行排查和梳理，对重点人群落实包保责任，做好信息上报及接送站工作。开展矛盾纠纷排查化解工作，做好领导干部大下访工作及不稳定人员信息反馈工作。妥善做好群众信访工作，加大社会综治管理，确保社会和谐稳定。

【开发旅游】在公司 435、436 林班建设东山森林公园，占地 48 公顷。在 435 林班修砌景观大道，在 436 林班建立凉亭、观景台、停车场、登山便道、修建健身器材、原木休闲桌椅、垃圾桶等基础设施；在呼玛河观光摄影基地维修入山道路 5 公里、涵洞 2 座、平整车辆停车场地 1 处、搭建摄影平台 1 处。

（永青公司　供稿）

附　录

重要文件辑目

文件号	文件标题	发文时间
呼政发〔2016〕2号	呼中区人民政府 关于印发呼中区第二次全国地名普查 实施方案的通知	2016年1月11日
呼政发〔2016〕8号	呼中区人民政府 关于印发呼中区义务教育基本均衡发展 实施方案的通知	2016年2月20日
呼政发〔2016〕12号	呼中区人民政府 关于印发呼中区2016年度各镇 耕地保护责任目标考核方案的通知	2016年4月13日
呼政发〔2016〕27号	呼中区人民政府 关于印发呼中区2016山野产品采集期交通 秩序 专项整治方案的通知	2016年7月26日
呼政发〔2016〕28号	呼中区人民政府 关于印发呼中区大气重污染天气应急预案的通知	2016年7月28日
呼政发〔2016〕31号	呼中区人民政府 关于印发《呼中区政府行政复议委员会工作 实施方案》的通知	2016年8月10日
呼政发〔2016〕37号	呼中区人民政府 关于印发呼中区公立医院综合改革实施方案的通 知	2016年9月6日
呼政发〔2016〕40号	呼中区人民政府 关于印发《呼中区水污染防治工作方案》 的通知	2016年9月20日
呼政发〔2016〕52号	呼中区人民政府 关于印发呼中区国民经济和社会发展 第十三个五年规划纲要的通知	2016年10月17日
呼政发〔2016〕68号	呼中区人民政府 关于印发《呼中区促进中医药健康服务发展 工作方案》的通知	2016年12月28日

呼中区人民政府
关于印发呼中区第二次全国地名普查实施方案的通知

呼政发〔2016〕2号

各镇、森林资源经营管护区、公司，各相关单位：

现将《呼中区第二次全国地名普查实施方案》印发给你们，请结合实际，认真组织实施。

附件：呼中区第二次全国地名普查领导小组成员单位职责

大兴安岭呼中区人民政府

2016年1月11日

呼中区第二次全国地名普查实施方案

根据《黑龙江省人民政府办公厅关于开展第二次全省地名普查工作的通知》（黑地名普查组发〔2014〕3号）文件要求，为全面推进我区地名公共服务工程建设，进一步提升我区地名管理工作水平，为国家地名数据库的录入打好基础，区政府决定开展第二次地名普查工作。为切实做好此项工作，特制定本方案。

一、目标任务

本次普查地名的主要目的是，全面查清我区行政区域内的地名基本情况，对有地无名的、有地名作用的地理实体进行命名，对不规范地名进行标准化处理，设置标准规范的地名标志，建立、完善本区地名和区划数据库，加强地名信息化服务建设，发挥地名在促进经济社会协调发展、方便人民群众生产生活、加强国防建设和维护国家主权与领土完整等方面的基础作用。

二、普查范围

呼中区行政区划内所有陆地国土。

三、普查内容

（一）调查地名基本情况。包括行政区域，非行政区域，群众自治组织，居民点，交通运输设施，水利、电力、通信设施，纪念地、旅游景点，建筑物，单位，陆地水系，陆地地形等11大类地名的名称、位置及相关属性信息。

（二）规范地理实体名称。根据国家关于地名管理的有关法规，对有地无名的有地理作用的地理实体进行命名；对不规范地名进行标准化处理，切实解决地名上存在的一地多名、地名重名、地名用字不规范、含义不健康等问题。

（三）设置地名标志。根据实际需要，依据国家有关标准设置地名标志。

（四）开发、应用普查成果。利用地名普查成果，编撰出版地名图、录、典、志等出版物，建立、完善各级国家地名和区划数据库，开展地名信息化服务，开发研制地名信息化服务产品。

（五）建立地名普查档案，实现地名普查档案的数字化管理。

四、组织机构

为加强对地名普查工作的领导，成立呼中区第二次全国地名普查领导小组。

组　长：关敬军 常务副局长

副组长：张春风 呼中区副区长

以下成员单位按姓氏笔画排列（如有人事变动按实际为主）

成　员：于志军　区机构编制委员会办公室主任

于碧波　区教育局局长

王立新　区统计局局长

王志光　区农林局局长

高明亮　呼中区国家级自然保护区管理局办公室主任

王佩春　区文体局局长

孙学君　区民政局局长

吕　凡　经营管理科科长

刘志成　房产与供暖公司经理

杨立新　呼中车站站长

刘洪波　区广播电视台台长

刘　峰　呼中区移动公司经理

刘晶娜　区卫生和计生局局长

苏岩山　水利局局长

李天吉　区旅游局局长

杨沛忠　区档案局局长

张　旭　区公安局副局长

李玉森　区交通运输局局长

张雁冰　森调队队长

林绍鹏　呼中区工商局副局长

尚洪军　区财政局局长

郝志国　区住建局局长

荆国发　呼中区电信局经理

袁立群　联通公司经理

胡敬铭　区经济发展和改革局局长

姜元有　区国土资源局局长

秦东雨　营林处主任

黄哲松　生产技术部主任

鹿洪生　资源科科长

谢　强　呼中区供电局局长

魏明孝　区防火办主任

呼中区第二次全国地名普查工作由呼中区第二次全国地名普查领导小组组织实施。领导小组办公室设在民政局，承担领导小组日常工作，负责呼中区地名普查工作的业务指导、宣传和督促检查验收。办公室主任由孙学君兼任，各成员单位、基层各镇场设专职普查员，负责普查资料的收集和录入，并于2016年1月将专职普查员及联系方式报区民政局，联系电话3432702。

五、时间安排

本次地名普查共分三个阶段：

（一）第一阶段（2015年），时间为8月中旬至12月底。各乡镇、社区按照全地区地名普查工作统一部署，成立地名普查机构，制定地名普查方案，民政部门负责乡镇、社区人员的业务培训。

（二）第二阶段（2016年），时间为1月至6月底。各成员单位、乡镇社区收集与地名相关的地方志、文件档案等信息资料，对资料情况进行整理甄别论证和审定，要及时上报相关普查资料，按时完成所有地名的普查，迎接上级相关部门检查验收工作。

（三）第三阶阶（2016年），时间为7月至9月底。根据国家和省地名管理的有关法规和规定，按照地名命名更名权限和程序对普查的地名进行审定和标准化处理，完成成果，汇报工作。编制出版地名图集和《呼中区地名志》，进一步完善和充实《呼中区地名地图》光盘。

六、工作要求

（一）加强组织领导。此次地名普查范围大，涉及面广、技术要求高，为加强领导、确保工作顺利开展、区政府成立呼中区第二次全国地名普查工作领导小组，负责制定统一的实施方案、协调解决工作中的重大问题。领导小组办公室设在民政局，承担领导小组日常工作，负责全区地名普查工作的业务指导和督促检查。

（二）确保工作进度。各成员单位、镇(场)有关部门要按照区政府统一部署，集中人力，严格按计划推进普查工作。要积极稳妥地做好涉及镇（场）及有争议地区的地名命名更名工作，遇跨区行政区域界线地理实体名称表述不一致时，由区二次全国地名普查工作领导小组，报地区普查领导小组研究。第二次全国地名普查领导小组按照各阶段要求，定期召开成员单位会议，交流进展情况，推进普查工作。

（三）落实人员经费。各镇（场）要高度重视普查人员的配备，组建精干高效的普查队伍。并且由一名精通本部门工作的人员担任普查负责人，负责相关地名资料的提供、信息审核、录入工作。区财政要将普查工作所需经费纳入同级财政预算，及时足额安排地名普查专项工作经费确保普查各项工作顺利推进。财政、民政、审计要切实加强对专项资金的监督管理，确保专款专用。

呼中区第二次全国地名普查
领导小组成员单位职责

民政局：履行领导小组办公室职责，承担领导小组日常工作，负责呼中区地名普查工作的业务指导、宣传和督促检查验收，负责地名普查成果转化利用与共享工作。

经济发展和改革局：负责协调地名普查方案与区国民经济社会发展总体规划、区域规划及其他有关专项规划的衔接工作，以及相关资料的协调保障工作。

财政局：负责呼中区负担的地名普查经费资金保障和落实，监督管理资金使用。

教育局：负责地名普查所需学校等相关资料的协调保障工作。

公安局：负责地名普查所需人口信息等相关资料的协调保障工作。

国土资源局：负责地名普查所需地理信息、山峰、山脉、矿区等地名信息相关资料等相关资料的协调保障工作。

住建局：负责地名普查所需街、路、巷及建筑物、广场、体育场、公园、碑、市政公用设施等相关资料协调保障工作。

交通局：负责地名普查所需公路普查、公路、水路、铁路、街巷、车站、航空港、桥梁、停车场、隧道、货运站场、物流园区等交通运输设施相关资料的协调保障工作。

编委办：负责地名普查所需党、政、群机关（含人大、政协、司法机关）、事业单位等相关资料的协调保障工作。

农林局：负责提供本系统有关单位、陆地地形、农场等相关资料的协调保障工作。

水务局：负责地名普查所需河流、堤坝等基础资料的协调保障工作。

文体局：负责地名普查所需文化场馆、世界自然遗产等相关资料的协调保障工作。

广播电视台：负责地名普查宣传及提供广播电视等相关资料的保障工作。

卫生局：负责地名普查所需医院以及基层医疗机构、公共卫生机构等相关资料的协调保障工作。

工商局：负责地名普查所需各类企业、从事经营活动的单位等相关资料的协调保障工作。

统计局：负责地名普查所需社会、经济、人口等相关统计资料的协调保障工作。

旅游局：负责地名普查所需旅游资源、风景名胜区基础资料的协调保障工作。

呼中区国家级自然保护区管理局：负责地名普查所需基础资料的协调保障工作。

呼中车站：负责地名普查所需铁路运输设施等相关资料的协调保障工作。

资源科：负责地名普查所需林场、林业经营管理单位等相关资料协调保障工作。

营林处：负责地名普查营林等相关资料协调保障工作。

森调队：负责地名普查野外普查及相关资料调保障工作。

档案局（区志办）：负责地名普查所需地方志及协助地名志编纂写以及档案资料的查阅，文件、资料成果的立卷归档工作。

防火办：负责防火站、专业扑火队、瞭望塔及塔道等。

经营管理科：负责已关停并转但仍具有地名作用的破产企业：林机厂、刨花板厂、改制企业等。

电信局、移动公司、联通公司：负责通信设施、通信线路、通信基站等相关资料的收集协调工作。

呼中区人民政府
关于印发呼中区义务教育基本均衡发展实施方案的通知

呼政发〔2016〕8号

各镇及相关单位:

经区局研究同意，现将《呼中区义务教育基本均衡发展实施方案》印发给你们，请认真贯彻执行。

附件：呼中区义务教育均衡发展领导小组成员单位职责

大兴安岭呼中区人民政府
2016年2月20日

第四章　发展六大产业，推进产业转型

依据主体功能定位，调整优化空间结构，加大对农产品主产区和重点生态功能区的政策争取力度，加快构建绿色生态产业体系，推动生态优势转化为经济优势。创新实施《大小兴安岭林区生态保护与经济转型规划》，促进人与自然和谐共生，巩固提升整体生态化优势，发展绿色生态产业。创新实施《全国资源型城市可持续发展规划》，加快资源型城市转型发展，把着力点放在大力发展接续替代产业上，全力抓好生态旅游、森林食品、北药等特色产业，推进矿产资源绿色开发。依托现有产业基础发展精深加工、延长产业链，发展新兴产业，促进转型发展。创新实施东北地区等老工业基地振兴战略，促进经济结构调整优化，着力鼓励创新创业。继续争取国家西部大开发优惠政策，发展特色经济和优势产业，提高我区的经济和社会发展水平，逐步缩小与外部之间的发展差距，实现区域经济协调发展。

一、发展森林生态旅游业

依据我区的区域和旅游资源，以“森林避暑养生度假、休闲运动”为旅游主打产品，按照“提升夏季、突破冬季、拓展春秋”的思路，积极开发会议商务游、休闲度假游、康体养生游、森林景色观光游、冰雪游和民俗风情游。坚持“生态优先、整体开发、突出重点、循序渐进”的原则，有效整合旅游资源和要素，高档次、高水平地开发建设旅游景区。十三五期间重点建设呼中自然保护区景区、佛山景区、呼中景区、苍山石林景区、白山景区，形成点线各具特色的旅游发展格局，全面开展建设景观景点工程、植物景观工程、旅游服务设施工程、环境保护工程、基础设施工程、龙首洞博物馆等建设。发挥冰雪资源优势，积极开发冬季旅游项目。针对夏季旅游适宜期短的不足，呼中要按照“夏季做强、冬季做热”的原则，充分利用冬季降雪量大、降雪期长，冰雪旅游资源丰富的特点，大力开发新颖、时尚的冬季旅游项目，打造“冬之物语、时尚小镇”，积极探索具有北国特色旅游模式，变不足为特色，极大地扩大森林旅游市场，提高经济收入。围绕“中国最冷小镇”，打造一系列独具特色的文化旅游品牌。即：“中国最大的寒温带自然保护区”、“中国最美十大秋色”、“中国最具吸引人的地方”、“中国最北最早历史遗迹”、“中国偃松之乡”、“中国红毛柳之乡”以及“全国最美乡村旅游地”等文化品牌，不断促进呼中旅游文化产业的提档升级。

加强旅游基础设施建设，建设旅游公路 161.3 公里，包括呼中镇 - 自然保护区 60 公里，呼源镇 - 自然保护区 48 公里，呼中（林呼路）—石林风景区 10.3 公里（环绕石林风景区），呼中（林呼路）—大白山风景区 15.2 公里，碧水—秀山佛山风景区 27.8 公里。以及苍山石林地质公园、白山景区、佛山旅游风景区的围栏、防护栏、道路、界碑、标牌、桥梁、景区大门、接待处、售票处、生物资源馆等建设。加强对景区开发建设的监管，对景区开发的投资额度、建设规划、承包期限等方面进行把关，避免开发商的投机行为，保证景区开发的可持续性。结合游客需要，鼓励开发具有呼中特色的黑木耳、千日果、红豆、蓝莓等绿色山野产品；重点开发木制工艺品、根雕、手工饰品、学生版画等系列旅游商品，大力发展旅游产业。完成区址棚户区的改造、建设广场、绿地公园、家庭旅馆、饮食、娱乐多功能服务区等，打造旅游名镇。到 2020 年，全区年接待旅游人数达到 30.76 万人次，年均增长 15%，实现旅游直接收入 2.86 亿元，年均增长 15%。

呼中区义务教育基本均衡发展实施方案

为贯彻落实《国家中长期教育改革和发展规划纲要》、《县域义务教育均衡发展督导评估暂行办法》(教督〔2012〕3号)及黑龙江省《关于进一步推进县域义务教育均衡发展的若干意见》(黑政发〔2011〕42号)等文件精神，进一步提高教育工作水平，促进义务教育均衡、健康、和谐发展，实现教育公平，按照区政府与上级政府签定的“时间表”和“路线图”，确保我区2016年实现“义务教育基本均衡区”的工作目标，结合实际，制定本方案。

一、指导思想

以科学发展观为指导，认真贯彻落实党的十八届五中全会精神，以全面贯彻教育方针，办好人民满意教育和促进区域义务教育均衡发展为目标，以全面实施素质教育、规范办学行为、强化教师队伍建设为核心，以建立和完善义务教育资源均衡配置长效机制为保障，以加强和改善教育教学管理为途径，巩固义务教育标准化学校建设成果，努力缩小义务教育的校际差距，通过督导评估，促进区政府相关部门更好地履行教育职责，改善办学条件，优化教育发展环境，深入推进我区义务教育均衡发展，保障适龄儿童少年平等接受良好义务教育，促进教育公平与社会和谐。

二、目标任务

以《县域义务教育均衡发展督导评估暂行办法》(教督〔2012〕3号)为依据，以“政府牵头、专项落实、分工合作、整体推进”为工作思路，以全面实施素质教育和提高教育教学质量为目标，大力完善义务教育基本均衡的薄弱环节，巩固我区义务教育学校标准化建设成果，实现办学条件、教育资源、师资队伍、管理水平、教育质量基本均衡；组织政府相关部门认真履行教育工作职责，层层落实责任制，为全区义务教育均衡发展提供有效保障，全面完成我区义务教育基本均衡的自评工作，确保2016年呼中区义务教育基本均衡发展通过地区督导部门、省政府、和国家教育督导评估团的初检、评估和验收，推动区域教育均衡发展。

三、工作原则

坚持“政府主导、以区为主、统一规划、分步实施、积极推进”的原则。

四、工作步骤

呼中区政府根据省规划和地区年度计划统一安排，落实各项工作任务，确保2016年10月，我区义务教育基本均衡发展工作通过国家督导认定。

第一阶段：动员部署阶段（2016年1月-2016年2月）

1.依照《县域义务教育均衡发展督导评估暂行办法》(教督〔2012〕3号)、黑龙江省《关于进一步推进县域义务教育均衡发展的若干意见》(黑政发〔2011〕42号)等文件精神，成立组织机构，召开动员大会，安排部署义务教育均衡发展、政府教育工作督导评估等各项工作。

2.制定《呼中区义务教育基本均衡发展暨政府教育工作督导评估迎检工作实施方案》，由区政府教育督导室牵头，进行任务分解，对政府有关部门履行教育职责、义务教育学校进行评估、指导，召开培训会、推进会、评估会，全面把握义务教育阶段学校发展现状，对照“义务教育均衡发展评估标准”，找出差距，摸清底数。

3. 要广泛宣传开展实现义务教育均衡发展的重大意义、目标任务和实施步骤，努力提高各部门及广大群众对此项工作重要性的认识，动员全社会积极参与和大力支持教育发展工作。

第二阶段：组织实施阶段（2016 年 3-4 月）

1. 按照地区、省督导部门的要求，在深刻领会“义务教育均衡发展评估标准”的前提下，全面总结工作成果，针对存在的问题，制定详细的整改措施，建立工作机制，层层落实工作责任，提出完成整改任务的时间表。

2. 在保证义务教育经费的基础上，安排人力、财力、物力，进一步改善办学条件，加大对义务教育学校基础设施、教育教学仪器设备的投入，加大各类专用教室的建设，并提高专用教室的使用率，确保检查评估前达到标准。

3. 进一步强化学校管理，巩固义务教育学校标准化建设成果；继续深化教师人事制度改革，做好教师队伍的管理、培训与提高工作，推进教师交流、支教制度的落实，促进全区教师队伍素质的整体提高。

4. 区政府有关部门按照要求，做好履行教育职责工作，为我区教育发展提供良好的发展环境和条件保障，完成义务教育均衡发展的自评自查工作任务，保证数据的准确、科学性；义务教育学校要根据“义务教育均衡发展评估标准”，认真进行自查，查漏补缺，并填写自评表、统计表，形成反映本校特色的材料，上报区教育督导室；区教育督导室按照要求，收集、整理义务教育均衡发展工作档案、资料，核对有关数据，在自评达标的基础上写出自查报告，填写申报表，形成自评报告，上报申报的各项要件。

第三阶段：检查整改阶段（2016 年 5 月）

1. 区教育督导室依据“义务教育均衡发展评估标准”、“义务教育标准化学校建设标准”，对各校的准备工作进行检查，对需要的整改问题进行督办，对发现的新问题提出整改意见，限期改正。

2. 迎接地区行署教育督导组对我区的评估验收，并根据地区督评组的评估验收意见，认真开展查缺补漏，全面整改落实。

第四阶段：组织迎验阶段（2016 年 6-10 月）

1. 对存在的问题继续整改，做好迎检工作各种档案、资料整理和归档工作。

2.6-8 月完成学校标准化建设工程的各项基建任务、项目改造、校园文化建设等工作，迎接省政府教育督导室的评估验收；9-10 月迎接国家督导办评估认定。

五、工作措施

1. 加强领导，精心组织。开展义务教育发展基本均衡督导评估工作，是促进教育公平，提高教育质量，实现基本公共服务均等化的重要举措。义务教育均衡发展工作由区政府统一领导，区政府办负责统筹指导和综合协调，区教育局负责具体组织实施；区政府相关部门和教育局要按照检查内容和要求做好相关迎检准备工作；区教育局职能部门要做好对各学校的指导。

2. 广泛宣传，全面动员。一是召开动员大会，组织政府相关部门和义务教育学校认真学习、准确把握文件精神，制定实施方案，扎实开展自评。二是各学校要广泛利用标语、横幅、印发宣传材料等形式，及时宣传报道，营造良好的舆论氛围，深入宣传均衡发展工作的目标任务、工作措施和重大意义，动员广大干部群众积极主动地参与到此项工作当中。

3. 政策保障，强力推动。贯彻落实十八届三中全会精神，抢抓机遇，用好国家、省、地关于发展义务教育的政策，依法治教，依法行政。在教育人力资源整合工作的基础上，推进中小学人事制度改革，落实教师工资待遇，加强教师队伍建设。

4. 多方筹资，加大投入。一是充分发挥区局财政主渠道作用，投入专项资金用于创建工作。二是全面落实义务教育经费保障机制改革，确保“三个增长”，确保生均公用经费预算拨付到位。三是多渠道筹措教育资金，积极争取和利用企业支持资金和社会捐助资金，提高学校办学水平，保障弱势群体享受公平义务教育。

5. **强化督查，严格考核。**一是将义务教育均衡发展工作列入主要督查内容，建立定期通报制度，区政府定期召开会议，听取全区相关部门履行教育职责工作情况的汇报，区督导评估小组深入相关部门查阅文件资料，核实有关数据，咨询履职情况，对区政府、政府有关部门、学校进行问卷调查，形成分析报告，及时向区政府汇报检查情况。二是加强教育督导工作，建立对教育工作的督导评估制度，逐步健全与教育决策、执行相协调的督导与评估体系，形成积极进取的激励机制。三是规范工作程序，确保评估质量。自评工作应严格按照评估办法和指标体系操作，赋分宽严有度、有理有据，坚持实事求是，力求公平公正，确保评估质量，防止走过场。

六、组织领导

呼中区成立义务教育均衡发展工作领导小组，具体负责我区义务教育均衡发展工作。

主　任：刘少义　呼中区区长

副主任：关敬军　呼中区常务副区长

　　　　张　霞　呼中区副区长

委　员：于碧波　教育局局长

　　　　郝志国　住建局局长

　　　　张岩龙　安监局局长

　　　　胡敬铭　发改局局长

　　　　王佩春　文体局局长

　　　　孙玉霞　区妇联主席

　　　　黄　丽　科技局局长

　　　　孙亚先　环保局局长

　　　　李玉森　交通局局长

　　　　曹国森　人社局局长

　　　　孙学君　民政局局长

　　　　杨国栋　司法局局长

　　　　张振威　团区委书记

　　　　荣宪波　残联理事长

　　　　王　静　地税局局长

　　　　王立新　统计局局长

　　　　尚洪军　财政局局长

　　　　唐云财　审计局局长

　　　　宋家骥　监察局局长

　　　　刘晶娜　卫生局局长

　　　　袁根堂　政府办主任

　　　　于志军　编委办主任

　　　　王安帮　教育督导室主任

　　　　周成权　组织部副部长

　　　　田云祥　区工会副主席

　　　　刘同欣　宣传部副部长

　　　　杜晓明　公安局副局长

秦文凤　工商局副局长

任志远　教育局副局长

詹　军　教育局副局长

领导小组下设办公室，设在呼中区教育局，办公室主任由教育局长于碧波兼任。各职能部门和学校各负其责，同步推进。

呼中区义务教育均衡发展领导小组成员单位职责

区教育局：全面贯彻执行教育方针、政策和法律法规，落实教育改革和发展长远规划和近期计划，推进素质教育，不断提高教育教学质量。重点抓好学校管理，提升办学水平，促进内涵发展。指导各校认真组织实施学校标准化建设、均衡发展工作，提出阶段性目标，并协调督促各单位积极贯彻落实。对各校实施学校标准化建设、均衡发展工作进行督导、检查、评估。按要求建立健全各类档案材料，做好实施学校标准化建设、均衡发展所需经费预算、报告，按时向领导小组汇报成员单位均衡发展工作进展情况；依法履行对中小学教师资格的认定、招聘录用、职务评聘、培养培训和考核等工作；建立健全优质学校向薄弱学校提供管理和服务、配备调整师资队伍协商等制度，不断缩小城乡、校际差距，每学期对教育质量均衡进行考核评价，提高学校巩固率；加强对各项教育经费的管理和内部审计工作，治理学校乱收费，规范办学行为，发挥资金使用最大效益；加强对各项教育建设项目实施的督促、检查，确保工程质量、进度；抓好学校内部设施和实验室配套建设，使其符合办学标准要求，加快教育技术现代化建设，逐步更新教学手段；健全学校、家庭、社会有机结合的社区教育网络，改善校园内外环境；加强和改进学校德育工作，抓好青少年活动场所建设、管理，抓好学生养成教育，重视学校安全和学生安全教育，增强学生自我安全防范意识；加强师德教育，严禁体罚和变相体罚学生。

区政府教育督导室：对义务教育学校标准化建设、均衡发展工作进行全面督导、检查、评估；加强人员培训，指导、规范义务教育学校标准化建设、均衡发展建档工作；上报义务教育学校标准化建设、均衡发展工作汇报和自查自评材料；协助评估团做好督导评估工作，加强对实施学校标准化建设、均衡发展工作以及对成员单位履行教育职责、中小学教育教学、安全等工作进行督导、检查、评估。对义务教育经费保障机制改革实施、“三个增长”、“两个比例”及地方教育附加费用于教育等项进行督导检查。

区委组织部：按照干部管理权限，认真做好学校校长、书记任职、交流等工作，加强人员交流、培训，选好配强学校领导班子，落实领导责任追究制，不断提高中小学教育教学和管理水平。

区委宣传部：为实施义务教育学校标准化建设、均衡发展工作提供良好的舆论支持；加强对义务教育学校标准化建设、均衡发展工作的宣传，提高全社会对学校标准化建设、均衡发展工作重大意义的认识，形成全社会关心、重视、支持学校标准化建设，均衡发展工作的良好社会氛围。

区编委办：负责核定教师编制和年度用人计划，负责根据上级统一规定的编制标准和在校学生数核定公办学校教职工编制；定期公示公办中小学校教师编制情况，接受社会监督。

区监察局：负责对义务教育均衡发展所涉及的教育收费行为、经费使用、项目建设等进行监督，监督、检查、纠正学校乱收费、乱摊派的行为；对有关党员干部违法违纪的问题进行调查处理以及对有关责任人的责任进行追究。

区政府办公室：负责统筹协调全区义务教育均衡发展工作，纳入区政府重要议事日程，落实“以区为主”的管理体制；加强对各部门、各镇、各校推进义务教育均衡发展工作的检查督办，及时通报情况，协调处理重大问题。

区财政局：确保教育经费投入的“三个增长”（财政对教育拨款做到逐年增长，增长幅度高于财政经常性收入的增长幅度，财政拨付的生均公用经费逐年增长），保证学校工作正常运行；城市教育附加、转移支付资金按比例足额计提并用于教育，保证土地出让净收益计提10%用于教育；积极筹措资金，努力改善学校办学条件。每年财政预算应明确安排督导等专项经费，财政统管的预算外教育收入要及时、足额返还学校，无冲抵、挪用现象；贯彻落实义务教育保障机制改革的各项政策措施，确保教师工资按时足额发放；加强对各项教育经费管理使用的监督、检查，确保资金使用效益。落实义务教育学校标准化建设、均衡发展督导评估专项经费，加强对教育项目经费使用的监督检查。

区统计局：按时填报提供国民生产总值、年人均国民生产总值，地方财政收入、年人均地方财政收入，年人均纯收入、城镇年人均可支配收入等有关数据。

区审计局：加强对教育各项经费检查与审计，确保专款专用，发挥最大效益。加强对教育各建设项目的审计与检查监督，对已完工的教育工程项目及时出具审计报告；对上级教育转移支付资金进行专项审计；有计划地对政府投资学校建设项目进行审计。

区人社局：及时审批、核报和下达中小学补充录用新教师计划；指导教师专业技术职务评审工作，根据结构比例、岗位设置情况，下达教师专业技术职务岗位名额；做好教师实绩考核工作，落实中小学教师绩效工资政策，改善教师待遇；协助建立中小学教师互动交流机制；协助和支持教育部门做好新教师招聘录用等相关工作，推进学校人事制度改革；配合教育部门做好教师培训工作，为教育系统专业技术人员继续教育创造条件。

区卫生局：加强对学校卫生特别是传染病防治、饮用水卫生等工作的监督和指导，在教育部门的统一安排下定期为学生进行健康检查；监督、指导学校为少年儿童提供必要的卫生保健条件，做好学校在校生常规疫苗接种及疾病预防工作；开展健康教育，宣传普及卫生健康知识，加强对常见病、传染病的防治工作，指导开展对学生生长发育、健康状况和疾病动态的卫生检测防治工作；加强学校食堂管理，及时为符合卫生许可标准的学校食堂办理餐饮服务许可证。

区环保局、区科技局：通过多种形式，加大对中小学生的环保教育，使中小学生从小树立环保意识；与教育局共同开展好创建“绿色学校”工作，确保校园环境美化、净化；对拟建教育工程项目及时按照规定办理相关手续；在中小学积极开展科普知识讲座、图片展等科普活动。

区民政局、残联：按照《义务教育法》、《中华人民共和国残疾人保障法》、《中华人民共和国残疾人教育条例》，做好残疾人教育工作；依法为残疾少年儿童免费办理、更换残疾证等，并向教育部门提供有关残疾少年儿童的数据。关心、重视残疾儿童、孤儿和流浪儿童少年的学习、生活，使未丧失学习能力的残疾儿童和孤儿、流浪儿童少年完成义务教育。落实国家各项帮扶政策，加大对特困户、低保户、下岗职工家庭的扶持力度，确保贫困家庭子女不因贫困而辍学，坚决杜绝给没有完成义务教育的适龄学生办理结婚证。

区住建局：及时审批学校保送的改建、重建、新建项目；对学校项目建设各环节进行质量安全监督管理；指导校舍安全检查、鉴定工作。将教育用地纳入城乡建设规划，统一规划，合理布局，因地制宜，配套建设，并按国家有关规定落实优先、优惠政策。做好学校建设工程的规划审批工作。

区公安局、交通运输局：负责指导、协助和检查学校的安全保卫工作，促进学校创建“平安校园”活动开展；加强学校治安管理和校园周边环境治理，依法从重从快惩处扰乱校园及其周边治安秩序的违法犯罪行为，保障学校正常的教育教学秩序；开展警校共建精神文明活动，选派优秀警官担任中小学法制副校长，配合学校开展法制教育；维护学校项目建设安全，保障施工工地财产及人身安全，制止人为干扰施工事件的发生；协助教育部门、学校开展交通安全教育，确保学生出行安全；按期向教育局提供准确的年度人口变化数据资料，协助相关单位做好人户分离人口的迁走工作，保证入学率。

区安监局：进一步加强对学校安全生产监管力度，确保师生安全；层层落实责任制，加大宣传，提高中小学生安全意识和防范能力；督促解决中小学校安全方面存在的问题，消除安全隐患。对学校发生的安全生产方面的突发事件，及时组织力量进行处理。

区地税局：认真组织足额开征地方教育附加费，并按时足额划拨到教育部门；加大地方教育费附加征收力度，确保足额征收，上缴财政部门。在法律法规范围内，对学校建设、勤工俭学等实行税收优惠政策。

区发改局：在编制国民经济和社会发展计划工作中，将义务教育优先发展、标准化建设、均衡发展、促进教育公平纳入年度经济社会发展的整体规划；在教育基础设施建设及其项目的立项、审批等方面给予倾斜。配合教育部门共同做好教育发展规划和申报项目储备工作。

区工商局：按照《中华人民共和国教育法》、《中华人民共和国义务教育法》、《中华人民共和国劳动法》、《中华人民共和国未成年人保护法》和《禁止使用童工的规定》，对招用未完成义务教育的少年儿童从事雇佣性劳动的企业或个体户，予以制止，对经教育仍不悔改的企业或个体户，按规定程序吊销营业执照。加强对学校周边环境的清理整顿，制止任何单位和个人在学校门前200米内设置有害少年儿童身心健康的娱乐活动场所、高压供电及其高辐射的发射塔，不允许在校门两侧摆摊设点，会同有关部门对无证经营的摊点坚决予以取缔，对营养餐供餐企业的资质进行严格审核把关。

区文体局：指导中小学开展各种有益的体育活动，指导学校规划标准的运动场地，并对学生免费开放；加强书报刊、音像等文化市场的管理，依法查禁淫秽、迷信等有害中小学生身心健康的书报刊物、音像制品；对营业性娱乐场所、游艺场所、互联网上网服务场所执行“未成年人不准入内”的规定进行监督检查；利用假期办好适合青少年身心特点的免费服务，丰富学生课余生活；组织实施好对义务教育学校标准化建设、均衡发展工作的宣传报道工作，大力宣传报道在学校标准化建设、均衡发展工作中成绩突出的单位和个人，不断提高全社会对实施学校标准化建设、均衡发展工作重大意义的认识。

区司法局：牵头做好依法治教和依法治校工作，落实中小学普法工作，加强对中小学师生员工的法治教育，配备法制副校长，免费向学校提供法律咨询，对教职工和学生进行法治教育、宣传，增强师生法制观念和法律意识。对贯彻落实《教育法》、《义务教育法》、《教师法》和《未成年人保护法》等法律法规情况进行督导检查；保护学校、师生员工的合法权益。会同有关部门开展义务教育学校标准化建设、均衡发展教育工作宣传动员，提高全民教育意识；配合教育部门和学校做好特殊生、后进生、辍学生的重点帮教工作，协助学校做好预防和减少在校生违法犯罪工作。

区工会、团委：积极维护教职工合法权益，指导教育系统工青妇工作，调动教职工工作积极性，营造尊师重教的社会氛围；做好教职工爱岗敬业先进事迹宣传；会同教育等部门积极开展有益学生身心健康的活动，推进素质教育，促进学生全面发展。积极争取并实施好“希望工程”工作，动员青年、团员协助学校抓好适龄儿童的入学工作。在扶贫助学等方面发挥积极的作用，保护好少年儿童的合法权益，特别是女童的受教育权利；加强中小学团队建设，定期培训共青团干部、大队辅导员。

镇（场）职责：

1. 带头学习、宣传国家有关教育改革与发展的方针、政策，带头尊师重教，成立义务教育学校标准化建设、均衡发展工作领导小组，建立领导联系学校制度，制定辖区内教育改革与发展规划和年度目标，积极推进素质教育，落实目标责任制，保证辖区义务教育学校标准化建设、均衡发展工作有序进行。

2. 动员和发动社会各界人士，为教育出资、出力，确保辖区内每一所学校达到标准化建设要求，逐步缩小校际间差距，努力实现义务教育均衡发展。

3. 要认真贯彻落实《中华人民共和国教育法》、《中华人民共和国义务教育法》等法律法规，协助学校做好迁出学生的返校工作。组织适龄少年儿童入学，落实责任，建立控辍保学长效机制，严格控制义务教育阶段学生辍学，对经过督促教育仍不送子女入学的家长或监护人依法予以行政处罚。

4. 禁止使用童工、童商、童保姆。坚决杜绝餐饮业、私营个体工商企业等非法使用童工、童商、童保姆，一经发现，予以依法严惩。

5. 维护学校正常教学秩序，治理校园周边环境，杜绝宗教干预教育，严厉非法宗教活动对学校的渗透、破坏。

6. 加大对学校安全生产等各方面的监管力度，及时消除隐患，确保师生安全。帮助学校改善办学条件，优化教育环境，努力形成健全的社会、学校、家庭教育三结合网络。

呼中区人民政府
关于印发呼中区 2016 年度各镇耕地保护责任目标考核方案的通知

呼政发〔2016〕12 号　签发人：张鹏举

各镇及相关单位：

《呼中区 2016 年度各镇耕地保护责任目标考核方案》已经区政府同意，现下发给你们，请各单位、各部门认真遵照执行。

大兴安岭呼中区人民政府

2016 年 4 月 13 日

呼中区 2016 年度各镇
耕地保护责任目标考核方案

为贯彻落实国家关于各镇耕地保护责任目标考核要求，严格耕地保护，现结合我区实际，制定本方案。

一、考核依据

（一）《中华人民共和国土地管理法》、《中华人民共和国农业法》、《中华人民共和国统计法》、《土地调查条例》。

（二）《关于加大统筹城乡发展力度进一步夯实农业农村发展基础的若干意见》（中发〔2010〕1 号）、《国务院关于深化改革严格土地管理的决定》（国发〔2004〕28 号）《国务院关于加强土地调控有关问题的通知》（国发〔2006〕31 号）。

二、组织机构

为确保各镇耕地保护责任目标考核工作顺利实施，成立 2016 年度各耕地保护责任目标考核工作领导小组。

组　长：张鹏举　林业局副局长

副组长：王淑艳　区国土资源局局长

成　员：周成权　区委组织部副部长

宋家骥　区监察局局长

唐云财　区审计局局长

王志光　区农林局局长

王立新　区统计局局长

领导小组办公室设在区国土资源局，办公室主任王淑艳兼任，具体负责此项工作组织、协调工作。

三、考核内容

（一）耕地保有量及变化情况。根据第二次全国土地调查和 2015 年度土地利用变更调查成果，考核各镇耕地保有量完成情况，重点核查建设占用、灾害损毁、农业结构调整、生态退耕减少耕地和补充耕地情况，并对耕地净增减情况及原因做出分析说明。

（二）基本农田保护面积及变化情况。考核各镇 2016 年度基本农田保护完成任务完成情况。重点核查 2016 年度由于建设占用、生态退耕、农业结构调整等原因造成的基本农田减少情况和地类变化情况，并对变化情况及原因做出分析说明。

（三）耕地保护责任落实和制度建设情况。考核各镇 2016 年度考核工作开展情况、相关部门共同责任落实情况、重点核查各镇制定的考核办法、开展考核、落实奖惩责任制、分解指标、签订责任书等情况，以及近年耕地保护制度建设与创新情况、耕地保护目标年度考核评价体系情况、建立土地违法违规领导干部问责制度和各镇自查工作情况。

四、考核步骤

（一）自查报告。各镇要于 2016 年 10 月 25 日前完成本行政区域内 2016 年度耕地保护责任目标履行情况的自查工作，向区政府呈报书面报告，并抄送区国土资源局。自查报告要全面反映考核内容，深入总结经验、反映成效、查找问题、分析原因、提出整改措施。

（二）**组织考核**。由区政府组织相关单位核实各镇自查情况，于11月10日前完成考核工作。

（三）**综合评价**。根据各镇自查情况、部门检查情况、日常监管情况、历年耕地保护责任目标检查情况等进行综合评分，对耕地保有量。基本农田保护面积、耕地占补平衡与基本农田占用补划落实情况同时符合规定要求的，考核认定为合格。

（四）**考核报告**。对全区耕地保护责任目标履行情况作综合评价，对存在的突出问题及原因综合分析，提出改进意见，形成2016年度考核报告报区政府，由区政府对各镇耕地保护责任目标考核结果进行通报。考核结果抄送区委组织部。

（五）**落实整改工作**。耕地保护责任目标情况考核与综合评价结果将反馈给各镇。各镇要对履行保护责任目标中存在的突出问题限期整改。

五、考核结果处理

区政府将对各镇耕地保护责任目标履行措施得力、成效突出的给予表扬，并在安排新增项目建设用地上予以倾斜。对考核不合格的，责令其限期整改，并限期补充数量、质量相当的耕地和补划数量、质量相当的基本农田。整改期间暂停该镇农用地转用和征用审批工作，同时2016年度考核结果将作为组织、监察部门在政绩考核、领导干部问责等方面的参考依据。

呼中区人民政府
关于印发呼中区2016山野产品采集期交通秩序专项整治方案的通知

呼政发〔2016〕27号

各森林资源经营管护区、永青公司及相关单位：

经区政府研究决定，现将《呼中区2016山野产品采集期交通秩序专项整治方案》印发给你们，请各单位各部门认真贯彻执行。

大兴安岭呼中区人民政府

2016年7月26日

呼中区2016年山野产品采集期交通秩序专项整治方案

随着山产品成熟期日渐临近，入山采集人员及车辆不断的增多，给道路交通管理带来安全隐患，为确保人民群众生命财产安全，杜绝群死群伤事故的发生，区政府决定在全区开展夏秋季采集期山野产品交通秩序专项治理活动，为保证专项整治活动的顺利开展，结合本区实际，特制定本方案。

一、指导思想

以十八大重要思想为指针，牢固树立全心全意为人民服务的宗旨，以“创建三优文明城镇”为契机，切实加强全区交通管理工作，为全年交通管理工作奠定良好基础。

二、具体措施

（一）死看死守，切实加强对重点路段交通安全的管控。要全员上路并派出专人对事故多发路段死看死守，对危险路段及交通隐患要责成相关责任单位进行整改和治理，切实落实可靠的交通安全防范措施，做好采集山野产品的交通安全整治工作。

（二）警力下沉，加强公路巡逻，增强巡逻强度、密度。实行弹性工作制，对傍山险路，陡坡、桥梁、涵洞加强巡护，发现有损坏影响车辆通行的路段，要及时通知公路养护部门。

（三）通过宣传交通法规、交通安全知识、事故案例等大造声势，营造浓厚的道路交通安全舆论氛围，提高人们的交通安全意识，特别是要对从事采运的驾驶人员进行普遍安全教育，树立遵章守纪，安全行车的思想意识，从源头减少交通事故的发生。

（四）加强对采集山产品的车辆管理，入山车辆必须达到证照齐全，车辆状况良好，灯光、制动等安全部造词件齐全有效，并经交警部门检验合格后方可入山。

（五）要与各机动车驾驶员签订采集山产品安全责任状，要求驾驶员严格执行安全责任状事项。对有违反责任状相关事项者，要从严处理。

（六）要教育引导驾驶员牢固树立安全第一的理念，严禁老旧、报废车辆入山。严禁超员、超载、超速、无牌、无证、酒后驾驶及摩托车不戴头盔等违法行为。如有违反上述条款者，交巡大队将对其进行上限处罚。

（七）此次交通秩序专项整治分为“四大战区”、“六大战场”，即：呼源战区、宏伟战区、呼中战区、碧水战区。雄关、呼源1#线战场，呼西、苍山战场，宏伟1#、14#线战场，呼中西沟战场，呼中1#线战场，碧水1#线、提阳山战场，警力分布如下：

战区分布	战场分布	警力分布
呼源战区	雄关、呼源1#线	刘克成、刘德山
	呼西、苍山	徐大广、杨迪
宏伟战区	宏伟1#、14#线	于新江、张树明
呼中战区	呼中西沟	孙臣、张鑫逵
	呼中1#线	方雷、姜宝瑞
碧水战区	碧水1#线、提阳山	吴军、安红志

三、工作要求

（一）结合实际狠抓落实，全体民警要以强烈的政治责任感和使命感，振奋精神，扎实工作，确保道路安全集中整治取得实效。

（二）规范执法，热情服务，全体民警要增强依法行政的意识，树立执法为民思想，注意警容严整，规范使用文明用语，在处罚违法行为过程中要严格依照法律程序执行，做到执法公平、公正。

四、时间安排

从8月1日起至采集山野产品结束。

五、组织领导

为确保此次专项治理工作的顺利开展，特成立会战领导小组。

组　长：关敬军　区局常务副区局长

副组长：刘彦辉　区公安局党委书记、局长

张　旭　区公安局副局长

成　员：刘同欣　区委宣传部副部长

毛立祥　区委综合办主任

姜旭满　区交巡警大队大队长

尚洪军　区财政局局长

张岩龙　区安全监督管理局局长

周广志　区人力资源和社会保障局局长

胡敬铭　区经济发展和改革局局长

郝志国　区住房和城乡建设局局长

于碧波　区教育局局长

刘　铭　区气象局局长

刘晶娜　区卫生和计划局局长

李天吉　区旅游局局长

王志光　区农林局局长

刘洪波　区广播电视台台长

邹晓峰　区道路运输管理站站长

孙剑波　呼中镇镇长

门玉国　碧水镇镇长

鹿洪生　呼源镇镇长

张　彬　宏伟镇镇长

曹永斌　呼中林场场长

邸志峰　永青森林经营公司经理

李永成　呼中森警大队大队长

高　峰　呼中消防大队教导员

李玉森　区交通局局长

张连云　区质量技术监督局局长

张雁冰　资源科科长

呼中区人民政府
关于印发呼中区大气重污染天气
应急预案的通知

呼政发〔2016〕28号

各成员单位：

现将《呼中区大气重污染天气应急预案》印发给你们，请结合实际，认真组织实施。

大兴安岭呼中区人民政府

2016年7月28日

呼中区大气重污染天气应急预案

目　录

1 总则

1.1 编制目的

及时有效应对大气重污染天气，最大限度地降低大气重污染天气造成的危害，切实保障人民群众身体健康。

1.2 编制依据

根据《中华人民共和国环境保护法》、《中华人民共和国大气污染防治法》、《中华人民共和国突发事件应对法》、《大气污染防治行动计划》、《环境空气质量标准》（GB3095–2012）、《环境空气质量指数（AQI）技术规定（试行）》（HJ633–2012）、《城市大气重污染应急预案编制指南》等法律法规规定，制定本预案。

1.3 适用范围

适用于我区行政区域内出现大气重污染天气时的应急处理工作。

2 组织指挥体系及职责

2.1 区指挥部组成

区政府成立由分管副区长任指挥长，环保局局长任副指挥长，区委组织部、区委宣传部、教育局、公安局、监察局、住建局、农林局、政府办、气象局为成员单位的区大气重污染天气应急处置指挥部（以下简称指挥部）。指挥部办公室设在环保局，负责指挥部日常工作。

2.2 成员单位职责

区委组织部根据专业部门提出的意见建议，会同相关部门就应对大气重污染天气工作不力的责任单位和责任人提出组织处理意见。

区委宣传部负责督导各地大气重污染天气发生时的新闻宣传和舆情引导工作。

区政府办负责督导应急响应区域内组织工业企业落实大气污染天气工业企业减停产措施。

区教育局负责指导和监督中小学及幼儿园实施健康防护，减少或停止户外活动乃至停课等措施。

区公安局负责保障预警及应急期间的社会稳定，制定并组织落实大气重污染天气机动车限行应急方案。

区监察局负责会同环保局组织对各项应急预警、响应措施落实情况进行监督检查，对执行不力的单位和人员依规追究相关责任。

区住建局负责制定并组织落实大气重污染天气建筑施工工地扬尘污染控制方案，指导检查建筑工地围挡、冲洗、硬化、覆盖、喷淋、绿化及临时停工情况。

区农林局负责督导落实农作物秸秆综合利用等工作。

区环保局负责空气质量监测、预测，及时向信息发布部门提供空气质量监测结果。

区气象局负责空气污染气象条件分析、预报，联合环保制定大气重污染天气监测预警方案并开展预警，协助开展大气重污染天气部门会商，适时开展人工影响天气作业工作。

2.3 区指挥部办公室职责

负责履行值守应急、信息汇总和综合协调职责，发挥运转枢纽作用。主要职责包括贯彻执行环境保护部门和上级政府有关大气重污染天气工作的方针、政策，认真落实国家、省和地有关指示和要求；建立和完善环境应急预警机制；负责与上级突发环境事件应急指挥部及其成员单位信息沟通。

2.4 区政府职责

负责编制和完善本地大气重污染天气应急预案，负责本辖区预警的发布与解除、应急响应的启动和终止、信息公开、应急响应措施落实等工作。

3 预警和预防机制

3.1 预警监测

大气重污染天气应急预报应整合空气质量和气象监测资源，环保部门负责空气污染物的监测，气象部门负责开展空气污染气象条件分析。

3.2 预警支持系统

预警服务平台建在气象局，作为全区统一发布突发事件预警信息支持系统，做到信息传递及反馈高效、快捷，实现资源共享。

3.3 预警级别及发布

3.3.1 预警分级

根据环境保护部《环境空气质量指数（AQI）技术规定（试行）》（HJ633-2012）分级方法，AQI（空气质量指数）在201-300之间为重度污染；AQI大于300为严重污染。依据空气质量预报，同时综合考虑空气污染程度和持续时间，将大气重污染天气分为4个预警级别，依次为Ⅳ级预警、Ⅲ级预警、Ⅱ级预警、Ⅰ级预警，分别用蓝、黄、橙、红颜色标示，Ⅰ级预警（红色）为最高级别。

上述AQI是指城市所有国控环境空气质量监测点AQI日均值数据。

3.3.2 预警分级标准

Ⅳ级预警（蓝色）：预测未来48小时持续出现重度污染。

Ⅲ级预警（黄色）：预测未来72小时交替出现重度污染或严重污染。

Ⅱ级预警（橙色）：预测未来48小时持续出现严重污染。

Ⅰ级预警（红色）：预测未来72小时持续出现严重污染。

3.3.3 预警信息发布

预警信息以区政府名义发布，根据实际情况指定具体部门负责落实。

4 应急响应

应急响应分为Ⅳ级、Ⅲ级、Ⅱ级、Ⅰ级，与预警分级一一对应。

4.1 Ⅳ级响应

启动条件：当发布Ⅳ级预警（蓝色）时，启动Ⅳ级响应。

响应措施：由区政府组织实施以下内容。

健康防护提醒措施。提醒儿童、老年人和呼吸道、心脑血管疾病患者等易感人群减少户外活动。

建议性污染减排措施。倡导公众及排放大气污染物的单位自觉采取措施减少污染物排放。

(1) 尽量乘坐公共交通工具出行，减少机动车上路行驶；

(2) 施工工地采取停工或其他减少污染物排放的措施，加强施工扬尘管理；

(3) 增加道路清扫保洁频次，减少交通扬尘污染；

(4) 排污单位进一步采取措施，减少污染物排放。

4.2 Ⅲ级响应

启动条件：当发布Ⅲ级预警（黄色）时，启动Ⅲ级响应。

响应措施：由区政府组织实施以下内容。

健康防护提醒措施。提醒儿童、老年人和呼吸道、心脑血管疾病患者等易感人群尽量留在室内，避免户外活动；建议中小学、幼儿园减少体育课等户外运动；一般人群减少户外运动和室外作业时间。

建议性污染减排措施。提倡公众及排放大气污染物的单位自觉采取措施减少污染物排放。

(1) 尽量乘坐公共交通工具出行，减少机动车上路行驶；

(2) 施工工地采取停工或其他减少污染物排放的措施，加强施工扬尘管理；

(3) 排污单位进一步采取措施，减少污染物排放；

(4) 驻车时及时熄火，减少车辆原地怠速运行。

强制性污染减排措施。在保障城市正常运行的条件下，在全区范围内采取强制性污染减排措施。

(1) 增加道路清扫保洁和冲洗频次，减少交通扬尘污染；

(2) 减少土石方施工开挖规模，建筑拆除等施工必须采取有效的覆盖、洒水等扬尘控制措施。

4.3 Ⅱ级响应

启动条件：当发布Ⅱ级预警（橙色）时，启动Ⅱ级响应。

响应措施：由区政府组织发布以下内容。

健康防护提醒措施。提醒儿童、老年人和呼吸道、心脑血管疾病患者等易感人群尽量留在室内，避免户外活动；建议中小学、幼儿园停止体育课、课间操、运动会等户外运动；一般人群应尽量避免户外活动；户外活动可适当采取佩戴口罩等防护措施。

建议性污染减排措施。倡导公众及排放大气污染物的单位自觉采取措施减少污染物的排放。

(1) 尽量乘坐公共交通工具或合乘出行，减少机动车上路行驶；

(2) 施工工地采取停工或其他减少污染物排放的措施，加强施工扬尘管理；

(3) 排污单位进一步采取措施，减少污染物排放；

(4) 驻车时及时熄火，减少车辆原地怠速运行。

强制性污染减排措施。在保障城市正常运行的条件下，在大气污染城市范围内采取强制性污染减排措施。

(1) 增加道路清扫保洁和冲洗频次 1 次以上，减少交通扬尘污染；

(2) 施工工地停止土石方和建筑拆除施工，停止渣土车、砂石车等易扬尘车辆运输；

(3) 对工业企业特别是高污染企业分别实施停产或限产减排 30% 污染物的措施；

(4) 在现有“禁放”、“禁烧”范围的基础上，大气污染城市范围内禁止烟花爆竹燃放、露天烧烤。区指挥部成员单位按照各自职责响应措施的落实。

4.4 Ⅰ级响应

启动条件：当发布Ⅰ级预警（红色）时，启动Ⅰ级响应。

健康防护措施：由区政府组织实施以下内容。

健康防护提醒措施。提醒儿童、老年人和呼吸道、心脑血管疾病患者等易感染人群尽量留在室内，避免户外活动；中小学、幼儿园停课，企事业单位根据情况可实行弹性工作制；建议停止大型露天活动；一般人群应尽量避免户外活动；户外活动可适当采取佩戴口罩等防护措施。

建议性污染排放措施。倡导公众及排放大气污染物的单位自觉采取措施减少污染物排放。

(1) 尽量乘坐公共交通工具或合乘出行，减少机动车上路行驶；

(2) 施工工地采取停工或其他减少污染物排放的措施，加强施工扬尘管理；

(3) 排污单位进一步采取措施，减少污染物排放；

(4) 驻车时及时熄火，减少车辆原地怠速运行；

(5) 减少涂料、油漆、溶剂等含挥发性有机物的原材料及产品的使用。

强制性污染减排措施。

(1) 增加道路清扫保洁和冲洗频次 2 次以上，减少交通扬尘污染；

(2) 施工工地停止土石方和建筑拆除施工，停止渣土车、砂石车等易扬尘车辆运输；

(3) 对工业企业特别是高污染企业分别实施停产或限产减排 30% 污染物的措施；

(4) 在现有“禁放”、“禁烧”范围的基础上，大气污染城市范围内禁止烟花爆竹燃放、露天烧烤；

区指挥部成员单位按照各自职责响应措施的落实。

5. 信息报告及公开

5.1 信息报告

发生大气重污染天气后，事发地政府应立即向上级政府指挥部书面报告，内容包括大气重污染天气发生的时间、污染物种类及可能持续的时间等基本情况。

5.2 信息公开

信息公开的内容应包括环境空气质量监测数据、大气重污染天气预警可能持续的时间、防范建议等。通过报刊、广播、电视、网络和手机短信以信息发布、情况通报等形式向社会公布。

5.3 指挥和协调

区指挥部负责确定本地大气重污染天气应急处置工作的相关指挥协调部门及职责。

5.4 预警的解除与调整

经预测、预警区域未来空气质量指数（AQI）低于本级别预警条件。且 24 小时内不会反弹时，应解除预警或下调一级预警级别；预警区域未来空气质量指数（AQI）高于本级别预警条件，且有持续恶化的趋势，应上调一级预警级别，直至最高级别预警。

6 保障措施

要建立和完善应急指挥系统，配备必要的有线、无线通信器材，确保本预案启动时区指挥部和有关部门及现场各专业应急分队间的联络畅通。

区指挥部各成员单位要按照各自职责，在启动应急响应时开展相应工作，保证预案各项措施落实到位。

7 预案管理

7.1 培训和演练

应根据实际情况采取实战演练、桌面推演等方式，组织开展人员广泛参与、处置联动性强、节约高效的应急演练。本预案至少每 3 年组织 1 次演练。

7.2 预案更新

当相关法律、法规、规章、标准、上位预案中的有关规定发生变化；应急指挥机构及其职责发生重大调整；面临的风险发生重大变化；重要应急资源发生重大变化或在突发事件实际应对和应急演练中发现问题需要做出重大调整时，应及时修订、完善本预案。应及时制定和更新相关预案，确保与本预案的有效衔接。

7.3 预案（实施）生效时间

本预案自发布之日起实施。

呼中区人民政府
关于印发《呼中区政府行政复议委员会工作实施方案》的通知

呼政发〔2016〕31号

各镇及相关单位：

现将《呼中区政府行政复议委员会工作实施方案》印发给你们，请结合实际，认真遵照执行。

呼中区人民政府

2016年8月10日

呼中区政府行政复议委员会工作实施方案

为进一步完善行政复议工作体制和机制，充分发挥行政复议制度在解决行政争议、建设法治政府、构建和谐社会中的作用，根据国务院关于完善行政复议体制的一系列文件要求和省政府法制办《关于在省政府及部分市政府开展行政复议委员会试点工作范围的通知》（黑政法发〔2008〕66号）、《关于扩大行政复议委员会试点工作范围的通知》（黑政法发〔2010〕11号）和《关于印发大兴安岭地区行署行政复议委员会工作实施方案的通知》（大署办〔2013〕22号）精神，结合本区实际，制定本方案。

一、行政复议委员会工作的指导思想和目标

以“三个代表”重要思想为指导，以科学发展观为统领，推行行政复议体制改革。通过成立行政复议委员会及其办公室，积极探索相对集中行政复议审理权，充分发挥专家学者等社会力量的作用，提高办理行政复议案件质量和效率，提升行政复议制度的社会公信力，确保各行政机关的行政行为公正合理、高效便民，为建设法治政府、构建和谐社会提供法制保障。

二、行政复议委员会及其办公室的职能和管辖范围

行政复议委员会是区局领导下的行政复议案件议决机关。其主要职能为：

（一）受理、审查、裁决行政复议案件；

（二）总结行政复议工作经验，指导下级政府开展行政复议工作；

（三）研究行政复议过程中发现的政府及其工作部门在依法行政方面存在的问题，并提出改进建议和意见；

（四）研究、健全和完善行政复议有关制度；

（五）学习宣传有关行政复议的法律、法规、规章并组织教育培训；

（六）办理区局领导交办的其他工作。

行政复议委员会办公室是行政复议委员会的办事机构，其主要职能是：

（一）集中立案审查和决定受理向行政复议委员会提出的行政复议申请；

（二）提请行政复议委员会讨论、决定重大、疑难、复杂的行政复议案件；

（三）审查集中受理的行政复议案件，并提出处理建议；

（四）承担行政复议委员会委员参加行政复议案件讨论会的会务工作；

（五）负责行政复议案件卷宗的整理和归档工作；

（六）监督行政复议案件审查处理意见的落实；

（七）起草、送达行政复议法律文书；

（八）履行《中华人民共和国行政复议法》、《中华人民共和国行政复议法实施条例》赋予的其他法定职责。

行政复议委员会管辖行政复议案件的范围是：

（一）过去应由区政府管辖的行政复议案件；

（二）过去应由区政府组成部门受理的行政复议案件。实施行政复议委员会工作制度之后，区政府组成部门作为原法定行政复议机关，不再单独受理行政复议案件，改由区政府行政复议委员会集中受理、审查、裁决（区公安局的行政复议案件暂不纳入行政复议委员会审理）。

三、行政复议委员会机构设置

行政复议委员会由主任委员、副主任委员和一般委员组成。按照行政复议机关首长负责制的原则，主任委员由区政府常务副区长担任；副主任由区政府办主任担任；一般委员由经遴选的专职行政复议工作人员和精通法律事务的人大、政协、政法委、法院、检察院、监察局、行政执法机关人员等人员担任。一般委员由区政府部门相关人员担任，因故不能履行委员工作职责时，由区政府做出调整。

区政府行政复议委员会办公室设在区政府办，设主任一名，为正科级，暂由区政府办主任兼任。

四、行政复议委员会工作机制及程序

行政复议案件办理实行统一受理、统一审查、统一决定、统一监督执行、统一协调应诉的运行方式。区公安局暂不作为试点，仍按现行运行机制办理行政复议案件。

（一）统一受理。区政府行政复议委员会办公室统一受理当事人提出的行政复议申请，依法具有行政复议职责的区直各行政部门不再受理当事人提出的行政复议申请。

行政部门包括法律法规授权的组织作出具体行政行为，在告知行政管理相对人依法享有的救济途径时，应根据相对集中行政复议审理工作的要求告知行政复议申请人，并附区政府行政复议委员会办公室的详细地址、电话。

实行行政复议委员会制度后，行政复议申请人向区直行政部门提出行政复议申请的，区直行政部门应告知行政复议申请人向区政府行政复议委员会办公室提出申请。

实行行政复议委员会制度后，行政管理相对人对区直行政机关的具体行政行为不服的，可以向区政府行政复议委员会申请行政复议，也可以向其上级行政主管部门申请行政复议。

（二）统一案件审理。行政复议案件受理后，应及时制作并送达《提出答复通知书》并送达被申请人。对于须追加第三人的，经行政复议委员会主任同意，制作《参加复议通知书》并送达第三人。行政复议委员会办公室综合运用书面审查、听证调查等审理方式审理案件，经审理组合议后提出初步意见，按照行政复议委员会议程序做出决定。

（三）统一决定。行政复议案件由区政府统一作出行政复议决定，加盖“大兴安岭呼中区人民政府行政复议专用章”，根据不同审理情况，对行政复议案件审查、审议处理意见按以下方式做出决定：

1. 对于案情简单、事实清楚的案件，在审查、审议的基础上，由行政复议委员会办公室主任批准决定。

2. 对于重大、疑难、复杂的行政复议案件，在审理的基础上，由行政复议委员会办公室提交行政复议委员会的审议小组进行审议，经行政复议委员会主任委员批准决定。

3. 对于重大、疑难、复杂的行政复议案件，审查意见分歧较大或主任委员认为有必要的，提交区政府办公会议和区常务会议做出行政复议决定。

（四）统一监督执行。行政复议委员作出决定后，由行政复议委员会办公室统一监督执行。申请人不履行已生效的复议决定的，由行政复议委员会办公室协调监督作出行政决定的行政机关，依法组织强制执行或申请人民法院强制执行。行政机关不履行行政复议决定的，由行政复议委员会办公室监督执行，必要时报请区政府责令履行。

（五）统一协调应诉。行政复议决定作出后，因维持原具体行政行为引发行政诉讼的，由行政复议委员会办公室协调督促作出原具体行政行为的行政机关承担行政应诉工作；因行政复议决定撤销原具体行政行为引发行政诉讼的，由行政复议委员会办公室根据具体情况统筹协调组织相关应诉工作。

五、实施行政复议委员会制度的时间

区政府自 2016 年 8 月 15 日起开展行政复议委员会工作，区政府各部门在工作开始前受理的行政复议案件仍由其继续受理。

呼中区人民政府
关于印发呼中区公立医院综合改革实施方案的通知

呼政发〔2016〕37号

区卫计局、财政局及相关部门：

《呼中区公立医院综合改革实施方案》已经区政府研究同意，现印发给你们，请认真贯彻执行。

大兴安岭呼中区人民政府

2016年9月6日

呼中区公立医院综合改革实施方案

为推进我区公立医院综合改革工作，促进公立医院健康持续发展，根据《国务院办公厅关于城市公立医院综合改革试点的指导意见》（国办发〔2015〕38 号）、《关于做好 2016 年国家联系试点市（地）公立医院综合改革有关工作的通知》（黑卫体改发〔2016〕133 号）和《大兴安岭地区公立医院综合改革实施方案》（署办规〔2016〕17 号）精神，结合我区实际，制定本方案。

一、指导思想

深入贯彻落实党的十八大和十八届三中、四中、五中全会精神，按照党中央、国务院决策部署，把深化医改作为保障和改善民生的重要举措，将公平可及、群众受益作为改革出发点和立足点，着力解决群众看病贵、看病难问题。充分发挥公立医院公益性质和主体作用，切实落实政府办医责任，坚持医药、医保、医疗联动改革，大胆探索、锐意创新，着力推进管理体制、补偿机制、价格机制、人事编制、收入分配、医疗监管等体制机制改革，不断提高公立医院医疗卫生服务水平。

二、实施范围

呼中区人民医院纳入此次公立医院综合改革实施范围。

三、工作目标

（一）以药补医机制全面破除。以实行药品（中药饮片除外）零差率销售为切入点，初步建立科学合理的补偿机制，医疗服务价格逐步理顺，医药费用不合理增长得到有效控制，卫生总费用增幅与本地区生产总值增幅相协调。总体上个人卫生支出占卫生总费用的比例降低到 35% 以下，2017 年降至 30% 以下。改革后，药占比（不含中药饮片）要低于 35%，且较改革前至少下降 6 个百分点以上，2017 年要降至 30% 以下；百元医疗收入（不含药品收入）中消耗的卫生材料降到 25% 以下，2017 年降至 20% 以下。

（二）医保保障水平显著提高。探索医保支付方式改革，实现城镇居民医保的统一管理。基本医疗保险地级统筹，统筹区域内实现“即时结算”，基本实现省内异地就医“即时结算”。

（三）医院运营绩效明显提升。全面落实公立医院自主权，进一步提升医疗服务质量，优化医疗服务流程，医疗服务安全更有保障。公立医院考核评价和监管制度更加健全。2016 年底，实施临床路径管理的病例数要达到公立医院出院病例数的 30%，实行按照病种付费的病种不少于 100 个。

（四）人事薪酬制度逐步完善。编制人事制度更加合理，用人机制更加灵活，收入分配机制的激励作用更加积极有效，医务人员技术劳务价值得到合理体现。

（五）分级诊疗制度扎实推进。公立医院的功能定位更加清晰，到 2016 年底，预约转诊占公立医院门诊就诊量的比例要提高到 20% 以上，家庭医生签约服务全面开展，基层首诊、双向转诊、急慢分治、上下联动的分级诊疗模式初步构建。

（六）儿童医疗卫生资源均衡发展。到 2020 年，建立健全功能明确、布局合理、规模适当、富有效率的儿童医疗卫生服务体系，每千名儿童床位数增加到 2.2 张。加强儿科医务人员队伍建设，每千名儿童儿科执业（助理）医师数达到 0.69 名。

四、主要任务

（一）完善医疗服务体系，明确公立医院功能定位。

1. 优化公立医院规划布局。认真落实《呼中区区域卫生规划》和《呼中区医疗机构设置规划（2015—

2020年）》，优化结构布局。按照总量控制、结构调整、规模适度的原则，合理控制公立医院床位规模、建设标准和大型医用设备配备。（牵头督促落实部门：区卫计局，配合部门：区发改局、区统计局、区财政局、财务科。）

2. 建立高效政府办医体制。落实区政府举办公立医院主体责任，公立医院同级举办主体要调整支出结构，加大对公立医院投入力度，落实兜底保障政策，切实保障基础建设、设备配置、重点专科建设、人才培养、符合政策离退休人员、政策性亏损、公共服务、公共卫生服务等。把公立医院综合改革工作纳入绩效考核，强化各级补助与公立医院的绩效考核结果挂钩关系。（牵头督促落实部门：区财政局，配合部门：区卫计局、区发改局、区统计局。）

3. 完善分级诊疗服务模式。发展基层医疗服务网络，完善区域医疗联合体建设，全面开展高血压、糖尿病分级诊疗试点工作。到2016年年底前，完成区人民医院、全区基层医疗机构“两病”分级诊疗试点改革。加强全科医生队伍建设，全面推进家庭医生签约服务，优先与老年人和儿童家庭开展签约服务。加快构建“基层首诊、双向转诊、急慢分治、上下联动”的就医秩序和慢性病分级诊疗服务体系。（牵头督促落实部门：区卫计局，配合部门：区人社局、区物价局、区财政局、财务科。）

4. 鼓励引导社会资本办医。大力推进社会资本办医，进一步放宽准入，引进社会资本参与公立医院改制和经营，鼓励投资举办康复医疗、医养结合等医疗机构。（牵头督促落实部门：区发改局、区卫计局，配合部门：区财政局、财务科、区人社局、区民政局、区工商局。）

（二）深化医药体系改革，破除“以药补医”机制。

1. 取消药品加成政策。2016年10月1日，区人民医院同步取消药品加成（中药饮片除外），一律实施零差率销售，并将药品销售价格向社会公布。公立医院取消药品加成而减少的合理收入，通过调整医疗技术服务价格纳入基本医保报销范围予以补偿、地区财政补助和同级举办主体补助、公立医院内部控制费用挖潜来解决。其中，调价比例不高于80%，增加行署财政和同级举办主体投入补助15%，内部控费挖潜5%左右。公立医院的药品贮藏、保管、损耗等费用列入医院运行成本予以补偿。（牵头督促落实部门：区卫计局、区财政局，配合部门：财务科、区人社局、区物价局。）

2. 理顺医疗服务价格。在保证公立医院良性运行、医保基金可承受、群众整体负担不增加的前提下，按照总量控制、结构调整、有升有降、逐步到位的原则，合理调整提升体现医务人员技术劳务价值的医疗服务价格。合理提高诊查、手术、护理、床位和中医服务等项目价格，降低大型医用设备检查及治疗、检验价格，建立以成本和收入结构变化为基础的动态价格调整机制。对符合规划及相关政策规定的贷款或集资购置的大型设备，由举办主体按扣除折旧后的价格回购。（牵头督促落实部门：区物价局，配合部门：财务科、区财政局、区卫计局、区人社局。）

3. 改革药品采购方式。利用试点城市可自行在省级药品集中采购平台上采购的优势，进一步降低虚高药品价格，切断医院和医务人员与药品间的利益联系。在全区范围内医疗机构用药限价采购，并严格执行“一品两规”、“两票制”和“药品采购院长负责制”，实行集中采购配送。（牵头督促落实部门：区卫计局。）

4. 巩固完善基本药物制度。积极调整用药结构，优先配备使用基本药物。使用基本药物通用名总数占国家基本药物通用名总数的比例，原则上不少于60%。公立医院在保证质量的前提下，优先采购国产医用耗材和器械。（牵头督促落实部门：区卫计局，配合部门：区人社局。）

5. 严禁大处方大检查。完善公立医院用药管理制度和处方审核制度，采取处方负面清单管理、处方点评等形式控制药物不合理使用。重点围绕辅助性、高回扣的药品，加强对医务人员处方行为的监控，及时查处为追求经济利益的不合理用药、用材和检查检验等行为。严格执行药品使用告知制度。允许患者自主选择在医院门诊药房或凭处方到零售药店购药。（牵头督促落实部门：区卫计局，配合部门：区人社局。）

（三）深化医保体系改革，强化医保支付监控作用。

1. 城镇居民医保统一管理。按照“先归口、后整合”的路径理顺行政管理体制，按照“筹资就低不就高、待遇就高不就低、目录就宽不就窄”的原则统一政策。采取“一制多档、筹资与待遇相衔接”的方式逐步过渡，建立起统一的城镇居民基本医疗保险制度，完善管理服务，保障城镇居民受益水平。（牵头督促落实部门：区人社局、区卫计局，配合部门：区财政局、财务科、区物价局。）

2. 改革医保支付制度。公立医院要积极与医保机构协商，积极推行按病种付费为主、按人头付费、按床日付费、按总额预付等复合型付费方式改革，将单纯按项目付费向混合支付方式转变，建立地级医保经办机构与医疗机构的谈判协商机制和风险分担机制，提高管理水平和服务能力，增强医保对医疗服务行为的激励约束机制，控制医疗费用不合理增长，保障医保基金安全和使用效率。（牵头督促落实部门：区人社局、区卫计局，配合部门：区财政局、财务科。）

3. 完善转诊医保报销政策。拉开不同级别医疗机构的起付线和报销比例的差距，上转或下转参保患者的起付线连续计算，不重复收取。探索对慢性病和康复等病种实行按就诊人头付费等方式，促进病人基层就诊。支持以医疗联合体为单位实行医保总额控制，推动医疗联合体内部建立双向转诊机制。（牵头督促落实部门：区人社局、区卫计局，配合部门：区财政局、财务科。）

4. 强化医疗保障支撑作用。进一步提高基本医疗保障水平，逐步缩小政策范围内支付比例与实际住院费用支付比例间的差距。探索将日间手术和符合条件的医疗机构中药制剂、针灸、治疗性推拿等中医非药物诊疗技术纳入医保报销，鼓励提供和使用中医药服务。建立疾病应急救助制度，健全重特大疾病保障制度，做好基本医保、城镇居民大病保险、疾病应急救助和医疗救助、商业健康保险等多种保障制度的衔接，发挥好各项制度的整体合力，减轻群众医药费用负担。（牵头督促落实部门：区人社局、区卫计局，配合部门：区财政局、财务科。）

5. 推进异地就医结算管理和服务。推进医保管理地级统筹，通过统筹基本医保报销政策，推进统筹区域内和省内异地就医“即时结算”。（牵头督促落实部门：区人社局、区卫计局，配合部门：区财政局、财务科。）

（四）深化医疗体系改革，建立现代医院管理制度。

1. 落实公立医院独立法人地位。合理界定区政府和公立医院在人事、资产、财务等方面的责权关系，落实公立医院自主权。淡化二级以上公立医院院长行政级别，实行医院院长聘任制。推进院长职业化、专业化，强化院长任期目标管理，建立问责机制。（牵头督促落实部门：区卫计局，配合部门：区编办、区人社局。）

2. 建立适应行业特点的薪酬制度。打破原有按事业单位同样对待的工资制度，落实向能者倾斜、向一线倾斜、多劳多得的分配制度。根据行业特点制定公立医院绩效工资总量核定办法，着力体现医务人员技术劳务价值，根据服务数量、服务质量、服务效果、服务安全、病人满意度等因素合理确定医务人员收入水平，不得设立经济指标，建立动态调整机制。探索建立院长和科室主任、关键岗位年薪制。严禁将医院药品、耗材、大型医学检查等业务收入与医务人员个人薪酬挂钩。（牵头督促落实部门：区人社局，配合部门：区财政局、财务科、区卫计局。）

3. 建立动态调整的编制机制。在地方现有编制总量内，合理核定公立医院编制总量，探索实行编制备案制，建立动态调整机制。由公立医院自主考录聘用人员，编制内外人员在岗位设置、收入分配、职称评定、管理使用和养老保险等方面实行同等待遇。公立医院全部实行聘用制度和岗位管理制度，人员由身份管理向岗位管理转变，实行定编定岗不固定人员，形成能进能出、能上能下的灵活用人机制。（牵头督促部门：区编办，配合部门：区卫计局、区财政局、财务科、区人社局。）

4. 加强精细化管理。加强医院财务会计管理，强化成本核算与控制。建立起全面的、科学的、符合医院管理要求的经济管理体系。（牵头督促部门：区卫计局，配合部门：区财政局、财务科。）

5. 加快信息化建设。积极落实全省“互联网 + 医疗”政策，加强区域卫生信息平台建设，进一步完善标准化电子健康档案和电子病历数据库建设，逐步实现居民基本健康信息与公共卫生、医疗服务、医疗保障、药品管理、综合管理等应用系统的业务协同，促进系统之间的信息共享。加强医疗卫生机构信息化建设，积极引进 HIS 信息管理系统和 LIS、PACS 等辅助业务系统，不断提高信息化管理能力与水平。（牵头督促落实部门：区卫计局，配合部门：区发改局、区科技局、区财政局、财务科。）

6. 建立逐步化解债务机制。严禁公立医院自行举债建设和购置大型设备，严禁发生新的药品债务。公立医院根据法定审计结果，将债务按照类别记账，分类处理，按规定偿还、化解。在国家未出台具体政策前，原则上，属于区（局）负有偿还责任的债务，由区（局）偿还；属于公立医院自行举借的债务，由医院自行偿还；（牵头督促落实部门：财务科，配合部门：区卫计局。）

7. 建立科学考核评价体系。制定公立医院院长任职资格、岗位职责、选拔聘用、考核评价、激励约束和问责奖惩等管理办法。定期对公立医院进行考核，原则上每半年进行一次，考核结果向社会公开。重点对公立医院国有资产保值增值、收支盈亏、医疗卫生质量、医药费用控制、社会和职工满意度等公益性指标进行评价和监督。建立与考核结果相匹配的奖惩机制，将考核结果与各级补助、医保支付、工资总额以及院长薪酬、任免、奖惩等挂钩。（牵头督促落实部门：区卫计局，配合部门：区人社局、区财政局、财务科。）

8. 完善监管机制。强化卫生计生行政管理部门全行业、属地化行政监管职能。加强医药费用监管控制，到 2017 年，实现公立医院门诊、住院患者人均费用和总收入增幅下降，医疗服务收入（不含药品、耗材和大型设备检查收入）占业务收入比重提升，自付医疗费用占总医疗费用比例下降。加强信息公开，公立医院定期向社会公开财务状况、绩效考核、质量安全、价格和医疗费用等信息。（牵头督促落实部门：区卫计局）

9. 加强人才队伍建设。建立健全住院医师规范化培训制度，原则上 2016 年公立医院新进医疗岗位的本科及以上学历临床医师，均应到省卫生计生委指定地点接受住院医师规范化培训。加强公立医院骨干医师培训，健全和完善促进医务人员成长、使用的机制。探索专科特设岗位计划，引进急需高层次人才。根据临床医学、儿科学毕业生数量和岗位需求，住院医师规范化培训招生向儿科倾斜，统筹使用住院医师规范化培训财政补助资金时，在生活补助等方面适当向儿科倾斜。鼓励和吸引经过住院医师规范化培训的中医、中西医结合专业住院医师从事中医儿科诊疗工作。（牵头督促落实部门：区卫计局，配合部门：区人社局、区教育局、区财政局、财务科。）

五、工作安排

（一）深入调研（8 月 5 日前完成）。由区医改领导小组组织有关部门深入公立医院进行调研，多方听取公立医院医务人员、患者、群众、社会各界的反映，全面把握公立医院现状，深入分析影响和制约公立医院改革的突出问题，初步形成解决问题、推动改革的思路和办法。把握好医务人员、社会各界的思想、舆论动态，提出相应的疏导措施。（牵头督促落实部门：区医改办）

（二）基线调查（8 月 5 日前完成）。按照《黑龙江省公立医院综合改革效果监测与评价实施方案（试行）》（黑医改领发〔2015〕9 号）要求，填写《基线调查监测体系调查表》，对域内公立医院 2013 年至 2015 年和 2016 年 1–5 月的数据进行测算，做为改革的基础数据。原来没有数据记载的，要根据有关情况科学测算、计算，补充相关数据。将基线调查形成报告报区政府及地医改办备案。（牵头督促落实部门：区医改办，配合部门：区民政局、财务科、区财政局、区人社局、区物价局、区统计局、区公安局、区医保局）

（三）清产核资（8 月 5 日前完成）。区卫生计生、财务、审计等有关部门对公立医院资产、债务情况进行核查。公立医院要及时清查本单位资产和负债情况，配合做好清产核资工作。属于公立医院自行举借的债务，于 9 月 10 前完成回购工作。清产核资结束后，根据法定审计结果，将债务按照类别记账，分类处理，按规定偿还、化解。要将清产核资工作形成工作报告报省、地医改办备案。（牵头督促落实部门：区医改办，配合部门：财务科、区财政局、区审计局。）

（四）制定方案（8 月 10 日前完成）。结合我区实际，区医改领导小组各成员单位密切沟通，磨合相关改革政策，全面、细致地制定本地公立医院改革实施方案。公立医院改革实施方案要经法制部门严格把关，经区 (局) 常务会议讨论通过后实施，并报地医改办备案。（牵头督促落实部门：区医改办，配合部门：区医改领导小组各成员单位）

（五）优化布局（8 月 10 日前完成）。区卫生计生部门要根据我区卫生计生事业“十三五”规划、卫生服务体系规划，通盘考虑本地现有医疗资源，制定本地区域卫生规划和机构设置标准、资源配置标准报行署发改委、林业集团公司计统部、行署卫生计生委、地区医改办备案。把落实规划情况作为医院建设、财政投入、绩效考核、医保支付、人员配置、床位设置等的依据，增强规划刚性约束力，定期向社会公示规划执行情况。从严控制公立医院床位规模、建设标准和大型医用设备配备。公立医院优先配置国产医用设备，严禁超标准装修，提供特需服务的比例不超过全部医疗服务的 10%。对于富余公立医院资源，要通过改制、改组、引入社会力量等多种方式整合，推动区域医疗资源合理布局。（牵头督促落实部门：区卫计局，配合部门：区发改局、区统计局）

（六）核定任务，确定收支（8 月 10 日前完成）。制定核定任务和收支的具体办法和工作方案。根据有关政策和规划，依据 2015 年的收支情况，同时考虑 2016 年 1–6 月份收支情况，全面核定公立医院工作任务和收支水平，并实行动态调整。公立医院人员费用（不含离退休人员）占总支出的比例不低于 40%。鼓励公立医院通过提高服务质量和工作效率、加强管理、降低成本等方式，提高医疗收入水平。公立医院收支结余部分除上缴一定比例外，剩余部分可以用于本院奖励性基金和发展基金。（牵头督促落实部门：区卫计局，配合部门：区医改领导小组相关成员单位）

（七）数据测算，调整价格（8 月 15 日前完成）。在行署（县、区、林业局）主导下，对域内各类公立医院 2015 年与价格调整相关的数据逐项进行对比统计、测算。按照省统一要求调整医疗服务价格，要将符合医保规定的医疗服务价格调整部分纳入医保支付范围，同步加强对医疗服务价格调整的综合监测。（牵头督促落实部门：区物价局，配合部门：区卫计局、财务科、区财政局、区人社局）

（八）预算投入，兜底保障（8 月底前完成）。制定本地公立医院具体补偿办法，报行署卫生计生委、行署物价局、行署财政局、林业集团公司财务部备案。在核定任务、核定收支基础上，财政、财务部门要全面测算公立医院投入规模，按照需要纳入同级财政预算和财务计划，2016 年的投入通过追加保障，也可以在 2017 年度追加，但要切实保障公立医院有效顺畅运转。（牵头督促落实部门：区财政局，配合部门：区卫计局、区人社局、区物价局、区医改领导小组相关成员单位）

（九）设置岗位，全员聘用（9 月 15 日前完成）。区卫生计生行政部门要按照地方区域卫生规划要求，根据公立医院功能定位、承担任务、编制核定原则等，提出公立医院机构设置和编制配置（或人员总量配置）意见，报编制部门按照规定审批。在编制总量或核定的人员总量内，根据相关人事政策规定，全面落实聘用制度和岗位管理制度，按需设岗，实行岗位管理，按照相关要求和工作程序尽快产生院长、副院长。通过公平考试、公开考核、民主测评等方式组织开展全员竞聘。公立医院全体人员都要按照事业单位聘用制度，依法签订聘用合同。聘用合同应具备下列条款：合同期限、岗位目标、职责要求、岗位纪律、岗位工作条件、工资待遇、合同变更和终止的条件、违约责任等。竞聘上岗人员要在一定范围内进行公示，公示时间不少于 7 个工作日。（牵头督促落实部门：区人社局，配合部门：区卫计局、区编委办、财务科）

（十）出台配套政策（9月底前完成）。制定本地公立医院综合改革实施方案相应配套文件。各有关部门要结合实际，做好上述有关配套政策的同时，在编制核定、绩效工资、药品采购、医保支付、内部管理、内部考核与分配等关键政策上制定具体可操作的配套政策。涉及职工切身利益的，要与当地工会沟通好，按照有关法律法规和政策做好预案，同时，要与当地人大、政协及其部分人大代表、政协委员和工会等做好沟通、协调工作，争取得到广泛的理解和支持。（牵头督促落实部门：区医改办，配合部门：区医改领导小组各成员单位）

（十一）启动改革。2016年10月1日，区人民医院全面启动实施综合改革，同步全部取消药品加成（中药饮片除外），实施零差率销售，全面推进各项改革政策落实。（牵头督促落实部门：区医改办，配合部门：区医改领导小组相关成员单位）

（十二）全面总结。2017年1月10日前，区医改办要将公立医院改革情况报送地区医改办。地区医改办将组织有关部门对改革进展情况进行全面分析总结，根据省里制定的评价考核方案进行综合评价考核。（牵头督促落实部门：区医改办，配合部门：区医改领导小组相关成员单位）

六、组织保障

（一）加强组织领导。要落实公立医院综合改革主体责任，成立由区政府主要领导为组长的医改领导小组和公立医院改革领导小组，切实履行对公立医院综合改革的领导责任、保障责任、管理责任、监督责任。要明确改革的路线图、时间表，把握好改革重点任务、优先顺序、推进方式，做到科学测算、分类施策、务实操作、务求突破。

（二）建立工作机制。区医改领导小组相关成员单位要在区政府的统一主导下，协同推进改革，推进医药、医保、医疗联动，推进域内公立医院同步改革，增强改革的系统性、整体性和协同性。区政府主要领导负总责，分管领导具体负责，确定专人承担公立医院综合改革日常工作，不得少于2人。要保障日常工作经费，纳入同级政府财政预算。将公立医院改革工作纳入绩效考核内容。要明确各部门职责，责任到人，任务到人，确保各项政策落实。

（三）搞好宣传培训。区医改办要大力宣传公立医院改革政策、进展情况、成效和典型经验，及时回应社会各界关注的热点问题，合理引导社会预期，避免出现影响、阻滞改革的现象。区医改办要积极组织开展政策培训，加强政策解读，做好宣传动员，充分调动各方面参与改革、支持改革的积极性。

呼中区人民政府办公室　　2016 年 9 月 6 日印发

呼中区公立医院改革领导小组名单

组　长：刘少义　区局长

副组长：崔志忠　区纪委书记

关敬军　区局常务副区局长

关鹏举　区组织部部长

张　霞　副区长

梁贵德　林业局副局长

李家新　林业局副局长

刘秀君　区工会主席

（主要领导负总责，分管领导具体负责。）

成　员：周成权　区组织部副部长

刘同欣　区宣传部副部长

王　辉　区纪委副书记

唐云财　区审计局局长

尚红军　区财政局局长

刘晓林　林业局财务科科长

周广志　区人社局局长

于志军　区编委办主任

胡敬铭　区发改局局长

刘洪波　区电视台台长

孙学君　区民政局局长

吕　凡　经营管理科科长

孙友发　区法制办主任

刘晶娜　区卫计局局长

贺宪伟　区人民医院院长

办公室设在区卫计局，办公室主任由李红梅同志担任。联系电话：3438310。

呼中区人民政府
关于印发《呼中区水污染防治工作方案》的通知

呼政发〔2016〕40号

各相关单位：

经区局研究同意，现将《呼中区水污染防治工作方案》印发给你们，请各单位结合实际，认真遵照执行。

大兴安岭呼中区人民政府

2016年9月20日

呼中区水污染防治工作方案

为深入贯彻落实国务院《水污染防治行动计划》(国发〔2015〕17号)和《黑龙江省水污染防治工作方案》(黑政发〔2016〕3号)文件精神，切实加大水污染防治力度，保障水生态安全，结合我区实际，特制定本工作方案。

一、指导思想

全面贯彻党的十八大和十八届三中、四中、五中全会精神，紧紧围绕全国、全省、行署生态文明建设和水污染防治工作战略布局，以保障人民群众身体健康为出发点，以改善和保持水环境质量为核心，强化水陆统筹、源头控制、科学治理工作方针，全面系统推进全区水污染防治、水生态保护和水资源管理。强化责任落实、注重协同推进、严格考核问责、坚持全民参与，形成“政府统领、企业施治、市场驱动、公众参与”的水环境保护新机制，持续提升区域水环境质量，为全区经济社会发展提供良好的水环境保障。

（一）工作目标

到2020年，全区水环境质量保持稳定，饮用水安全得到有效保障，地下水质量保持稳定，全区水生态环境状况稳中趋好。到2030年，全区水环境质量总体改善，水生态系统得到全面保护。到本世纪中叶，生态环境质量全面改善，生态系统实现良性循环。

（二）主要指标

按年度划分：到2017年，辖区内涉及呼玛河污染防治目标责任书中的2个断面，全部达到或保持水质优良（达到或优于Ⅲ类）。到2020年，集中式饮用水水源水质达到或优于Ⅲ类标准，比例达到100%。

按流域划分：辖区内呼玛河流域的水污染防治目标中的2个断面，到2020年，全部达到Ⅰ—Ⅲ类断面。

二、主要任务

（一）严格水资源管理

1．控制用水总量

强化用水监督管理。加强相关规划和项目建设布局水资源论证工作。严格取水许可审批，健全取用水总量控制指标体系，制定完善主要河流水量分配方案。对纳入取水许可管理的单位和其它用水大户实行计划用水管理，建立重点监控用水单位名录。新建、改建、扩建项目用水要达到行业先进水平，节水设施应与主体工程达到“三同时”要求。

严控地下水超采。在黑龙江省地质灾害防治规划划定的地质灾害易发区开发利用地下水，应进行地质灾害危险性评估。从严审批矿泉水开发取水许可和采矿许可。依法规范机井建设管理，开展已建机井排查登记，逐步关闭未经批准的和公共供水管网覆盖范围内的自备水井。2017年底前，完成地下水超采区复核和禁采区、限采区范围划定。到2020年，基本实现地下水采补平衡。（水务局、国土局负责）

2．提高用水效率

建立用水效率评估体系，把节水目标任务完成情况纳入地方政府政绩考核。严格实施水资源有偿使用制度，依法加强水资源费征收和使用管理，严格按照规定的征收范围、对象、标准和程序征收。（水务局牵头，发改局、环保局参与）

加强城镇节水。禁止生产、销售不符合节水标准的产品、设备。公共建筑必须使用节水器具，限期淘汰不符合节水标准的水嘴、便器、水箱等生活用水器具。鼓励具备条件的企业、单位大力开展节水技术改造。开展使用超过50年和材质落后的供水管网检漏、测漏排查，推进“老旧”供水管网更新改造，到2017年，管网漏损率控制在25%以内；到2020年，控制在18%以内。积极推行城镇内滞、渗、蓄、用、排相结合的雨水收集利用设施的配套建设。城镇新建部分硬化地面可渗透性面积要达到省相关标准要求。（住建局牵头，发改局、水务局、质监局等参与）

进行节约型公共机构示范单位创建，到2018年，全区公共机构全部建成节水型单位。（区政府办公室牵头，相关部门参与）

3．科学保护水资源

继续实施最严格水资源管理制度考核。建立完善水功能区水质达标和纳污总量控制评价体系，全面强化水功能区监督管理。加强入河排污口设置审批，从严核定水域纳污能力，严格入河排污总量控制。结合水利普查成果，完善重要入河排污口管理台账，全面推进重要入河排污口规范化建设。新建水电水利工程应同步建设生态流量泄放设施（水务局牵头，发改局、环保局参与）

（二）全力保障水生态环境安全

1．保障饮用水水源安全

（1）强化饮用水水源环境保护。按照国家有关规定，开展全区饮用水水源规范化建设。到2020年，完成区内饮用水水源警示标志设立和隔离防护设施建设，完成保护区内的违法建筑和排污口清拆整治。依法清理整顿保护区内违法构筑物及排污行为，强化水源保护区内管线穿越、交通运输等风险源管理。加强全区集中式饮用水源水质监测，通过防范和治理措施保障供水安全。（环保局牵头，发改局、财政局、住建局、水务局、卫生和计生局等单位参与）

（2）从水源到水龙头全过程监管饮用水安全。供水单位必须定期监测、检测和评估辖区内饮用水水源、供水厂和用户水龙头水质等饮水安全状况，区政府于2018年起每季度向社会公开相关信息。对涉及供水安全的环节要加强卫生评价和卫生监督，强化生活饮用水日常抽检工作，确保生活饮用水安全。（环保局牵头，发改局、财政局、住建局、自来水公司、卫生和计生局、区疾控中心等单位参与）

（3）加快供水体系建设。完善城市居民饮用水源供水体系，2020年底前，城镇公共供水实现普及率达到100%和水质达标双目标。积极推进呼中镇水源地水厂新建、改造升级和供水管网建设改造。（住建局牵头，自来水公司、环保局、财政局参与）

2．地下水资源保护与治理

定期调查评估集中式地下水型饮用水水源补给区等区域环境状况。垃圾填埋场等区域应进行必要的防渗处理。加油站地下油罐应于2017年底前全部更新为双层罐或完成防渗池设置。报废取水井等应实施封井回填。（环保局牵头，财政局、国土局、住建局、水务局、加油站等单位参与）

3．加强区域水体保护

全区主要河流、河段全部保持或优于现状水质，对区域内的河流开展生态安全评估，2018年底前完成生态环境保护方案编制。（环保局牵头，发改局、财政局、住建局、水务局等单位参与）

4. 保护水和湿地生态系统

科学划定生态保护红线。以主体功能区为基础，在重点生态功能区、生态环境敏感区和脆弱区等区域，科学划定生态保护红线。按照生态红线管控要求，加强水生态保护。（环保局牵头，水务局、资源科、营林处参与）

加强河流生态建设。加强河流源头的水源涵养沿岸护堤护岸建设，逐步形成乔、灌、草相结合的多效综合防护体系。强化流域水土保持。（水务局、环保局牵头，财政局、国土局、农林局、营林处参与）

加大水生野生动植物保护。开展水生动植物自然保护区检查评估，开展珍稀濒危水生生物和重要水产

资源的就地和迁地保护，提高水生生物多样性。（自然保护局、环保局等单位参与）

（三）全面控制污染物排放

1．狠抓工业污染防治

严控“十小”企业。区政府按照水污染防治法律法规要求，加强日常监管，严防不符合国家产业政策的造纸、制革、炼焦、炼油、电镀、农药等严重污染环境的“十小”企业落户我区。

加强“十大”重点行业源头控制。进一步加大现有农副食品加工行业的清洁生产审核力度。严把造纸、制药、制革、原料药制造等重点行业项目环评审批关，从源头上控制新增污染源。（环保局牵头，、发改局参与）

2．强化城镇生活污染治理

（1）加快城镇污水处理设施建设与改造。2020 年底前达到相应排放标准或再生利用要求。新建的城镇污水处理设施应达到一级 A 排放标准。按照国家新型城镇化规划要求，到 2020 年，污水处理率达到 90% 左右。（住建局牵头，发改局、环保局等单位参与）

（2）全面加强配套管网建设。强化区内污水的截流、收集。对新建主干道实施雨污分流建设。对已建的城镇主干道推进合流制排水系统雨污分流改造，对难以改造的区域采取截流、调蓄、治理等措施。新建污水处理设施的配套管网应“同步设计、同步建设、同步投运”。（住建局牵头，发改局、环保局等单位参与）

（3）推进污泥处理处置。加大污水处理厂污泥处理处置设施建设力度，全面提升污泥处理处置水平。建立污泥从产生、运输、储存、处置全过程监管体系，污水处理设施产生的污泥应进行稳定化、无害化和资源化处理处置，禁止处理处置不达标的污泥进入耕地。到 2017 年，非法污泥堆放点全部实现取缔。（发改局牵头，住建局、环保局、农林局等单位参与）

三、制度措施

（一）严格环境执法监管

1. 提升监管水平

（1）完善水环境监测网络。根据国家和省、地的统一规划，健全全区水环境监测网络。按照上级要求，做好相关监测工作，并及时上报数据。根据整体安排部署逐步建立环保、水利、国土、住建、农林、卫生和交通运输等部门，水环境相关数据和信息共享机制。提升城镇饮用水水源水质全指标监测能力，逐步完善水质自动监测网络。加强河流水生生物监测，稳步开展水体的生物学评价。每年定期对全区范围内的主要河流开展监测，了解掌握水质变化规律，为水环境质量管理工作提供支撑。（环保局牵头，发改局、国土局、住建局、交通运输局、水务局等单位参与）

（2）提高环境监管能力。按照国家和省里有关要求，建立环境监管网格划分，制定全区网格化监管方案。自 2016 年起实施环境监管网格化管理。加强环境监测、环境监察、环境应急等专业技术培训；推进环境监察执法能力、环境应急能力、环境监测能力标准化建设。（环保局负责）

2. 加大执法力度

（1）完善环境保护监管机制。加强环保、公安、法院和检察院等部门沟通协作，强化环境保护行政执法与刑事司法衔接配合，建立涉嫌环境污染犯罪案件移送调度机制，定期向社会通报环境违法案件查处、移送情况。完善污染源日常监管随机抽查机制，抽查结果定期向社会公布。（环保局牵头，公安局等单位参与）

（2）严厉打击环境违法行为。重点打击排污企业偷排偷放、超标排放、监测数据弄虚作假及不正常使用防治污染设施等环境行为。构成犯罪的，依法追究刑事责任，对负有连带责任的环境服务第三方机构，依法严格追责。严肃查处建设项目环境影响评价领域越权审批、未批先建、边批边建、久试不验等违法违规建设项目排查、清理工作，构成犯罪的，依法移送；对不符合产业政策的建设项目，依法责令停业关闭；污染物超标排放的既有建设项目，依法责令限产、停产整治。（环保局牵头，公安局、住建局等单位参与）

（3）实行“红黄牌”管理制度。逐一排查工业企业排污情况，达标企业应采取措施确保稳定达标；对超标和超总量的企业予以“黄牌”警示，一律限制生产或停产整治；对整治仍不能达到要求且情节严重的企业予以“红牌”处罚，一律停业、关闭。定期抽查排污单位达标排放情况，结果向社会公布。（环保局负责）

（三）切实加强水环境管理

1．强化环境质量目标管理

明确各类水体水质保护目标，逐一排查达标情况。摸清本辖区内工业企业类型、数量、排污口位置、污染物排放浓度及最终汇入水体；查明各支流流经区域城镇污水处量厂和城镇污水排放口数量、位置；同时掌握本辖区内农村生产生活用水排放、农药、化肥年用量、规模化养殖场数量及污水产生量。（环保局牵头，水务局参与）

2．严格环境风险控制

稳妥处置突发水环境污染事件。自2016年起，区政府制定和完善水污染事故处置应急预案，坚持属地为主的原则，明确预警预报与响应程序、应急处置及保障措施等内容，依法及时公布预警信息。（环保局牵头，住建局、水务局、卫生和计生局等单位参与）

3. 全面推行排污许可

依法核发排污许可证。严格落实上级排污许可证核发工作方案，依法核发排污许可证，实行排污许可“一证式”管理。实行企事业单位污染物排放总量控制制度，适时调整主要污染物指标种类，纳入约束性指标。加强许可证管理。将排污单位污染物排放种类、浓度、总量、排放去向等纳入排污许可证管理范围。2017年底前，全面开展排污许可证核发工作，建设排污许可证管理信息平台。（环保局负责）

四、保障机制

（一）明确和落实水环境保护主体责任制

1．强化区政府水环境保护责任

区政府是实施本工作方案的责任主体，要不断完善政策措施，加大资金投入，落实水体保护，强化监管，确保各项任务全面完成。区政府要分别制定并公布本辖区水污染防治工作方案，逐年确定重点任务和年度目标，并报行署备案。水污染防治目标和工作任务列入经济社会主要责任指标考核体系，将目标责任完成情况列入政府督办和行政监察，实行严格的问责制。（环保局牵头，发改局、财政局、住建局、水务局等单位参与）

2．加强部门协调联动

建立全区水污染防治工作协作机制，加强部门间信息沟通，定期研究解决重大问题。各有关部门要认真按照职责分工，切实做好水污染防治相关工作，加强本行业污染防治的技术指导和督促检查，同时加强部门间协调配合，形成工作合力。各项任务牵头部门要做好相关工作的组织协调，并定期调度检查任务的进度，工作进展情况定期通报行署环保局。环保局要加强统一指导、协调和监督。（环保局牵头，发改局、科技局、财政局、住建局、水务局等单位参与）

3. 落实排污单位主体责任

各类排污单位要严格执行环保法律法规和制度，加强污染治理设施建设和运行管理，开展自行监测，落实污染减排，环境风险规范及责任，企业污染物排放信息、自行监测结果定期向社会公开。（环保局牵头，经管科参与）

（二）强化公众参与和社会监督

要按规定定期公布本行政区域水环境质量状况。邀请公众、环保公益组织参与重要环境执法行动和突发水污染事件调查。公开曝光环境违法典型案件。健全举报制度，充分发挥“12369”环保举报热线和网络平台作用，并定期公开举报受理及环境信访案件办理信息。通过网络、报纸、公告等形式做好建设项目环评信息公开，充分听取公众意见。（环保局负责，发改局等单位参与）

构建全民行动格局。树立“节水洁水，人人有责”的行为准则。加强宣传教育，把水资源、水环境保护和水情知识纳入国民教育体系，提高公众对经济社会发展和环境保护客观规律的认识，开展节水教育、水土保持教育等，开展环保社会实践活动。支持民间环保机构、志愿者开展工作。倡导绿色消费新风尚，开展环保社区、学校、家庭等群众性创建活动，推动节约用水，鼓励购买使用节水产品和环境标志产品。（环保局牵头，教育局、住建局、水务局等单位参与）

呼中区人民政府
关于印发呼中区国民经济和社会发展第十三个五年规划纲要的通知

呼政发〔2016〕52号

各镇、森林资源经营管护区、公司，区直各单位，机关各科室，外驻各单位：

《呼中区国民经济和社会发展第十三个五年规划纲要》业经2015年呼中区政府、林业局第七次办公会议、呼中区委第十五次常委会议审议通过，呼中区第九届人民代表大会第七次会议批准，现将《规划纲要》印发给你们，请结合实际，认真贯彻落实。

大兴安岭呼中区人民政府

2016年10月17日

呼中区国民经济和社会发展

第十三个五年规划纲要

二〇一六年十月

第一章　现实基础

一、“十二五”时期取得的主要成就

综合实力再上新台阶。“十二五”期间全区地区生产总值实现41.6亿元，年均增长10.0%；公共财政收入达到6957万元，年均增长13.8%；城镇居民人均可支配收入达到72205元，年均增长16.4%；全社会固定资产投资实现14.4亿元，年均增长-1.8%。

特色产业开创新局面。“十二五”期间绿色食品产业呈现出蓬勃发展，建成食用菌养殖基地九处，从事绿色食品加工的企业为9家，食用菌养殖规模达到5500万袋，实现产值规模27050万元，职工群众实现年纯收入3000万元。全区播种面积达到8085亩，规模以上农业产业化龙头企业2个，其中地级龙头企业1个，成立农民专业合作社13个，农作物产量规模7316吨，种植业年产值2627万元。“卡玛兰”牌细木工板继续获得黑龙江省驰名商标称号，十二五期间林产工业实现工业增加值24544万元。成立了五大景区，分别是白山风景区、苍山石林风景区、呼中国家级自然保护区风景区、呼中镇旅游度假区、碧水佛山风景区。“十二五”期间共接待旅游人数754223人次，旅游收入67342万元。

城市建设实现新跨越。建设生态林城，十二五规划期内完成了棚户区改造82.12万平方米，惠及百姓16424户。对供水管网及水站进行了改造，对呼中镇供热系统分阶段进行了全面升级改造。呼中－阿木尔66.562公里实现路面全线硬化。城镇人均住房面积达到了10平方米以上，全区各城镇建成区绿化覆盖率达到了50%以上，建成区绿地率达到了45%以上，生活垃圾无害化处理率达到了60%以上，污水处理率达到55%以上，集中供热普及率达到68%以上，自来水普及率81%以上。建成碧水镇垃圾转运设施，呼中区污水处理厂程已经开工建设，环境质量也有了明显改善，县城良好以上天数达到315天，加强重点企业行业监管，有效完成节能减排目标。

社会事业取得新成效。坚持以人为本的理念，大力发展教育、医疗卫生和社会保障事业，使群众共享改革发展成果。对原有的两所初中合并成一所初中，对原有的镇内两所小学合并成一所小学。不断加快医疗卫生体系建设，完成区医院电子病例和北秀社区卫生服务中心工作站系统建设，完成卫生监督所办公用房和北秀社区卫生服务中心健康小屋建设项目，为区医院构建了设备。全面加强社会保障体系建设，积极向上争取职工工资待遇，扩大保险覆盖范围，下岗失业人员实现再就业8476人，共为153名下岗失业人员发放贷款306万元。在各乡镇、社区成立了民生服务中心和民生服务站，搭建了服务群众的重要平台。关注城乡弱势群体的生产生活，提高了城乡养老工作水平。进一步健全双拥优抚安置体系建设，妇女、儿童、老年人、农民工、残疾人权益得到保障。民主法制建设和精神文明建设得到加强。社会治安综合治理、安全生产工作取得好成绩。此外，人口计生、广播电视、农村扶贫开发、审计、信访、统计、民宗、档案、工会等工作均取得了新的进展，为构建和谐呼中奠定了基础。

二、“十三五”时期面临的发展环境

“十三五”，面临着转型发展缓慢，城镇建设基础欠缺，收支矛盾突出，转岗职工安置较难等问题。但是也同时面临诸多难得机遇和有利条件，是大有可为的重要战略机遇期。“十三五”期间我区具有主体功能区建设等政策机遇，木材停伐后配套的机遇，林业深化改革面临的机遇，利用资源优势，发展接续产业的潜在机遇等。总之，“十三五”时期是我区承接产业转移的黄金期、城镇提质扩容的加速期，同时也是经济社会发展的转型期，面临的机遇和挑战前所未有，面对新形势新任务，破解发展难题，厚植发展优势，必须牢固树立并切实贯彻创新、协调、绿色、开放、共享的发展理念，建设社会主义新林区。

第二章 战略目标

一、指导思想

高举中国特色社会主义伟大旗帜，全面贯彻党的十八大和十八届三中、四中、五中全会精神，以马克思列宁主义、毛泽东思想、邓小平理论、“三个代表”重要思想和科学发展观为指导，深入贯彻习近平总书记系列重要讲话精神，坚持全面建成小康社会、全面深化改革、全面依法治国、全面从严治党的战略布局，牢固树立创新、协调、绿色、开放、共享发展理念，坚持发展是第一要务，加快转变发展方式，主动适应和引领经济发展新常态，坚持“发展六大产业、实施三大工程、营造两大环境”的总体思路，着重生态环境保护，着重体制机制创新，着重经济结构调整，鼓励创新创业，保障和改善民生，确保如期全面建成小康社会。

二、基本原则

坚持生态优先、绿色发展。把生态建设和环境保护放在更加突出的位置，更加重视资源节约型和环境友好型社会建设，完善节约能源资源和保护生态环境的体制机制，努力实现经济发展与环境保护高度融合。

坚持转变方式、创新发展。在继续发挥好现有主导产业比较优势的同时，加快构建新的经济增长极，切实在新兴产业上有大的发展，在生态经济上有大的提高。立足科教资源和产业优势，积极集聚创新要素、完善创新体制机制、营造创新氛围，不断提升科技创新能力和产业综合竞争力，以大创新推动大发展，提升区域经济综合实力。

坚持统筹城乡、协调发展。牢固树立城乡一体化的发展思想，坚持以城带乡、以城促乡，着力消除城乡间生产要素有效流动的障碍，尤其要把城镇化建设作为统筹城乡发展的重要支撑，引导农村富余劳动力向非农产业和城镇有序转移，努力实现城乡公共服务均等化和经济社会协调发展。

坚持深化改革、开放发展。加大重点领域和关键环节改革力度，不断优化经济发展环境，充分利用国家和省、地区各项政策叠加的有利机遇，大力发展外向型经济，在更大范围、更广领域、更高层次上提升对外开放与合作的水平，不断增强全区经济的区域竞争力和抗风险能力。

坚持改善民生、共享发展。把提高人民福祉作为一切工作的出发点和落脚点，把改善民生贯穿于经济社会发展的全过程，大力推进公共服务建设，努力缩小收入差距，保障社会公平正义。建立健全发展为了人民、发展依靠人民、发展成果由全体人民共享的体制机制，把发展的目的真正落实到富民、惠民、安民上。

三、主要目标

国民经济持续快速增长。到 2020 年，规划国内生产总值实现 11.76 亿元，年均增长 7%；公共财政收入预计完成 852.45 万元，年均增长 6%；城镇人均可支配收入达到 28215 元，年均增长 8.7%；固定资产投资达到 2.9 亿元，年均增长 10%；林业企业增加值完成 5.8 亿元，年平均增长 3.5%。

六大产业稳步长效发展。到 2020 年，三次产业结构调整为 42:15:43。森林生态食品取得快速发展，生态矿业实现精深加工，旅游特色名城建设取得实质性进展，自主创新能力不断增强，绿色食品产业占工业增加值比重达到 33.52%。

城乡一体化进程不断加快。到 2020 年，城镇人均住房面积达到 25 平方米以上；全区各城镇建成区绿化覆盖率达到 55% 以上；建成区绿地率 50% 以上；生活垃圾无害化处理率达到 80% 以上；污水处理率达到 68.26%以上；集中供热普及率达到 68.26%以上；燃气普及率 85%以上；自来水普及率 81%以上。

公共服务体系比较健全，基本公共服务均等化形成。农产品加工飞速发展，城镇化水平显著提高，农村剩余劳动力得到充分安置，城乡收入差距进一步缩小。城镇居民人均可支配收入达到 28215 元，年均增长 8.7%。

生态环境得到显著改善。全面完成地区下达的节能减排目标任务。能源利用效率逐步提高，万元生产总值能耗五年累计下降 15% 左右。主要污染物排放得到有效控制，化学需氧量同比削减 2%，二氧化硫排放量同比削减 2%。耕地保有量保持稳定。循环经济发展取得明显成效。矿山生态环境治理率达到 70%。林地面积蓄积实现双增长，森林覆盖率达到 96.25%。绿色能源发展取得重要进展。

改革和对外开放加速推进。稳步推进林业体制改革，做好转岗分流。加快国有企业、事业单位改革，重点领域和关键环节改革取得突破。利用建设丝路带契机，加大对外开放，对外开放跃上新水平，进出口总额达到 200 万美元，年均增长 5%。

社会事业得到稳健发展。覆盖城乡居民的基本公共服务体系逐步完善。城镇登记失业率控制在 4.6% 以内。城镇基本养老保险、失业保险、基本医疗保险基本实现全覆盖，低收入人群社会保障水平稳步提高，社会救助体系进一步完善。城乡居民受教育程度稳步提升，高中阶段毛入学率争取达到 95% 以上。文化事业和文化产业加快发展，人民素质和社会文明程度显著提高。社会管理水平不断提升，防灾减灾能力显著增强，“平安呼中”稳步推进，社会更加和谐稳定。

“十三五”期间经济社会发展的主要指标

序号	指　标	单 位	2015 年	2020 年	年均增长 %	属性
一	生态文明指标					
1	耕地保有量	公顷	344	344		约束性
2	林地总面积	公顷	767108	767161	0.001	约束性
3	有林地面积	公顷	741113	741153	0.001	约束性
4	森林蓄积量	万立方米	6615	6931	0.95	约束性
5	森林覆盖率	%	96.24	96.25	0.002	约束性
6	万元 GDP 用水量	立方米 / 万元	0.002	0.0015	-0.0001	约束性
7	万元 GDP 能源消耗降低	吨标准煤	0.6843	0.6843		约束性
8	主要污染物排放减少					约束性
8.1	化学需氧量	万吨	0.094	0.0846	-2	约束性
8.2	二氧化硫	万吨	0.0893	0.0804	-2	约束性

序号	指　标	单 位	2 增长 015 年	2020 年	年均增长 %	属性
8.3	氨氮	万吨	0.0106	0.0096	-2	约束性
8.4	氮氧化物	万吨	0.0225	0.0203	-2	约束性
9	重要城镇空气质量达标率	%	86.3	89.8	0.7	约束性
二	经济发展指标					
1	地区生产总值	亿元	8.3861	11.7619	7	预期性
2	固定资产投资	亿元	1.8016	2.9015	10	预期性
3	社会消费品零售总额	亿元	3.32	5.10	9	预期性
4	公共财政收入	亿元	0.0637	0.0852	6	预期性
5	外贸进出口总额	万美元	150	200	5	预期性
6	服务业增加值比重	%	34	38		预期性
7	绿色食品加工产业占工业增加值比重	%	25.73	33.52	1.56	预期性
8	户籍人口城镇化率	%	100	100		预期性
9	互联网普及率	%	75	80		预期性
10	规模以上工业企业增加值	亿元	0.2634	0.5299	15	预期性
三	民生福祉指标					
1	城镇居民人均可支配收入	元	18592	28215	8.7	预期性
2	城镇单位在岗职工平均工资	元	29758	63587	16.4	
3	城镇登记失业率	%	4.1	4.6		预期性
4	贫困发生率	%	20	3		预期性
5	新增劳动力受教育程度	%	100	100		预期性
6	城镇保障性住房覆盖率	%	78.69	78.69		预期性
7	农村饮水安全普及率	%	92	100	1.6	预期性
8	城镇燃气普及率	%				预期性
9	城镇自来水普及率	%	81	81		预期性
10	城镇集中供热普及率	%	68.26	68.26		预期性
11	城镇污水集中处理率	%		68.26		预期性

序号	指　　标	单 位	2015 年	2020 年	年均增长 %	属性
四	创新驱动指标					
1	科技进步贡献率	%	57	60	1	预期性
2	研究与试验发展经费支出占 GDP 比重	%				预期性
3	高新技术产业增加值占 GDP 比重	%				预期性
五	社会治理指标					
1	注册志愿者占比	%	23	28		预期性

第三章　加强生态保护，建设生态安全区

一、建设主体功能区

把保护和修复生态环境、增强生态产品生产能力作为首要任务，全面建设呼中区水源涵养型主体功能区，坚持保护优先、自然恢复为主的方针，实施生态系统综合管理，严格管制各类开发活动，加强生态环境监管和评估，减少和防止对生态系统的干扰和破坏。实行更有针对性的产业准入和环境准入政策和标准，提高各类开发项目的产业和环境门槛。根据资源承载能力，坚持面上保护、点状开发，严格控制开发强度和开发范围，禁止成片蔓延式开发扩展，保持并逐步扩大自然生态空间。到 2020 年城市规划用地面积 0.132 万公顷，农业用地面积 0.0539 万公顷，生态保护用地面积 40 万公顷。

二、保护森林资源

继续实施天然林资源保护二期工程，促进天然林资源的保护、培育和发展，维护和改善生态环境。坚持依法治林，提升森林资源管理水平，加强林木采伐管理和流通领域的管理，加强林地征占用管理，加强野生动植物保护、湿地保护等重要区域资源的管理，严厉打击破坏森林资源，野生动物和非法占用林地的违法犯罪行为。加强生态公益林建设和管护，确保森林资源的稳步增长。严格执行“十三五”森林采伐限额。确保森林生长量大于消耗量，实现森林资源的永续利用。加强林地管理，严格执行征占用林地审核审批和定额管理制度，定期组织开展林地征占用专项督查活动，加强对“占补平衡”实施情况的检查、督促。进一步加强野生动物保护管理工作，对大西沟原麝保护区安排人员加强巡护，重视红毛柳自然保护区的管理工作。开展黑龙江大兴安岭呼玛河源国家湿地公园建设，呼中自然保护区输变电工程，呼中区国家级自然保护区和呼中区国家森林公园边界标识标牌界桩建设，呼中林业局省级自然保护区建设，建设呼中林业局综合检查站 5 处。到 2020 年，实现林地面积蓄积双增长，林地面积达到 76.71 万公顷，森林蓄积量达到 6931 万立方米，森林覆盖率达到 96.25%。

三、推进森林培育

实施营林生产，是林业转型发展的重大转变，以营林生产促进森林质量提升和森林面积增长。“十三五”期间完成森林抚育 225 万亩；森林改培（补植补造）30 万亩；火烧区植被恢复 7.5 万亩、良种基地建设 1 万亩；森林病虫害防治作业面积 40 万亩，国家森林公园林相改造 5 万亩。林木种苗产业培育苗木达到 2400 万株。

森林公园生态文化林改造2100公顷，母树林抚育2000公顷。珍贵树种樟子松造林1000公顷。进一步改善森林生态环境、提高林分质量，与林业科研机构合作开展偃松林抚育经营试验，争取国投立项进行偃松经营2万公顷，实现森林可持续经营。

四、抓好森林防火

抓好森林防火工作，完善预防、扑救、保障三大体系，提升森林防火水平和应急能力。全面提升防灭火综合能力，实现队伍建设专业化、林火管理规范化、火灾防控现代化、扑救指挥科学化。加强对森林火灾火源的监测管理，进一步完善基础设施建设、强化林火了望监测，深化专业队伍建设，提高林火指挥系统信息化，提升林火指挥科学决策水平。加强重点火险区综合治理续建工程，建设瞭望塔5座，塔道20公里，车库400平方米，新建检查站4处240平方米，维修场属专业队营房1950平方米及扑火机具、装备、仓库、防火公路建设。建设呼中林业局森林防火基础设施工程，主要包括森林防火宣教工程建设，火源管理系统建设，火情瞭望监测系统，防火道路与阻隔系统建设，防火通信和信息指挥系统建设，扑火机具装备系统建设，航空消防工程建设，防火专业队伍营房工程建设，物资储备库建设。以及建设呼中区森林防火通用机场。到2020年林地过火率控制在1‰以下。

五、实施节能减排

进一步强化减排措施，加强对化学需氧量、氨氮、二氧化硫、氮氧化物等主要污染物的减排工作，突出重点区域粉尘、烟尘、总磷、总氮等污染物减排，严格控制重金属、持久性有机污染物等有毒有害污染物排放。强化源头控制，加强对污染源的监管，严格控制重污染行业、重污染企业的污染排放，建立和实行空间准入、总量准入、项目准入的环境准入制度，实施排污权交易、有偿使用和排污许可制度。创新环境执法手段，完善环保联动执法机制，加大生态环境执法力度，确保完成上级下达的减排目标任务。通过节能、节水、节地、节材，创新节约模式，提高资源利用效率。“十三五”期间，实现污染物的集中处理和达标排放。工业废水排放达标率90%以上，工业烟尘排放达标率95%以上，千方百计杜绝人为森林火灾和重大环境污染事故。水土流失治理率15%以上。每万元地区生产总值降到0.68吨标煤/万元，工业固体废物综合利用率80%，未来5年内实现重点行业固体废弃物零排放。实现自来水水源地水质达标率大于90%，乡镇集中式饮用水源地水质达到Ⅱ类，城镇生产用水重复利用率达到85%；城镇饮用水源水质达标率为98%以上；全区化学耗氧量排放量削减10.3%，城镇污水处理率（二级）达到68.26%。

专栏1　生态保护发展方向和重点

发展目标	重点保护方向	重点项目和措施
水源涵养型主体功能区和国家森林生态保护和建设示范区	森林资源保护	建设综合检查站建设5处，新建呼玛河源国家湿地公园6009hm2。林业局省级自然保护区建设。
	森林资源培育	森林改培面积10万亩。樟子松新造1000公顷，国家森林公园林相改造5万亩，森林公园生态文化林改造2100公顷。
	森林防火	新建瞭望塔5座，塔道20公里，车库400平方米，新建检查站4处240平方米，维修场属专业队营房1950平方米及扑火机具、装备、仓库、防火公路建设。呼中区森林防火通用机场。
	综合治理和节能减排	呼中区铁红矿山地质环境综合治理项目，呼中区集中式饮用水水源地保护项目，重要地质灾害隐患治理，呼中区居民小区硬化、绿化、美化、亮化、净化工程。

专栏2　旅游精品路线

精品线路	重点景区线路
一、区内路线	
苍山石林风景区——呼中镇——龙首洞一日游	苍山石林风景区，碧水龙首洞景区。苍山石林风景区——鹰嘴岩——北国一柱——转运石（一线天）——点将台——金蟾石——观景亭——水阁云天——黑木耳养殖基地——知青纪念馆——清溪公园——龙首洞
白山风景区一日游	大白山风景区地下森林——观景亭——白山别墅——迎客松——白山石海——偃松园（孔雀开屏）——兴安第一塔——黑木耳基地——兴安木业工业园区
自然保护区风景区一日游	呼玛河——千米绿色长廊——保护区北门——醉林——溯溪——汇玛大桥——别墅——杨尚昆题字碑——树神——海拔最高机降点——保护区南门
佛山风景区——龙首洞风景区——呼中镇休闲度假区一日游	卡玛兰大桥——佛山仙女峰——观景台——兴安生物资源馆——林荫走廊——呼中老知青纪念馆
保护区、苍山、呼中镇二日游精品线路	呼玛河——千米绿色长廊——保护区北门——醉林——溯溪——汇玛大桥——别墅——杨尚昆题字碑——树神——海拔最高机降点——保护区南门——苍山石林风景区——鹰嘴岩——北国一柱——转运石（一线天）——点将台——金蟾石——观景亭——水阁云天——黑土耳养殖基地——知青纪念馆——清溪公园
大白山、保护区、苍山、呼中镇三日游精品线路	地下森林——观景亭——白山别墅——迎客松——白山石海——偃松园（孔雀开屏）——兴安第一塔——千米绿色长廊——保护区北门——醉林——溯溪——汇玛大桥——别墅——杨尚昆题字碑——树神——海拔最高机降点——保护区南门——苍山石林风景区——鹰嘴岩——北国一柱——转运石（一线天）——点将台——金蟾石——观景亭——水阁云天——黑土耳养殖基地——知青纪念馆——清溪公园
二、大兴安岭区域精品路线	
漠河（神州北极）—呼中（国家森林公园）—加格达奇三日游	漠河——碧水镇——兴安生物资源馆——佛山仙女峰——呼中镇——苍山石林风景区——鹰嘴岩——北国一柱——转运石（一线天）——点将台——金蟾石——观景亭——水阁云天——兴安第一街——呼中老知青纪念馆——清溪公园——呼中广场文化活动——呼中民居——兴安第一街——地下森林——观景亭——白山别墅——迎客松——白山石海——偃松园（孔雀开屏）——兴安第一塔——呼源镇——新林——加格达奇

精品线路	重点景区线路
漠河（神州北极）—呼中（国家森林公园）—加格达奇四日游	漠河——碧水镇——兴安生物资源馆——佛山仙女峰——呼中镇——苍山石林风景区——鹰嘴岩——北国一柱——转运石（一线天）——点将台——金蟾石——观景亭——水阁云天——兴安第一街——呼中老知青纪念馆——清溪公园——呼中广场文化活动——呼中民居——兴安第一街——千米绿色长廊——保护区北门——醉林——溯溪——汇玛大桥——别墅——杨尚昆题字碑——树神——海拔最高机降点——保护区南门——地下森林——观景亭——白山别墅——迎客松——白山石海——偃松园（孔雀开屏）——兴安第一塔——呼源镇——新林——加格达奇
加格达奇—呼中（国家森林公园）—漠河三日游	加格达奇——新林——呼源镇——石林风景区——鹰嘴岩——北国一柱——转运石（一线天）——点将台——金蟾石——观景亭——水阁云天——呼中镇——广场文化——地下森林——观景亭——白山别墅——迎客松——白山石海——偃松园（孔雀开屏）——兴安第一塔——呼中知青纪念馆——清溪公园——兴安第一街——佛山风景区——佛山仙女峰——碧水镇——漠河
加格达奇—呼中（国家森林公园）—漠河四日游	加格达奇——新林——呼源镇——石林风景区——鹰嘴岩——北国一柱——转运石（一线天）——点将台——金蟾石——观景亭——水阁云天——呼中镇——广场文化——地下森林——观景亭——白山别墅——迎客松——白山石海——偃松园（孔雀开屏）——兴安第一塔——千米绿色长廊——保护区北门——醉林——溯溪——汇玛大桥——别墅——杨尚昆题字碑——树神——海拔最高机降点——保护区南门——呼中知青纪念馆——清溪公园——兴安第一街——佛山风景区——佛山仙女峰——碧水镇——漠河

二、发展森林生态食品业

依托得天独厚的生态优势和独有的森林食品资源品质，调整产业产品结构，培育壮大龙头企业，打造特色品牌，扩大生产规模，提高农业综合生产能力和市场占有率。以森林食品、保健食品为核心，大力发展特色种养及加工业。到2020年，森林生态食品实现产值4亿元。

发展生态种植业。实施好脱毒马铃薯种薯繁育，种植面积达到350公顷。加快发展设施蔬菜，推进蔬菜标准园创建，带动蔬菜生产向规模化、标准化、专业化方向发展，蔬菜产品开发以马铃薯、根菜类、茄果类、寒温带蔬菜为主，种植1800亩。继续开展食用菌产业素质提升行动，优化食用菌品种结构，大力发展以黑木耳、滑子菇为主栽培，壮大我区原生态食用菌种植规模，食用菌养殖数量不低于800万袋，搞好食用菌精深加工，着力打造食用菌品牌，加速食用菌产业化进程。同时，巩固发展山野菜、山野果等重点产品，统筹建设一批保护型、改培型、繁育型和野化型森林食品原料生产基地，完成种植蓝莓1000亩，抚育野生蓝莓5000亩，抚育偃松林2万公顷。

发展生态食品加工业。重点开展呼中区野生浆果和山野果精深加工项目，呼中区大益公司木耳基地菌孢生产机食用菌加工项目，年产三级标准菌种500万袋。呼中区千日果保健食品公司精深加工项目，年产微化胶囊及松果粉60吨。呼中蓝莓种植及野生浆果精深加工项目，黑龙江森源食品科技开发有限公司野生蓝莓产品深加工项目，呼中区杜香精油提炼加工项目。绿色食品名特优资源产品开发以偃松、蓝莓、红豆等产品开发为主，产量达到800吨。继续抓好农产品加工龙头企业，使全区农产品加工龙头企业年销售收入达到1000万元以上，成立农民专业合作社达50个左右。

发展生态特色养殖。发挥地缘、资源和生态等优势，发展具有地方特色的绿色有机畜禽产品。以提高综合生产能力和竞争力为核心，大力发展规模养殖，实行区域化布局、标准化生产、产业化经营，实现特色产业数量、质量和效益的同步增长。广开融资渠道，改善投资环境，积极利用各方面资金，大力兴办畜产品加工企业，重点建设呼中区林下山野养殖15000只鸡养殖基地，呼中区年养殖5000头森林猪养殖区建设，呼中呼玛河冷水鱼繁育及养殖基地。积极鼓励组建养殖专业协会。建立健全动物疫病防控体系，提高重大动物疫病预防控制能力。畜禽产品以森林猪、羊、牛、禽、蛋产品为主，争取养殖产品产量达到300吨。

专栏3　森林绿色食品重点发展方向和项目

行　业	重点产品	重　点　项　目
种植业	马铃薯 野生蓝莓 黑木耳 偃松	推广实施脱毒马铃薯技术1000公顷。 5000亩野生蓝莓抚育、定株、移植。 呼中寒带有机黑木耳园区建设。 呼中区偃松林资源抚育项目。 建设蓝莓栽培基地1200亩。
养殖业	山野鸡 森林猪 森林猪	建设林下山野鸡养殖基地1处，养殖1.5万只。 建设森林猪养殖基地1处，年养殖能力5000头 珍稀森林猪增殖和养殖。 建设节能日光温室10座。
加工业	食用菌 野菜野果 偃松胶囊 蓝莓产品	年产三级标准菌种500万袋。 年产微化胶囊及松果粉60吨。 年加工浆果600吨，山野菜100吨。 新建蓝莓标准化基地350亩，新建蓝莓加工厂一处。 年可加工蓝莓3620吨，年产果酒2300吨，花色苷300吨，蓝莓果汁500吨。

三、发展生物医药业

以药材种植为主，积极扩大药食兼用品种种植面积，在稳步推进露地栽培的同时，重点发展林下栽培和改培，推进林药复合生产模式，采取种养采相结合，天然保护与人工培植相结合，林药间作与林改、森林管护相结合等方式，保护与开发并重。对边远山区不利于农业生产场所的耕地，全部种植药材。到2020年黄芪、桔梗、灵芝、防风等林下药材种植面积1万亩，推广灵芝、猪苓等药用真菌栽培技术500亩。对草苁蓉、兴安杜鹃等野生资源进行抚育，开展大品种北药的药物成分检测工作，建立北药加工企业，建设呼中区年产60吨杜香油及香粉杜香精油提炼加工厂，由单纯的晾晒药材转变为生产药材饮片，逐步过度发展到精深加工，到2020年实现产值8000万元。

四、发展森林碳汇业

抓住全球应对气候变化的契机，利用全区丰富的森林资源和碳储量优势，以推进造林和森林经营为主攻方向，大力发展森林碳汇业。与农林科学院合作，加快我区森林碳汇计量与监测体系建设，积极开展森林碳储量与碳变化量调查工作，准确掌握森林碳储量与碳汇量的现状、变化与潜力情况，为争取生态补偿政策和发展碳汇项目提供依据。加大碳汇交易规则、运作模式和清洁发展机制研究。实施呼中林业局森林碳汇工程，选取适当地块，开展造林、林分抚育等活动。在坚持原有无林地、有林地、火烧迹地新增造林和开展森林经营的基础上，开展新开发湿地造林和草地造林，拓展碳汇产业发展空间。按照碳汇造林项目和森林经营碳汇项目方法，在开发、立项、实施等方面严格把关，大力发展森林碳汇业，把森林生态效益转化为经济社会效益。

专栏 4　北药及森林碳汇建设重点

方　向	产　品	重点建设
保护和加工	灵芝、猪苓	推广 1000 亩灵芝、猪苓等药用真菌栽培技术
	原麝保护	野生原麝保护面积 60846 公顷
	岩高兰保护	野生岩高兰保护面积 12738 公顷
	杜香油及香粉	年产 60 吨杜香油及香粉
碳汇	森林碳汇	全区森林碳汇建设项目
对俄采伐	森林采伐	年产 4 万立方米。

五、发展绿色矿业

依托多金属矿资源，加大勘探、开采力度，培育多金属采选加工产业集群。通过招商引资、区域整合等形式，重点培育采选加工支柱企业，促进生产要素向优势企业集中，向骨干企业配置，向集群方向发展。以区域骨干企业为依托，兼并整合区域内小型采掘、采选企业，形成集探矿、采掘、加工、销售为一体的多金属采选加工业综合开发实体，建成大兴安岭地区重要的原料供应基地。做好矿产资源勘查工作，为矿产资源开发奠定基础。配合国家勘查任务部署，完成科里费汗河图幅、东方红农场幅、小提杨山幅、大提杨山幅、波乌勒帝河幅、奋斗村幅、呼中区幅、得特亚粗坡库第河幅、大白山幅等图幅 1 ： 5 万区域地质调查任务，开展全区 1 ： 25 万区域地质调查工作。积极支持空白区域地质调查、区域物化探测量和矿产调查等公益性、基础性地质研究工作，提高地质工作研究程度，为矿产资源的进一步勘查开发利用提供基础资料。重点建设年产矿石 30 万吨飞虎山铅锌多金属矿开发项目，年产矿石 10 万吨宏伟多金属金、银、铜、锌矿开发项目，年产矿石 15 万吨碧水铅、锌矿开发项目，年产矿石 12 万吨西里尼西河上游锌、铜矿（雄关）开发项目，以及呼中区矿业用电 220KV 呼中一次变新建工程、大兴安岭布勒山天然矿泉水有限公司袋装生产线建设项目。争取十三五期间实现矿山开采 1 处以上，到 2020 年绿色矿业产值力争实现 4.6 亿元

专栏5　绿色矿业重点建设和发展方向

发展布局	主要产品	重点建设
呼中区飞虎山	磁铁矿、磁铁矿	年产磁铁矿 30 万吨，磁铁矿 30 万吨。
呼中宏伟	多金属	年产多金属年产矿石 15 万吨。
呼中区碧	铅、锌矿石	年产铅、锌矿石 10 万吨。
呼中区西里尼西河上游	锌、铜矿矿石	年产锌、铜矿石 12 万吨。
呼中区呼中镇	矿泉水	年生产 1440 吨矿泉水

六、发展文化产业

积极培育富有地方文化特色文化产业，制定以发展以文化创意广场、文化创意街区、森林文化产品创作、森林旅游、生产工艺美术、发展壮大板画作品、区职工文化基地的发展规划。初步形成以生产工艺美术产品和版画创作为龙头的文化产业发展思路。进一步优化、完善文化产业链条，整合文化资源，努力使文化与自然景观、人文景观、经济发展有机的结合起来，逐步打造出集文化创作、艺术品展出、旅游度假养生、产品交易为一体的文化产业链条，不断丰富“中国最冷小镇”文化内涵，围绕“中国最冷小镇”，打造一系列独具特色的文化旅游品牌。即：“中国最大的寒温带自然保护区”、“中国最美十大秋色”、“中国最具吸引人的地方”、“中国最北最早历史遗迹”、“中国偃松之乡”、“中国红毛柳之乡”以及“全国最美乡村旅游地”等文化品牌，不断促进呼中旅游文化产业的提档升级。认真做好全国第三次文物普查的后续总结和文物申报工作，我区的烈士陵园、兴安第一塔两处文物被列县级文物保护单位，积极做好黑龙山龙首洞县级文物保护单位的申报工作。继续深入挖掘黑龙山龙首洞古人类生活遗址和岩画的历史文化内涵，制作宣传推介片，同时做好黑龙山龙首洞遗址公园的规划可研工作，积极争取资金做好古人类博物馆建设。挖掘人文旅游资源，如大兴安岭精神、知青文化、铁道兵文化等，抓好资源馆、森林公园、自然保护区等生态文化基地建设，在弘扬开发大兴安岭精神方面，积极争取资金，建设呼中开发建设纪念馆，使区内外老同志有回顾创业岁月、奋斗历程的场所，为发展旅游增添人文文化氛围。充分挖掘资源的生态、旅游和教育等方面的价值，增强公众的生态文明意识。紧紧围绕国庆节、大兴安岭开发建设纪念等重要节日、知识青年上山下乡等迎庆活动，切实加大对外宣传力度。利用漠河北极光节、冰雪拉力赛等活动为契机做好我区生态文化和旅游资源的外宣工作，继续与龙行自驾游协会、乐途网、东北旅游网、东方之旅杂志社合作，做好以大白山自驾游景区的为重点的文化旅游品牌宣传工作。加强与加区、漠河等周边旅游地的沟通联系，串线协作发展区域旅游，努力打造加－呼－漠精品旅游环线。着力推介大岭生态文化、以邻居效应扩大我区文化资源的知名度和影响力，推动我区生态旅游文化开发和发展。努力抓好生态文化产品挖掘和创作，切实抓好岭上文化资源挖掘、整理和包装，重点建设好老知青纪念馆、生物资源馆，收集和整理优秀的历史资料和人文、自然标本，积极开发“兴安第一塔”、“呼中自然保护区”“苍山石林”“大白山”等非物质生态文化的保护和开发工作。积极推进文化产业发展，重点做好以生产工艺美术产品和版画创作为龙头的文化产业发展思路。加强少儿版画作品的生态和创作，逐步形成通过组织旅行社定点参观、开发版画特色旅游纪念品等方式，做好版画产品的开发、推广、销售，面向市场，探索产业化发展，打造版画文化品牌。

七、发展清洁能源

在“十三五”期间，积极探索新能源和再生能源的应用，在沼气、风电、太阳能利用、生物质颗粒方面取得实际性的进展并得到应用和推广。在沼气方面，积极寻求与大中专院校的合作，培养专业技术人才，结合呼中养殖小区，建设沼气工程。在风电方面，继续与伊春兴安岭风力发电有限公司合作，促进项目在呼中落成，并解决好风电并网问题，制订合理的风电上网电价。在太阳能开发利用方面，积极与科研院所合作，取得技术和先进设备的支持，使太阳能技术在我区得到应用和推广。在生物质燃料方面，结合林业生产，探索原料的收集和后备资源的培育，同时积极寻找生物质颗粒生产加工合作伙伴。建设总装机容量 49.5MW 北疆风电场项目，呼中 10 万吨固体生物质燃料开发生产项目，景区风光互补发电项目，总装机容量 123 兆瓦呼中区旅游景区、森林管护站、森林防火瞭望塔风光互补发电项目。到 2020 年，清洁能源实现产值 1.0 亿元。

专栏 6　清洁能源重点建设和发展方向

发展布局	主要产品	重点建设
呼中区北疆	风电	总装机容量 49.5MW。发电机组一座、变电所 1200 平方米、道路建设 8 公里及风场建设、风塔建设、风轮及设备购置安装。位置在呼中区偏东北方向 30 公里处大兴安岭山脊，中心坐标 N52。05'E123。09'。
呼中	生物质固体燃料	利用林业废弃物、农业秸秆、木耳养殖废弃菌包生产 10 万吨生物质固体燃料。
旅游景区	风光互补发电	景区风光互补发电项目。
养殖小区	沼气	养殖小区沼气工程 10 个，联户沼气工程 12 个，中型沼气工程 1 个，乡村服务网点 8 个左右，县服务站 1 个。建设预处理设施，包括沉淀、调节、计量、进出料、搅拌等装置；建设沼气利用设施，包括沼气净化、储存、输配和利用装置；建设沼肥利用设施，包括沼渣、沼液综合利用处理装置。
管护站、景区	太阳能	总装机容量 123 兆瓦（合 12.3 万千瓦）。太阳能电池板、风塔等建设。包括区域内 29 个瞭望塔、27 个森林管护站及 4 个景区等无电区域。

八、发展对外采伐及林木加工业

整合现有林木加工企业，发展对俄森林采伐。开展大兴安岭卡玛兰木业有限公司和碧水人造板车间技术改造项目，改善生产工艺，进一步提高原材料的吸收能力，适应现有原材料结构，促进现有产品更新换代。开展年产 4 万立方米木材呼中林业局赴俄木材采伐加工项目，盘活现有资产及技术人员。

九、提升传统服务业

继续发展商贸餐饮业。不断提高服务档次和水平，形成高、中、低档兼有的行业格局，努力解决接待设施落后、接待水平低等影响投资环境的问题，支持现有初具规模的餐饮娱乐企业通过采用现代组织形式和服务形式，扩大经营范围和规模，提升档次，做大做强。适应商务洽谈、旅游等消费需要，积极培育具有相当规模和档次的餐饮娱乐企业。高起点建设商业、文体和娱乐设施，引进具有较强辐射功能和经营特色的购物中心、综合性超市等；引进各类餐饮名店和特色小吃，注重饮食文化培育，吸引区内外中、高档餐饮业户来呼中发展。

发展信息服务业。重点发展“互联网＋”和电子政务，快速促进“互联网＋”发展，要树立“互联网+”思维，从传统依靠人财物发展，转向依靠新产业、新业态、新生产方式和新商业模式创新发展。推动互联网与森林经营、资源管护、森林防火、产业培育、全民创业等跨界融合。鼓励企业发展“互联网＋生产”、“互联网＋销售”等新业态，加快绿色产业宣传交易平台、微商平台与实体店有机融合，拓展对俄贸易及第三方销售合作，建设互联网“3+N”的综合销售平台，打造“互联网+”创业园，争取创建全省乃至全国电子商务。推动政务领域信息化，推进国民经济和企业信息化。以呼中政务信息网和党建网为基础，利用现有党政机关信息系统，加快数据宽带网、城市管理信息系统建设步伐，促进各部门、各单位信息系统和数据库实现联网，扩大网络资源的共享范围，开展呼中区局广播电视升级改造和应急广播基础设施项目建设，加快广播电视综合信息网建设，实现数字电视完全整转，增加广播电视节目，丰富文化生活。发展中介服务业。适应政府职能转变的要求，积极发展和规范各类中介服务组织。大力发展会计、法律、咨询等各类中介服务业，完善中介服务功能，提高服务水平和质量，带动第三产业整体水平的提高。强化中介行业协会建设，逐步建立和完善中介服务自律机制。

发展金融、保险业。金融部门在继续加大对骨干企业、优势产业信贷支持的同时，要进一步加大对农业、中小企业以及居民消费、助学、购房等方面的信贷支持力度，扩大金融服务范围。使用和推广银行卡、个人支票业务，进一步规范银行结算帐户和网上支付业务。建立企业和个人诚信基本框架，全面提升金融业服务水平和质量。加快商业保险业发展，大力发展责任保险、工程保险、企业本金和健康保险等适合企业和消费者多种需要的保险产品。

发展房地产业。完善房地产业政策，规范土地市场管理，提高土地资源的集约化利用水平。认真执行土地使用权拍卖和挂牌出让制度。规范房地产一级市场，进一步活跃房地产二、三级市场，大力发展二手房按揭。结合棚户区改造和新区开发，完善住房供应结构，建立商品房、廉租住房、经济适用房、城乡居（农）民安置房和高档商品房等多层次的住房市场，满足不同收入家庭的住房需求，最大限度惠及民生。全面推动房地产物业管理，贯彻落实《物权法》及《物业管理条例》，规范物业管理企业行为，完善管理制度。加快老旧住宅区住宅专项维修资金归集，扩大物业管理覆盖面，有计划地改造、完善老旧住宅区的基础设施建设。

第五章　建设基础设施，提升保障能力

一、加大交通运输能力建设

“十三五”期间以提升道路等级、完善道路网络为重点，全面改善对内对外交通运输条件。

1、开展林海至碧水 115 公里铁路改造，保障行驶安全通行顺畅，达到提质增速。

2、建设衔接公路 183.7 公里，包括碧水镇－塔河边界 45 公里，盘古－呼中公路 39.735 公里（其中硬化路面 10.578 公里），呼源镇－内蒙甘河林业局 69 公里，呼中－满归公路全长 30 公里。

3、建设旅游公路 191.3 公里，包括呼中镇－自然保护区 90 公里，呼源镇－自然保护区 48 公里，呼中（林呼路）—石林风景区 10.3 公里（环绕石林风景区），呼中（林呼路）—大白山风景区 15.2 公里，碧水—秀山佛山风景区 27.8 公里。

4、建设通矿公路110.7公里，包括宏伟（林呼路）—1号线38.2公里，有硅矿、金矿；呼中（呼阿路）—10号线17.6公里，有铁矿；碧水（盘呼路）—24号线20.6公里，有铅、锌矿；呼源（林呼路）—25号线20.4公里，有石墨矿；呼中（呼阿路）—14号线13.9公里，有石灰矿。

专栏7　铁路公路重点建设项目

类别	重点项目
铁路	林海至碧水铁路改造全长115公里
旅游公路	呼中镇-自然保护区60公里，呼源镇-自然保护区48公里，呼中（林呼路）—石林风景区10.3公里（环绕石林风景区），呼中（林呼路）—大白山风景区15.2公里，碧水—秀山佛山风景区27.8公里
衔接公路	碧水镇-塔河边界45公里，盘古-呼中公路39.7公里，呼源镇-内蒙甘河林业局69公里，呼中—满归公路全长30公里
区址道路改造	建设规模：道路总长度22.552km 建设内容：主干路Ⅲ—规划红线宽度26m、24m，道路总长度11.710km。次干路Ⅲ—规划红线宽度22m，道路总长10.842m
通矿公路	宏伟（林呼路）—1号线38.2公里，有硅矿、金矿；呼中（呼阿路）—10号线17.6公里，有铁矿；碧水（盘呼路）—24号线20.6公里，有铅、锌矿；呼源（林呼路）—25号线20.4公里，有石墨矿；呼中（呼阿路）—14号线13.9公里，有石灰矿。

二、强化城市基础设施建设

1、实施城镇园林绿化工程。“十三五“期间完成建成区绿化覆盖率55%、建成区绿地率50%、人均公园绿地面积30平方米的工作目标。

2、实施城镇道路建设工程。对呼中镇、呼源镇、碧水镇、宏伟镇主要街道及巷道进行改造和硬化，对公路干线至主要景区的道路硬化。

3、实施饮水安全及排水工程。改造呼中镇、碧水镇给水工程， 实施水源地保护工程，新建呼源镇、宏伟镇给水工程，解决用水安全问题；对镇内所有居民、个体商服户，室内给水管网进行改造、安装水表，实施阶梯水价，在2017年12月31前做到一户一表、按表计量。实施雨水排水综合治理工程，呼中镇、碧水镇、呼源镇、宏伟镇新建排水管渠及泵站。新建雨水调蓄设施透水性广场、停车场、可渗透地面，建设城镇内河水系综合治理工程。

4、实施环境设施建设工程。继续实施呼中区卫生填埋场建设，建设垃圾处理无害化填埋场、渗滤液处理站等设施。新建呼中区卫生垃圾收集转运工程。建设呼中镇污水处理二期工程，新建呼源镇、碧水镇污水处理工程。

5、其他建设工程。体育委、气象委增加换热站、扩建管网、实施老旧管网改造工程。在呼中镇、呼源镇、碧水镇、宏伟镇增设路灯，实施亮化工程。在呼中镇、呼源镇、碧水镇、宏伟镇内完成通信线路、供电线路、有线电视线路地埋。新建天然气供气站及管网等配套设施。

三、实施电力和电信设施建设

“十三五“规划期间，新建大兴安岭北疆 49.5MW 风电项目，选址于呼中镇西部山区，安排新增用地 13.4 公顷；新建 220KVA 呼中输变电工程，扩建 66KVA 呼中变电所等七处电力工程，新建呼中区生活垃圾处理场 10KM 用电工程项目。

四、推进水利基础设施建设

建设 1214 千米呼中区呼玛河堤防工程，开展呼中城镇内河水系综合治理工程。

第六章　推进共享发展，建设幸福呼中

一、开展脱贫扶贫工程

把精准扶贫、精准脱贫作为重点方略，通过产业扶持、转移就业、教育支持、医疗救助、易地搬迁等措施，坚决打赢脱贫攻坚战。到 2020 年，稳定实现全区现有贫困户 3286 户，贫困人口 5949 人，其中有劳动能力的人口数 2229 人全部实现脱贫。

成立领导小组，区长任组长，各部分分工协调，有序开展扶贫脱贫工作。落实脱贫攻坚责任，强化领导、部门包村、党员干部包户的定点扶贫机制，严格扶贫考核督查问责。开展大众创新，万众创业，发展林下经济，结合“六大产业”发展产业促进增收脱贫。结合生态保护脱贫，加快生态保护工程建设，结合林场撤并，鼓励深山区贫困人口易地搬迁就业。对无法依靠产业扶持和就业帮助脱贫的家庭实行政策性保障兜底，将所有符合条件的贫困家庭纳入低保范围。开展健康扶贫工程，对农村贫困人口参加新型农村合作医疗保险个人缴费部分给予补贴，贫困人口全部纳入医疗救助和重特大疾病救助范围。

二、实施教育优先发展

坚持实施教育优先发展战略，推进城乡教育均衡发展。加快发展学前教育，提升基础教育，认真落实国家“两免一补”政策，严格控制义务教育阶段学生辍学率，切实帮助家庭经济困难学生顺利完成学业。加快标准化学校建设进程，继续推进中小学布局结构调整，实施中小学基础设施改造工程，使所有的中小学具备基本的教学仪器设备、图书和体育活动设施，学校卫生设施和食宿条件得到较大改善。加强高中教育，大力发展职业教育，基本实现教育现代化。实施呼中区第二中学改扩建项目，开展木耳养殖实训及旅游导游资质培训等职业技能学校建设。加大教师培训力度，提高教师综合素质，提升教育水平。切实加强和改进未成年人思想道德建设和学生思想政治教育，充分发挥学校教育的主渠道、主阵地作用。加强学龄前教育基础设施建设，实施呼中区幼儿园建设项目。到 2020 年，实现学前三年毛入园率达到 80%，小学阶段和初中阶段毛入学率达到 100%，高中阶段毛入学率达到 95%。

三、加快发展文体事业

充分挖掘特色文化内涵，加大“中国最冷小镇”“中国最美小镇”的宣传推介力度，推进文化与旅游、体育、教育等产业融合发展，着力培育一批具有地域文化特色的文化创意品牌。扶持文联各协会开展文艺精品创作，做好中国最冷小镇文化旅游综合开发项目，重点扶持以生产工艺美术产品和版画创作为龙头的文化产业，邀请有号召力和有成就的呼中名人为呼中代言（成立高俊川版画、孙宝山书法、姜宏伟诗歌个人工作室）。围绕“最冷小镇”文化品牌，广泛开展“最冷小镇等你来”“美丽的呼中好地方”主题广场文化、“舞动大岭”全民健身操展演、文化下乡等各类文体活动，丰富呼中文化内涵。争取资金建设龙首洞古人类文化遗址博物馆，完善“二馆一站”建设，做好公办图书馆、文化馆、乡镇文化站

的免费开放工作。做好区镇两级公益性体育场馆的服务工作。做好区体育馆、各基层文体站的公共体育设施的服务工作，积极筹集资金，实施社区体育基础设施建设项目，做好区镇两级各项群体设施的建设。做好体育场馆相应设施设备建设工作，确定速滑、乒乓球为我区重点优势体育项目，保障重点项目的人才培养。做好校园足球试点工作，依托一小、一中，广泛开展校园足球活动，在全区校园中推广和普及此项运动。改善校外活动场所硬件环境，建设呼中区青少年活动中心改扩建项目。倾力打造群众体育健身活动品牌，推动全面健身。

四、创造良好消防安全环境

深入贯彻落实相关法律法规，完善消防法制体系和执法工作机制，健全消防法制建设。有效落实消防安全责任制，提高火灾防控水平。实施城镇消防基础设施项目建设，提升消防装备水平，完善公共消防基础设施。提高公民消防安全素质，建立覆盖城镇的灭火和应急救援体系，使社会化消防工作格局基本形成。加强公安消防部队专业化建设，加强多种形式消防队伍建设，增长消防队伍警力，提高火灾防控与应急救援能力。加快消防网络基础设施建设，完善应急通信保障，推进消防信息化建设。深化消防宣传教育，加大消防宣传教育力度，加强社会消防安全和职业技能培训。

五、推进医疗卫生建设

加快医疗卫生体制改革进程，坚持公共医疗卫生的公益性质。把基本医疗卫生制度作为公共产品向全民提供，逐步实现人人享有基本医疗卫生服务的目标。进一步推进基本医疗保障制度建设，不断扩大医疗保障覆盖面。实施国家基本药物制度，完善管理体制，减轻居民基本用药负担。健全基层医疗卫生服务体系，加大政府投入，加快乡镇卫生服务网络和城市社区卫生服务中心建设，实施呼中区县级医院改扩建和乡镇社区卫生院改扩建项目。加强医疗卫生人才队伍建设，着力提高卫生服务人员服务水平和质量。促进基本公共卫生服务均等化。逐步向城乡居民统一提供疾病预防控制、妇幼保健、健康教育等基本公共卫生服务，有效预防重大疾病及其危险因素。加快推进公立医院改革，提高服务质量和效益。强化爱国卫生工作，进一步巩固和发展创卫成果。

六、促进就业创业发展

深入推进全民创业，大力培育创业主体，全面提升创业能力，完善创业服务体系，营造创业社会氛围，完善政策扶持、创业培训、创业服务“三位一体”的工作机制，鼓励发展非公有制经济吸纳就业，支持发展具有比较优势的劳动密集型中小企业扩大就业，鼓励劳动者通过灵活就业形式实现就业，努力破解就业难题，引导农民工有序外出就业、就近转移就业和返乡再就业，完善大学生就业服务体系，帮助高校毕业生尽快就业。继续推动企业下岗失业人员实现就业和再就业，严格控制城镇失业率在合理的比例范围内，力争在“十三五”期间实施呼中区黑木耳养殖实训基地建设和呼中区旅游导游资质培训学校建设项目，对教育、卫生、营林等专业人才轮训达到 80%。实现社会保障管理和服务的社会化，全面推动和促进社会和谐稳定和经济又好又快发展。到 2020 年，城镇登记失业率 4.6%，就业率 65%，再就业率 75%。

七、加强社会保障工作

实现新型农村社会养老保险制度全覆盖，继续深化和完善职工基本养老、失业、医疗、工伤、生育保险制度，健全社会医疗救助和多层次的医疗保险体系，加强完善居民参加医疗保险制度，多方努力提高干部职工工资待遇问题，力争在“十三五”期间对教育、卫生、营林等专业人才轮训达到 80%。加大保障性住房建设力度，优先解决低收入人群住房困难问题。进一步健全双拥优抚安置体系，完善社会救助体系，不断提高社会福利水平。到 2020 年，养老金征缴率 100%，失业保险金征缴率 100%，医疗保险金征缴率 100%，社会养老保险金征缴率 100%，生育保险金征缴率 100%，工伤保险金征缴率 100%。

八、建设和谐平安呼中

完善维护社会稳定的体制机制，积极预防和有效化解矛盾和纠纷，防止各类矛盾升级。健全社会治安防控体系，加强社会治安综合治理，依法防范和打击各类犯罪活动。深入做好组织群众、宣传群众、教育群众、服务群众工作，推行领导干部接待群众制度，健全信访工作责任制，及时了解群众心声和实际需求。加强宗教管理，发挥宗教界人士和信教群众在促进经济社会发展中的积极作用。加强基层民主政治建设，稳步推进依法治区进程。完善应急避难场所建设。加强自然灾害预测预报，提高防灾减灾能力。加强安全生产工作，加大交通安全、建筑安全、食品安全等监督管理力度，防止重特大安全生产事故发生。

第七章　规划实施的措施

一、加强党的组织领导　提供政治组织保障

实现“十三五”规划确定的目标和任务，关键在于党的正确领导，必须加强各级领导班子建设，充分发挥党的领导核心作用，提高对经济社会重大事务的综合协调能力，为科学发展提供坚强保证。突出抓好各级领导班子和干部队伍建设，切实增强发展意识，提高改革创新能力，坚持正确的用人导向，大力选拔有事业心和责任心、务实干事、群众拥护、有创新精神的干部，特别是选拔优秀年轻干部进入各级领导班子。大力加强党的基层组织建设，充分发挥党员的先锋模范作用和基层党组织的战斗堡垒作用，激发创业活力，鼓足创业干劲，大力推进党风廉政建设和反腐败工作，为保证规划目标和任务的实现提供政治和组织保障。

二、构建配套政策体系 保障战略目标实现

针对经济社会发展的重点领域和薄弱环节，尤其是围绕生态保护、建设城镇、六大产业、保障民生的目标，强化政府引导，加大财政支持力度，从产业政策、财政政策、金融政策、投资政策、人才政策、土地政策、就业政策、贸易政策等几大方面入手，制定相关配套政策体系。针对资源富区战略，重点制定配套的资源开发与利用相关政策；针对工业强区战略，重点制定配套的产业结构调整与优化升级相关政策；针对农业稳区战略，重点制定符合现代农业发展方向的相关政策；针对商贸活区战略，重点制定配套的对内与对外开放相关政策；针对科教兴区战略，重点制定配套的科技教育人才培养、引进、借智相关优惠政策；针对生态立区战略，重点制定配套的环境保护等相关政策；针对文化名区战略，重点制定对内发掘和对外宣传等相关政策。积极创建有利于规划实施的政策环境，为加快经济社会发展提供政策保障。

三、提升政府服务职能 优化综合发展环境

提升政府服务职能是实现经济社会跨越式发展的保障，通过抓规划制定、环境建设、服务效能等措施，把政府工作重心转移到改善投资环境、发展社会事业、促进共同富裕、保持社会稳定、协调对外经济关系上来。切实加强行政效能建设，积极推行政务公开，不断深化行政审批制度改革，实行“一站式”服务，简化审批程序，强化政府绩效管理和行政问责。推进行政管理体制改革和机构改革，加强公务员队伍建设。加大监督力度，规范经济秩序，加快改善和优化经济软环境各项政策措施的落实。加强政府、企业与投资者之间的相互沟通，积极为企业和开发商解决实际困难，维护其合法权益。建立健全各种预警和应急机制，提高政府应对突发事件和风险的能力。

四、完善招商引资机制　加强重大项目建设

完善招商引资运作机制，全面提升招商引资质量和效益，实现招商引资战略升级，营造优质高效的服务环境和规范有序的法制环境，营造亲商、安商、富商的人文环境，通过广泛招商引资，建立健全市场化、社会化、多元化的项目投融资机制，解决项目资金短缺问题。突出重大项目对规划实施的支撑作用，抓好项目的研究、储备和建设。建立项目库，实行动态管理，滚动推进。按照不同类型分别落实项目实施主体，公益项目由政府组织实施，竞争性产业项目由企业自主实施，政府提供服务。加强项目前期工作，谋划一批立足实际、事关发展全局的大项目，落实项目建设责任制，重点建设飞虎山铅锌多金属矿、宏伟金银铜锌多金属矿、国家级森林公园、风电场、10 万吨固体生物质燃料开发、有机黑木耳种植基地等，解决项目建设中的实际困难和问题，努力促进各类项目尤其是重大项目的顺利实施。

五、拓展投融资渠道 为发展提供资金保障

要利用一切办法，进一步扩大利用外资规模。积极采用项目融资、股权投资、经营权转让、企业并购等方式，吸引域外公司及投资机构来我区投资；充分发挥经济集聚区优势，大力吸引省内外、国内外大企业来我区投资；放宽引资领域，积极利用国际金融组织和外国政府的优惠贷款；密切关注中央及省国债投资方向，积极争取上级政府各类资金扶助；大力激活民资，创新投融资体制、推广政府和社会资本合作 (PPP) 等投融资模式，鼓励社会资本参与项目建设，为呼中区经济社会发展提供可靠的资金保障。

六、健全规划实施机制 确保规划落到实处

规划是全区经济建设和发展的蓝图，切实有效实施规划是推动经济社会跨越发展的重要保证。要按照规划中定位的目标和任务，建立规划实施保障机制，通过规划促转型、谋发展，明确各部门责任，研究制定具体的实施意见，并将其列入政府考核目标。建立规划实施督促检查机制，加强对规划实施的年度和中期监督检查和跟踪分析，并根据形势变化和规划实施进度，及时提出预测、预警意见和保证实施建议，加大媒体宣传力度，增强民主参与度，积极创建关心规划、支持规划、监督规划良好氛围，以便更好地指导和促进经济社会的发展。

“十三五”时期是全区经济社会发展的重要时期。做好这五年的工作，对于全区经济实现平稳发展有着重大意义。我们要全面贯彻落实“四个全面”及“五大理念”，充分发挥广大干部的积极性、主动性和创造性，凝聚和激励人民群众，锐意进取、开拓创新、攻坚克难，为实现国民经济和社会发展第十三个五年规划和全面建设小康社会宏伟目标而奋斗！

呼中区人民政府
关于印发《呼中区促进中医药健康服务发展工作方案》的通知

呼政发〔2016〕68号

各相关单位：

现将《呼中区促进中医药健康服务发展工作方案》印发给你们，请结合实际，认真贯彻实施。

大兴安岭呼中区人民政府

2016年12月28日

呼中区促进中医药健康服务发展工作方案

为贯彻落实《国务院关于扶持和促进中医药事业发展的若干意见》（国发〔2009〕22号）、《国务院关于促进健康服务业发展的若干意见》（国发〔2013〕40号）、《国务院办公厅关于印发中医药健康服务发展规划（2015—2020年）的通知》（国办发〔2015〕32号）、《黑龙江省人民政府办公厅关于促进中医药健康服务发展的实施意见》（黑政办发〔2016〕5号）等文件精神，促进我区中医药健康服务发展，结合我区实际，制定本方案：

一、发展目标

预计到2020年，基本建立中医药健康服务体系，中医药健康服务加快发展，成为推动健康服务业和经济社会转型发展的重要力量。

（一）供给能力大幅提升。中医医疗和养生保健服务网络基本健全，中医药健康服务人员素质明显提高，服务领域不断拓展，基本满足人民群众中医药健康服务需求。

（二）技术手段不断创新。以中医药学为主体，融合现代医学及其他学科的技术方法，创新中医药健康服务模式，服务技术不断丰富完善。

（三）发展环境得到优化。服务政策基本健全，行业规范与标准体系不断完善，政府监管和行业自律机制更加有效，形成全社会支持中医药健康服务发展的良好氛围。

二、重点任务

（一）大力发展中医养生保健服务

1. 加强中医治未病工作。进一步完善中医治未病服务体系，区人民医院中医科要依据相关规范，加强治未病服务平台建设，辐射带动区域内中医治未病工作。加强治未病服务标准、规范及指南的推广实施，开展治未病服务创新及示范指导。开展中医养生、保健、康复等综合性研究，提升治未病服务自主创新能力，开发治未病干预方法、技术和产品等。推进医疗机构治未病服务的规范化和标准化，加强对基层医疗机构的业务指导和帮助，提升区域内中医治未病服务的整体水平。到2020年，区人民医院中医科开展中医健康体检并提供规范的健康干预服务；社区卫生服务中心、乡镇卫生院，能够提供简便适宜的中医健康干预服务。

2. 支持中医养生保健机构发展。支持社会力量开办规范的中医养生保健机构，鼓励人民医院为中医养生保健机构提供技术和人才等方面支持。规范中医养生保健服务行为，探索进行对社会办养生保健服务机构从业人员的培训，提高从业人员队伍素质，促进中医养生保健服务科学发展。

3. 创新中医特色健康服务。探索建立集健康文化、健康管理、健康保险于一体的中医健康保障模式。充分利用新技术发展中医养生保健服务，运用互联网、物联网等信息技术开发智能化中医健康服务产品，为居民提供中医健康监测、健康体检、咨询评估、养生调理、跟踪管理等中医养生保健服务。丰富商业保险产品，鼓励保险公司开发中医药养生保健、治未病保险以及各类医疗保险、疾病保险、护理保险和失能收入损失保险等保险产品，通过中医健康风险评估、风险干预等方式，提供与商业健康保险产品相结合的疾病预防、健康维护、慢性病管理等中医特色健康管理服务。

（由卫生计生局牵头，人社局、发改局、财政局、工商局等部门配合。）

（二）加快发展中医医疗服务

1. 进一步完善中医医疗服务体系。建立公立中医医疗机构为主导，非公立中医医疗机构共同发展，基层中医药服务能力突出的中医医疗服务体系。到2020年，力争每万人口中医病床数达到4张。区人民医院要按照国家标准设置中医科和中药房，中医病床数不少于床位总数的5%。社区卫生服务中心、乡镇卫生院要具备中医药服务能力。

2. 鼓励社会力量提供中医医疗服务。通过规范和推进中医师多点执业等措施，鼓励有资质的中医专业技术人员，特别是名老中医开办中医门诊部和中医诊所，支持社会资本开办中医医院、中医门诊部；允许药品经营企业开办中医坐堂诊所；社会办医疗机构不受所在辖区内公立医疗机构的数量、选址距离、诊疗科室及自身注册资金额度的限制。区域卫生规划和医疗机构设置规划对只提供传统中医药服务的中医门诊部和中医诊所不作布局限制，同等条件下优先审批。具有中医药一技之长人员在取得乡村医生执业证书后，经上级中医药管理部门考核合格，可开办只提供传统一技之长中医诊疗服务的诊所，或在乡镇卫生院执业，提供相应的传统中医药服务。

3. 构建中医重点专科协作系统。鼓励我区基层医疗机构与省级中医药重点专科（专病）医疗机构建立技术帮扶关系，推进全区中医药优势病种诊疗和特色专科服务均等化发展。

4. 创新中医医疗机构服务模式。充分发挥区人民医院的辐射带动作用，鼓励其与基层医疗卫生机构组建医疗联合体，为基层提供管理、技术、标准、服务和产品等方面支持，推动中医门诊部和中医诊所规范建设。

5. 大力提高中医药防治重大疾病能力。加强中医药重点科室建设，努力培育新的重点科室。针对疾病谱变化，重点加强心脑血管病、慢阻肺、癌症、腰背痛等的治疗，不断优化中医科学术梯队，完善中药科室诊疗规范，改善诊疗环境。

（由区卫生计生局牵头，发改局、财政局、工商局配合。）

（三）支持发展中医特色康复服务

1. 进一步完善中医康复网络。要根据康复服务资源配置需求，设立中医特色康复门诊，加强中医康复科室建设。到2020年，区医院设立康复科，并指导社区卫生服务中心、乡镇卫生院、民政康复机构等部门，开展具有中医特色的社区康复服务。

2. 鼓励社会资本建立中医特色康复服务机构。鼓励社会力量建立康复、护理，包括精神卫生、妇产、老年病等康复诊所，鼓励公立医院与社会资本合作，加强康复科室建设。

3. 提升中医特色康复服务能力。推进中医技术与康复医学融合，不断完善康复服务标准和规范。推动各类医疗机构开展中医特色康复医疗、训练指导、康复护理等服务。在社区和乡镇卫生院推广适宜中医康复技术，提升基层医疗机构中医康复水平和能力，为群众开展规范、便捷、有效的中医特色康复服务。

（由区卫生计生局牵头，发改局、财政局配合。）

（四）积极发展中医药健康养老服务

1. 推动中医与养老相结合。区人民医院应积极与区域内规模相当的养老机构合作，探索中医与养老结合的新模式，为老年人就医提供优先、优惠服务。创新老年人中医特色健康管理，将中医药康复医疗、养生保健“治未病”的理念融入健康养老全过程。加强中医科室老年病诊疗能力建设，支持养老机构开展结合中医药健康服务的老年人医疗、护理、养生和康复服务。鼓励有条件的养老机构设立以老年病、慢性病防治为主的中医诊室、中医门诊。鼓励有条件的医疗机构转型为医养结合型中医康复养老机构。

2. 加快发展中医药健康养老产业。针对老年人慢性病防治、养生保健、饮食起居、临床诊疗、康复护理、心理干预等需求，加快研发中医体质辨识诊断等相关产品、技术和服务。支持运用互联网、物联网等信息技术开发智能化中医药健康养老服务包，为老年人提供集中医健康监测、咨询评估、养生调理、跟踪管理于一体的服务。积极推动中药材种植基地、生产企业、特色中医药诊疗技术等中医药资源有效融入养老服务业。

（由区卫生计生局牵头，民政局配合。）

（五）培育发展中医药文化和健康旅游产业

1. 发展中医药文化产业。结合“中医中药中国行”、“健康龙江行动”等活动，推动中医药养生保健知识进城镇、进社区、进家庭。开展中医药养生保健知识巡讲，充分利用广播电视、报纸、微信、微博等媒体宣传中医药文化知识，提升人民群众中医药养生保健素养。到2020年，完成对所有乡镇卫生院、社区卫生服务中心的中医药健康教育基本知识的培训。

2. 发展中医药健康旅游。利用中医药文化元素突出的中药材种植基地、药用植物园等环境资源，开发具有中医药特色的旅游路线。形成中药材种植与田园风情生态休闲旅游相结合的养生体验和观赏基地。鼓励旅游目的地中医医疗机构开展接待观光游客的中医体检、保健、养生体验和康复等服务项目。积极推介我区特色中医药健康服务、绿色中药以及健康旅游相关产品，打响我区中医药健康服务品牌。

（由区旅游局牵头，卫生计生局配合。）

（六）积极推进中医药健康服务相关支撑产业发展

促进中药资源的保护开发和合理利用。推动绿色中药材种植产业发展，加强中药材种植基地和种子种苗繁育基地建设。根据市场需求，运用“企业 + 个人”、“企业 + 基地”等模式，大力开展地道药材、大宗药材的区域化、产业化、规模化种植，以及具有较高经济价值的特色药材和濒危野生药材的规模化种植。推广道地中药材规范化种植技术，按规范化种植要求，打造刺五加、五味子、黄芪等道地中药材原料生产基地。

加快中药材现代流通体系的建设。鼓励中药材、中药饮片的生产经营规模化、规范化、集约化。进一步规范中药材市场，加大依法监管力度，确保中药材市场健康有序发展；加快饮片集中配送中心示范基地建设，及时总结推广经验。促进传统中药商业模式向现代流通模式转变，鼓励流通企业开展连锁经营、电子商务、集中配送等运营及服务模式。

（由区科技局、食品药品监督局牵头，卫生计生局配合。）

三、保障措施

（一）加强组织领导。各有关部门要高度重视，把发展中医药健康服务摆在重要位置，统筹协调，加大投入，为中医药健康服务创造良好的发展环境。区卫生计生局要会同各有关部门抓好本方案的贯彻落实，及时研究解决存在的问题，加强监测评估。发改、民政、财政、人社、卫生计生、旅游等部门要各负其责，按照职能分工做好相关工作，积极落实在投融资、放宽市场准入、完善财税价格政策等方面的政策措施。

（二）充分发挥行业组织作用。各有关部门要支持建立中医药健康服务行业组织，通过行政授权、购买服务等方式，将适合行业组织行使的职责委托或转移给行业组织，并加强服务监管。充分发挥行业组织在行业咨询、标准制定、行业自律、人才培养和第三方评价等方面的重要作用。

（三）不断完善服务标准和监管机制。不断健全和完善中医药健康服务标准。对暂不能实行标准化的领域，应制定相应的服务承诺、公约和规范。建立不良执业记录制度，完善中医药健康服务机构和从业人员信用记录，开展信用评价，引导行业自律。健全中医药健康服务监管机制，实行属地化管理，重点加强服务质量监管，严格查处违法违规行为。

（四）加强人才培养。推进校企合作，着力培养中医临床紧缺人才和中医养生保健等中医药技术技能人才。探索培养中医药健康旅游、中医药科普宣传、中医药服务贸易等复合型人才，将中医药人才培养与落实创新创业相关扶持政策紧密衔接。